ESTUDOS BÍBLICOS

Wiersbe

Publicações
Pão Diário

ESTUDOS BÍBLICOS

Wiersbe

WARREN WIERSBE

Originally published in English under the titles
Old Testament Words for Today; New Testament Words for Today
Copyright © 2013 by Warren W. Wiersbe
Baker Books, a division of Baker Publishing Group,
Grand Rapids, Michigan, 49516, U.S.A.
All rights reserved.

Coordenação editorial: Adolfo A. Hickmann
Tradução: Maria Emília de Oliveira
Edição: Dayse Fontoura, Rita Rosário, Thaís Soler, Lozane Winter, Marília P. Lara
Projeto gráfico: Audrey Novac Ribeiro
Capa: Audrey Novac Ribeiro
Diagramação: Rebeka Werner, Audrey Novac Ribeiro

Dados Internacionais de Catalogação na Publicação (CIP)

WIERSBE, Warren W. (1929-2019)

Estudos bíblicos Wiersbe
Tradução: Maria Emília de Oliveira — Curitiba/PR, Publicações Pão Diário.

Títulos originais: *Old Testament Words for Today; New Testament Words for Today*

1. Religião prática   2. Vida cristã   3. Meditação e devoção

---

Proibida a reprodução total ou parcial, sem prévia autorização, por escrito, da editora.

Todos os direitos reservados e protegidos pela Lei 9.610, de 19/02/1998.
Permissão para reprodução: permissao@paodiario.org

Exceto quando indicado o contrário, os trechos bíblicos mencionados são da edição Revista e Atualizada de João F. de Almeida © 2009 Sociedade Bíblica do Brasil.

Publicações Pão Diário
Caixa Postal 4190,
82501-970 Curitiba/PR, Brasil
publicacoes@paodiario.org
www.publicacoespaodiario.com.br
(41) 3257-4028

Código: LN961
ISBN: 978-65-5350-337-3

1ª edição: 2023

Impresso na China

Prefácio

Contudo, prefiro falar na igreja **cinco palavras com o meu entendimento,** *para instruir os outros, a falar dez mil palavras em outra língua* (1 CORÍNTIOS 14:19).

Se você souber escolher, cinco palavras podem expressar pensamentos inesquecíveis, capazes de mudar vidas. Thomas Jefferson colocou cinco palavras na Declaração de Independência dos Estados Unidos que anunciaram liberdade para as colônias americanas: "Consideramos estas verdades como evidentes por si mesmas, que *todos [os] homens foram criados iguais*". Abraham Lincoln citou essas cinco palavras em seu famoso Discurso de Gettysburg.

"*Um espectro ronda a Europa*" são as palavras que Karl Marx e Friedrich Engels escolheram para iniciar seu *Manifesto Comunista*, um pequeno livro cuja mensagem mudou o mapa daquele continente.

Em 18 de junho de 1940, o primeiro-ministro Winston Churchill encorajou o povo britânico com um discurso que terminou com cinco palavras inesquecíveis: "Preparemo-nos para cumprir os nossos deveres, e de tal maneira que, se o império e a *Commonwealth* [N.E.: Termo tradicional em inglês usado para denotar uma comunidade política fundada para o bem-comum] britânicos durarem mil anos, as pessoas continuem a dizer: '*Aquele foi seu maior momento*'".

A Bíblia contém numerosas e memoráveis declarações de cinco palavras vivas e eficazes (HEBREUS 4:12), palavras inspiradas que o Espírito Santo pode usar para nos orientar no mundo caótico da atualidade. Neste livro, apresento meditações com base em duzentas dessas expressões, encontradas no Antigo e no Novo

Testamento, usando a versão João Ferreira de Almeida Revista e Atualizada, de 2009, da Sociedade Bíblica do Brasil.

Tenho certeza de que, à medida que você meditar na Palavra de Deus e refletir nas minhas, o Espírito de Deus o iluminará e o encorajará, capacitando-o a descobrir qual é a vontade de Deus e a sentir satisfação em cumpri-la.

Warren W. Wiersbe

Prefácio à edição em português

Temos o prazer de colocar em suas mãos 200 mensagens devocionais que estreitarão seu relacionamento com Cristo e lhe trarão mais conhecimento da Sua Palavra.

Estudos bíblicos Wiersbe é de autoria do pastor e teólogo norte-americano Dr. Warren W. Wiersbe. Sua especialidade no campo editorial foi a produção de literatura no estilo de comentários bíblicos. Seu público abrange desde leigos a especialistas, pois sua escrita visa a contribuir para que as verdades da Palavra de Deus sejam compreensíveis a todos os leitores.

Neste livro, o Dr. Wiersbe escolhe cinco palavras-chave de cada versículo selecionado como tema para a meditação do dia e discorre sobre elas. Em nossa edição em português, nem sempre foi possível manter esse formato, devido às diferenças entre as traduções da Bíblia em português e inglês. No entanto, o texto se mantém fiel em relação à essência do original: ainda que a quantidade de palavras destacadas varie, a mensagem que elas denotam continua a mesma.

Oramos para que estas meditações enriqueçam sua caminhada com Deus, proporcionem a você paz, consolo e direção, motivando-o a um estilo de vida de acordo com o que Senhor planejou para Seus filhos.

—dos editores do *Pão Diário*

1

Então, a serpente disse à mulher:
É certo que não morrereis (GÊNESIS 3:4).

Deus colocou nossos primeiros pais em um jardim maravilhoso, onde encontrariam tudo para atender às suas necessidades e onde teriam o privilégio de estar em comunhão com Ele e de servir-lhe. Como sempre, o inimigo estava preparado para atacar, e desse evento podemos extrair as instruções às quais precisamos obedecer para derrotá-lo.

Não dê espaço para Satanás. Uma das responsabilidades de Adão era "guardar" o jardim (GÊNESIS 2:15), o que quer dizer protegê-lo. Esse é o mesmo termo usado em 3:24, onde lemos "...guardar o caminho à árvore da vida". Parece que Adão não estava com Eva naquele momento, portanto ela foi um alvo mais fácil para Satanás. Efésios 4:27 adverte-nos: "Nem deis lugar ao diabo", pois ele só precisa de um pequeno espaço para começar sua guerra. Até hoje, seus servos infiltram-se sorrateiramente e causam problemas (2 TIMÓTEO 3:6; JUDAS 4). Quando temos um pensamento mau ou lascivo, proporcionamos espaço para Satanás e recusamo-nos deliberadamente a fazer a vontade de Deus.

Não dê ouvidos às ofertas de Satanás. Ele é dissimulado e embusteiro e nunca revela sua verdadeira natureza. Pode até mostrar-se como anjo de luz (2 CORÍNTIOS 11:14) e desviar-nos do bom caminho. Sabemos quando Satanás está agindo, porque ele contesta a Palavra de Deus e nos encoraja a negar a autoridade da Bíblia, perguntando-nos: "Foi assim mesmo que Deus disse?". Satanás primeiro contesta a Palavra, depois a nega e em seguida a substitui por suas mentiras. Nossa resposta deveria ser: "Sim, foi o que Deus *disse*, e vou respeitar Suas palavras!". Precisamos recorrer imediatamente ao Senhor em oração e buscar Sua sabedoria. Ele nos lembrará do que aprendemos na Bíblia e podemos usar a espada do Espírito para derrotar esse inimigo, como Jesus fez quando Satanás o tentou (EFÉSIOS 6:17; MATEUS 4:1-11). É importante guardar a Palavra de Deus em nosso coração, para vencermos o diabo (SALMO 119:11).

Lembre-se das ricas bênçãos de Deus. A tentação é a oferta de Satanás de dar algo a você que, segundo ele, Deus não lhe deu. Quando tentou Jesus, Satanás insinuou: "Seu Pai disse que você é Seu filho amado. Se ele o ama, por que você está com fome?". As advertências contra a tentação registradas em Tiago 1:12-15 são acompanhadas de lembretes de que recebemos as boas dádivas e os dons perfeitos que vêm de Deus (vv.16-18). A tentação é o substituto barato de Satanás para as dádivas celestiais concedidas a nós pelo Pai. O diabo queria que Jesus transformasse as pedras em pães, mas Jesus preferiu o pão nutritivo da vida, a Palavra de Deus (MATEUS 4:4).

Somos lembrados em 1 Timóteo 2:14 que Eva foi enganada por Satanás, mas quando Adão apareceu, ele pecou conscientemente porque quis ficar ao lado de sua mulher. Foi a desobediência deliberada de Adão que lançou a raça humana no pecado e no julgamento (ROMANOS 5:12-21). Graças à obediência de nosso Senhor e de Sua morte na cruz fomos salvos da condenação e nos tornamos filhos de Deus.

"...resisti ao diabo,
e ele fugirá de vós" (TIAGO 4:7).

"Tomai [...] a espada do Espírito,
que é a palavra de Deus"
(EFÉSIOS 6:17).

2

Disse o SENHOR a Caim: Onde está Abel, teu irmão? Ele respondeu: Não sei; acaso **sou [eu] tutor de meu irmão?**
(GÊNESIS 4:9).

Assim como Caim e Abel, você e eu viemos a este mundo como *filhos de Adão* e, assim como todos os bebês que nasceram antes de nós, nascemos *receptores*. Nossa vida física e estrutura genética nos foram dadas pelo Senhor por meio de nossos antepassados (SALMO 139:13-16). Mas, espiritualmente falando, "éramos, por natureza, filhos da ira" e, à medida que crescemos, tornamo-nos "filhos da desobediência" (EFÉSIOS 2:1-3). Assim como aqueles dois irmãos, somos todos pecadores por natureza e pecadores por escolha. Em razão do que somos e do que fazemos, necessitamos de um Salvador.

Podemos, porém, ser *crentes*, nascer de novo e nos tornar *filhos de Deus*, como Abel fez. Ele admitiu que era pecador e, pela fé, ofereceu um sacrifício de sangue ao Senhor (HEBREUS 11:4). Assim como recebemos a vida humana ao nascer, recebemos a vida eterna no novo nascimento por meio da fé em Jesus Cristo, que se entregou como sacrifício por nossos pecados. Caim não tinha fé. Não confessou que era pecador e, portanto, não ofereceu um sacrifício de sangue. Ofereceu o fruto da terra lavrada por suas mãos. "Porque pela graça sois salvos, mediante a fé; e isto não vem de vós; é dom de Deus; não de obras, para que ninguém se glorie" (EFÉSIOS 2:8,9).

Caim não creu e tornou-se *enganador, filho do diabo*! "Porque a mensagem que ouvistes desde o princípio é esta: que nos amemos uns aos outros; não segundo Caim, que era do Maligno e assassinou a seu irmão..." (1 JOÃO 3:11,12). Um filho do diabo é aquele que rejeita Jesus Cristo, mas pratica "religião" como cristão dissimulado. Satanás tem uma família (GÊNESIS 3:15). João Batista e Jesus chamaram os fariseus de "raça de víboras" — e Satanás é a serpente (MATEUS 3:7-9; 12:34; 23:33). Jesus também os chamou de filhos do inferno (MATEUS 23:15). Foram os fariseus que crucificaram Jesus, e o apóstolo Paulo enfrentou "perigos entre falsos irmãos" (2 CORÍNTIOS 11:26; VEJA ATOS 20:29-31; 1 JOÃO 2:18-23). Um evangelista piedoso e experiente disse-me: "Se amar uns aos outros é a marca do cristão, penso que nem metade das pessoas que pertencem às nossas igrejas locais são verdadeiramente nascidas de novo". Voltemos, porém, a Caim e sua pergunta: "Acaso sou eu tutor de meu irmão?". Existe um pouco de sarcasmo nessas palavras? Pelo fato de seu irmão ser o protetor de ovelhas (GÊNESIS 4:2), Caim deve ter pensado: "Acaso sou tutor do tutor?". Claro, a resposta é: "Sim!". Os dois grandes mandamentos são: amar a Deus e amar ao próximo, e nosso próximo é qualquer um que necessite de nossa ajuda (LUCAS 10:25-37). Como membros da família humana, devemos cuidar uns dos outros e, como membros da família de Deus, devemos amar e servir uns aos outros (GÁLATAS 5:13). Satanás é mentiroso e assassino (JOÃO 8:37-45) e seu filho Caim era igual ao pai.

"Por isso, enquanto tivermos oportunidade, façamos o bem a todos, mas principalmente aos da família da fé" (GÁLATAS 6:10).

3

*E far-te-ei uma grande nação,
e abençoar-te-ei, e engrandecerei o
teu nome,* **e tu serás uma bênção!**
(GÊNESIS 12:2 ARC).

Várias formas da palavra *bênção* são usadas mais de quatrocentas vezes na Bíblia, e costumamos usá-las em nossos ministérios e conversas — e principalmente em nossas orações. *Bênção* é algo que Deus é, faz ou diz que o glorifica e edifica Seu povo. O apóstolo Paulo não achou que seu espinho na carne fosse uma bênção e pediu três vezes a Deus que o retirasse. No entanto, esse espinho revelou ser uma bênção tanto para Paulo quanto para a igreja (2 CORÍNTIOS 12:7-10). Pedro tentou dissuadir Jesus de ir para a cruz (MATEUS 16:21-28), porém o que Jesus realizou no Calvário tem sido bênção para o mundo por muitas gerações e abençoará Seu povo por toda a eternidade.

As bênçãos que Deus nos concede devem transformar-se em bênçãos para os outros, porque os cristãos devem ser canais, não reservatórios. Receber as bênçãos de Deus e retê-las egoisticamente significa violar um dos princípios básicos da vida cristã. "A alma generosa prosperará, e quem dá a beber será dessedentado" (PROVÉRBIOS 11:25). Somos abençoados, para que possamos ser bênção.

Abraão e Sara acreditaram em Deus e lhe obedeceram, por isso Deus os abençoou e os tornou bênção para o mundo inteiro. Desse casal originou-se a nação de Israel, e Israel anunciou ao mundo o único e verdadeiro Deus. Por meio de Israel vieram a Bíblia e Jesus Cristo, o Salvador do mundo. Sem o testemunho de Israel, o mundo gentio de hoje seria composto de um povo ignorante e adorador de ídolos, sem "esperança e sem Deus no mundo" (EFÉSIOS 2:12). Mas "os da fé são abençoados com o crente Abraão" (GÁLATAS 3:9).

Abraão abençoou seu sobrinho Ló e deu-lhe a primazia de escolher a terra em Canaã (GÊNESIS 13). Também o resgatou quando Ló se tornou prisioneiro de guerra (GÊNESIS 14). Por causa da intercessão de Abraão, seu sobrinho foi poupado na destruição de Sodoma (GÊNESIS 19:1-29). Infelizmente, Ló não seguiu o exemplo de fé de seu tio e foi parar em uma caverna, embriagou-se e cometeu incesto (GÊNESIS 19:30-38). Ló e seus descendentes levaram problemas a Israel, não bênçãos.

Houve, porém, três ocasiões em que até o piedoso Abraão deixou de ser uma bênção. Em vez de confiar no Senhor, Abraão desceu ao Egito para fugir da fome, e lá ele mentiu e provocou uma praga (GÊNESIS 12:10-20). Também mentiu ao rei de Gerar (GÊNESIS 20:1-18). Tentou ter o filho prometido por conta própria e provocou divisão em seu lar (GÊNESIS 16). Não podemos ser bênção em casa ou fora de casa se não andarmos com o Senhor.

Todos queremos *receber* bênçãos do Senhor, mas nem todos querem *ser* bênção para os outros. Essa é a diferença entre o rio e o pântano. O cristão piedoso mencionado no Salmo 1 foi abençoado por Deus e tornou-se semelhante a uma árvore, repartindo a bênção com os outros. Há um provérbio inglês que diz: "Aquele que planta árvores ama os outros mais do que a si próprio". Esse provérbio aplica-se também aos cristãos, que devem repartir suas bênçãos como árvores frutíferas.

> **"De graça recebestes,
> de graça dai"** (MATEUS 10:8).

4

Vós, na verdade, intentastes o mal contra mim; porém **Deus o tornou em bem**, *para fazer, como vedes agora, que se conserve muita gente em vida* (GÊNESIS 50:20).

Essa afirmação é a versão do Antigo Testamento de Romanos 8:28: "Sabemos que todas as coisas cooperam para o bem daqueles que amam a Deus, daqueles que são chamados segundo o seu propósito". A partir de nosso ponto de vista, as pessoas, as circunstâncias e até o Senhor parecem, às vezes, estar contra nós; mas como filhos de Deus, sabemos que nosso Pai celestial está no controle. Temos certeza de que Ele nos ama e sabe o que é melhor para nós. José é um grande exemplo dessa verdade.

Em casa, José foi mimado por Jacó, seu pai, e odiado pelos dez irmãos mais velhos, que o venderam como escravo quando ele tinha 17 anos. No Egito, a mulher de seu amo tentou seduzi-lo e ele foi preso. Mas, quando tinha 30 anos, José foi libertado da prisão e da escravidão, e o Faraó nomeou-o governador do Egito! Os irmãos de José foram duas vezes ao Egito em busca de comida, e José usou aquelas visitas para tocar o coração deles e levá-los ao arrependimento. José revelou-se aos irmãos, perdoou-lhes e pediu que trouxessem Jacó e toda a sua família para o Egito, onde cuidaria deles. Quando Jacó morreu, 17 anos depois, os irmãos temeram que José os castigasse, mas José garantiu-lhes que tudo acontecera com a permissão do Senhor. Nos anos seguintes, Deus usou José para resgatar o povo hebreu da extinção.

O que Deus permitiu a José foi bom e ajudou-o a preparar-se para ser líder. Se José tivesse permanecido com a família, provavelmente os mimos do pai o teriam levado à ruína. "Bom é para o homem suportar o jugo na sua mocidade" (LAMENTAÇÕES 3:27). O sofrimento fez de José um homem de Deus e uma das maiores representações de Jesus encontradas nas Escrituras. O plano de

Deus também foi bom para os irmãos de José, pois livrou-os de seus planos de conspiração e levou-os ao arrependimento. As Doze Tribos de Israel são descendência desses homens. Na juventude, Jacó foi conspirador e enganador, e teve de pagar por isso. Deus concedeu-lhe 17 anos de alegria e paz com toda a sua família. O plano de Deus certamente foi bom para o Egito também, porque José administrou o estoque de alimentos. Todos aqueles benefícios alcançaram nosso mundo de hoje, porque "a salvação vem dos judeus" (JOÃO 4:22).

Você alguma vez repetiu as palavras de Jacó: "Tudo está contra mim" (GÊNESIS 42:36 NVI)? Na verdade, tudo o que sucedeu a José trabalhou *em favor* dele e de sua família — *e em favor de nós*! Na próxima vez que questionarmos Deus por que a vida está difícil e não conseguirmos entender Seus caminhos, devemos nos lembrar das provações do jovem José e do controle providencial e misericordioso de Deus sobre todas as coisas. Não precisamos ver ou sentir que Deus está agindo em todas as coisas para o bem, porque *sabemos* quem Ele é!

> **"Foi-me bom ter eu passado pela aflição, para que aprendesse os teus decretos"** (SALMO 119:71).

> **"Eis que Deus é a minha salvação; confiarei e não temerei..."** (ISAÍAS 12:2).

5

*O sangue vos será por sinal nas casas em que estiverdes; **quando eu vir o sangue, passarei por vós**, e não haverá entre vós praga destruidora, quando eu ferir a terra do Egito* (ÊXODO 12:13).

A mente obscurecida não entende a importância do sangue sacrificial na Bíblia. Alguns teólogos liberais chamam o cristianismo evangélico de "religião de matadouro" e muitas pessoas rejeitam a cruz de Cristo, mas continuam tentando seguir Seus ensinamentos éticos. "Certamente a palavra da cruz é loucura para os que se perdem, mas para nós, que somos salvos, poder de Deus" (1 CORÍNTIOS 1:18). Rejeitar o sangue significa rejeitar Jesus e a salvação eterna.

Deus viu o sangue na porta. Aquele sangue testemunhava aos egípcios que o julgamento estava próximo, mas transmitiu confiança e paz aos judeus que estavam para dentro daquelas portas. Se houvesse sangue na porta, eles sabiam que o anjo da morte "passaria por cima" de sua casa e o primogênito não morreria. O sangue na porta do vizinho não era suficiente; era necessário torná-lo pessoal. Observe a sequência em Êxodo 12:3-5: "um cordeiro [...] o cordeiro [seu] cordeiro". O cordeiro representava Jesus, o cordeiro de Deus que morreu pelos pecados do mundo (JOÃO 1:29; 1 PEDRO 1:18,19).

Deus viu o sangue na arca da aliança (LEVÍTICO 16:14). O Dia da Expiação anual era uma data solene no calendário judaico, o único dia do ano no qual o sumo sacerdote tinha permissão para entrar no Santo dos Santos. Primeiro ele sacrificava um novilho como oferta pelo pecado dele próprio e de sua família e aspergia o sangue do animal no propiciatório no Santo dos Santos. Depois, sacrificava um bode como oferta pelo pecado do povo e aspergia o sangue do animal no propiciatório. Em seguida, impunha as mãos sobre o bode vivo, confessava os pecados do povo e enviava o bode ao deserto pela mão de um "homem à disposição" (v.21).

As tábuas da lei estavam dentro da arca, mas quando o Senhor olhava para baixo, não via a lei violada. Via sangue! Aleluia! *Deus viu o sangue em corpos humanos* (ÊXODO 29:20; LEVÍTICO 14:14,26-28). Quando Arão e seus filhos foram consagrados como sacerdotes, Moisés colocou um pouco de sangue sacrificial do carneiro na orelha direita, no polegar da mão direita e no polegar do pé direito de cada homem, como símbolo de consagração total ao Senhor. O mesmo procedimento era usado com os leprosos purificados, para que pudessem voltar ao acampamento (LEVÍTICO 14:14). Hoje, quando um pecador confia em Cristo, o sangue é aplicado pelo Espírito, e o pecador é salvo! Quando um crente confessa seus pecados ao Senhor, o sangue é aplicado e os pecados são perdoados (1 JOÃO 1:6-8).

Deus viu o sangue na cruz. Foi lá que o Senhor, "havendo feito a paz pelo sangue da sua cruz" reconciliou "consigo mesmo todas as coisas" (COLOSSENSES 1:20). Jesus ofereceu-nos a Ceia do Senhor para nos lembrar da nova aliança que Ele estabeleceu mediante Seu sangue (LUCAS 22:20). Jesus levou as feridas (não as cicatrizes!) da cruz ao céu, para que Seu povo se lembrasse do preço que Ele pagou para nos salvar. Fomos redimidos "pelo precioso [...] sangue de Cristo" (1 PEDRO 1:19).

A promessa em 1 João é fidedigna.

> "Se confessarmos os nossos pecados,
> ele é fiel e justo para nos perdoar os pecados
> e nos purificar de toda injustiça"
> (1 JOÃO 1:9).

6

Porque, naquele dia, se fará expiação por vós, para purificar-vos; **[e sereis purificados]** *de todos os vossos pecados, perante o SENHOR* (LEVÍTICO 16:30).

O livro de Levítico foi entregue aos sacerdotes judeus e a seu povo para que eles fizessem "diferença entre o santo e o profano e entre o imundo e o limpo" (10:10; VER 11:47), porque o mandamento de Deus é: "...vós sereis santos, porque eu sou santo" (11:45). Esse mandamento foi dado não apenas aos israelitas, mas também à igreja (1 PEDRO 1:13-16). Na Bíblia, o pecado é comparado à sujeira, e provavelmente o povo de Deus de hoje corre mais perigo de ser corrompido pelo mundo, pela carne e pelo diabo que os antigos judeus (EFÉSIOS 2:1-3; 5:1-14). Deus ensinou o discernimento espiritual a Seu povo, fornecendo-lhe as regras referentes a dieta, saúde e higiene pessoal.

Purificados com água. A impureza representa o pecado, mas a purificação representa o perdão (SALMO 51:2,7). Na Bíblia, a água potável é símbolo do Espírito de Deus (JOÃO 7:37-39), porém a água para purificação representa a Palavra de Deus. "Vós já estais limpos pela palavra que vos tenho falado", disse Jesus (JOÃO 15:3), e Paulo falou da "lavagem de água pela palavra" (EFÉSIOS 5:25-27). Nos santuários do Antigo Testamento havia uma bacia grande com água limpa, chamada pia de bronze, na qual os sacerdotes lavavam as mãos e os pés periodicamente durante seu ministério diário, porque, se não se lavassem, corriam o grande risco de serem julgados por Deus (ÊXODO 30:17-21). Observe que os sacerdotes ficavam impuros *enquanto serviam a Deus no santuário.*

Purificados com sangue. Na meditação anterior, mencionamos o poder do sangue sacrificial para libertar o povo de Deus da escravidão e do julgamento, conforme fez o sangue do cordeiro nas casas dos judeus no Egito. "Com efeito, quase todas as coisas, segundo a lei, se purificam com sangue; e, sem derramamento de sangue, não há remissão" (HEBREUS 9:22). Na cruz, Jesus nos amou e "pelo Seu sangue, nos libertou dos nossos pecados" (APOCALIPSE 1:5). Somos justificados (declarados justos) por Seu sangue (ROMANOS 5:9) e também santificados (feitos justos) por Seu sangue (HEBREUS 13:12). Quando confessamos nossos pecados a Deus, Ele nos perdoa e nos purifica por meio do sangue de Jesus Cristo (1 JOÃO 1:5-10).

Purificados com fogo. Isso se aplicava principalmente aos espólios de metais da batalha (NÚMEROS 31:21-24), "tudo o que pode suportar o fogo". Mas também nos lembra que Deus, às vezes, nos coloca no fogo da tribulação, para nos purificar. "Antes de ser afligido, andava errado, mas agora guardo a tua herança (SALMO 119:67,71,75; VEJA HEBREUS 12:11; 1 PEDRO 1:6,7). Quando passamos pelo fogo, Deus está conosco e nos usará para glorificá-lo (ISAÍAS 43:2; DANIEL 3:16-26).

Estamos fazendo distinção entre o santo e o profano e escolhemos somente o melhor para nossa vida (EZEQUIEL 22:23-31; 44:23)? Se não, poderemos nos ver na fornalha da aflição experimentando a disciplina do Senhor (HEBREUS 12:1-11). Não significa ser condenado por um juiz severo, mas ser "açoitado" por um Pai amoroso cujo objetivo é levar-nos a ser "participantes da sua santidade" (HEBREUS 12:10), conhecendo a diferença entre puro e impuro.

> "Toda disciplina, com efeito, no momento
> não parece ser motivo de alegria, mas de tristeza;
> ao depois, entretanto, produz fruto pacífico aos que
> têm sido por ela exercitados, fruto de justiça"
> (HEBREUS 12:11).

7

Não tenham medo deles, *pois o*
Senhor, seu Deus, combaterá por vocês
(DEUTERONÔMIO 3:22 NTLH).

Quando disse essas palavras, Moisés estava recapitulando para a nova geração de israelitas a jornada do Egito até Canaã. Seus antepassados haviam derrotado dois reis poderosos, Seom e Ogue (DEUTERONÔMIO 2:26–3:11), e Moisés usou essas vitórias para encorajar Josué a confiar no Senhor, entrar na Terra Prometida e conquistá-la. Você e eu não estamos guerreando contra nações poderosas, mas temos de enfrentar "os dominadores deste mundo tenebroso" (EFÉSIOS 6:12) para tomar posse de nossa herança em Cristo. Não devemos temer o inimigo tanto quanto devemos temer o fracasso para tomar posse de tudo o que Deus tem para nós (HEBREUS 4:1-9). Portanto, precisamos entender três tipos de medo.

Há *medos normais que precisam nos deixar alertas*. Toda criança necessita ser avisada sobre os perigos de atravessar a rua, brincar com eletricidade ou facas, nadar em águas profundas ou ingerir veneno. Ter medo de ferimento e morte é normal, e quando nos encontramos em situações de perigo, esse medo nos alerta a promover mudanças e buscar ajuda. Os soldados medrosos espalham desânimo, e soldados desanimados provavelmente não vencem a guerra (DEUTERONÔMIO 20:3,4,8).

Há também *medos anormais que nos paralisam*. Minha enciclopédia apresenta quatro páginas de fobias, com quatro colunas de fobias em cada página! Meu dicionário define fobia como "estado de angústia, impossível de ser dominado, que se traduz por violenta reação de evitamento e que sobrevém de modo relativamente persistente, quando certos objetos, tipos de objeto ou situações se fazem presentes, imaginados ou mencionados" (*Houaiss*, 2009). Se você tem medo de tomar banho, sofre de ablutofobia, mas se tem medo de sujeira, sofre de misofobia. Algumas pessoas sofrem de lachanofobia, ou medo de vegetais e verduras, porém um número maior ainda sobre de acrofobia, medo de altura.

Há, porém, *um medo que nos estabiliza* e que todo crente *precisa* cultivar: *o temor do Senhor;* o temor do Senhor é o temor que elimina todos os outros temores. "Bem-aventurado o homem que teme ao SENHOR e se compraz nos seus mandamentos" (SALMO 112:1). Leia o Salmo inteiro e descobrirá que o temor do Senhor elimina os medos a respeito de nossa família (v.2), pobreza (v.3), trevas (v.4), causa em juízo (v.5) e uma série de outros temores.

Temer ao Senhor não significa encolher-se e rastejar com medo de que nosso Pai nos destrua, mas ter sempre respeito amoroso e obediência jubilosa em relação a nosso Pai celestial, porque o amamos e queremos agradá-lo. Precisamos respeitar a Deus e obedecer-lhe por causa de quem Ele é, pelo Seu caráter e Sua autoridade sobre nós. A. W. Tozer escreveu em *A raiz dos justos* (Ed. Mundo Cristão, 2009): "Ninguém pode conhecer a verdadeira graça de Deus sem antes conhecer o temor de Deus". Se conhecemos o temor de Deus, não precisamos ter medo do inimigo; porque o Senhor lutará por nós"!

"O temor do SENHOR é o princípio do saber, mas os loucos desprezam a sabedoria e o ensino" (PROVÉRBIOS 1:7). "Saber" significa compreender os fatos do mundo e sabedoria é saber usar esses fatos para fazer a vontade de Deus e glorificar Seu nome. "O temor do SENHOR é o princípio da sabedoria..." (SALMO 111:10). Nosso maior inimigo é ignorar a sabedoria espiritual, conforme lemos na Palavra de Deus.

> "Ele abençoa os que temem o SENHOR..."
> (SALMO 115:13).

8

> *Assim,* **tomou Josué toda esta terra,** *segundo tudo o que o* SENHOR *tinha dito a Moisés; e Josué a deu em herança aos filhos de Israel, conforme as suas divisões e tribos; e a terra repousou da guerra.* (JOSUÉ 11:23)

O tema do livro de Josué é a conquista de Canaã por Israel sob a liderança de Josué. Os israelitas já *possuíam* a terra por causa da promessa de Deus a Abraão (GÊNESIS 13:14-18), mas agora deveriam *tomar posse* dela e usufruí-la. É lamentável que alguns liristas e poetas pensem que atravessar o Jordão e entrar em Canaã seja uma representação de morrer e ir para o céu, mas não é. Com certeza no céu não haverá guerras! Ao contrário, é uma representação dos crentes *da atualidade* que se separam da vida antiga (cruzam o Jordão) e se apropriam, pela fé, de sua herança espiritual em Cristo. Essa decisão resulta em batalhas e bênçãos, mas nosso Josué, Jesus Cristo, dá-nos vitória seguida de descanso (HEBREUS 4).

Josué foi um líder escolhido por Deus (NÚMEROS 27:12-23; DEUTERONÔMIO 31:1-8), um homem piedoso com anos de experiência como chefe do exército (ÊXODO 17:8-16) e como servo fiel de Moisés (33:7-11). Inteiramente consagrado ao Senhor, ele sabia que era o segundo no comando (JOSUÉ 5:13-15). O Senhor ordenou-lhe: "Sê forte e corajoso" (JOSUÉ 1:6,7,9), porque prometera que ele seria vitorioso. Em todos os livros de Moisés você encontrará promessas de Deus de que Ele expulsaria o inimigo e daria a terra a Israel, e Josué apoderou-se daquelas promessas (GÊNESIS 13:14-18; ÊXODO 23:20-33; 33:1,2; 34:10-14; LEVÍTICO 18:24,25; 20:23,24; NÚMEROS 33:50-56; DEUTERONÔMIO 4:35-38; 7:17-26; 9:1-6). Josué não possuía mapa nem guia de viagem, mas possuía a Palavra de Deus (JOSUÉ 1:7,8). Que exemplo para seguirmos!

Josué, porém, foi um líder humilde, pronto para admitir seus erros e não lançar a culpa em outra pessoa. Depois da grande vitória em Jericó, ele não buscou a orientação de Deus e Israel sofreu uma derrota humilhante em Ai (JOSUÉ 7). Josué prostrou-se com o rosto em terra para buscar o Senhor, e Deus ordenou-lhe que se levantasse, parasse de orar e se livrasse do pecador cuja desobediência causara a derrota. Posteriormente, ele se precipitou e, sem consultar a Deus, fez uma aliança de paz com os inimigos de Israel, os gibeonitas (JOSUÉ 9). É importante que os servos de Deus parem e esperem no Senhor, sem sentir confiança exagerada em razão de vitórias anteriores.

Josué foi um homem de fé, e os líderes são os que mais necessitam de fé. "Pela fé, ruíram as muralhas de Jericó, depois de rodeadas por sete dias" (HEBREUS 11:30). A fé aceita a estratégia de Deus, por mais estranha que possa parecer, e obedece às ordens de Deus. Josué teve muita fé a ponto de clamar a Deus para que prolongasse a duração do dia a fim de dar tempo ao exército para derrotar o inimigo (JOSUÉ 10).

Josué conquistou a terra, mas infelizmente nem todas as tribos tomaram posse de todos os seus territórios (JUÍZES 1:27-36). Será que a igreja de hoje apropriou-se de tudo o que Jesus pagou por nós na cruz? Necessitamos de mais pessoas como Josué, que creiam em Deus e ajudem os outros a tomar posse de sua herança.

> "Finalmente, sede todos de igual ânimo, compadecidos,
> fraternalmente amigos, misericordiosos,
> humildes, não pagando mal por mal ou injúria por injúria;
> antes, pelo contrário, bendizendo,
> pois para isto mesmo fostes chamados,
> a fim de receberdes bênção por herança"
> (1 PEDRO 3:8,9).

9

> *Então, se virou o* SENHOR *para ele e disse: Vai nessa tua força e livra Israel da mão dos midianitas;* **porventura, não te enviei eu?** (JUÍZES 6:14)

Se fôssemos vizinhos de Gideão, jamais teríamos suspeitado de que um dia ele seria um grande general e um juiz famoso em Israel, mas foi exatamente o que ocorreu. Quando estava malhando trigo no lagar, Gideão surpreendeu-se ao ouvir o Senhor chamá-lo de "homem valente" (JUÍZES 6:12). Seus amigos devem ter-se espantado com a coragem que ele teve para destruir o altar de Baal e erigir um altar ao Senhor, e depois reunir um pequeno exército para derrotar os midianitas. Qual foi o segredo dessa extraordinária transformação? Ele foi enviado por Deus e confiou em Suas promessas. A questão não é saber quem somos ou o que podemos fazer, mas saber que fomos enviados por Deus.

No entanto, no início desse encontro com Deus, a falta de fé desse homem quase arruinou tudo. "Se o SENHOR é conosco, por que nos sobreveio tudo isto? E que é feito de todas as suas maravilhas [...]? Porém, agora, o SENHOR nos desamparou..." (v.13). O erro de Gideão foi olhar para *suas circunstâncias* em vez de olhar para Deus e obedecer-lhe. Não há obstáculos para o nosso Deus soberano, porque, para Ele, tudo é possível. Quando vivemos pela fé no Deus vivo e verdadeiro, não fazemos perguntas. Confiamos nas promessas.

Então Gideão olhou para *si mesmo* e ficou mais desanimado ainda. "Ai, Senhor meu! Com que livrarei Israel? Eis que a minha família é a mais pobre em Manassés, e eu, o menor na casa de meu pai" (v.15). Mas Deus já o chamara de "homem valente", e Ele sempre diz a verdade.

> *"Pelo contrário, Deus escolheu as coisas loucas do mundo para envergonhar os sábios e escolheu as coisas fracas do mundo para envergonhar as fortes; e Deus escolheu as coisas*

humildes do mundo, e as desprezadas, e aquelas que não são, para reduzir a nada as que são; a fim de que ninguém se vanglorie na presença de Deus"
(1 CORÍNTIOS 1:27-29).

Gideão tinhas as qualificações, e nós também temos!

Em Hebreus 11:32, Gideão faz parte da lista dos outros heróis da fé que realizaram coisas grandiosas para glorificar o Deus que os enviara. Quando nos envia, Deus vai conosco e permanece conosco. A promessa de Deus: "Serei contigo" sustentou-os e pode sustentar-nos hoje. O Senhor fez essa promessa a Abraão (GÊNESIS 26:3), a Jacó (31:3), a Moisés (ÊXODO 3:12), a Josué (JOSUÉ 1:5,9), Jeremias (JEREMIAS 1:8,19), ao apóstolo Paulo (ATOS 18:9,10) e a cada cristão de hoje (HEBREUS 13:5,6). "Não fui eu que te ordenei?", e "Eu serei contigo" podem transformar qualquer cristão!

Um amigo meu enviou-me estes versos que, a meu ver, resumem essa meditação:

Olha para as circunstâncias e ficarás angustiado;
Olha para ti mesmo e ficarás deprimido;
Olha com fé para Jesus e serás abençoado.

"Portanto, [...] corramos, com perseverança, a carreira que nos está proposta, olhando firmemente para o Autor e Consumador da fé, Jesus..."
(HEBREUS 12:1,2).

10

O S<small>ENHOR</small> retribua o teu feito, *e seja cumprida a tua recompensa do S<small>ENHOR</small>, Deus de Israel, sob cujas asas vieste buscar refúgio* (RUTE 2:12).

O Senhor *recompensou* o trabalho de Rute, porém ela não poderia ter feito nada se antes não tivesse tido fé no Senhor, porque "a fé sem obras é morta" (TIAGO 2:26). Seu testemunho em Rute 1:16,17 é um dos mais grandiosos da Bíblia, e sua vida, uma das puras e mais doces. Rute confiou no Senhor, e Ele a recompensou promovendo algumas mudanças maravilhosas em sua vida.

A forasteira chegou. "Nenhum amonita ou moabita entrará na assembleia do S<small>ENHOR</small>" (DEUTERONÔMIO 23:3), porém Rute abandonou seus ídolos e aceitou o Senhor e, como prosélita judia, ela fez parte da nação. Mas, acima de tudo, espiritualmente falando, ela passou a habitar no Santo dos Santos no tabernáculo, sob as asas do querubim que guardava a Arca da Aliança (SALMOS 36:7,8; 61:4; 91:1-4). Tive experiência semelhante quando confiei em Cristo. "Mas, agora, em Cristo Jesus, vós, que antes estáveis longe, fostes aproximados pelo sangue de Cristo" (EFÉSIOS 2:13).

A enlutada encontrou paz. O primeiro capítulo do livro de Rute é encharcado de lágrimas de adeus quando Elimeleque e Noemi e os dois filhos do casal saíram de Belém. Depois, o marido e os filhos de Noemi morreram, deixando três viúvas. As viúvas e os leprosos ocupavam os últimos lugares da escala social naquela época. Noemi decidiu voltar para Belém, e Rute insistiu em acompanhá-la. Quando chegaram a Belém, Noemi disse às suas amigas: "...Não me chameis Noemi; chamai-me Mara...", que em hebraico significa *amarga* (RUTE 1:20). Mas Rute tinha a paz de Deus no coração e começou imediatamente a ministrar à sua sogra. A cunhada de Rute que ficou em Moabe deve ter casado de novo e encontrado paz (1:9), mas a paz que Rute sentiu em Belém foi muito maior.

A trabalhadora sentiu satisfação. Rute aprendeu que a lei hebraica permitia que os pobres rebuscassem as espigas durante a colheita, e ela queria cuidar de Noemi da melhor forma possível. Vemos aqui a providência de Deus, porque ela escolheu "por casualidade" as terras de Boaz, um dos parentes de Noemi, e "por casualidade" Boaz chegou enquanto ela estava trabalhando. Foi "amor à primeira vista", e ele disse a Rute que trabalhasse apenas em suas terras. Ordenou a seus servos que a protegessem e deixassem cair algumas espigas de propósito para ela colher. Boaz fez questão que ela descansasse e deu-lhe de comer e de beber, embora ela fosse uma estrangeira! Rute encontrou favor (GRAÇA) aos olhos dele (2:2,10,13), e é assim que a salvação sempre começa.

A "ninguém" foi altamente honrada. Além de tornar-se membro fiel da comunidade judaica, Rute se casou com Boaz e deu à luz o avô do rei Davi! E mais: seu nome aparece na genealogia de nosso Senhor Jesus Cristo (MATEUS 1:5). Rute começou como uma viúva pobre (CAP.1) que vivia de sobras (CAP.2). Recebeu presentes de Boaz (CAP.3) e acabou casando-se com Boaz e participando de toda a sua riqueza (CAP.4). Essa é a graça de Deus! Essas foram as "recompensas" de Deus até o dia em que ela chegou ao céu e recebeu a "plena recompensa".

Recompensas recebidas aqui e recompensa plena recebida no céu — como é misericordioso o Mestre a quem servimos! Devemos ser servos que mereçam recompensas.

> "Acautelai-vos, para não perderdes aquilo que temos realizado com esforço, mas para receberdes completo galardão" (2 JOÃO 8).

11

Não multipliqueis palavras de orgulho, nem saiam coisas arrogantes da vossa boca; porque o SENHOR é o Deus da sabedoria e **pesa todos os feitos na balança**
(1 SAMUEL 2:3).

Ana era uma mulher piedosa, porém mal compreendida e criticada. Penina, a segunda mulher de seu marido, a provocava e a levava às lágrimas porque Ana não tinha filhos, e Eli, o sumo sacerdote, imaginou que ela estivesse embriagada. Ana faz parte da lista de outras pessoas de fé que foram mal compreendidas e criticadas, como José, Davi, Jeremias, Paulo e até o nosso Senhor Jesus Cristo. (Jesus foi até acusado de ser aliado de Satanás!). Mas Deus ouviu as orações de Ana e deu-lhe um filho a quem ela chamou de Samuel e consagrou ao Senhor para servir no tabernáculo. Samuel tornou-se um dos gigantes espirituais do Antigo Testamento. Essas palavras do cântico de júbilo de Ana encorajam-nos quando somos mal compreendidos ou criticados.

Deus conhece a verdade. Ele sabe o que as outras pessoas pensam e dizem; sabe também o que *você* pensa e diz (SALMO 139:1-6). Sabe o que está em cada coração (ATOS 1:24). "E não há criatura que não seja manifesta na sua presença; pelo contrário, todas as coisas estão descobertas e patentes aos olhos daquele a quem temos de prestar contas" (HEBREUS 4:13). Nós nem sequer conhecemos o nosso coração (JEREMIAS 17:9)! Pedro imaginou estar pronto para morrer pelo Senhor, sem saber que estava prestes a negá-lo três vezes. Quando as pessoas mentem a seu respeito, tenha certeza de que seu Pai celestial conhece a verdade e um dia acertará contas com o mentiroso.

Deus pesa as pessoas e suas ações. O evangelista D. L. Moody dizia que os convertidos deveriam ser pesados e contados, e que nosso Senhor pesa as pessoas e o que elas dizem e fazem. "Somente vaidade são os homens plebeus; falsidade, os de fina estirpe; pesados em balança, eles juntos são mais leves que a vaidade" (SALMO 62:9). "Vaidade de vaidades, diz o Pregador; vaidade de vaidades, tudo é vaidade" (ECLESIASTES 1:2). Salomão usou a palavra hebraica *hevel* 38 vezes em Eclesiastes, traduzida por "vaidade, frivolidade, futilidade". A vida dentro da vontade de Deus é sólida e gratificante, mas a vida fora de Sua vontade é vazia e sem sentido.

Devemos pesar nossas palavras antes de falar, porque Deus as pesa. "O coração do justo medita o que há de responder...", Salomão escreveu (PROVÉRBIOS 15:28). Devemos também julgar as palavras proferidas na igreja para evitar que não estejam de conformidade com a Palavra de Deus (1 CORÍNTIOS 14:29). Jesus adverte: "Digo que de toda palavra frívola que proferirem os homens, dela darão conta no dia do juízo" (MATEUS 12:36). Deus pesa nosso espírito (PROVÉRBIOS 16:2) e nosso coração (21:2; 24:12). Ele vê e ouve o que ninguém é capaz de ver e ouvir.

Deus recompensa os que usam materiais "de peso". Se usarmos materiais de grande valor para realizar a obra de Deus (ouro, prata e pedras preciosas, não madeira, feno e palha), receberemos a recompensa; se não nesta vida, será na próxima (1 CORÍNTIOS 3:12-17; EFÉSIOS 6:8; COLOSSENSES 3:23,24). A mulher de Potifar mentiu a respeito de José e ele foi preso, mas Deus o honrou. O rei Saul mentiu a respeito de Davi e tentou matá-lo, mas Davi foi justificado. Até o Senhor Jesus foi justificado em Sua ressurreição e ascensão gloriosa ao céu.

O rei Belsazar considerava-se rico e poderoso e, de acordo com os padrões do mundo, ele era mesmo. Deus, porém, disse-lhe: "Pesado foste na balança e achado em falta" (DANIEL 5:27). Naquela mesma noite, ele foi morto. Não pese a vida nas balanças do mundo; pese-a nas balanças de Deus. Se colocarmos Cristo em primeiro lugar, nós o teremos — e teremos tudo mais de que necessitamos!

> "Buscai, pois, em primeiro lugar,
> o seu reino e a sua justiça, e todas estas coisas
> vos serão acrescentadas" (MATEUS 6:33).

12

O rapaz [escudeiro] respondeu [a Jônatas]: — Faça o que achar melhor. **Eu estou com o senhor**
(1 SAMUEL 14:7 NTLH).

Cinco palavras simples — "eu estou com o senhor" —, mas que ajudaram a fazer diferença entre o sucesso e o fracasso. Jônatas já tinha vencido a batalha, cujo crédito fora dado a seu pai, o rei Saul (1 SAMUEL 13:1-4), mas ele não se importou com isso, porque Deus recebeu a glória e a nação de Israel foi protegida. Como povo de Deus, estamos sempre em conflito com os inimigos do Senhor e sempre estamos em número menor. Havia três tipos de israelitas no campo de batalha naquele dia, da mesma forma que há três tipos de "soldados cristãos" na igreja de hoje.

Há aqueles que não fazem nada. O rei Saul estava sentado sob uma árvore, rodeado de 600 soldados, imaginando o que faria em seguida. Os líderes devem *desempenhar bem* suas funções, não apenas ocupá-las (1 TIMÓTEO 3:13). Deus havia dado posição e autoridade a Saul, mas ele parecia não ter visão, nem poder nem estratégia. Permanecia ao longe como mero espectador em vez de agir, e os espectadores não progridem muito na vida. Junto a Saul e seu pequeno exército havia muitos israelitas que haviam fugido do campo de batalha e se escondido; alguns haviam até se rendido ao inimigo! Quando Jônatas e seu escudeiro começaram a derrotar os filisteus e o Senhor sacudiu o acampamento do inimigo, os fujões saíram do esconderijo e entraram na batalha. Você conhece algum cristão semelhante? É um deles?

Há aqueles que não temem nada. Jônatas já havia vencido a batalha contra os filisteus e era um homem de fé. Tinha certeza de que o Deus de Israel daria a vitória a Seu povo. Talvez estivesse se apoiando nas promessas de Deus em Levítico 26:7,8: "Perseguireis os vossos inimigos, e cairão à espada diante de vós. Cinco de vós perseguirão a cem, e cem dentre vós perseguirão a dez mil...". Jônatas garantiu a seu escudeiro: "...para o SENHOR nenhum impedimento há de livrar com muitos ou com poucos" (1 SAMUEL 14:6). Jônatas esperava que Deus lhe desse um sinal de que sua estratégia estava correta, e Deus a confirmou (vv.9-14). Deus também provocou um terremoto no acampamento do inimigo. Os filisteus entraram em pânico e começaram a atacar uns aos outros; e o exército do inimigo começou a se dissolver (v.16).

Há aqueles que trabalham em silêncio. O escudeiro de Jônatas é mencionado nove vezes nessa narrativa, mas seu nome não é revelado. Da mesma forma que muitas pessoas na Escritura, ele desempenhou bem suas funções, mas permaneceu anônimo até receber a recompensa no céu. Pense no rapaz que ofereceu seu lanche a Jesus, com o qual Cristo alimentou cinco mil pessoas (JOÃO 6:8-11) ou na menina judia que enviou Naamã a Eliseu para ser curado de lepra (2 REIS 5:1-4) ou ainda no sobrinho de Paulo cuja ação rápida salvou a vida de seu tio (ATOS 23:16-22).

O escudeiro encorajou Jônatas e prometeu permanecer ao lado dele. Todos os líderes, por mais sucesso que tenham, necessitam de outras pessoas a seu lado para ajudá-los a acelerar seus planos. Arão e Hur ajudaram Moisés a permanecer de mãos levantadas, enquanto este orava por Josué e pelo exército judeu na batalha (ÊXODO 17:8-16), e Jesus pediu a Pedro, Tiago e João que vigiassem com ele enquanto orava no jardim (MATEUS 26:36-46). Bem-aventurados são os líderes que possuem colaboradores dignos de confiança, cujo coração está em unidade com o coração do líder e que trabalham em silêncio dizendo com dedicação: "Estou com você". Jesus nos diz isso e nos ajudará a dizer o mesmo aos outros.

> "E eis que estou convosco todos os dias
> até à consumação do século"
> (MATEUS 28:20).

13

Então, respondeu um dos moços e disse: Conheço um filho de Jessé, o belemita, que sabe tocar e é forte e valente, homem de guerra, sisudo em palavras e de boa aparência; e **o Senhor é com ele** (1 SAMUEL 16:18).

Davi ainda não havia matado Golias, portanto não era o herói popular no qual se tornou depois. Mas aquele moço anônimo tinha observado e admirado Davi, e o recomendara para ministrar a Saul durante as horas de angústia demoníaca do rei. Havia outros jovens em Israel que eram músicos, guerreiros, bons oradores e de boa aparência, mas o que mais impressionou esse moço de Saul foi que o Senhor estava com Davi. O Senhor havia estado com Saul, mas se retirara dele (1 SAMUEL 10:7; 16:14). O Senhor havia estado com Abraão (GÊNESIS 21:22), com Isaque (26:28), com Jacó (28:15), com José (39:2,3,21,23) e com Josué (JOSUÉ 1:5), portanto Davi estava em companhia ilustre. Não há honra maior do que estar em companhia do Senhor — mas o que isso significa?

Significa caráter espiritual. Quando foi à casa de Jessé para ungir o novo rei, Samuel ficou impressionado com os irmãos de Davi. Mas Deus disse-lhe que não prestasse atenção às aparências, porque "o SENHOR [vê] o coração" (1 SAMUEL 16:7). Anos depois, Asafe escreveu a respeito de Davi: "E ele os apascentou consoante a integridade do seu coração..." (SALMO 78:72). Saul era um homem de mente dividida e coração orgulhoso, que queria ser honrado diante do povo (1 SAMUEL 15:30), mas Davi era humilde e queria honrar ao Senhor. Davi era um homem de caráter, um homem segundo o coração de Deus (13:14 NVI). Robert Murray M'Cheyne escreveu: "Deus abençoa os grandes talentos, mas não tanto quanto abençoa a grande semelhança com Jesus".

Significa poder divino. Embora talvez fosse apenas um adolescente, Davi matou o gigante Golias usando uma funda de pastor. Conduziu seus soldados em vitória, de modo que as mulheres começaram a cantar-lhe louvores: "...Saul feriu os seus milhares, porém Davi, os seus dez milhares" (18:7). Esse cântico ajudou a atiçar a inveja que Saul sentia de Davi e seu desejo de matá-lo, mas o Senhor protegeu Davi. O Senhor capacita e dá força a quem Ele chama, e Davi dependia do poder de Deus. Ele sabia incentivar líderes (CAP.23). O Senhor estava com Davi, e ele nunca fracassou. O rei escreveu: "Pois de força me cingiste para o combate..." (SALMO 18:39).

Significa oposição. O povo de Israel amava e respeitava Davi, mas Saul e seus seguidores queriam matá-lo. Todo cristão verdadeiro que honra o Senhor e permite que a luz brilhe será atacado por pessoas que preferem as trevas (JOÃO 3:19-21). Durante cerca de 7 anos, Saul perseguiu Davi e seus homens, que tiveram de se mudar de um lugar para outro e até morar em cavernas. Provavelmente nós não estamos sendo perseguidos por exércitos, mas "todos quantos querem viver piedosamente em Cristo Jesus serão perseguidos" (2 TIMÓTEO 3:12).

Significa bênçãos duradouras. 1 Reis 2 relata a morte de Davi, porém seu nome é citado muitas vezes na Bíblia depois disso. Ele abençoou o povo após sua morte e abençoa o povo de Deus até hoje. Deixou o projeto da construção do Templo e grande riqueza para construí-lo (1 CRÔNICAS 28:11-20). Também deixou armas para o exército (2 REIS 11:10; 2 CRÔNICAS 23:9), instrumentos musicais para serem usados nos cânticos no Templo (2 CRÔNICAS 29:26,27; NEEMIAS 12:36), e salmos para serem entoados. Muitos do que cantamos hoje tem origem nos salmos de Davi. Nosso Salvador Jesus Cristo nasceu da linhagem de Davi.

As dádivas que Davi nos deixou continuam a nos abençoar, e 1 João 2:17 garante-nos que aquele "que faz a vontade de Deus permanece eternamente". Que o Senhor esteja conosco!

> **"Disse Davi a Salomão, seu filho: Sê forte e corajoso e faze a obra; não temas, nem te desanimes, porque o SENHOR Deus, meu Deus, há de ser contigo; não te deixará nem te desamparará..."** (1 CRÔNICAS 28:20).

14

A tua glória, ó Israel, foi morta sobre os teus altos! **Como caíram os valentes!** (2 SAMUEL 1:19).

"Fale sempre bem dos mortos" é um provérbio antigo, e Davi o obedeceu quando escreveu essa elegia em homenagem a Saul e Jônatas. Davi não diz nada a respeito do egoísmo e das ações pecaminosas de Saul, porém exclama três vezes: "Como caíram os valentes!" (2 SAMUEL 1:19,25,27). Saul era um gigante em estatura (1 SAMUEL 10:23,24), mas um pigmeu em caráter, pois vivia se escondendo.

Ele se escondeu para não aceitar responsabilidade (1 SAMUEL 10:20-24). Samuel fez uma cena dramática quando apresentou o primeiro rei de Israel ao povo. Excluiu todas as tribos até restar apenas a tribo de Benjamim, e depois excluiu todas as famílias até restar apenas a família de Quis. Mas não conseguiu encontrar Saul! Perguntou ao Senhor onde Saul estava e recebeu esta resposta: "Está aí escondido entre a bagagem" (v.22), isto é, a bagagem do povo ali reunido. O que Saul estava fazendo ali? Já havia sido ungido por Samuel, portanto sabia que Deus o havia escolhido para ser rei, e não havia nenhum motivo para esconder-se, nem mesmo hesitar. Foi uma demonstração de medo ou de falsa humildade? "Se Deus chamou um homem para ser rei", G. Campbell Morgan disse: "ele não tem o direito de se esconder". Concordo.

Ele se escondeu para não ter de prestar contas de seus erros. À medida que lemos sobre a vida de Saul, vemos que ele desobedeceu a Deus várias vezes e depois se justificava em vez de confessar e buscar perdão. Em 1 Samuel 13, ele ficou impaciente enquanto aguardava a chegada de Samuel para oferecer um sacrifício; assim, ele próprio ofereceu o sacrifício e depois culpou Samuel por estar "atrasado". No capítulo 14, Saul fez um juramento precipitado e culpou seu filho Jônatas pelas consequências — e quase o matou!

No capítulo 15, ele falhou em obedecer ao Senhor não matando o rei Agague e não dizimando todas as ovelhas e os bois do inimigo. Sua justificativa? O povo salvou "o melhor" e destruiu o que era desprezível. Mas quando Deus diz: "Destrua!", não existe "o melhor"! Essa justificativa custou o reino a Saul. Ele tornou-se paranoico com todas as pessoas que prestavam ajuda a Davi e matou todas as famílias sacerdotais em Nobe porque o sumo sacerdote dera pães do santuário aos homens de Davi (1 SAMUEL 21–22). Saul estava agindo como Satanás: era mentiroso e assassino (JOÃO 8:44).

Ele se escondeu para não enfrentar a realidade (1 SAMUEL 28; 31). Saul não estava recebendo nenhuma mensagem do Senhor, o que não deveria ser surpresa para ele. "Se eu acalentasse o pecado no coração, o Senhor não me ouviria" (SALMO 66:18 NVI). O verbo acalentar significa que sabemos que o pecado está presente, que o aprovamos e não planejamos tomar nenhuma atitude em relação a ele. Saul vestiu outras roupas para disfarçar-se e foi consultar uma feiticeira, de quem recebeu ordens do diabo. No entanto, Saul não estava se disfarçando. Estava revelando seu verdadeiro "eu", porque fora um farsante durante a maior parte de seu reinado. Samuel disse-lhe que o dia seguinte seria o último da vida de Saul, porque ele e seus filhos morreriam na batalha (1 SAMUEL 28:19; 31:1-6). Saul foi farsante até o fim e conduziu o exército mesmo sabendo que Israel perderia a batalha e ele morreria.

Deus nunca pretendeu que Saul estabelecesse uma dinastia, porque o rei de Israel teria de vir da tribo de Judá (GÊNESIS 49:10), e Davi já havia sido ungido rei. A queda trágica de Saul traz-me à memória as palavras de nosso Senhor em Apocalipse 3:11: "Venho sem demora. Conserva o que tens, para que ninguém tome a tua coroa". A carreira de Saul começa com um gigante em estatura (1 SAMUEL 10:23,24), mas termina com um homem morto, caído ao chão. Assim como Sansão, Ló, Judas e Demas, sua vida não acabou bem.

> "Aquele, pois, que pensa estar em pé veja
> que não caia" (1 CORÍNTIOS 10:12).

15

*Então, disse Davi a Gade: Estou em grande angústia; porém caiamos nas mãos do S*ENHOR*, porque* **muitas são as suas misericórdias;** *mas, nas mãos dos homens, não caia eu* (2 SAMUEL 24:14).

Dois pecados. Pergunte a uns dez leitores da Bíblia qual foi o maior pecado de Davi, e a maioria responderá: "Seu adultério com Bate-Seba". Aquele foi, sem dúvida, um grande pecado, um pecado repentino e passional da carne que causou cinco mortes: Urias, o marido de Bate-Seba morreu, o bebê morreu e os outros três filhos de Davi morreram. Mas quando Davi fez o recenseamento do povo, esse foi um pecado deliberado de orgulho, que levou 70 mil pessoas à morte! Quando confessou seu adultério, Davi disse: "Pequei contra o SENHOR" (2 SAMUEL 12:13), porém disse: "Muito pequei no que fiz" (v.10) quando confessou seu pecado a respeito do recenseamento. Há pecados da carne e pecados do espírito (2 CORÍNTIOS 7:1) e temos a tendência de dar ênfase ao primeiro e minimizar o segundo. Mas os pecados do espírito podem também trazer consequências terríveis. Jesus equiparou a raiva com assassinato e luxúria com adultério (MATEUS 5:21-30). Mostrou compaixão com publicanos e pecadores, mas chamou os escribas e os fariseus orgulhosos de "filhos do diabo".

Duas consequências. Deus, em sua soberania, permitiu que o pecado de Davi resultasse em dor, sofrimento e morte, e isso fez Davi sofrer muito. Mas Deus, em Sua graça e misericórdia, perdoou os pecados de Davi e extraiu o bem de uma grande tragédia. Salomão nasceu de Bate-Seba e foi o sucessor de Davi. E Salomão construiu o Templo na propriedade que Davi havia adquirido e sobre a qual construíra um altar para oferecer sacrifícios a Deus. Somente um Deus misericordioso é capaz de pegar dois pecados abomináveis e construir um Templo com eles! Deus é grande em misericórdia (1 PEDRO 1:3) e rico em misericórdia (EFÉSIOS 2:4), e é muito mais fácil cair em Suas mãos do que nas mãos dos homens.

No Salmo 25:6, Davi disse que as misericórdias de Deus "são desde a eternidade".

Dois tronos. Deus, em Sua misericórdia, não nos dá o que *realmente* merecemos e, em Sua graça, dá-nos o que *não* merecemos — perdão! Podemos achegar-nos junto ao trono da *graça* e receber *misericórdia* (HEBREUS 4:16). Mas não significa que somos livres para pecar à vontade só porque Deus é misericordioso e compassivo (ROMANOS 6:1,2)! Simplesmente significa que nosso Pai tomou as providências para que confessássemos nossos pecados e fôssemos perdoados. Essa é a graça de Deus —, mas não se esqueça da soberania de Deus. O perdão não é coisa barata; custou a vida de Jesus. Davi em seu trono teve liberdade para desobedecer a Deus e fazer o recenseamento do povo, mas não teve liberdade para mudar as consequências de suas ações.

Duas garantias. Primeira: a misericórdia de Deus nunca falha. Satanás é o acusador (APOCALIPSE 12:10) e quer aborrecer-nos ao nos lembrar de nossos pecados. Não podemos duvidar de forma alguma das promessas de Deus, por mais que soframos quando Deus nos disciplina. Pode haver consequências dolorosas para nossos pecados, mas esses sofrimentos não significam que não fomos perdoados. A promessa de Deus em 1 João 1:9 é verdadeira e devemos reivindicá-la pela fé. Segunda garantia: o profeta Miqueias escreveu a prescrição perfeita para o coração perturbado pelas lembranças do pecado:

> "Quem, ó Deus, é semelhante a ti, que perdoas a iniquidade e te esqueces da transgressão do restante da tua herança? O SENHOR não retém a sua ira para sempre, porque tem prazer na misericórdia.
> Tornará a ter compaixão de nós; pisará aos pés as nossas iniquidades e lançará todos os nossos pecados nas profundezas do mar" (7:18,19).

> "E o Senhor coloca uma tabuleta no alto
> com estas palavras: É PROIBIDO PESCAR",
> conforme Corrie ten Boom dizia.

16

Assim, meu Deus, que os teus olhos estejam abertos e teus ouvidos atentos às orações feitas neste lugar
(2 CRÔNICAS 6:40 NVI).

"N este lugar" refere-se ao Templo em Jerusalém que o rei Salomão estava consagrando naquele dia. O Templo devia ser uma "Casa de Oração para todos os povos" (ISAÍAS 56:7; MARCOS 11:17), e a oração de Salomão deixou um bom exemplo para o povo seguir. Ele ressaltou a oração *no* Templo quando o povo estivesse em Jerusalém (2 CRÔNICAS 6:24,32,40) e *pelo* Templo quando o povo estivesse longe de casa (vv.20,21,26,34,38). Davi orou pelo Templo quando necessitou da ajuda do Senhor (SALMOS 28:2; 138:2). O profeta Jonas fez o mesmo quando estava no ventre do grande peixe (JONAS 2:4). O profeta Daniel abria as janelas na direção de Jerusalém quando orava (DANIEL 6:10) o rei Josafá orou no campo de batalha (2 CRÔNICAS 18:31,32). Se essa regra geográfica se aplicasse aos crentes de hoje, eu teria sérios problemas, pois tenho pouco senso de direção! Mas tudo o que Senhor pede de Seus filhos é que elevem o coração aos céus e digam com fé: "Pai!".

Quando oramos de acordo com a vontade de Deus, participamos de um milagre, porque a oração transcende o tempo e o espaço. *Não temos de nos preocupar com geografia.* Davi orou em uma caverna (SALMOS 57; 142), Paulo e Silas oraram na prisão (ATOS 16:25), o rei Ezequias orou em seu leito quando estava doente (ISAÍAS 38), Pedro clamou a Jesus quando começou a afundar no mar da Galileia (MATEUS 14:29-33) e Jesus orou enquanto estava sendo pregado na cruz (LUCAS 23:34). Quando se trata de oração, os cristãos não necessitam de equipamento, programação ou ambiente especiais. Se assim fosse, Paulo não teria escrito: "Orai sem cessar" (1 TESSALONICENSES 5:17) ou que devemos orar "em todo tempo" (EFÉSIOS 6:18) e Jesus jamais teria dito que devemos "orar sempre e nunca esmorecer" (LUCAS 18:1).

A oração não é limitada pelo tempo, porque estamos conectados ao Deus eterno que conhece o fim desde o princípio. O rei Salomão orou por situações futuras, confrontando o povo que ainda haveria de nascer; e em sua oração registrada em João 17, Jesus intercedeu pelos crentes que viveriam muitos séculos depois. *Orou até pela igreja de hoje, por você e por mim* (vv.20-26). Quando se aproximar do trono da graça, esqueça os calendários, os relógios e os mapas e, pela fé, toque a vida e as circunstâncias das pessoas em todos os lugares do planeta Terra. Não precisamos "ir à igreja" para orar. Orei em uma ambulância que me levava às pressas para o hospital depois que um motorista embriagado, dirigindo em alta velocidade, destruiu meu carro e quase me matou. Orei em um avião que estava derramando combustível no Oceano Atlântico, para evitar explosão. Orei em quartos de hospital com pessoas cujos entes queridos corriam risco de morrer. Orei durante minha pregação ao sentir que o inimigo estava agindo. Afirmando as palavras de Romanos 8:28, agradeci quando tudo parecia estar desmoronando.

Se pararmos de pensar na oração como um milagre, nossa vida de oração começará a vacilar e, em seguida, cessará. Acabaremos orando de modo tão tímido que passamos a conversar conosco em vez de conversar com o Senhor. Ao pregar para sua congregação em Londres em uma manhã de domingo, 1.º de outubro de 1882, Charles Haddon Spurgeon disse: "No entanto, irmãos, quer gostemos quer não, lembrem-se: *pedir é a regra do reino*... É uma regra que nunca será alterada em nenhum caso". Isso nos lembra de Tiago 4:2: "Nada tendes, porque não pedis".

"Algumas pessoas pensam que Deus não gosta de ser perturbado com nossa aproximação e pedidos constantes", D. L. Moody disse: "A única forma de perturbar Deus é não nos aproximarmos dele".

Você está se aproximando dele e pedindo?

"Por isso, vos digo: Pedi, e dar-se-vos-á; buscai e acharei; batei, e abrir-se-vos-á" (LUCAS 11:9).

17

Então [...] **começaram a construir o altar** *do Deus de Israel, para nele sacrificarem holocaustos, conforme o que está escrito na Lei de Moisés, homem de Deus* (ESDRAS 3:2 NVI).

Em 538 a.C., cerca de 50 mil exilados judeus partiram da Babilônia e voltaram para Jerusalém a fim de reconstruir o Templo e restaurar a cidade. Não tiveram nenhuma facilidade, porque a cidade estava em ruínas e os inimigos de Israel não queriam que Jerusalém fosse restaurada. Os judeus, porém, eram um povo unido (ESDRAS 3:1,9) e o Senhor estava com eles. Suas prioridades eram corretas porque, sem esperar que o Templo estivesse pronto, eles reconstruíram o altar e começaram a oferecer os holocaustos diários, conforme o número ordenado. Aquela era uma nova geração realizando um novo começo como nação, mas obedeciam às instruções da antiga lei de Moisés. Não inventaram nada novo; simplesmente obedeciam à Palavra de Deus. Alguns crentes de hoje precisam seguir o exemplo daquele povo.

Temos um altar. Ele não está na parte frontal de um santuário na Terra, mas entronizado no céu, porque o Filho de Deus exaltado e que subiu ao céu é nosso altar (HEBREUS 13:10). É por meio dele que oferecemos nossos sacrifícios espirituais a Deus (1 PEDRO 2:5). Tenho ouvido pregadores dizerem: "Venham ao altar e conheçam o Senhor", porém, estritamente falando, não existem altares na Terra. Jesus entrou no Santo dos Santos através do véu celestial e lá intercede por nós (HEBREUS 6:20). Durante a economia do Antigo Testamento, Deus encontrava-se com Seu povo no altar de bronze à porta do tabernáculo (ÊXODO 29:42,43), mas hoje encontramo-nos com o Pai por meio do Filho (JOÃO 14:6) e no Espírito (EFÉSIOS 2:18). De acordo com Hebreus 4:14-16, podemos achegar-nos "confiadamente" ao trono da graça, apresentar nossas ofertas de adoração e tornar conhecidas as nossas necessidades.

Temos ofertas para trazer. Cada crente em Jesus Cristo é um sacerdote (1 PEDRO 2:5,9; APOCALIPSE 1:6) e tem o privilégio de servir e adorar a Deus e oferecer-lhe "sacrifícios espirituais". A palavra "espiritual" não significa imaterial, mas "de uma qualidade espiritual que Deus possa aceitar". No início de cada dia, preciso apresentar meu corpo a Deus como sacrifício vivo (ROMANOS 12:1,2) e separar um tempo para oferecer-lhe oração (SALMO 141:1-3) e louvor (HEBREUS 13:15). Durante o dia, preciso fazer boas obras que o honrem (v.16) e preciso usar meus recursos materiais para ajudar outras pessoas e glorificar a Deus (FILIPENSES 4:14-18; ROMANOS 15:27). Quando a igreja local se reúne, ela se torna um "reino de sacerdotes" apresentando sacrifícios espirituais ao Senhor, e nosso desejo é agradar a Ele e honrá-lo.

Devemos oferecer o melhor a Deus. Leia Malaquias 1, onde Deus reprova os sacerdotes por levarem "sacrifícios baratos" ao altar. As palavras de Davi quando comprou a propriedade de Ornã me vêm à mente: "...pelo seu inteiro valor a quero comprar; porque não tomarei o que é teu para o SENHOR, nem oferecerei holocausto que não me custe nada" (1 CRÔNICAS 21:24). Aquilo que oferecemos e como oferecemos revelam o quanto valorizamos nosso Senhor e apreciamos Suas misericórdias. A palavra *adoração* significa "amar ao extremo", e aquilo que incluímos em nossa adoração mostra o quanto valorizamos o Senhor.

Seja qual for o projeto que você está elaborando, tenha certeza de construir o altar antes. Entregue-se ao Senhor, bem como tudo o que você possui e planeja fazer. Ofereça o melhor a Ele. Não lhe ofereça aquilo que não lhe custa nada, porque a adoração e o culto que não têm custo algum nada realizam.

> "Quando trazeis animal cego para o sacrificardes,
> não é isso mal? E, quando trazeis o coxo ou o enfermo,
> não é isso mal? [...] com tais ofertas nas
> vossas mãos, aceitará ele a vossa pessoa? —
> diz o SENHOR dos Exércitos" (MALAQUIAS 1:8,9).

18

Quando os inimigos de Judá [...] souberam que os exilados estavam reconstruindo o templo do SENHOR [...] foram falar com Zorobabel e com os chefes das famílias: **"Vamos ajudá-los nessa obra..."** (ESDRAS 4:1,2).

Um propósito a ser alcançado. Foi o Senhor quem abriu o caminho para o remanescente judeu retornar para sua terra depois do cativeiro na Babilônia (2 CRÔNICAS 36:22,23). O plano de salvação de Deus para o mundo exigia que a nação judaica fosse restaurada, que a capital judaica fosse repovoada e que o Templo judaico fosse reconstruído. Deus fez uma aliança com Israel e com nenhuma outra nação, e Ele manterá aquela aliança (GÊNESIS 12:1-3; 13:14-17; 17; 22:15-19). Na época certa, o Filho de Deus nasceria em Belém, cresceria em Nazaré, ministraria por toda a Terra Santa e finalmente seria crucificado fora de Jerusalém e colocado em um sepulcro. Ressuscitaria dentre os mortos, apareceria a Seus seguidores e voltaria ao céu para subir ao trono com o Pai. "E nós temos visto e testemunhamos que o Pai enviou o Seu Filho como Salvador do mundo" (1 JOÃO 4:14).

Um perigo a ser evitado. Por ser a nação da aliança escolhida por Deus, Israel é o alvo de todos os que rejeitam a Palavra de Deus e o Filho de Deus. "Que mais poderá distinguir", disse Moisés ao Senhor, "a mim e a teu povo de todos os demais povos da face da terra?" (ÊXODO 33:16 NVI). Israel "é povo que habita só e não será reputado entre as nações" (NÚMEROS 23:9). Foi o Senhor quem separou Israel das outras nações (LEVÍTICO 20:26) e advertiu-os a não transigir, imitando aquelas nações. Se os construtores judeus tivessem aceitado a ajuda daquelas nações pagãs, teriam trabalhado com seus inimigos, e o Senhor não os teria abençoado. Infelizmente, os judeus entraram em acordo com seus inimigos pagãos e casaram-se com mulheres estrangeiras (ESDRAS 10:2). O mesmo princípio aplica-se à igreja de hoje. "Não vos ponhais em jugo desigual com os incrédulos", Paulo advertiu, e prosseguiu explicando o motivo (2 CORÍNTIOS 6:14–7:1). O povo de Deus precisa ser separado, mas não isolado (EFÉSIOS 5:8-14).

Uma promessa a ser afirmada. A promessa imutável de Deus a Israel por meio de Abraão diz: "De ti farei uma grande nação, e te abençoarei..." (GÊNESIS 12:2). Sempre que a nação de Israel desobedecia a Deus e adorava os deuses das nações vizinhas, o povo sofria seca, fome, pragas e escravidão. Sempre que Israel obedecia aos termos da aliança, a nação era abençoada em suas famílias, campos, ovelhas e gados e desfrutava paz na terra. Deus os abençoava e eles eram bênção aos outros. A história do remanescente que retornou à terra não é uma história feliz, porque muitos homens se casaram com mulheres estrangeiras, e isso incluiu alguns sacerdotes (ESDRAS 9–10). Era importante que o povo judeu mantivesse a árvore genealógica pura, porque o Messias prometido nasceria de uma virgem judia (ISAÍAS 7:14).

Jesus disse: "[Eu] edificarei a minha igreja" (MATEUS 16:18), e Ele necessita de pessoas separadas, cheias do Espírito para trabalhar a Seu lado. Os cristãos que fazem acordo com o mundo estão trabalhando contra Deus, não com Ele. "Por isso, retirai-vos do meio deles, separai-vos, diz o Senhor; não toqueis em coisas impuras; e eu vos receberei" (2 CORÍNTIOS 6:17). Separação não é isolamento, porque os crentes estão neste mundo como sal e luz, vencendo a corrupção e as trevas (MATEUS 5:13-16). Esse é o tipo de pessoa que o Senhor pode usar para edificar Sua igreja.

> "Tendo, pois, ó amados, tais promessas, purifiquemo-nos de toda impureza, tanto da carne como do espírito, aperfeiçoando a nossa santidade no temor de Deus"
> (2 CORÍNTIOS 7:1).

19

No lugar em que ouvirdes o som da trombeta, para ali acorrei a ter conosco; o **nosso Deus pelejará por nós** (NEEMIAS 4:20).

Sempre que realizamos a obra de Deus com fidelidade, os inimigos do Senhor certamente nos desafiam e nos atacam. Alguns cristãos se aborrecem com as imagens simbólicas e belicosas da Bíblia, porém elas estão lá e não podemos desprezá-las. O povo judeu enfrentou muitas batalhas ao longo de sua história, e a igreja tem tido sua quota de conflitos. Na primeira vez que encontramos a palavra igreja no Novo Testamento, ela está ligada com edificação e batalha (MATEUS 16:18); e o apóstolo Paulo não evitou usar metáforas militares em suas cartas (EFÉSIOS 6:10-20; 2 TIMÓTEO 2:1-4; 1 CORÍNTIOS 15:57; 2 CORÍNTIOS 2:12-17; 10:4-6). Quando estivermos combatendo os inimigos de Deus, Ele estará lutando por nós.

O caráter de Deus exige isso. "O SENHOR é homem de guerra...", as mulheres cantaram depois que Israel atravessou o mar Vermelho (ÊXODO 15:3); e quando os amalequitas atacaram Israel, as orações de Moisés e o exército de Josué os derrotaram (17:8-16). Moisés comemorou esse acontecimento, em forma de memorial, erigindo um altar ao qual deu o nome de: O SENHOR é minha bandeira, que era, com certeza, um título militar. Entre as últimas palavras de Moisés, ele descreve o Senhor como "escudo que te socorre, espada que te dá alteza" (DEUTERONÔMIO 33:29). "O SENHOR sairá como valente...", Isaías escreveu (42:13) e Jeremias escreveu: "...o SENHOR está comigo, como um poderoso guerreiro..." (20:11). O nosso Deus é um Deus santo, e retidão e justiça são evidências de Sua natureza santa. Quando o povo de Deus está lutando contra as hostes do mal, o Senhor luta com ele.

A aliança de Deus declara isso. Essa aliança com Israel encontra-se em Levítico 26–27 e Deuteronômio 28–30. Deus prometeu que quando o povo chegasse a Canaã: "Perseguireis os vossos inimigos, e cairão à espada diante de vós. Cinco de vós perseguirão a cem, e cem dentre vós perseguirão a dez mil..." (LEVÍTICO 26:7,8). "O Senhor fará que sejam derrotados na tua presença os inimigos que se levantarem contra ti; por um caminho, sairão contra ti, mas, por sete caminhos, fugirão da tua presença" (DEUTERONÔMIO 28:7). A nova aliança que Jesus fez em Seu sangue com a Igreja não inclui promessas referentes a terra, riqueza e conquista, mas os princípios são os mesmos, espiritualmente falando. Jesus prometeu que "as portas do inferno não prevalecerão" contra sua igreja (MATEUS 16:18). "Graças a Deus, que nos dá a vitória por intermédio de nosso Senhor Jesus Cristo" (1 CORÍNTIOS 15:57). "[E] esta é a vitória que vence o mundo: a nossa fé" (1 JOÃO 5:4). Os soldados cristãos usam os calçados da paz (EFÉSIOS 6:15) e, quando compartilhamos o evangelho, lutamos pela paz não pela guerra, e é por isso que Satanás se opõe a nós. "Em todas estas coisas, porém, somos mais que vencedores, por meio daquele que nos amou" (ROMANOS 8:37).

Os filhos de Deus precisam depender disso. Nesta guerra espiritual, precisamos fazer a nossa parte crendo nas promessas do Senhor, sendo equipados com a armadura de Deus e cheios do Espírito de Deus. Significa passar tempo meditando na Palavra todos os dias, submeter-se ao Espírito, colocar a armadura da fé e assumir posição ao lado de Cristo. Os soldados cristãos de mente dividida tornam-se vítimas, não vitoriosos. Conforme diz um hino antigo: "Erguei-vos, erguei-vos por Jesus!". O ato de testemunhar a respeito de Jesus anda de mãos dadas com a batalha espiritual, e a batalha dá-nos as melhores oportunidades de falar do evangelho.

Quando a batalha chegar, lembre-se do que Neemias disse: "Deus pelejará por nós". Você não está lutando sozinho. Mas Deus não luta em nosso lugar, porque temos que cumprir nossa parte.

> **"Combate o bom combate da fé..."**
> (1 TIMÓTEO 6:12).

20

*Partimos do rio Aava, no dia doze do primeiro mês, a fim de irmos para Jerusalém; e a **boa mão do nosso Deus** estava sobre nós e livrou-nos das mãos dos inimigos e dos que nos armavam ciladas pelo caminho* (ESDRAS 8:31).

"Se você puder explicar o que se passa em sua vida e ministério, então eles não são resultado da ação de Deus; portanto, pense sempre que sua vida é um milagre." O Dr. Bob Cook, ex-presidente da Mocidade para Cristo, disse essas palavras em uma palestra numa conferência há muitos anos e nunca me esqueci delas. Sem a mão de Deus sobre Seu povo, jamais experimentaríamos o poder de Deus e jamais faríamos progresso em nossa caminhada e serviço cristãos. O livro da Bíblia que mais ilustra essa verdade é o livro de Esdras. "A mão do Senhor" estava trabalhando por Seu povo de forma extraordinária.

A mão de Deus dirige-nos. "Como ribeiros de águas assim é o coração do rei na mão do SENHOR; este, segundo o seu querer, o inclina" (PROVÉRBIOS 21:1). O profeta Jeremias havia predito que os judeus ficariam exilados na Babilônia durante setenta anos e depois receberiam permissão para retornar à sua terra (25:1-14; 29:10,11). O profeta Daniel, exilado, entendeu esse fato. Reivindicou a promessa de Deus e dedicou-se à oração (DANIEL 9). O Senhor tocou o coração do rei Ciro e ele libertou os exilados (ESDRAS 1:1-4). A liberdade chegou, não por pressão política, passeatas ou suborno, mas porque o povo de Deus creu em Suas promessas e orou.

O coração do rei foi tocado pela mão do Senhor da mesma forma que o coração dos judeus exilados que decidiram voltar para sua terra (ESDRAS 1:5). Cerca de 50 mil deles partiram da Babilônia e fizeram a longa jornada até Jerusalém. Durante os anos de exílio, muitas famílias se sentiram confortáveis e preferiram permanecer na Babilônia, mas o remanescente dedicado deu um passo de fé para retornar à sua terra e reconstruir o Templo. Os judeus que permaneceram ofertaram generosamente sua riqueza, e o rei Ciro devolveu aos sacerdotes os utensílios e objetos que necessitariam para ministrar no Templo (vv.5-8). Somente Deus poderia receber a glória desses eventos extraordinários. E nós experimentaríamos mais esses eventos hoje se nos consagrássemos à Palavra e à oração (ATOS 6:4).

A mão do Senhor protege-nos. Nestes dias de comunicação e transporte rápidos, não nos preocupamos em fazer longas jornadas; mas nos tempos antigos, o quadro não era tão brilhante. As viagens eram perigosas, porque havia bandos de ladrões observando as estradas para encontrar caravanas. As viagens também eram desconfortáveis e cansativas, mas a mão do Senhor protegeu Seu povo. Quando o povo chegou a Jerusalém, viu-se cercado de inimigos que não queriam que Jerusalém fosse reconstruída, e o Senhor deu aos judeus a visão e a coragem para não fazer concessões. Satanás inicia seu ataque em forma de uma serpente que engana (ESDRAS 4:1-5) e, se essa tática falhar, ele se apresenta como um leão que devora. Mas a mão de Deus é poderosa e dá-nos a vitória.

A mão de Deus corrige-nos. Esdras 9–10 e Neemias 9–13 narram a triste história dos homens judeus que desobedeceram à lei de Deus e casaram com mulheres pagãs. Se os líderes tivessem permitido que essa concessão continuasse, ela teria contaminado a "descendência consagrada" da nação (MALAQUIAS 2:13-16 NVI). Os líderes tiveram de exercer disciplina, porque "o Senhor corrige a quem ama" (HEBREUS 12:5,6). Se obedecermos ao Senhor, Sua mão derramará bênçãos; mas se rebelarmos, Sua mão pesará sobre nós (SALMO 32:4). Que a boa mão do Senhor esteja sempre sobre nós enquanto o buscamos e o servimos!

> "A destra do SENHOR se eleva, a destra do SENHOR
> faz proezas" (SALMO 118:16).

21

Acabou-se, pois, o muro *aos vinte e cinco dias do mês de elul, em cinquenta e dois dias* (NEEMIAS 6:15).

Começar um projeto é uma coisa e terminá-lo com sucesso é outra bem diferente. Neemias e seus companheiros de trabalho terminaram a obra com sucesso, e Jerusalém foi protegida por portas e muros fortes. O inimigo rira dos judeus, dizendo que a obra não seria concluída, mas ela *foi* concluída — e bem concluída. Uma das coisas importantes a respeito desse projeto é o equilíbrio que ele demonstra, o tipo de equilíbrio necessário para toda obra que realizamos para o Senhor.

Liderar e seguir. Tudo começou quando o coração de Neemias se condoeu depois de ouvir a notícia levada por seu irmão de que Jerusalém estava em situação vexatória e era objeto de zombaria pelos vizinhos gentios (NEEMIAS 1). Neemias chorou, orou e pediu a Deus que o ajudasse a tomar uma providência, e Deus respondeu à sua oração. Com a permissão do rei, ele deixou o conforto do palácio, viajou para Jerusalém, analisou a situação e compartilhou suas preocupações com os anciãos de seu povo. A palavra *maioral* (ou *governador*) é mencionada várias vezes no capítulo 3, indicando que a cidade era organizada. E, posteriormente, Neemias organizou as equipes de trabalho. Um grande projeto deve ser acompanhado de supervisão cuidadosa se quisermos evitar a zombaria. O capítulo 3 revela que nem todos se apresentaram voluntariamente para trabalhar (v.5) e que a força-tarefa incluiu sacerdotes (v.1), artesãos habilidosos (vv.8,32), mulheres (v.12) e até pessoas de fora de Jerusalém (vv.2,5,7). Algumas trabalharam mais do que as outras (vv.11,19,21,24,27,30).

Construir e batalhar (NEEMIAS 4:18). Na vida cristã, as palavras *construir* e *batalhar* andam juntas (LUCAS 14:25-33); porque, se não estivermos armados, como poderemos defender o que construímos? Nosso equipamento de guerra está descrito em

Efésios 6:10-20, e o vestimos pela fé todos os dias. Espiritualmente falando, nossas ferramentas são a Palavra de Deus e a oração. Precisamos estar sempre vigilantes para não perder o que ganhamos (2 JOÃO 8) ou para que não fiquemos tão envolvidos na batalha a ponto de nos esquecer de construir!

Os guerreiros e os obreiros de Deus precisam ser equilibrados.

Vigiar e orar (NEEMIAS 4:9). Trabalhar, vigiar (permanecer alerta), orar e batalhar deveriam ser um desafio para todas as pessoas! A expressão "vigiai e orai" encontra-se em Marcos 13:33 e 14:38, Efésios 6:18 e Colossenses 4:2-4. Vale a pena meditar nesses textos. Há tantas distrações no mundo de hoje que está se tornando cada vez mais difícil focar em permanecer alerta e realizar ativamente nosso trabalho. Estar alerta significa estar acordado. Pedro, Tiago e João dormiram no monte da Transfiguração (LUCAS 9:32) e no jardim do Getsêmani (LUCAS 22:45). Os santos dorminhocos são vítimas, não vitoriosos!

Crer e servir (TIAGO 2:14-26). Não basta orar por nosso ministério; precisamos ministrar. "Porque, assim como o corpo sem espírito é morto, assim também a fé sem obras é morta" (v.26). Neemias e seus trabalhadores ilustram lindamente o equilíbrio do qual necessitamos se quisermos ser servos eficientes do Senhor. Se nossa fé for genuína, ela nos motivará a realizar a obra que Deus nos equipou para realizar. Neemias acreditou que Deus queria que os muros fossem reconstruídos e os portões reparados e recolocados, e que ele seria o líder do projeto. O chamado de Deus é um chamado que nos capacita, e nossa responsabilidade é "confiar e obedecer".

Um amigo meu, que hoje se encontra na glória, costumava dizer: "Bem-aventurados os equilibrados". Recomendo essa bem-aventurança a você.

> **"Recordando-nos, diante do nosso Deus e Pai,**
> **da operosidade da vossa fé, da abnegação do vosso**
> **amor e da firmeza da vossa esperança em nosso**
> **Senhor Jesus Cristo"** (1 TESSALONICENSES 1:3).

22

Em tudo o que nos aconteceu **foste justo; agiste com lealdade** *mesmo quando fomos infiéis* (NEEMIAS 9:33 NVI).

Esse salmo foi cantado pelos judeus na Festa dos Tabernáculos depois que os muros de Jerusalém foram reerguidos. O povo confessou seus pecados e se reconsagrou ao Senhor. O salmo magnifica muitos atributos de Deus, mas queremos destacar Sua fidelidade.

Temos um Criador fiel (1 PEDRO 4:19). Pedro escreveu essa carta para preparar os crentes do Império Romano para a perseguição, o "fogo ardente" que em breve surgiria (vv.12-19). Como nunca antes, eles tiveram de se consagrar ao Senhor que é o "fiel Criador". Se Ele pôde criar e sustentar um Universo como o nosso, certamente pode cuidar de Seu povo e suprir suas necessidades. Quando as circunstâncias o aborrecerem, recorra ao seu fiel Criador e entregue tudo a Seus cuidados.

Temos um Sumo Sacerdote fiel (HEBREUS 2:17,18). Jesus ministra hoje no céu como Rei e Sacerdote, e Ele é capaz de conceder-nos a graça de que necessitamos sempre que formos tentados ou postos à prova (4:14-16). O filho de Deus nunca deve dizer: "Ninguém sabe como eu me sinto!", porque Jesus compreende-nos perfeitamente, conhece nossas necessidades e solidariza-se conosco. Quando esteve aqui na terra, Ele sofreu todos os tipos de provas e tentações que enfrentamos hoje, e só Ele pode dar-nos a graça de que necessitamos para vencer nossos inimigos.

Temos um Advogado fiel (1 JOÃO 1:9–2:1). Mas e se não recorrermos a Deus em busca da graça de que necessitamos? E se dermos ouvidos ao inimigo e desobedecermos ao Senhor? Satanás nos acusará e nos dirá que fracassamos, e isso só servirá para piorar a situação. Mas Jesus não nos abandona! Ele morreu por todos os nossos pecados e é nosso advogado diante do trono de Deus. Quando confessamos nossos pecados, Ele é fiel para cumprir Suas promessas e nos perdoar. Ele já morreu por todos os nossos pecados, e o Pai perdoa graciosamente quando Seus filhos confessam seus pecados. Leia Zacarias 3, onde encontrará uma ilustração dessa experiência — e creia.

Temos uma Testemunha fiel (APOCALIPSE 1:5; 3:14). Quando ministrou na terra, Jesus expôs claramente a Palavra de Deus, e Suas palavras estão registradas nas Escrituras. "[Ele] testifica o que tem visto e ouvido", disse João Batista. "Pois o enviado de Deus fala as palavras dele, porque Deus não dá o Espírito por medida" (JOÃO 3:32,34; VEJA JOÃO 18:37). O Espírito de Deus capacita-nos a entender e a aplicar a Palavra à nossa vida, e é assim que crescemos "na graça e no conhecimento de nosso Senhor e Salvador Jesus Cristo" (2 PEDRO 3:18).

Temos um Vencedor fiel (APOCALIPSE 19:11). Sim, Jesus é o Príncipe da Paz, mas Ele é também o Vencedor que derrotará todos os inimigos e estabelecerá Seu reino (2 TESSALONICENSES 1:7-10). Os crentes de hoje são "mais que vencedores, por meio daquele que nos amou" (ROMANOS 8:37). Um dia, o Cordeiro virá em Sua ira como o Leão, ostentando o nome de "REI DOS REIS E SENHOR DOS SENHORES" (APOCALIPSE 19:16). Que Ele vença as batalhas por nós hoje!

O Senhor é fiel, portanto devemos confiar nele, não em nós mesmos. Não somos vitoriosos porque temos fé em nossa fé, mas porque temos fé em Cristo que sempre nos trata com fidelidade. Como fortalecer nossa fé? J. Hudson Taylor, o missionário pioneiro na China escreveu: "Não por lutar pela fé, mas por descansar naquele que é fiel", referindo-se a 2 Timóteo 2:13: "Se somos infiéis, ele permanece fiel". Descanse naquele que é fiel!

> "As misericórdias do S<small>ENHOR</small> [...] não têm fim;
> renovam-se cada manhã. Grande é a tua fidelidade"
> (LAMENTAÇÕES 3:22,23).

23

Visto que os seus dias estão contados, contigo está o número dos seus meses; **tu ao homem puseste limites** *além dos quais não passará* (JÓ 14:5).

Ser humano é aceitar as limitações que Deus, em sua sabedoria, impôs a nós e ao mundo no qual nos colocou. Deus limitou os mares, limitou Satanás (1:12; 2:6) e traça os limites das nações (ATOS 17:26). Deus impôs limites até a nossos primeiros pais naquilo que podiam fazer no paraíso e, por terem ultrapassado os limites, eles foram expulsos (GÊNESIS 3). Individualmente, você e eu somos limitados em nossas habilidades, oportunidades ou recursos e até na duração de nossa vida. Deus estabeleceu os limites. Nossos dias são contados e não podemos ultrapassar nosso último dia, embora possamos, tolamente, apressá-lo. Quanto ao que se refere à lei, todas as pessoas foram criadas iguais, porém quanto à vida, não somos iguais, porque a vida humana envolve limitações individuais.

No entanto, as limitações dão-nos liberdade. Tive condições de obter carta de habilitação para dirigir veículos e isso me dá liberdade para dirigir em ruas e rodovias públicas. Minha mulher e eu tivemos condições de tirar passaporte e isso nos deu liberdade para viajar pelo mundo e ministrar. A Bíblia dá-nos as condições que precisamos atender se quisermos receber respostas à oração e, se as obedecermos, Deus concederá aquilo que pedimos. Essa é uma das diferenças entre liberdade e licença. A liberdade verdadeira não faz o que eu sempre quero, mas o que Deus quer que eu faça, e minha obediência abre caminho para a bênção.

Precisamos dar um passo adiante: *a verdadeira liberdade encoraja a cooperação.* Como minhas habilidades e meus bens são limitados, há muitas coisas que não sei e não posso fazer, portanto, necessito da ajuda dos outros. Deus viu que a solidão de Adão não era boa, por isso lhe criou uma companheira para ajudar a compensar as limitações dele (GÊNESIS 2:18-25). Casamento, família e amigos são dádivas do coração de Deus para ajudar-nos a viver neste mundo de limitações, porque todos nós podemos ajudar uns aos outros. A família, a comunidade e a igreja são semelhantes: pertencemos uns aos outros, influenciamos uns aos outros e necessitamos uns dos outros.

A vida inclui limitações, as limitações nos dão liberdade, a liberdade resulta em cooperação e *a cooperação nos torna sérios em relação à vida*. Quando nossa vida está ligada aos outros em amor, essas pessoas tornam-se especiais para nós e não queremos perdê-las. "Ensina-nos a contar os nossos dias, para que alcancemos coração sábio" (SALMO 90:12). Deus estabeleceu um limite para nossos dias, mas não sabemos qual é. Deus escreveu todos os nossos dias em Seu livro, mas não vimos as páginas (139:15,16).

A conclusão do assunto é esta: precisamos valorizar nossa vida e a vida dos outros, porque elas são limitadas. Precisamos saber que Deus estabeleceu nossos limites, principalmente a duração de nossa vida. Precisamos usar da melhor forma possível as horas e os dias que Deus nos concedeu, o que significa conhecer e fazer Sua vontade. Jesus disse: "É necessário que façamos as obras daquele que me enviou, enquanto é dia; a noite vem, quando ninguém pode trabalhar" (JOÃO 9:4). Nossas limitações não são obstáculos; são oportunidades. Deus estabeleceu limitações para que nos concentremos naquilo que Ele deseja que façamos. Um ditado antigo expressa essa ideia: "Não posso fazer tudo, mas posso fazer alguma coisa. Preciso fazer o que posso enquanto Deus me capacitar, e preciso ser fiel até que Ele me instrua a fazer o contrário".

> **"Portanto, vede prudentemente como andais,
> não como néscios e sim como sábios, remindo o tempo,
> porque os dias são maus"** (EFÉSIOS 5:15,16).

24

Na verdade, falei do que não entendia;
coisas maravilhosas demais para mim,
coisas que eu não conhecia (JÓ 42:3).

Há mais de dez mil palavras no livro de Jó, a maioria proferida por Deus, por Jó e pelos quatro amigos que o visitaram. Jó era um crente exemplar, mas Satanás argumentou que Jó obedecia a Deus somente porque Ele o abençoava. Deus permitiu que Satanás tirasse a riqueza, a saúde e os dez filhos de Jó e deixou-o sentado sobre um monte de cinza fora da cidade, tentando aliviar seu sofrimento e dor. Durante muitos dias, Jó e seus visitantes debateram o assunto, tentando explicar os caminhos de Deus; mas não chegaram a nenhuma conclusão válida. Há, no entanto, três "silêncios" no livro, que são reveladores e úteis para nós hoje.

O silêncio da solidariedade (JÓ 2:11-13). Os amigos de Jó viajaram longas distâncias para visitá-lo e, quando chegaram, ficaram extremamente angustiados ao vê-lo. A situação de Jó os fez chorar, rasgar as roupas, lançar pó ao ar sobre a cabeça. Depois, sentaram-se em silêncio durante uma semana inteira, "pois viam que a dor era muito grande" (2:13). Eles sabiam que a melhor maneira de identificar-se com o sofrimento do amigo era não dizer nada. Jó não tinha palavras para expressar seus sentimentos e eles não tinham palavras para consolá-lo. Há palavras que curam, mas há também silêncios que curam, e há silêncios que falam mais claro e melhor do que palavras.

O silêncio da autoridade (CAP.3–37). À medida que lemos as palavras dos quatro visitantes, perguntamo-nos por que o Senhor não exerceu Sua autoridade divina, não os interrompeu e não os orientou. Ao contrário, manteve-se em silêncio. Há 329 perguntas no livro de Jó, mas muitas sem respostas. Cada homem achava que estava no caminho certo, porém todos estavam confusos. As perguntas de Zofar em 11:7,8 deveriam tê-los sacudido: "Porventura, desvendarás os arcanos de Deus ou penetrarás até à perfeição do

Todo-poderoso? Como as alturas dos céus é a sua sabedoria; que poderás fazer? Mais profunda é ela do que o abismo; que poderás saber?". Por mais que pensemos que conhecemos, Paulo deixa claro que "em parte, conhecemos" (1 CORÍNTIOS 13:9). Se não temos todas as partes, não conseguimos montar o quebra-cabeça, por mais dogmáticos que sejamos. O silêncio do Senhor durante aquela discussão permitiu que os homens usassem palavras para obscurecer a verdade e ignorar a ação. Embora as discussões inteligentes façam parte da vida, as palavras não substituem as ações. O fato de que líderes e políticos façam bons discursos não quer dizer que eles estejam resolvendo os problemas com suas palavras. Às vezes pioram a situação! O romancista Joseph Conrad escreveu: "As palavras são as grandes inimigas da realidade". Pense nisso.

O silêncio da descoberta (JÓ 42:1-6). Jó ouviu o que Deus tinha a dizer e aprendeu mais a respeito de si mesmo do que esperava. Ele estava obscurecido "com palavras sem conhecimento" (38:2) e exigindo que Deus viesse até ele e lhe permitisse se defender. Assim que o Senhor apareceu, Jó ficou sem palavras e pôs a mão na boca (40:3-5). Quando Deus terminou o interrogatório, Jó confessou que havia proferido palavras que não entendia! Tão logo viu a Deus e a si mesmo, a única coisa que ele conseguiu fazer foi arrepender-se. O Senhor, então, refutou os visitantes e inocentou Jó. O rei Davi teve um despertamento semelhante (SALMO 131).

No mundo barulhento e tagarela de hoje, precisamos encontrar tempo para o ministério do silêncio se quisermos ouvir a voz tranquila e suave de Deus. Sim, precisamos cuidar com nossas palavras, mas precisamos também cuidar com nossos silêncios. Caso contrário, de que outro modo poderemos nos conhecer e conhecer ao Senhor?

> "Eis que passava o SENHOR; e um grande e forte vento fendia os montes e despedaçava as penhas diante do SENHOR, porém o SENHOR não estava no vento; depois do vento, um terremoto, mas o SENHOR não estava no terremoto; depois do terremoto, um fogo, mas o SENHOR não estava no fogo; e, depois do fogo, um cicio tranquilo e suave" (1 REIS 19:11,12).

25

Guarda-me como a menina dos olhos; esconde-me **à sombra das tuas asas** (SALMO 17:8).

Essas não são as asas da galinha protegendo seus pintinhos (MATEUS 23:37), mas as asas do querubim no Santo dos Santos do santuário (ÊXODO 25:10-22). Ninguém, a não ser o sumo sacerdote, podia entrar no Santo dos Santos e isso só uma vez por ano, no Dia da Expiação (LEVÍTICO 16). Ele aspergia o sangue do sacrifício no propiciatório, sob as asas dos dois querubins. Essa imagem retórica é mencionada oito vezes na Escritura. Ao ler o Salmo 17, observe que Davi diz o que Deus faz por aqueles que vivem sob suas asas: Ele salva, guarda e satisfaz.

Ele salva (SALMO 17:7). Precisamos ser salvos porque violamos a lei de Deus e merecemos ser julgados. O propiciatório com o querubim formava a cobertura da arca, e na arca estavam as tábuas da lei. Israel havia violado a lei, e nós também a violamos; e "é o sangue que fará expiação em virtude da vida" (LEVÍTICO 17:11). O sacerdote aspergia o sangue no propiciatório, e quando Deus olhou para baixo, não viu a lei violada. Viu apenas o sangue da expiação. Quando Jesus Cristo morreu na cruz, Seu sangue pagou o preço de nossa salvação. "[Nele] temos a redenção, pelo seu sangue, a remissão dos pecados, segundo a riqueza da sua graça" (EFÉSIOS 1:7). Rute de Moabe esteve fora das bênçãos da aliança de Israel até crer em Jeová, o Deus vivo e verdadeiro (RUTE 1:16,17). O resultado? "O SENHOR retribua o teu feito, e seja cumprida a tua recompensa do SENHOR, Deus de Israel, sob cujas asas vieste buscar refúgio" (2:12).

Ele guarda (SALMO 17:8). "Tem misericórdia de mim, ó Deus, tem misericórdia, pois em ti a minha alma se refugia; à sombra das tuas asas me abrigo, até que passem as calamidades" (57:1). A vida de Davi estava em perigo quando ele escreveu essas palavras, e ele estava escondido em uma caverna, mas sua fé estava somente em Deus. O Salmo 61 é uma oração semelhante, e Davi escreveu: "Assista eu no teu tabernáculo para sempre; no esconderijo das tuas asas, eu me abrigo" (v.4). O lugar mais seguro para o povo de Deus estar é no Santo dos Santos, à sombra do Senhor. "O que habita no esconderijo do Altíssimo [...] descansa à sombra do Onipotente" (SALMO 91:1). Esta é a versão do Antigo Testamento encontrada em João 15:4: "Permanecei em mim, e eu permanecerei em vós".

Ele satisfaz (SALMO 17:15). "Por isso, os filhos dos homens se acolhem à sombra das tuas asas. Fartam-se da abundância da tua casa, e na torrente das tuas delícias lhes dá de beber" (36:7,8). Porque tu me tens sido auxílio; à sombra das tuas asas, eu canto jubiloso" (63:7). Que vida! Satisfação jubilosa, abundância, plenitude e prazer; tudo vem do coração de Deus! "Farta-se a minha alma" (v.5).

No Antigo Testamento, a lei estabelecia limites (ÊXODO 21:12, 19-21) e advertia o povo a não chegar muito perto do solo sagrado, mas a graça de Deus derruba a parede (EFÉSIOS 2:14), rasga o véu (MATEUS 27:51) e convida-nos a chegar mais perto do Senhor. "Chegai-vos a Deus, e ele se chegará a vós outros" (TIAGO 4:8). "Tendo, pois, irmãos, intrepidez para entrar no Santo dos Santos, pelo sangue de Jesus... e tendo grande sacerdote sobre a casa de Deus, aproximemo-nos..." (HEBREUS 10:19,21,22). Estamos "sob suas asas", portanto temos salvação, segurança e satisfação.

> **"Agora, pois, já nenhuma condenação há para os que estão em Cristo Jesus"**
> (ROMANOS 8:1).

26

*O **Senhor** é o meu pastor;*
nada me faltará (SALMO 23:1).

Quando escreveu essas palavras, hoje tão conhecidas por nós, Davi estava fazendo corajosamente várias declarações a respeito de si mesmo e de todos os que creem na salvação em Cristo Jesus.

Se pudermos dizer com toda sinceridade: "O Senhor é o meu pastor", *somos verdadeiramente Suas ovelhas*. Antes de confiarmos em Cristo, éramos ovelhas perdidas. "Todos nós andávamos desgarrados como ovelhas; cada um se desviava pelo caminho, mas o Senhor fez cair sobre ele a iniquidade de nós todos" (ISAÍAS 53:6). Agora que Jesus nos encontrou e nos tornou parte de Seu rebanho, só Ele é o nosso pastor. Alguns cristãos ficam constrangidos de ser chamados de ovelhas, porque elas são indefesas, enxergam mal e têm a tendência de se desgarrar. No entanto, a Bíblia não nos compara a corcéis ou leões, mas a ovelhas, e é por isso que necessitamos de um pastor. "Eu sei, ó Senhor, que não cabe ao homem determinar o seu caminho, nem ao que caminha o dirigir os seus passos" (JEREMIAS 10:23). Você sabia desse fato?

Se Jesus é o nosso pastor, *nós ouvimos Sua voz*. Em João 10, Jesus diz três vezes que Suas ovelhas ouvem Sua voz (vv.3,16,27). Elas não apenas reconhecem Sua voz (v.4), mas também reconhecem e desprezam as vozes dos falsos mestres que negam a Cristo (v.5). A voz do Bom Pastor é a Palavra de Deus, e o Espírito Santo capacita a ovelha a discernir a verdade de Deus em um mundo repleto de erros (1 JOÃO 4:1-6). Se o Senhor é realmente seu pastor, você passa um tempo todos os dias lendo a Palavra e meditando na verdade em Jesus (EFÉSIOS 4:21).

Se Jesus é o nosso pastor, *nós o seguimos*. As ovelhas seguem Jesus porque "lhe reconhecem a voz" (JOÃO 10:4). Não basta ler a Palavra; precisamos obedecer ao que ela diz. O Bom Pastor nos alimenta e conduz por Sua Palavra. Não adquirimos maturidade espiritual por ter uma rotina diária de ler a Bíblia ou livros religiosos, mas por "digerir" interiormente a Palavra de Deus e obedecer-lhe exteriormente. "Tornai-vos, pois, praticantes da palavra e não somente ouvintes, enganando-vos a vós mesmos" (TIAGO 1:22). O Salmo 23 deixa claro que devemos seguir a Jesus, senão perderemos tudo o que Ele planejou para nós dia após dia: os pastos verdejantes, as águas de descanso, a comunhão com os irmãos; proteção quando atravessamos o vale ou no aprisco à noite, comunhão à mesa, a unção para nos refrescar e muito mais.

Se Jesus é o nosso pastor, *devemos ser úteis a Ele*. Os rebanhos forneciam leite, lã, carne e cordeiros a seus pastores e suas famílias, bem como sacrifícios para as festas anuais ou para uma adoração especial. Os pastores judeus não matavam seu rebanho a esmo, porque os animais eram muito valiosos, mas ofereciam o melhor que tinham ao Senhor. O povo de Deus deve ser sacrifício "vivo" (ROMANOS 12:1,2), inteiramente submisso a Ele. Devemos "reproduzir" ao falar do evangelho e levar outras pessoas ao Salvador. Quando pensamos no preço que Jesus pagou para nos tornar Suas ovelhas, devemos sentir o desejo de oferecer tudo de nós, nosso melhor, a Ele.

Finalmente, se somos verdadeiramente Suas ovelhas, *sabemos que vamos para o céu*. "...e habitarei na Casa do SENHOR para todo o sempre" (SALMO 23:6). "Na casa de meu Pai há muitas moradas", disse Jesus. "Pois vou preparar-vos lugar" (JOÃO 14:1-3). Quando chegarmos ao céu, o Pastor continuará a cuidar de nós.

Não basta dizer: "O Senhor é um pastor" ou "O Senhor é o pastor". Precisamos dizer com o coração: "O Senhor é o *meu* pastor". Ele chama Seu povo de "minhas ovelhas" porque nos comprou com Seu sangue, e nós o chamamos de "meu pastor" porque confiamos nele.

> "Pois o Cordeiro que se encontra no meio do trono
> os apascentará e os guiará para as fontes da água da vida.
> E Deus lhes enxugará dos olhos toda lágrima"
> (APOCALIPSE 7:17).

27

O conselho do SENHOR dura para sempre; **os desígnios do seu coração,** *por todas as gerações* (SALMO 33:11).

Nós não temos problema com a primeira parte de nosso versículo, porque sabemos que nosso Pai celestial é soberano e que Seu conselho finalmente triunfará. Mas quando se trata da segunda parte, alguns cristãos talvez hesitem, e você pode ser um deles. Pode ser que tenha tido experiências dolorosas na vida cristã que tornaram difícil acreditar que a vontade de Deus venha do Seu coração e seja uma expressão de Seu amor. Se o Pai nos ama, por que tanta decepção, dor e tristeza na vida? Às vezes, quando nos perguntamos por que acontecem "coisas más" ao povo de Deus, o inimigo usa essas ocasiões para nos perguntar: "Se Deus o ama, por que isto aconteceu?". Como lidamos com essas experiências difíceis?

Aceite o propósito geral de Deus. O conselho sábio do Pai para todos os Seus filhos é que devemos ser "conformes à imagem de seu Filho" (ROMANOS 8:29). As provações da vida são ferramentas nas mãos de Deus para nos tornar mais semelhantes a Jesus e, quer entendamos, quer não, todas as coisas estão cooperando para o bem (v. 28). Mas o Pai tem propósitos *individuais* para nós. Ele pede a cada um de nós que desenvolva sua salvação, sua vida cristã, com temor e tremor enquanto Sua obra é realizada em nós (FILIPENSES 2:12,13). José não entendeu completamente por que estava sofrendo tanto, mas tudo cooperou para colocá-lo no trono e torná-lo mais semelhante a Jesus. Os doze discípulos não entenderam por que o Mestre deveria sofrer e morrer, mas finalmente compreenderam a mensagem.

Submeta-se aos planos diários de Deus. "Muitos propósitos há no coração do homem, mas o desígnio do SENHOR permanecerá" (PROVÉRBIOS 19:21). Recorri muitas vezes em minha vida e em meu ministério a Jeremias 29:11 e encontrei encorajamento: "Eu é que sei que pensamentos tenho a vosso respeito, diz o Senhor; pensamentos de paz e não de mal, para vos dar o fim que desejais". Deus tem um universo inteiro para administrar, e o fato de saber que Ele pensa em nós é um verdadeiro encorajamento. Se confiarmos nele, Seus planos para nós aumentarão nossa esperança e nos conduzirão a um futuro brilhante. Essa promessa lembra-me da família em Betânia e as provações pelas quais ela passou. João 11:5 diz: "Ora, amava Jesus a Marta, e a sua irmã, e a Lázaro". Se Jesus os amava, por que permitiu que Lázaro adoecesse e morresse? E por que demorou para chegar a Betânia para ajudar as duas irmãs que Ele amava? Mas tudo cooperou para que Deus fosse glorificado. "Nas tuas mãos, estão os meus dias..." (SALMO 31:15).

Descanse no amor de Deus. Seja no caso de Maria, Marta, Lázaro ou no seu ou no meu, a vontade de Deus vem do Seu coração e manifesta Seu amor por nós. Quando cursava o primeiro ano, nosso filho mais velho tentou subir em uma cerca de estacas e feriu-se gravemente. Enquanto o conduzíamos à clínica, ele perguntou-me, apavorado e preocupado: "O que o médico vai fazer?". Expliquei que o médico esterilizaria o ferimento e lhe aplicaria uma injeção antitetânica, e provavelmente daria alguns pontos. O procedimento seria doloroso, mas tudo cooperaria para a cura dele. Por que eu o estava levando ao médico? Porque sua mãe e eu o amávamos e queríamos o melhor para ele. Meu Pai celestial não poupou Seu Filho a quem Ele amava (ROMANOS 8:32) e não nos poupará. O Pai abandonou o próprio Filho *para que Ele nunca nos abandonasse*! Não importa o que sintamos, o Senhor, pela Sua graça, pode transformar o sofrimento em glória e nos tornar mais semelhantes a Seu Filho.

> "Tu me guias com o teu conselho e depois me recebes na glória" (SALMO 73:24).

> "O coração do homem traça o seu caminho, mas o Senhor lhe dirige os passos" (PROVÉRBIOS 16:9).

28

A minha alma tem sede de Deus, do Deus vivo; quando irei e me verei perante a face de Deus? (SALMO 42:2).

Os três primeiros versículos do Salmo 42 mencionam os elementos essenciais da vida física: ar (v.1), água (v.2) e alimento (v.3). Espiritualmente falando, a água, o ar e o alimento são essenciais para uma vida espiritual saudável. O Espírito de Deus é nossa respiração (JOÃO 20:22) e nossa água (7:37-39), e a Palavra de Deus é nosso alimento (MATEUS 4:4). O ar, a água e o alimento são necessidades, não luxos. Nesta meditação, quero focar na água para beber, que é o símbolo do Espírito Santo (A ÁGUA PARA LAVAR É O SÍMBOLO DA PALAVRA DE DEUS. VEJA JOÃO 15:3 E EFÉSIOS 5:26). O que está envolvido nesta importante experiência de "sede espiritual"?

Ter sede envolve desejar. As pessoas que dizem ser cristãs deveriam sentir um desejo ardente de conhecer melhor a Deus e querer estar em comunhão mais íntima com Ele. Se falta essa sede, a pessoa não é crente ou é um crente que está bebendo água de fontes erradas. "Porque dois males cometeu o meu povo: a mim me deixaram, o manancial de águas vivas, e cavaram cisternas, cisternas rotas, que não retêm as águas" (JEREMIAS 2:13). É perigoso viver de substitutos. "Tu nos fizeste para ti", escreveu Agostinho, "e nosso coração só se aquieta quando descansa em ti". Um ídolo é um substituto de Deus, e os substitutos não podem conceder vida real. Depois de descrever as tristes características dos ídolos mortos no Salmo 115, o salmista escreve: "Tornem-se semelhantes a eles os que os fazem e quantos neles confiam" (v.8). Será que temos um desejo profundo de conhecer a Deus e ser mais semelhantes a Ele? "Ó Deus, tu és o meu Deus forte; eu te busco ansiosamente; a minha alma tem sede de ti..." (63:1). Essa é a realidade!

Ter sede envolve decidir. "O que desejam beber?", pergunta o garçom no restaurante, e precisamos tomar uma decisão. Porém, quando se trata de sede espiritual, há somente uma escolha para o crente consagrado: "O Espírito e a noiva dizem: Vem! Aquele que ouve, diga: Vem! Aquele que tem sede venha, e quem quiser receba de graça a água da vida" (APOCALIPSE 22:17). Quando me disse que eu era diabético, o meu médico deu-me um excelente conselho: "Perca o apetite por comidas que não fazem bem para você". *Você toma as decisões! Mude seu apetite!* O convite é bem simples: venha, pegue, beba. "Se alguém tem sede, venha a mim e beba" (JOÃO 7:37). Trata-se de um ato de fé que leva uma satisfação ao coração que nada no mundo é capaz de substituir.

Ter sede envolve deleitar-se. As pessoas que anunciam alimentos, bebidas e outros itens de consumo pessoal costumam ressaltar a "satisfação". Mas se esses produtos satisfizessem realmente, *os consumidores não voltariam a comprá-los!* Jesus nos satisfaz de todas as maneiras e não temos nenhum desejo de substitui-lo. "Aquele, porém, que beber da água que eu lhe der nunca mais terá sede", disse Jesus (JOÃO 4:14). Pessoas não-salvas passam a vida inteira sedentos de satisfação e, quando morrem, passam a eternidade sem matar a sede (LUCAS 16:19-31). Assim como o rio em Ezequiel 47:1-12, o rio da água viva aprofunda-se cada vez mais para os filhos de Deus.

A água da vida é grátis para bebermos, mas custou a vida de Jesus para que se tornasse acessível para nós. Ele teve sede na cruz para que nunca tivéssemos sede (JOÃO 19:28). Esse convite nunca foi cancelado. Você já o aceitou? Se sim, está compartilhando o convite com outras pessoas?

> **"Eu, a quem tem sede, darei de graça da fonte da água da vida"** (APOCALIPSE 21:6).

29

Deus reina sobre as nações; *Deus se assenta no seu santo trono* (SALMO 47:8).

Os patriarcas, os salmistas, os profetas e os apóstolos nunca ouviram a palavra *globalização*, mas todos tinham interesse pelas nações do mundo. Jeová não era uma divindade judaica local; Ele era e é "o Soberano dos reis da terra" (APOCALIPSE 1:5). Aos olhos de Deus, as nações são "como um pingo que cai dum balde e como um grão de pó na balança" (ISAÍAS 40:15), mas são também os campos nos quais a Igreja lança a semente da Palavra de Deus (MATEUS 28:18-20). Os ministérios de Deus às nações são importantes a cada cristão que ora: "Venha o Teu reino".

Deus fez as nações. "De um só fez toda a raça humana para habitar sobre toda a face da terra..." (ATOS 17:26). As nações começaram com Adão e Eva e desenvolveram-se após o dilúvio (GÊNESIS 10–11), e depois espalharam-se para outros lugares. Embora o Antigo Testamento se concentre principalmente em Israel, dezenas de outras nações são mencionadas, e a "Grande Comissão" de Cristo exorta-nos a levar o evangelho a todas as nações (LUCAS 24:46-49). Deus fez as nações.

Deus sustenta as nações, "pois nele vivemos, e nos movemos, e existimos" (ATOS 17:28). Embora as nações tenham línguas, costumes e recursos diferentes, todas dependem da luz do sol, da chuva, do alimento, do vento e do solo concedidos pelo Senhor. Também dependem umas das outras. Entendo que nossos telefones contêm materiais provenientes de pelo menos 22 nações diferentes. É aí que a globalização entra.

Deus especifica os tempos e as fronteiras das nações. Ele fixou "os tempos previamente estabelecidos e os limites da sua habitação" (ATOS 17:26). As nações e os impérios vêm e vão e as fronteiras nacionais mudam, mas a história e a geografia nacionais estão nas mãos de Deus. O Senhor também reina sobre os líderes das nações. "É ele quem [...] remove reis e estabelece reis..." (DANIEL 2:21). "O Altíssimo tem domínio sobre o reino dos homens e o dá a quem quer" (4:32). "Deus é o juiz; a um abate, a outro exalta" (SALMO 75:7). Isso não significa que Deus é culpado pelas atitudes tolas e egoístas dos líderes, porque cada um prestará contas a Deus por suas decisões. Deus pode até usar líderes de governo não convertidos para cumprir Sua vontade. Ele usou as nações gentias para castigar Seu povo Israel e um imperador romano para assegurar que Jesus nascesse em Belém.

Deus deseja que as nações sejam salvas, para que "o possam achar, bem que não está longe de cada um de nós" (ATOS 17:27). Na época do Antigo Testamento, a nação de Israel era chamada de "luz para os gentios" (ISAÍAS 42:6; 49:6), mas fracassou nesse ministério. Por meio do testemunho da Igreja atual, essa luz precisa ser revelada ao mundo inteiro (LUCAS 2:32; ATOS 13:42-47). As nações rebelaram-se contra o Senhor (SALMO 2:1-3), mas Seu convite ainda é enviado aos judeus e gentios (SALMO 2:10-12).

Nós, que conhecemos o Senhor, precisamos lembrar que, por sua graça, Ele nos "deu vida juntamente com Cristo [...] e, juntamente com ele [...] nos fez assentar nos lugares celestiais" (EFÉSIOS 2:5,6). Ele nos constituiu reino (APOCALIPSE 1:5,6) e podemos reinar "em vida por meio de um só, a saber, Jesus Cristo" (ROMANOS 5:17). Quando Deus anunciar o novo céu e a nova terra, Seu povo reinará com Ele pelos séculos dos séculos (APOCALIPSE 22:3-5).

Não se esqueça de orar pelos perdidos nas nações do mundo e de fazer o possível para compartilhar o evangelho com eles. Deus quer redimir povos "que procedem de toda tribo, língua, povo e nação" (5:9). Deus reina sobre todas as nações. Ele está reinando sobre a nossa vida?

> **"Deus reina sobre as nações;**
> **Deus se assenta no seu santo trono"**
> (SALMO 47:8).

30

Como temos ouvido dizer, assim o vimos na cidade do SENHOR dos Exércitos, na cidade do nosso Deus.
Deus a estabelece para sempre
(SALMO 48:8).

À medida que o tempo passa, os impérios, nações e cidades e seus líderes famosos vêm e vão, mas a cidade de Jerusalém será estabelecida para sempre! Nenhuma outra cidade pode apropriar-se dessa distinção. A palavra Jerusalém é mencionada mais de 800 vezes na Bíblia, começando em Gênesis 14:18 ("Salém", que significa *paz*; veja Hebreus 7:1-10) e terminando em Apocalipse 21:10. Que tipo de cidade é Jerusalém?

Uma cidade escolhida. A história da salvação está envolta em numerosas escolhas que Deus fez de acordo com Sua vontade graciosa e soberana. Primeira, dentre todos os corpos celestes que criou, o Senhor escolheu a Terra para ser o lugar onde Seu plano seria posto em prática (SALMO 24:1). Dentre todos os povos da Terra, Ele escolheu os judeus para levar a Palavra de Deus e o Filho de Deus ao mundo (DEUTERONÔMIO 7:6), porque "a salvação vem dos judeus" (JOÃO 4:22). O Senhor escolheu Canaã para ser a pátria de Israel, Seu povo (DEUTERONÔMIO 1:8), e escolheu o monte Sião para ser o local da capital da nação. Jerusalém também seria o abrigo do santuário no qual o Senhor habitaria (SALMO 132:13-18). Jerusalém é Sua cidade escolhida (ZACARIAS 3:2) e Davi foi Seu rei escolhido para estabelecer a dinastia que traria Jesus Cristo ao mundo (1 REIS 11:34). Que cidade!

Uma cidade culpada. Jerusalém é "a cidade santa" (NEEMIAS 11:1,18; ISAÍAS 48:2; MATEUS 4:5; 27:53) e "a cidade de Deus" (SALMO 46:4; 48:1; ISAÍAS 60:14). O antigo povo judeu sentia orgulho de sua cidade e a chamava de "a perfeição da formosura, a alegria de toda a terra" (LAMENTAÇÕES 2:15). Porém, quando Jesus Cristo, o Filho de Deus, veio à Terra, Ele encontrou a cidade corrompida e em cativeiro, e chorou sobre a cidade culpada (MATEUS 23:25-39; LUCAS 13:34,35).

Uma cidade celestial (HEBREUS 12:18-24). O "monte Sião" do cristão não está na Terra, na Cidade Santa, mas no céu. Nosso Pai e nosso Salvador estão no céu, e nosso lar e destino também estão lá. Nossos tesouros também devem estar lá (MATEUS 6:19-21). Gálatas 4:21-32 explica que os cristãos pertencem à "Jerusalém lá de cima", porque todos os filhos de Deus são cidadãos do céu (FILIPENSES 3:20). Assim como os patriarcas da antiguidade, somos peregrinos e estrangeiros nesta Terra, e estamos aguardando nosso lar permanente no céu (HEBREUS 11:13-16). Devemos buscar "as coisas lá do alto, onde Cristo vive" e pensar "nas coisas lá do alto, não nas que são aqui da terra" (COLOSSENSES 3:1,2). Tudo o que precisamos deve vir, em última análise, de Deus. No Salmo 87, os filhos de Coré escreveram a respeito da cidade de Sião terrena, mas podemos aplicar o que eles escreveram à nossa Sião celestial e dizer: "Todas as minhas fontes são em ti" (v.7). Jesus convida-nos a ir com Ele e beber (JOÃO 7:37-39).

Uma cidade eterna. Um dia, haverá um novo céu e uma nova terra, e uma nova Jerusalém descerá à Terra vinda de Deus (APOCALIPSE 21:1-6). Será o cumprimento do Salmo 48:8: "Deus a estabelece [Jerusalém] para sempre". Os dois últimos capítulos de Apocalipse descrevem a grandeza e a glória da cidade. Os filhos glorificados de Deus habitarão no céu e terão acesso à Cidade Celestial na nova terra! Crentes judeus e gentios se unirão naquela cidade, porque as doze portas têm o nome das tribos de Israel, e os doze fundamentos têm o nome dos apóstolos (APOCALIPSE 21:9-15). "Pois vou preparar-vos lugar", disse Jesus (JOÃO 14:1-3).

Lembro-me de ter ouvido um âncora de televisão dizer: "Jerusalém é o segredo para a paz no Oriente Médio". Pensei no Salmo 122:6: "Orai pela paz de Jerusalém!".

Você está orando?

"Irmãos, a boa vontade do meu coração e a minha súplica a Deus a favor deles são para que sejam salvos"
(ROMANOS 10:1).

31

Lava-me completamente da minha iniquidade **e purifica-me do meu pecado** (SALMO 51:2).

Certa vez, perguntei ao evangelista radiofônico Theodore Epp que conselho ele dava aos casais infiéis que queriam recomeçar a vida conjugal, e ele respondeu: "Digo-lhes que tomem um bom banho no Salmo 51!". Quando se trata de confissão de pecado, Davi nos dá um bom exemplo.

Ele assumia seus erros. Você não encontra Davi dizendo "nós" ou "eles", mas "eu", "mim" e "meu ou minha". É "minha iniquidade... minhas transgressões... meu pecado". Ao contrário de Adão e Eva, ou do rei Saul, seu predecessor, Davi não tentava culpar outra pessoa. A princípio, ele planejou esconder seus pecados, mas seus planos não deram certo. "O que encobre as suas transgressões jamais prosperará..." (PROVÉRBIOS 28:13). Com as palavras do profeta Natã, Deus encravou uma faca no coração de Davi — "Tu és o homem" (2 SAMUEL 12:7). A pessoa que não leva o arrependimento a sério não leva o pecado a sério. "Se dissermos que não temos cometido pecado, fazemo-lo mentiroso, e a sua palavra não está em nós" (1 JOÃO 1:10). Nossos pecados são tão sérios que levaram Jesus à cruz.

Ele estava sobrecarregado e abatido. O Salmo 51 não é uma oração irreverente de uma criança imatura, mas uma confissão encharcada de lágrimas de um servo adulto de Deus que estava profundamente triste por seus pecados. Davi havia perdido sua pureza e destruído sua integridade, e agora implorava ao Senhor que lhe restituísse a alegria (v.12). Havia transgredido a lei de Deus e se rebelado contra Ele. Era comum Davi ver, onde quer que estivesse, as bênçãos de Deus que lhe inspiraram cânticos ao Senhor; mas agora, para todos os lugares que olhava, ele via apenas seus pecados (v.3). Isso não significa que precisamos provocar lágrimas e emoções dramáticas para que o Senhor nos perdoe; significa que devemos estar realmente arrependidos pelo que fizemos: "...coração compungido e contrito, não o desprezarás, ó Deus" (v.17). Deus habita com o crente "contrito e abatido de espírito" (ISAÍAS 57:15).

Ele era confiante. Não ouvimos Davi tentando fazer barganhas com Deus. Desde o início, Davi dependeu do caráter de Deus, de Sua misericórdia e de Sua benignidade (SALMO 51:1). Davi sabia que podia confiar nas promessas de Deus. O rei tinha a obrigação de ler o Livro da Lei fielmente, portanto Davi devia saber o que o Senhor havia dito a Moisés em Êxodo: "SENHOR, SENHOR Deus compassivo, clemente e longânimo e grande em misericórdia e fidelidade; que guarda a misericórdia em mil gerações, que perdoa a iniquidade, a transgressão e o pecado..." (34:6,7). Mais tarde na vida, Davi disse: "Prefiro cair nas mãos do SENHOR, pois grande é a sua misericórdia, a cair nas mãos dos homens" (2 SAMUEL 24:14 NVI). Os cristãos de hoje descansam nas palavras de 1 João 1:9.

Ele se dedicou a servir (SALMO 51:13,18,19). Enquanto não foi perdoado, Davi não tinha condição de ministrar a ninguém; mas tão logo foi purificado, Deus pôde usá-lo. Seu serviço e sua adoração passaram a ser aceitáveis a Deus. Ele podia testemunhar aos pecadores e falar-lhes do perdão do Senhor, e podia ir ao santuário e cantar ao Senhor. Podia encorajar os homens que reparavam os muros de Jerusalém e os sacerdotes que ofereciam sacrifícios. A oração de Davi no versículo 10 foi um momento crucial, porque ele pediu a Deus que transformasse seu coração e espírito para que sempre sentisse o desejo de obedecer a Deus e de andar em santidade. Depois que confessamos nossos pecados e pedimos o perdão de Deus, precisamos cooperar com o Espírito Santo e permitir que Ele use a Palavra de Deus para "curar" nosso coração, para não tropeçarmos novamente. Além de limpar os corações, Deus cria novos desejos em nosso coração de querer lhe obedecer.

> **"Se confessarmos os nossos pecados, ele é fiel e justo para nos perdoar os pecados e nos purificar de toda injustiça"** (1 JOÃO 1:9).

32

Restitui-me **a alegria da tua salvação** *e sustenta-me com um espírito voluntário* (SALMO 51:12).

Este salmo é uma das orações de confissão de Davi quando ele pediu perdão a Deus por seus pecados deliberados de adultério e assassinato (2 SAMUEL 11–12; SALMO 32). Davi não perdeu a salvação, porque a salvação é tão segura quanto a aliança de Deus; mas perdeu a *alegria* da salvação. A felicidade depende dos acontecimentos, do que se passa *ao nosso redor*; mas a alegria depende do que se passa *dentro* de nós. É desnecessário dizer que o interior de Davi estava em completa confusão. Até os cantores da corte não lhe agradavam, porque ele orou: "Faz-me ouvir júbilo e alegria..." (SALMO 51:8). Quando não estamos em comunhão com Deus, nada dará certo enquanto não acertamos a situação com Ele e com a outra pessoa envolvida.

Muitas pessoas sentem que estão apenas *suportando* a vida, e isso é simplesmente *desespero*. Henry David Thoreau escreveu no capítulo "Economia" de Walden (L&PM Pocket, 2010): "A maioria dos homens vive uma existência de tranquilo desespero" — e isso foi antes dos automóveis, aviões, rádios, Hollywood, televisão e força atômica! Outras estão tentando *fugir da vida*, e sua atitude principal é de *substituição*. Elas substituem preços por valores, divertimento por enriquecimento, correm de um lado para o outro em vez de sentar-se calmamente em casa com o coração tranquilo. Preferem gritar no meio de multidões ruidosas a permanecer em casa na companhia da família e de amigos. David tinha várias esposas, portanto seu caso com Bate-Seba foi puro egoísmo. *O pecado é quase sempre um substituto caro para a realidade*.

Deus não quer que suportemos a vida nem que tentemos fugir da vida. Ele quer que a *aproveitemos* e, portanto, "tudo nos proporciona ricamente para nosso aprazimento" (1 TIMÓTEO 6:17). A vida é cheia de problemas, batalhas e obrigações, mas nossa reação não deve ser de desespero nem de substituição, mas de *transformação*. Jesus disse aos discípulos que a mulher tem tristeza na hora de dar à luz, mas, depois que a criança nasce, ela se alegra (JOÃO 16:20-22). *Transformação é isso*. O mesmo bebê que causou sofrimento causa também alegria! As derrotas e as decepções da vida podem ser transformadas pela graça de Deus, "...mas o nosso Deus converteu a maldição em bênção" (NEEMIAS 13:2).

O pecado é inimigo da alegria, porque é o substituto do diabo para as bênçãos de Deus. Render-se à tentação pode parecer fácil e empolgante no momento, mas as consequências são difíceis e caras. Davi pagou um preço alto por aquele encontro com Bate-Seba, mas, depois de arrepender-se, ele descobriu o que o Senhor poderia fazer para transformar maldições em bênçãos. Lembra-se de quando Davi fez o recenseamento do povo e foi punido por Deus, que matou setenta mil israelitas? (VEJA MEDITAÇÃO 15). Davi acabou comprando a propriedade na qual erigiu um altar e na qual Salomão, o filho de Bate-Seba, construiu o Templo! Somente o Senhor pode pegar os dois maiores pecados de um homem e fazer deles um templo! Isso não é desculpa para pecar deliberadamente, mas um encorajamento aos pecadores arrependidos. "No tocante a mim, confio na tua graça; regozije-se o meu coração na tua salvação. Cantarei ao SENHOR, porquanto me tem feito muito bem" (SALMO 13:5,6).

Se perdemos a alegria da salvação, não foi porque o Senhor falhou. Somos culpados por não confessar nossos pecados? Se não for esse o caso, talvez o Senhor esteja nos testando ou o diabo esteja nos tentando. O modo como nos sentimos não é importante. O importante é como nos relacionamos com Deus e Sua Palavra. Não aceite a ideia de suportar a vida ou fugir dela. Deus o ajudará a aproveitar a vida, não apesar dos problemas, mas por causa deles. Deus transforma maldições em bênçãos!

> **"E o Deus da esperança vos encha de todo o gozo
> e paz no vosso crer, para que sejais ricos de esperança
> no poder do Espírito Santo"** (ROMANOS 15:13).

33

> À tarde, pela manhã e ao meio-dia, farei as minhas queixas e lamentarei; e **ele ouvirá a minha voz** (SALMO 55:17).

"**S**ua ligação é muito importante para nós. Por favor, aguarde." E aguardamos, aguardamos e aguardamos enquanto nossa ligação se torna cada vez mais importante — mas não o suficiente para merecer uma resposta humana. A oração não é assim. Deus conhece nossas necessidades antes de lhe pedirmos, mas quer que lhe peçamos *para o nosso bem*, não para o dele. Deus deseja muito dar-nos o que necessitamos, mas primeiro precisamos pedir. A frase "ele ouvirá a minha voz" inclui, na verdade, três privilégios.

Como seres humanos, criados à imagem de Deus, temos o *privilégio de falar*. Muitas pessoas aceitam esse privilégio com menosprezo e abusam dele, mas a fala é realmente um milagre que precisa ser guardado e usado para a glória de Deus. O Senhor colocou algo no cérebro humano que nos capacita a aprender a falar e a aperfeiçoar a fala à medida que crescemos. Aprendemos a falar não apenas entre nós, mas também entre nós e Deus. Sim, podemos orar e louvar a Deus silenciosamente, mas é melhor orar e adorar de forma audível, mesmo quando estamos sozinhos. Ajudar uma criança a aprender os nomes das coisas e como dizê-los é um prazer frustrante, mas estamos participando de um milagre! Muitos filósofos concluíram que, mais que qualquer outra coisa, a fala é o que distingue os humanos dos animais.

Como cristãos, temos o *privilégio de orar*. Ao longo da Bíblia, e principalmente no livro dos Salmos, encontramos o povo de Deus orando. No Salmo 65:2, Deus é chamado de "ó tu que escutas a oração", um título muito importante. A expressão "ouve-me" é encontrada pelo menos 25 vezes nos Salmos, conforme os homens consagrados se dirigem ao Senhor — e Ele os *ouve*! Quando escreveu o Salmo 55, Davi estava profundamente aflito e queria fugir (vv.4-8). Estava em uma tempestade (v.8) e em guerra (vv.18-21), e, apesar de sua experiência militar, ele parecia ser incapaz de derrotar o inimigo. Deus, porém, ouviu seu clamor e deu-lhe a vitória. Em vez de fugir como uma pomba, ele voou nas alturas como águia (ISAÍAS 40:31) e foi mais que vencedor (ROMANOS 8:37).

Nós que conhecemos a Cristo temos também o *privilégio de reivindicar as promessas de Deus*. A Bíblia contém muitas promessas referentes à oração e muitos exemplos de pessoas que oraram, e nosso Pai celestial se agrada quando confiamos nele e agimos de acordo com Sua Palavra. Daniel imitou Davi ao orar três vezes ao dia (DANIEL 6:10) e Paulo diz: "Orai sem cessar" (1 TESSALONICENSES 5:17). O Senhor ouviu a voz de Davi quando ele estava na caverna (SALMO 57) e ouviu as orações de Ezequias quando ele estava no leito de enfermidade (ISAÍAS 38). Pedro clamou quando estava afundando no mar da Galileia: "Salva-me, Senhor" (MATEUS 14:30) e o Senhor o ouviu apesar do tumulto da tempestade e o salvou. Quando Pedro estava na prisão em Jerusalém, o Senhor ouviu as orações dos crentes na casa de Maria, mãe de João Marcos, e o libertou (ATOS 12). Paulo e Silas estavam na prisão em Filipos louvando a Deus e orando, e o Senhor os libertou (ATOS 16:25-34). Onde quer que estejamos, o Senhor nos ouvirá se orarmos com fé e reivindicarmos Suas promessas. Jonas orou de dentro do estômago do grande peixe, e o Senhor o ouviu (JONAS 2); e Deus ouve até os filhotes dos corvos quando clamam por alimento (SALMO 147:9).

A oração promove transformações — muda pessoas, inclusive aquelas que estão profundamente aflitas e confiam no Senhor para libertá-las. Existe alguma coisa difícil demais para o Senhor?

> "Amo o SENHOR, porque ele ouve a minha voz
> e as minhas súplicas. Porque inclinou para mim
> os seus ouvidos, invocá-lo-ei enquanto eu viver"
> (SALMO 116:1,2).

34

Desperta, ó minha alma! Despertai, lira e arpa! **Quero acordar a alva** (SALMO 57:8).

No capítulo 3 de *Walden*, o naturalista americano Henry David Thoreau escreveu que aquela manhã "foi a parte mais memorável do dia... a hora de despertar". Nem todos concordam com ele. Thoreau devia estar morando em uma choupana na mata quando escreveu essas palavras; mas quando Davi escreveu o Salmo 57, ele estava vivendo em uma caverna, escondendo-se do rei Saul, que desejava matá-lo. "Acha-se a minha alma entre leões [...]. Armaram rede aos meus passos..." (vv.4,6). Muitas pessoas acham que a manhã é a parte mais difícil do dia, mas Davi começava o dia exaltando o Senhor (vv.5,11), orando sobre três despertamentos que os crentes deveriam experimentar todos os dias.

"Senhor, desperta minha alma!" A palavra *alma* significa "o ser interior", portanto Davi estava pedindo um reavivamento de sua alma ao Senhor. Se a pessoa interior de Davi não estava recebendo força espiritual do Senhor, como ele poderia vencer o inimigo e servir ao Senhor? Sem a ajuda do Senhor, como poderia liderar seus homens e, finalmente, receber o trono? Há uma frase correta que diz: "O que a vida faz para nós depende daquilo que a vida encontra em nós". Davi dependia do Senhor, e o Senhor nunca falhou com ele. Davi escreveu no Salmo 18: "O Deus que me revestiu de força e aperfeiçoou o meu caminho" (v.32). Todas as manhãs, antes de pôr nosso corpo em movimento, precisamos ter certeza de que a pessoa interior está acordada e alerta. "Eu, porém, cantarei a tua força; pela manhã louvarei com alegria a tua misericórdia" (SALMO 59:16). Uma das melhores maneiras de estar pronto para o dia é dormir meditando nas Escrituras; então você estará pronto para o tempo devocional matutino. "Antes, o seu prazer está na lei do SENHOR, e na sua lei medita de dia e de noite" (SALMO 1:2).

"Senhor, desperta meu cântico!" Davi tocava lindamente a lira e a harpa e escreveu muitos cânticos de louvor e de ação de graças. Um novo dia não significa apenas novas bênçãos para nossa alma, mas também novo louvor em nossos lábios vindo do coração. Davi está louvando ao Senhor, *antes do nascer do sol*. É comum gemermos de manhã em vez de agradecer ao Senhor e louvá-lo por Suas misericórdias. "De manhã, SENHOR, ouves a minha voz; de manhã te apresento a minha oração e fico esperando" (SALMO 5:3). Qualquer pessoa canta depois de uma vitória, mas é preciso fé para cantar antes da batalha, principalmente quando estamos em número menor (2 CRÔNICAS 20:21-25).

"Senhor, desperta o sol!" Davi esperava que seu cântico despertasse o sol, porque ele se encontrava entre os "madrugadores" da Bíblia (1 SAMUEL 17:20). Se queremos que Deus esteja conosco o dia inteiro, precisamos ir a Seu encontro no início do dia, como fazia Abraão (GÊNESIS 22:3), Jacó (28:18), Moisés (ÊXODO 8:20; 9:13; 24:4; 34:4), Josué (JOSUÉ 6:12; 7:16; 8:10), Jó (JÓ 1:5) e Jesus (MARCOS 1:35-38; LUCAS 4:42; 21:35-38). Antes de abrirmos o jornal de manhã, antes que o telefone comece a tocar, antes de nos envolver com as tarefas diárias, precisamos ir ao encontro do Senhor, meditar na Palavra, orar e esperar nele para receber orientações para o dia. O hino antigo diz que devemos "ter tempo para ser santos", e a melhor hora para ter esse tempo é no começo do dia. Por mais atarefado que estivesse, Jesus acordava de manhãzinha, conversava com Seu Pai e depois ensinava no Templo.

Não importa o que tenha acontecido no dia anterior, cada manhã é um novo começo para nós. O Senhor o ouvirá, porque Ele nunca dorme (SALMO 121:3,4).

> **"As misericórdias do SENHOR [...] não têm fim;
> renovam-se cada manhã. Grande é a tua fidelidade"**
> (LAMENTAÇÕES 3:22,23).

35

Somente em Deus, *ó minha alma, espera silenciosa...* (SALMO 62:5).

Se levarmos essas cinco palavras a sério, descobriremos que estamos pulando três obstáculos que se interpõem no caminho de uma vida cristã de sucesso: correr adiante de Deus, dar ordens a Ele e interferir nos planos do Senhor.

Seja paciente e não corra adiante de Deus. "Minha alma, espera". Vivemos em uma sociedade que está sempre apressada, e isso inclui os cristãos que parecem ter perdido a capacidade de esperar no Senhor. Apesar de nossos lemas e esquemas promocionais — "Alcançar o mundo nesta geração!" —, o Senhor não está com pressa. Ele poderia ter criado o Universo com uma demonstração instantânea de poder, mas preferiu criá-lo em seis dias. O rei Saul correu adiante de Deus e perdeu a coroa, ao passo que José no Egito esperou pacientemente na prisão e um dia recebeu uma coroa. Jesus poderia ter vindo à terra como adulto numa segunda-feira, ter morrido na cruz na sexta-feira e ressuscitado no domingo, mas permaneceu em Nazaré durante 30 anos, exerceu um ministério de três anos e depois morreu e ressuscitou. Jesus é "...senhor [...] do sábado" (MARCOS 2:28), o que significa que Ele é o Senhor de nosso tempo. Não podemos cair na armadilha da avidez competitiva do mundo. "Descansa no SENHOR e espera nele..." (SALMO 37:7) e prepare-se para agir quando Ele lhe ordenar.

Fique em silêncio e não dê ordens a Deus. Não vivemos apenas em um mundo agitado; vivemos em um mundo barulhento. Acostumamo-nos tanto com o barulho que pensamos que ele não nos prejudica, mas prejudica. Um médico contou-me que os adolescentes que usam amplificadores de som automotivo e ouvem bandas de rock provavelmente terão sérios problemas de audição quando chegarem aos 40 anos. Espero que não. Jesus é o Senhor de meu tempo e o Senhor de minha língua. Há "tempo de estar calado e tempo de falar" (ECLESIASTES 3:7). O livro mais ruidoso da Bíblia talvez seja o de Jó, no qual Deus, Satanás, Jó, a mulher de Jó e os quatro amigos de Jó discutem a respeito do caráter de Deus e do significado do sofrimento. Mas os problemas só são resolvidos quando Jó fecha a boca e permite que Deus fale (JÓ 40:1-5; 42:1-6). O apóstolo Pedro aconselhou Jesus quando Ele falou de Sua morte (MATEUS 16:21-23) e também no monte da Transfiguração (17:1-7), mas Jesus não seguiu os conselhos de Pedro. É mais fácil ouvir a Palavra do Senhor e conhecer Seus planos quando não estamos falando.

Tenha calma e não interfira nos planos de Deus. Para ter uma vida cristã, precisamos esperar "somente em Deus". Deus pode agir de modo extraordinário quando não interferimos em Seus planos e permitimos que Ele receba a glória. É fácil ser como Jacó que orou por ajuda e depois traçou seus próprios planos (GÊNESIS 32:6-21). Confiar significa viver sem criar esquemas, e não somos espertos o suficiente para fazer planos melhores que Deus faz. No texto original em hebraico do Salmo 62, a palavra traduzida por "somente" ou "só" é usada nos versículos 1, 2, 4, 5, 6 e 9. Quando Jesus anunciou Sua morte iminente, Pedro interferiu em Seus planos (MATEUS 16:21-33) e no jardim, Pedro pegou a espada e tentou libertar Jesus (JOÃO 18:1-11). Interferir nos planos de Deus é nos privar das melhores bênçãos que Ele planejou para nossa vida.

O Salmo inteiro diz que devemos focar inteiramente no Senhor porque Ele é nossa rocha (vv.2,6,7), nosso refúgio (vv.7,8), nossa salvação (vv.1,2,6,7), nosso refúgio (vv.2,6) e nossa glória (v.7). Jesus é o Senhor de nosso tempo, portanto seja paciente e espere nele. Jesus é o Senhor de nossa fala, portanto fique em silêncio e não dê conselhos a Ele. Jesus é o Senhor de nossos planos, portanto deixe que Ele siga Seu caminho. O futuro é seu amigo quando Jesus é o seu Senhor.

36

*Somente em Deus, ó minha alma, espera silenciosa, porque **dele vem a minha esperança*** (SALMO 62:5).

Esperança significa expectativa, e a maior esperança do coração do cristão deve ser a volta de Jesus Cristo para Sua igreja. Paulo chama-a de "bendita esperança" (TITO 2:13). "A esperança em si é uma espécie de felicidade", escreveu Samuel Johnson, "e talvez a principal felicidade que o mundo oferece". Seu contemporâneo Alexander Pope não estava tão otimista assim quando escreveu: "A esperança brota eternamente no peito do homem. Ele nunca é, mas espera sempre ser feliz". As pessoas concentram suas esperanças em coisas diferentes — no banqueiro, no médico, no novo patrão —, mas o cristão consagrado concentra toda a sua esperança em Deus. "E eu, Senhor, que espero? Tu és a minha esperança" (SALMO 39:7). Nossa esperança em Cristo não é do tipo "assim espero" ou um pensamento ansioso, porque ela é certa e traz muitas bênçãos a cada um de nós.

Pureza. "E a si mesmo se purifica todo o que nele tem esta esperança, assim como ele é puro" (1 JOÃO 3:3). Essa foi também a oração de Paulo pelos cristãos de Tessalônica (1 TESSALONICENSES 5:22,23) e deve ser a nossa oração. Da mesma forma que os noivos se mantêm puros, aguardando ansiosamente o casamento, assim também é a Igreja, a noiva de Cristo (APOCALIPSE 19:7-9).

Serviço fiel. "Bem-aventurados aqueles servos a quem o senhor, quando vier os encontre vigilantes [...] Ficai também vós apercebidos, porque, à hora em que não cuidais, o Filho do homem virá" (LUCAS 12:37,40). Citando novamente Samuel Johnson: "Onde não há esperança, não pode haver diligência". O agricultor trabalha muito para preparar o solo, plantar as sementes e cultivar as plantas, porque deseja colher os frutos de seu trabalho. Os alunos dedicam-se aos estudos porque querem receber o diploma e prosseguir na vida. Jesus disse: "Eis que venho sem demora, e comigo está o galardão que tenho para retribuir a cada um segundo as suas obras" (APOCALIPSE 22:12).

Consolação. A volta de Cristo não significa apenas recompensas para os fiéis, mas também reunião para os que choram (1 TESSALONICENSES 4:13-18). Estaremos de novo com nossos entes queridos e amigos cristãos que morreram, e estaremos sempre com o Senhor e com eles.

Alegria. Paulo escreve que regozijar-se na esperança é um comportamento cristão normal (ROMANOS 12:12). Sejam quais forem as nossas circunstâncias, o fato de saber que o melhor ainda está por vir deveria deixar nosso coração alegre. G. K. Chesterton escreveu: "Esperança é o poder de estar alegre nas circunstâncias que deveríamos estar desesperados". A felicidade depende dos acontecimentos, mas a alegria verdadeira depende de nosso relacionamento com o Senhor. "Alegrai-vos sempre no Senhor [...] Perto está o Senhor" (FILIPENSES 4:4,5).

Estabilidade. "Temos esta esperança como âncora da alma, firme e segura, a qual adentra o santuário interior, por trás do véu" (HEBREUS 6:19 NVI). A âncora física desce às profundezas, mas nossa âncora espiritual sobe em direção ao céu, onde Jesus está, e impede-nos de desviar de nossa profissão de fé cristã (HEBREUS 2:1). A âncora física mantém o navio no lugar, mas nossa âncora capacita-nos a seguir adiante na vida cristã (HEBREUS 6:1) e a não "afundar" nas tempestades da vida.

Enquanto esperamos no Senhor, meditamos e oramos, o Espírito e a Palavra aumentam nossa esperança. Leia com calma Romanos 15:4,13 — e alegre-se na esperança!

> **"A esperança dos justos é alegria, mas a expectação dos perversos perecerá"** (PROVÉRBIOS 10:28).

37

Não **me rejeites na minha velhice;**
quando me faltarem as forças,
não me desampares (SALMO 71:9).

O poeta americano Ogden Nash disse que a velhice chega quando o número de nossos descendentes é maior do que o de nossos amigos e, para algumas pessoas, essas palavras são verdadeiras. Uma coisa é certa: a velhice chega, mas com a ajuda do Senhor podemos lidar com ela como cristãos. O que isso significa?

Evitamos ser tolos. "Há tolos idosos e tolos jovens", um amigo me disse enquanto discutíamos um problema na igreja. Paulo exortou os homens e mulheres idosos da família da Igreja a serem respeitáveis e honrar a Deus, entre outras coisas (TITO 2:2). Em toda a Escritura, a ênfase recai sobre a sabedoria dos idosos. "Está a sabedoria com os idosos, e, na longevidade, o entendimento?" (JÓ 12:12). O rei Roboão cometeu o erro de seguir o conselho de seus amigos jovens, e a nação dividiu-se em Israel e Judá, embora seu pai Salomão tenha escrito a respeito de um "rei velho e insensato" que não deu ouvidos à razão (ECLESIASTES 4:13).

Resistimos ao mau humor. Em Eclesiastes 12:1-7, Salomão descreve detalhadamente alguns problemas da velhice que nos deixam mal-humorados. O corpo não funciona mais como antes, ficamos assustados com os mais leves sons, temos medo de altura e de viagens em alta velocidade. Coisas que antes nos davam prazer agora não nos atraem e temos a tendência de ficar impacientes e criticar. Provavelmente essas reações são sintomas de nossa resistência a mudanças e nosso medo de ficar para trás. Nosso ego não se alegra nem um pouco quando um neto sabe lidar com o computador melhor do que nós! Mas Deus não nos rejeitará na velhice (SALMO 71:9,18) e até prometeu nos carregar (ISAÍAS 46:4). À medida que o Senhor nos capacita, devemos parar de reclamar e fazer o possível para ajudar e encorajar os outros.

Especializamo-nos em fidelidade. A conhecida história natalina registrada em Lucas 1–2 apresenta-nos quatro pessoas idosas e piedosas: Zacarias e Isabel, os pais de João Batista, e Simeão e Ana, adoradores no Templo. Eles eram fiéis ao Senhor e por isso outras pessoas tomaram conhecimento de que o Deus Salvador havia sido enviado ao mundo. "Coroa de ouro são as cãs, quando se acham no caminho da justiça" (PROVÉRBIOS 16:31). Os "santos anciãos" deviam ser um grande exemplo de piedade para que os jovens obedeçam com alegria a ordem de Levítico 19:32: "Diante das cãs te levantarás, e honrarás a presença do ancião, e temerás o teu Deus. Eu sou o SENHOR". Mas os idosos também deviam fazer sua parte, ensinando e encorajando os mais jovens (2 TIMÓTEO 2:2).

Manifestamos frutificação. "O justo florescerá como a palmeira, crescerá como o cedro no Líbano [...] Na velhice darão ainda frutos, serão cheios de seiva e de verdor" (SALMO 92:12,14). Durante os primeiros anos de meu ministério, alguns dos cristãos mais extraordinários que conheci foram homens e mulheres que estavam aposentados, mas estavam também determinados a "servir ao Senhor até o fim". O famoso pregador e autor britânico F. B. Meyer disse a um amigo: "Espero realmente que meu Pai permita que o rio de minha vida seja fluente até o fim. Não quero que termine num pântano". Essa é também a minha oração. Quero ter viço, frutificar e prosperar! Agora que cheguei à casa dos 80 anos, não posso fazer tudo o que fazia antes, mas, pela graça de Deus, quero continuar a fazer o que Ele me permitir.

A época da velhice revela o que é verdadeiramente importante para nós e dá-nos mais uma oportunidade de servir ao Senhor e ajudar a alcançar aqueles que nunca confiaram nele. Podemos andar com o Senhor e permitir que os rios de água fluam e abençoem os outros (JOÃO 7:37-39) ou podemos viver de modo egoísta e parar de produzir frutos para Sua glória. Tomemos a decisão certa!

> "Mesmo na velhice darão fruto,
> permanecerão viçosos e verdejantes"
> (SALMO 92:14 NVI).

38

Até que entrei no santuário *de Deus e atinei com o fim deles* (SALMO 73:17).

Este salmo foi escrito pelo levita Asafe, um dos líderes de adoração no santuário judaico (1 CRÔNICAS 16:1-6,37). Ele escreveu também os Salmos 50 e 74–83. No salmo 73, Asafe diz como perdeu temporariamente seu desejo de cantar e como, com a ajuda de Deus, o recuperou. Ele desanimou porque os perversos prosperavam ao passo que os piedosos estavam sofrendo, e isso não lhe parecia certo. Mas quando entrou no santuário, o lugar da morada de Deus, ele se tornou um novo homem. Com essa experiência, aprendemos três instruções básicas para a vida.

Não olhe ao redor nem se torne um "observador do povo". Asafe não foi o primeiro a desanimar porque os perversos parecem prosperar enquanto os piedosos sofrem. Jó foi atormentado por esse problema (JÓ 21) e também Jeremias (JEREMIAS 12), Davi (SALMO 37) e Habacuque (HABACUQUE 1). Mas focar no que os não cristãos *fazem* e *possuem* significa andar pela vista e não por fé. Asafe aprendeu que a vida mundana é apenas um sonho e uma miragem (SALMO 73:20), ao passo que os crentes estão em contato com a realidade e a eternidade. Não devemos ter inveja dos perdidos porque eles perecerão (vv.17,27); nem devemos ter inveja de outros cristãos, porque não temos a capacidade nem a autoridade de julgar outros crentes (ROMANOS 14:4). Quando você estiver no santuário, em comunhão com Deus, não olhe para as outras pessoas nem para si mesmo. Seu foco deve estar no Senhor.

Olhe para trás e lembre-se da bondade de Deus (SALMO 73:1). "Oh! Provai e vede que o SENHOR é bom..." (34:8). Quando nos esquecemos da bondade de Deus, deve haver algo errado com nossas "papilas gustativas" porque estamos nos alimentando da comida errada. Nosso Senhor está conosco e nos sustenta e nos guia (73:23,24). Temos o Espírito Santo dentro de nós para nos ensinar e nos capacitar, e temos a Palavra de Deus e Suas numerosas promessas para nos encorajar. E não esqueça que alguns dos sofrimentos que enfrentamos neste mundo resultam do fato de sermos cristãos e de sermos luz e sal. "Ora, todos quantos querem viver piedosamente em Cristo Jesus serão perseguidos" (2 TIMÓTEO 3:12). Temos a tendência de aceitar naturalmente as bênçãos de Deus e reclamar das provações que Ele permite, para crescermos em graça. "Deus é a fortaleza do meu coração", disse Asafe, "e a minha herança para sempre" (SALMO 73:26). Em meio à pobreza, sofrimento e dor, Jó disse à sua mulher: "...temos recebido o bem de Deus e não receberíamos também o mal?" (JÓ 2:10). De fato, com base em Romanos 8:28, as experiências que classificamos como "más" serão um dia classificadas como "boas". Quando "contamos as bênçãos", expulsamos a inveja de nosso coração e louvamos a Deus com os lábios.

Olhe para frente e alegre-se com a glória futura. "Tu me guias com o teu conselho e depois me recebes na glória" (SALMO 73:24). Jesus suportou a cruz "em troca da alegria que lhe estava proposta" (HEBREUS 12:2), o que inclui a alegria de apresentar a Igreja, Sua Noiva, ao Pai no céu (JUDAS 24). As lembranças quase sempre causam derrota, mas a previsão das promessas cumpridas causa alegria e vitória porque estamos "olhando [...] para o Autor e Consumador da fé, Jesus..." (HEBREUS 12:2). Quando os fardos são pesados, e as batalhas, violentas, e você começar a invejar os outros, medite nas palavras de Jesus em João 13:7: "O que eu faço não o sabes agora; compreendê-lo-ás depois". A fé em Sua Palavra conduz você ao santuário de Sua presença e proporciona tudo o que você necessita para vencer a batalha.

> **"Sabemos que todas as coisas cooperam para o bem daqueles que amam a Deus, daqueles que são chamados segundo o seu propósito"** (ROMANOS 8:28).

39

Quantas vezes se rebelaram contra ele no *deserto e na solidão o provocaram!* (SALMO 78:40).

É comum dizer-se que Deus tirou Israel do Egito em uma noite, mas foram necessários quarenta anos para tirar o Egito de Israel. Liberdade não é garantia de maturidade. Depois de viver na escravidão durante séculos, o povo judeu precisava superar sua mentalidade de escravo, caso contrário jamais seria capaz de vencer os inimigos e tomar posse de sua herança. As reclamações e as críticas de Israel eram uma irritação constante para Moisés e para Deus. Mas vemos também aquela atitude juvenil no povo de Deus de hoje, que deveria alegrar-se por ser livre em Cristo. Se às vezes você pensa ou diz uma destas frases, continua a viver como escravo e precisa começar a amadurecer.

"A vida é um peso!" A vida era um peso para os judeus no Egito, e eles tinham de obedecer às ordens ou seriam punidos. As crianças obedecem por medo do castigo, mas as pessoas maduras obedecem por amor e devoção. Deus conduziu os israelitas ao Sinai, onde manifestou Sua glória e deu-lhes as leis que os protegeria e os guiaria. O povo deveria amar ao Senhor, o seu Deus, e obedecer-lhe em todas as áreas da vida, mas isso não era escravidão. Quando o amor une o povo de Deus ao Senhor e entre si, vemos o mais belo exemplo de liberdade. Se a vida é um peso para você, leia Mateus 11:28-30 e obedeça a essas palavras.

"Eu preciso ter segurança!" Sim, havia perigos no deserto, mas o Senhor estava com Seu povo para protegê-lo e sustentá-lo. "O SENHOR é o meu pastor; nada me faltará" (SALMO 23:1). Deus cuidou para que os sapatos e as roupas dos israelitas não se desgastassem e que eles recebessem o pão diário. O Senhor lutou contra os inimigos do povo e deu a vitória a Israel. Amar e fazer a vontade de Deus é a fonte de segurança mais confiável. O lugar mais seguro do mundo é estar no centro da vontade de Deus.

"Não sei por que aquilo aconteceu!" Os crentes maduros andam pela fé, não pelo que veem (2 CORÍNTIOS 5:7). O Senhor estava preparando Seu povo para as batalhas e bênçãos que encontrariam na Terra Prometida. Cada tentação que vencemos pode ajudar a aprimorar nossos olhos espirituais e a fortalecer nossos músculos espirituais, e cada provação pode ajudar-nos a crescer em graça.

"Senhor, eu tenho problemas demais!" Durante a caminhada no deserto, os judeus sentiram fome, sede e ataques dos exércitos inimigos, e reclamar era a reação normal deles. Nenhum de nós tem direito a receber nada. Tudo o que recebemos é pela graça de Deus e não devemos reclamar.

"Tenho o direito de receber o que desejo!" O povo pediu carne para comer e o Senhor lhes deu carne, mas muitos deles morreram por causa disso (NÚMEROS 11). Você já amadureceu o suficiente em sua vida espiritual a ponto de ser agradecido por uma oração não respondida?

"Ah, como eram bons aqueles tempos!" Sempre que a situação ficava difícil, os judeus queriam voltar para o Egito, para a escravidão e para o sofrimento. Mas esse não era o plano de Deus. "Portanto [...] avancemos para a maturidade..." (HEBREUS 6:1 NVI). Deixar a infância para tornar-se adulto não é fácil, mas quem deseja permanecer no berço e no cercadinho?

Provocar Deus com nossa infantilidade e rebeldia só serve para entristecê-lo e roubar-nos o melhor que Ele planejou para nós. Nós, que pertencemos a Cristo, não somos mais "do mundo" (JOÃO 17:16), mas será que ainda existe algo do mundo em nosso coração? Se sim, devemos confessá-lo e abandoná-lo a fim de não transigirmos e voltarmos ao cativeiro à semelhança do povo de Israel. Nossa pátria está no céu (FILIPENSES 3:20).

> "Eis que o obedecer é melhor do que o sacrificar,
> e o atender, melhor do que a gordura de carneiros"
> (1 SAMUEL 15:22).

40

> *O teu* **braço é armado de poder,**
> *forte é a tua mão, e elevada,*
> *a tua destra* (SALMO 89:13).

Há tantas ferramentas e instrumentos eletrônicos poderosos hoje em dia que a força dos braços de um trabalhador não é importante. Mas não era assim nos tempos bíblicos, quando os trabalhadores e os guerreiros precisavam ter músculos fortes. Deus não depende da força de *nossos* braços; somos nós que dependemos da força de *Seus* braços — e eles são fortes e poderosos. Quando pensamos que somos fortes, logo descobrimos que somos fracos. O rei Uzias "foi maravilhosamente ajudado, até que se tornou forte" (2 CRÔNICAS 26:15). Paulo tinha razão quando escreveu: "Porque, quando sou fraco, então, é que sou forte" (2 CORÍNTIOS 12:10). Quando depositamos nossa confiança em Cristo, Seu braço poderoso nos capacita a fazer Sua vontade.

O braço de Deus, o Criador. "Ah! SENHOR Deus, eis que fizeste os céus e a terra com o teu grande poder e com o teu braço estendido; coisa alguma te é demasiadamente maravilhosa" (JEREMIAS 32:17). A criação embaixo de nós, à nossa volta, acima de nós e dentro em nós convence-nos, dia e noite, do poder e da sabedoria incrível de Deus. Aquilo que os homens chamam de "lei científica" é apenas um modo de explicar os princípios maravilhosos de Deus para construir Seu universo. Esses princípios nos lembram que nada é difícil demais para o Senhor. No Sermão do Monte, Jesus apontou para as flores e aves frágeis e lembrou-nos de que, se Deus cuida delas, certamente cuidará de nós. Portanto, não se preocupe!

O braço de Deus, o Libertador. O poder do braço de Deus é visto também na história humana. Depois de atravessar o mar Vermelho em terra seca, Israel cantou e proclamou que o espanto e o pavor caiu sobre seus inimigos pela grandeza do braço de Deus (ÊXODO 15:16). Quando os israelitas estavam prestes a entrar na Terra

Prometida, Moisés garantiu-lhes que contariam com a ajuda de Deus: "E o SENHOR nos tirou do Egito com poderosa mão, e com braço estendido..." (DEUTERONÔMIO 26:8). O Pai "nos libertou do império das trevas e nos transportou para o reino do Filho do seu amor" (COLOSSENSES 1:13).

O braço de Deus, o Vencedor. Deus tirou Israel do Egito para levá-lo a receber sua herança, e o ajudou a vencer os inimigos. "Pois não foi por sua espada que possuíram a terra, nem foi o seu braço que lhes deu vitória; e sim a tua destra, e o teu braço [...] porque te agradaste deles" (SALMO 44:3). Possuímos nossa herança espiritual em Cristo quando confiamos em Deus e no poder de Seu braço (EFÉSIOS 1:19; COLOSSENSES 1:29).

O braço de Deus, o Salvador. "Quem creu em nossa pregação? E a quem foi revelado o braço do SENHOR?" (ISAÍAS 53:1). Não recebemos a salvação por meio de sacrifício de animais ou de boas obras. Foi a morte de Jesus Cristo na cruz e Sua ressurreição que compraram nossa salvação. Deus desnudou Seu braço forte no Calvário e no túmulo vazio, e venceu o pecado e a morte.

O braço de Deus, o Cuidador. "Como pastor [...] entre os seus braços recolherá os cordeirinhos, e os levará no seio..." (ISAÍAS 40:11). Jesus, o Pastor amoroso, busca a ovelha perdida, encontra-a, carrega-a nos ombros — observe o plural — e a leva para casa (LUCAS 15:5). A ovelha está protegida nos braços do pastor e com o rebanho no aprisco.

Deus tem braços poderosos e eles nunca fraquejam nem falham!

> **"O Deus eterno é a tua habitação e,**
> **por baixo de ti, estende os braços eternos"**
> (DEUTERONÔMIO 33:27).

41

*Lembra-te de como **é breve a minha existência**! Pois criarias em vão todos os filhos dos homens!* (SALMO 89:47).

Alguém disse que o tempo cura tudo, mas destrói a beleza, e, à medida que envelheço, concordo com essas palavras. Todo ser vivente envelhece, mas nem todos revelam ou consertam da mesma forma o estrago que a idade traz. Há ocasiões em que o tempo parece correr na velocidade da luz, e há ocasiões em que o tempo parece arrastar-se como o trânsito de fim de tarde. Uma coisa é certa: o tempo não para, e cada um de nós precisa decidir como lidar com ele.

Podemos perder tempo com futilidades. Encontramos cerca de 40 vezes no livro de Eclesiastes a palavra *vaidade* ou a expressão *correr atrás do vento*. Um de meus professores disse que a palavra hebraica traduzida por *vaidade* significa "o que sobra depois que as bolhas de sabão estouram". O rei Salomão examinou cuidadosamente os muitos aspectos da vida humana antes de escrever Eclesiastes, e chegou à conclusão de que a vida não tem sentido. A vida sem sentido é simplesmente existência, não vida verdadeira. Podemos trabalhar muito e talvez repor o dinheiro que gastamos, mas não podemos ter de volta o tempo que perdemos. Se o Senhor perguntasse às pessoas deste "caminho da vaidade" por que Ele deveria permitir que elas vivessem, não receberia resposta. Viver para as vaidades deste mundo é desperdício de vida.

Podemos passar o tempo realizando meras atividades. Deus "tudo nos proporciona ricamente para nosso aprazimento" (1 TIMÓTEO 6:17), mas nem todo aprazimento enriquece nossa vida. Deus nos dá *ricamente* porque deseja que sejamos ricos. À medida que amadurecemos no Senhor, queremos ter experiências que glorifiquem a Deus e nos façam crescer espiritualmente. Vida verdadeira significa dar e receber. Jesus disse: "Em verdade, em verdade vos digo: se o grão de trigo, caindo na terra, não morrer, fica ele só;

mas, se morrer, produz muito fruto" (JOÃO 12:24). Se você vive apenas para si, perderá sua vida, mas se viver para Cristo, a salvará e ajudará a salvar outras pessoas. A atividade em si é movimentação sem bênção. Estamos vivendo de substitutos.

Podemos investir o tempo no que é eterno. A vida inclui responsabilidades. Deus nos dá vida no momento da concepção e vida eterna na conversão, e essas duas experiências são acompanhadas de dons e habilidades para serem usadas para a glória de Deus. Ele não me fez um atleta nem um mecânico, mas deu-me amor pelas palavras — ler, estudar, aprender com elas, falar e escrever. A Bíblia tem sido meu livro didático desde a adolescência e agradeço a Deus por tudo o que Ele me ensina. Não estou dizendo que todo crente tem de ser um pregador ou professor, mas que cada um de nós precisa desenvolver nossos talentos e usá-los para servir aos outros e glorificar a Deus no chamado que Ele nos concedeu. Precisamos viver "com os valores da eternidade em mente". "Ora, o mundo passa", diz 1 João 2:17, "bem como a concupiscência da carne; aquele, porém, que faz a vontade de Deus permanece eternamente". Não estamos desperdiçando tempo nem gastando tempo; estamos investindo nosso tempo naquilo que é eterno.

Em contraste com a eternidade, a vida é breve e o tempo passa rapidamente. Você percebe isso? Parece que foi ontem que me casei e que me tornei pai, dois anos depois. Hoje, minha mulher e eu temos bisnetos! Para onde foi o tempo? Foi para eternidade e, um dia, nós o seguiremos. Estaremos perante o tribunal de Cristo e nossas obras serão julgadas.

A vida é curta. Vamos investi-la no que é eterno. Os dividendos são incomensuráveis, agora e na eternidade.

> "Ora, além disso, o que se requer dos despenseiros
> é que cada um deles seja encontrado fiel"
> (1 CORÍNTIOS 4:2).

42

Fidelíssimos são os teus testemunhos;
à tua casa convém a santidade, SENHOR,
para todo o sempre (SALMO 93:5).

estemunhos é um dos sinônimos de "Bíblia", a Palavra de Deus. Deriva do latim e significa "confirmação" e dela vêm as palavras testificar e testamento. As Escrituras testemunham sobre a existência e o caráter de Deus, Suas obras e Sua vontade para Seu povo. Que tipo de testemunho a Bíblia é?

A Bíblia é um testemunho real. "Reina o SENHOR" de um trono eterno (SALMO 93:1,2) e sempre reinará. "O SENHOR é rei eterno..." (SALMO 10:16; VEJA 1 TIMÓTEO 1:17). Nos tempos antigos, quando o rei falava, o povo ouvia e obedecia. "Porque a palavra do rei tem autoridade suprema; e quem lhe dirá: Que fazes?" (ECLESIASTES 8:4). Devemos sempre dar o devido valor à Bíblia, porque o Rei do Universo se digna a falar conosco! Quando abrimos o coração e a Bíblia, Deus abre Sua boca; e se Ele não nos falar, é melhor tentarmos descobrir rapidamente o motivo. Existe um pecado em nossa vida? A leitura está sendo rápida demais?

A Bíblia é um testemunho contemporâneo. O salmista usa a palavra *são*. O verbo está no presente do indicativo, porque aquilo que Deus disse séculos atrás fala a nós até hoje. A Palavra de Deus não muda, mas as línguas mudam; e por esse motivo os estudiosos da Bíblia precisam revisar o texto de tempos em tempos. Conforme lemos na Escritura, nós "ouvimos" o que Deus diz aos patriarcas, aos reis, aos profetas e ao povo em geral — mas o que Ele diz, fala também a nós. E também ouvimos o que essas pessoas disseram a Deus. A Palavra de Deus é um *livro vivo*, e sua mensagem nunca envelhece (HEBREUS 4:12; 1 PEDRO 1:23). Eu sorrio quando as pessoas dizem: "O nosso pastor faz a Bíblia ser muito importante".

Não importa o modo como nós, mortais, manuseamos a Bíblia. *Ela é sempre importante.* Se permitirmos ao Espírito Santo, Ele provará isso para nós.

A Bíblia é um testemunho fidedigno. "Fidelíssimos são os teus testemunhos..." (SALMO 93:5). O trono de Deus está firmado (v.2) e a Palavra de Deus está firmada. Nem todos os testemunhos no tribunal são dignos de confiança, e alguns são multados por desrespeito à autoridade na corte, mas o testemunho da Bíblia é sempre fidedigno. As pessoas que dizem: "Tão certo quanto o mundo...", deveriam dizer: "Tão certo quanto a Palavra...". Jesus disse: "Passará o céu e a terra, porém as minhas palavras não passarão" (MATEUS 24:35). Como tempestades no oceano, as vozes das nações tentam abafar a voz do Senhor, mas sua Palavra continua a falar (SALMO 93:3,4). Deus repreende as vozes desafiadoras das nações (ISAÍAS 17:12,13) e até ri delas (SALMO 2:1-4). Lembre-se disso quando ler o jornal ou assistir ao noticiário da noite.

A Bíblia é um testemunho transformador. O curto Salmo 93 termina com uma nota pessoal: se amarmos a Palavra de Deus e buscarmos obedecê-la, nossa vida será transformada. "[À] tua casa convém a santidade, SENHOR, para todo o sempre" (v.5). A palavra *casa* pode referir-se ao santuário de Deus ou ao povo de Deus. Quando entendida e aplicada corretamente, a Bíblia Sagrada produz um povo santo (2 CORÍNTIOS 3:18). Deus governa Seu universo por *ordenança*, não por comitê ou consenso. Nunca negociamos a vontade de Deus; nós a aceitamos e obedecemos.

> "Por que se enfurecem os gentios e os povos imaginam coisas vãs?" (SALMO 2:1).

43

Exaltai ao SENHOR, nosso Deus, *e prostrai-vos ante o escabelo de seus pés, porque ele é santo* (SALMO 99:5).

Parece estranho que o Espírito Santo tenha de nos lembrar, por meio do salmista, de adorar somente a Deus e exaltá-lo (SALMO 99:5,9). Exaltar ao Senhor não é o que você espera dos cristãos? Exaltar a Cristo deveria ser o maior desejo de nosso coração e a expressão mais natural de nossa vida. A palavra exaltar deriva de duas palavras latinas: ex (fora) e altus (alto). Exaltar ao Senhor significa colocá-lo em lugar alto, distante das "celebridades" deste mundo. Significa engrandecer a Cristo com nosso testemunho, caminhada, trabalho e adoração, para que os outros vejam Sua grandiosidade. Este salmo dá-nos três motivos para engrandecermos ao Senhor com amor e fidelidade na sociedade ímpia de nossos dias.

Ele reina de um alto e santo trono (vv.1-3). Embora não possamos vê-lo, Ele está "acima de tudo" e nunca poderá ser destronado. Nosso Salvador Jesus Cristo está sentado no trono com Seu Pai no céu (HEBREUS 1:3; 12:2) e, juntos, estão no controle total. A expressão "acima dos querubins" (SALMO 99:1) leva-nos ao Santo dos Santos do santuário. Os dois querubins de ouro faziam parte do propiciatório localizado em cima da arca da aliança. Aquele era o trono de Deus na nação de Israel. A glória de Deus habitava no Santo dos Santos, porque o trono de Deus e a glória de Deus se harmonizam. Mas esse trono glorioso é também um trono de graça no qual nosso Salvador ministra a nós e ouve nossas orações (HEBREUS 4:14-16), porque a graça e a glória se harmonizam (SALMO 84:11). É por isso que "santificado seja o teu nome" é o primeiro pedido na Oração do Senhor (MATEUS 6:9). Se nossas solicitações não glorificam ao Senhor, por que deveríamos pedi-las? Exaltemos o Rei perfeito!

Ele atua como um soberano e santo Juiz (SALMO 99:4,5). Quanta justiça, retidão e equidade vemos no mundo de hoje? O número assustador de casos à espera de julgamento nos tribunais desencoraja algumas pessoas até de tentar obter justiça. O Senhor é sábio, poderoso, vê o coração humano e faz julgamento correto e com sabedoria. "O SENHOR faz justiça e julga a todos os oprimidos" (SALMO 103:6), se não nesta vida, então certamente na eternidade. Quando os livros forem abertos, o Senhor cuidará para que os justos sejam inocentados e recompensados, e os perversos sejam condenados e punidos. "Eis a Rocha! Suas obras são perfeitas, porque todos os seus caminhos são juízo; Deus é fidelidade, e não há nele injustiça; é justo e reto" (DEUTERONÔMIO 32:4). Deus "estabeleceu um dia em que há de julgar o mundo com justiça, por meio de um varão que destinou e acreditou diante de todos, ressuscitando-o dentre os mortos" (ATOS 17:31). Exaltemos o Juiz perfeito!

Ele mantém um relacionamento sublime e santo (SALMO 99:6-9). Minha mulher e eu visitamos Londres muitas vezes, mas nunca tentamos passar pelos guardas nos portões do Palácio de Buckingham nem forçar caminho para ver a rainha. Mas os filhos de Deus podem aproximar-se corajosamente do trono da graça e ter comunhão com o Senhor. O salmista cita Moisés, Arão e Samuel, todos grandes homens, mas temos mais privilégios em Cristo do que eles. Arão podia entrar no Santo dos Santos apenas uma vez por ano, mas nós habitamos "no esconderijo do Altíssimo" (SALMO 91:1). Podemos falar com Deus, e Ele fala conosco por meio de Sua Palavra. Ele é um Deus que nos perdoa quando confessamos nossos pecados (1 JOÃO 1:9). À medida que o adoramos, a grandeza de Seus atributos nos fascina e nos transforma. Que privilégio temos no trono da graça!

> **"Ó SENHOR, tu és o meu Deus;**
> **exaltar-te-ei a ti e louvarei o teu nome..."**
> (ISAÍAS 25:1).

44

> *Bendize, ó minha alma, ao SENHOR e não te esqueças de nem um só de seus benefícios* (SALMO 103:2).

A palavra *benefício* deriva de duas palavras latina que, juntas, significam "fazer o bem". Porque Deus é bom, Ele *faz* o bem. Deus não pode fazer o mal. O que Ele faz talvez não pareça bom para nós no momento, mas, se Deus faz, é bom — até o espinho na carne de Paulo (2 CORÍNTIOS 12:7-10). "Sabemos que todas as coisas cooperam para o bem daqueles que amam a Deus, daqueles que são chamados segundo o seu propósito" (ROMANOS 8:28). Há três elementos envolvidos nesse assunto de bênção do Senhor por Seus benefícios.

Memória — lembrando-nos do Senhor. Em meu ministério pastoral, tenho visitado pessoas cuja mente está afetada pela demência, e essas visitas geralmente me deprimem. Quando a memória para de funcionar, as pessoas não se conhecem, não conhecem os outros, não sabem onde estão nem por que estão lá. A memória é uma dádiva preciosa de Deus, no entanto, nós não lhe damos o devido valor. Imagine se todas as manhãs tivéssemos de reaprender nosso nome e endereço, o alfabeto, o sistema numérico e os nomes das pessoas com quem convivemos. Viveríamos quase isolados da realidade. O povo de Israel se esquecia com frequência de Deus e adorava os ídolos das nações vizinhas, e Deus teve de disciplinar Seu povo. Em seu discurso de despedida a Israel, no livro de Deuteronômio, Moisés repetiu muito as palavras "lembra-te" e "não te esqueças", algumas vezes disse: "Lembrar-te-ás de que foste escravo no Egito". Sempre que se esquecia de quem era e do que Deus havia feito por ele, o povo de Israel pecava e pagava caro por sua desobediência. Toda igreja local deveria ter um "Domingo da Herança" anual e revisar a história da igreja para educar os novos membros e lembrar a cada um o que Deus fez. Perder sua história é perder sua identidade.

Misericórdia — agradecendo ao Senhor. O Senhor deu aos israelitas o sábado semanal e as sete "festas" anuais para lembrar-lhes de Sua graça e misericórdia (LEVÍTICO 23). A nação também construiu memoriais especiais para testemunhar os principais eventos históricos. As igrejas se reúnem no Dia do Senhor para comemorar a ressurreição de Cristo, e o povo se lembra de Sua morte e segunda vinda quando se reúne à Mesa do Senhor. Temos também datas especiais como Natal, Sexta-feira Santa, Domingo de Páscoa e Domingo da Reforma, todos em memória de eventos especiais na História da Igreja. Tanto a igreja de Éfeso quanto a igreja de Sardes necessitaram que suas lembranças fossem reavivadas (APOCALIPSE 2:5; 3:3) e talvez algumas igrejas de hoje tenham a mesma necessidade.

Ministério — servindo ao Senhor. Comemorar as obras passadas de Deus não significa desprezar as presentes e as futuras. Mas recordar os eventos passados pode ajudar-nos a receber um novo entendimento espiritual e motivação para servirmos ao Senhor hoje e planejarmos o futuro. Um famoso filósofo escreveu: "Aquele que não conhece o passado está condenado a repeti-lo". Quando Paulo se encontrou com os presbíteros de Éfeso, ele relembrou o passado a fim de avaliar o presente e planejar o futuro (ATOS 20:17-38). Se as equipes esportivas se aperfeiçoam quando assistem aos *replays* de suas jogadas, não podemos também relembrar o passado e nos tornar cristãos melhores?

A gratidão é o elemento principal da vida cristã. Em vez de imitar Israel e esquecer as bênçãos de Deus e Seu conselho (SALMO 106:13), devemos louvá-lo e comemorar Sua bondade para conosco. Deus não se esquece de nós, e não há motivo para nos esquecermos dele.

> "Mas [...] não me esquecerei de ti.
> Eis que nas palmas das minhas mãos
> te gravei..." (ISAÍAS 49:15,16).

45

Disse o SENHOR ao meu senhor:
Assenta-te à minha direita, *até que eu ponha os teus inimigos debaixo dos teus pés* (SALMO 110:1).

Por pelo menos duas razões, precisamos prestar muita atenção a este salmo. Primeira, ele trata de Jesus e de Seu ministério à Sua Igreja de hoje; e segunda, os autores do Novo Testamento citam-no ou referem-se a ele mais do que a qualquer outro. O salmo registra o que o Pai disse ao Filho quando Jesus retornou ao céu, e ressalta várias verdades importantes a respeito do Salvador.

Jesus é o Salvador vivo. Ele concluiu Sua obra redentora na Terra (JOÃO 19:30), portanto não está na cruz ou no túmulo. Ele está vivo! Que transformação os apóstolos vivenciaram quando entenderam essa verdade! Podemos viver e servir Jesus hoje no "poder da sua ressurreição" (FILIPENSES 3:10) porque Cristo vive em nós por Seu Espírito (GÁLATAS 2:20). O Espírito deseja capacitar-nos hoje, para que sejamos testemunhas de Jesus e de Seu evangelho. O mundo acha que Jesus é um mestre antigo e que está morto, mas o Espírito quer usar-nos para demonstrar que Ele está vivo e age neste mundo. Estamos disponíveis?

Jesus é o Salvador exaltado. Durante Seus dias de ministério na Terra, Jesus foi um servo sofredor obediente, mas Deus "o exaltou sobremaneira" (FILIPENSES 2:9) e "ressuscitou-o dentre os mortos, fazendo-o sentar à sua direita nos lugares celestiais, acima de todo principado, e potestade, e poder, e domínio..." (EFÉSIOS 1:20,21). Não existe, não existiu nem existirá uma pessoa na Terra cujo nome seja mais alto que o de nosso Senhor no céu. Tudo está "debaixo [de seus] pés" (v.22) e Ele está no controle total. Por que deveríamos ser tímidos e medrosos?

Jesus é o Salvador reinante. Nosso Senhor não precisa voltar à Terra para ser Rei, porque Ele já é rei! "Toda autoridade me foi dada no céu e na terra", Ele disse aos discípulos antes de dar-lhes a Grande Comissão e depois subir ao céu (MATEUS 28:18-20). É nessa autoridade, não em nossa habilidade, que devemos sair para testemunhar e expandir Seu reino. Podemos "reinar na vida" porque Ele reina no céu (ROMANOS 5:17). Além do mais, o Pai "nos ressuscitou, e nos fez assentar nos *lugares* celestiais em Cristo Jesus" (EFÉSIOS 2:6). Até que altura podemos chegar e quanta autoridade a mais podemos receber?

Jesus é o Salvador ministrante. "Ora [...] possuímos tal sumo sacerdote, que se assentou à destra do trono da Majestade nos céus" (HEBREUS 8:1). A epístola aos hebreus explica o atual ministério do Senhor no céu e capacita Sua Igreja a servir na Terra. Mas não tenha a falsa noção de que o Pai está zangado conosco, de modo que Jesus tenha de interceder por nós para recebermos a ajuda de que necessitamos. O Pai e o Filho trabalham juntos para nos aperfeiçoar e nos capacitar a glorificar ao Senhor. Jesus é o grande Sumo Sacerdote que conhece nossas fraquezas e dá-nos a graça para nos ajudar em tempos de dificuldades (4:14-16).

Deus colocou todas as coisas debaixo dos pés de Jesus para que Jesus pusesse todos os nossos inimigos debaixo de nossos pés e nos desse uma vida de vitória e alegria (2:5-9; ROMANOS 16:20). Não lutamos *pela* vitória em nossa própria força, mas pela que vem *da* vitória, a vitória que Jesus conquistou por nós (EFÉSIOS 1:19-23). Quando lemos a Palavra diariamente, meditamos nela, rendemo-nos ao Espírito e *exercitamos a fé*, recebemos de Jesus tudo o que necessitamos para desmascarar e derrotar o inimigo.

> **"Deste-lhe domínio sobre as obras da tua mão
> e sob seus pés tudo lhe puseste"** (SALMO 8:6).

46

Baixem sobre mim as tuas misericórdias, para que eu viva; pois na **tua lei está o meu prazer** (SALMO 119:77).

Tudo aquilo que nos dá prazer nos direciona, e tudo aquilo que nos direciona determina nosso destino; portanto, precisamos ser cuidadosos para cultivar o apetite espiritual. "Bem-aventurados os que têm fome e sede de justiça, porque serão fartos" (MATEUS 5:6). Quando temos prazer na Palavra de Deus, temos também prazer na vontade de Deus. Jesus disse: "A minha comida consiste em fazer a vontade daquele que me enviou e realizar a sua obra" (JOÃO 4:34). Ou o mal é doce em nossa boca (JÓ 20:12) ou a Palavra de Deus é ainda "mais [doce] que o mel" em nossa boca (SALMO 119:103). "Oh! Provai e vede que o SENHOR é bom..." (34:8).

Deus é soberano e governa o Universo. Impôs leis explícitas a todos os reinos — mineral, vegetal, animal, humano e ao reino espiritual de Deus. Se desprezarmos essas leis, as consequências serão dolorosas e talvez fatais. Aprendemos as leis e os princípios do reino de Deus com a Sua Palavra e quando obedecemos ao que aprendemos. "Antes, o seu prazer está na lei do SENHOR, e na sua lei medita de dia e de noite" (1:2).

Tenho a liberdade de dirigir um carro porque possuo carteira de habilitação, mas, para obter essa carteira, tive de estudar um manual, ser treinado por um motorista credenciado e ser bem-sucedido no teste prático. Se eu obedecer às leis de trânsito, tenho liberdade para dirigir. Os cientistas são capazes de estudar os minerais, as plantas, os animais, os seres humanos e as galáxias porque o Criador impôs leis a esses reinos, leis que não mudam. A NASA pode enviar astronautas ao espaço e trazê-los de volta à Terra em segurança porque seus técnicos entendem essas leis e as obedecem.

Por que o povo de Deus não tem mais prazer em ler e estudar a Palavra de Deus? O Espírito Santo que inspirou a Bíblia habita em cada cristão e exorta-nos a separar um tempo todos os dias para meditar na Bíblia e orar, mas algumas pessoas estão atarefadas demais para "ter tempo para ser santo". Ou talvez ninguém lhes ensinou como e por que devem meditar na Bíblia. Demora um pouco para que as crianças aprendam a comer sozinhas e a *gostar dos alimentos certos*. Se comerem muitos "salgadinhos" entre as refeições, não terão apetite para uma boa nutrição.

Se o povo de Deus se concentrasse no que a Palavra de Deus é, seria mais motivado a fazer da Bíblia o livro mais importante que possui. A Bíblia é tudo o que necessitamos para desenvolver a maturidade espiritual. É alimento para crescer (SALMO 119:103; MATEUS 4:4; 1 PEDRO 2:2; HEBREUS 5:12-14), água para purificação (SALMO 119:9; JOÃO 15:3; EFÉSIOS 5:26), luz para nos guiar (SALMO 119:105,130), espada para nos proteger (EFÉSIOS 6:17; HEBREUS 4:12), ouro para nos enriquecer (SALMO 119:14,72,127,162) e verdade para nos transformar (JOÃO 17:17).

Parece que sempre encontramos tempo para fazer coisas das quais mais gostamos, quer seja dar um cochilo, fazer compras, pescar ou enviar e receber e-mails. O Salmo 119:147,148 informa-nos que o salmista se levantava de manhãzinha para meditar na Palavra e também meditava nela no meio da noite. "Lembro-me, SENHOR, do teu nome, durante a noite, e observo a tua lei" (v.55). "Levanto-me à meia-noite, para te dar graças, por causa dos teus retos juízos" (v.62).

Se Pedro, Tiago e João não estivessem sonolentos no monte da Transfiguração, poderiam ter aprendido muito quando Jesus conversou com Moisés e Elias (LUCAS 9:32). Se Êutico não tivesse adormecido, teria se beneficiado do discurso de Paulo e não teria caído da janela (ATOS 20:7-12). Vamos acordar e levantar para estudar a Palavra de Deus.

> "E digo [...] já é hora de vos despertardes do sono; porque a nossa salvação está, agora, mais perto do que quando no princípio cremos" (ROMANOS 13:11).

47

Clamo a ti; salva-me, *e guardarei os teus testemunhos* (SALMO 119:146).

A ênfase do Salmo 119 está na Palavra de Deus e no que ela pode fazer em nossa vida se nos deleitarmos nela e fizermos o que ela diz. Há, porém, outros temas neste salmo que não podemos deixar de lado, e a oração é um deles. O salmista clamou ao Senhor (vv.145-147,169) e há evidência de que o Senhor lhe respondeu. Nessa experiência, aprendemos algumas verdades básicas sobre a oração.

O homem piedoso tem inimigos. Qualquer um que pensar que a vida cristã é uma viagem pacífica em um mar calmo não passou muito tempo lendo o Novo Testamento. "Bem-aventurados os perseguidos por causa da justiça", disse Jesus, "porque deles é o reino dos céus" (MATEUS 5:10); e Paulo escreveu: "Ora, todos quantos querem viver piedosamente em Cristo Jesus serão perseguidos" (2 TIMÓTEO 3:12). Se os ímpios perseguiram Jesus, certamente perseguirão quem segue a Jesus e o serve (JOÃO 15:18-25). Um homem me disse: "Eu não falo nada. Apenas vivo e esse é o meu testemunho". Mas se sua vida for diferente da vida do resto do mundo, as pessoas notarão e lhe perguntarão o motivo, e essa é sua oportunidade de testemunhar. O salmista foi atacado por príncipes (SALMO 119:23) e os perversos inventaram mentiras contra ele (vv.53,61,69). Os malfeitores o oprimiram (vv.115,121,122) e os infratores da lei inconstantes desprezaram-no (vv.113,136,141). Os cristãos são a luz do mundo, mas o mundo ama as trevas mais do que a luz porque a luz expõe suas más ações (JOÃO 3:18-21).

O homem piedoso pode orar pela ajuda de Deus. O salmista suplicou ao Senhor e clamou pela ajuda de que necessitava (vv.145-147,169). Em Atos 4:23-31, a Igreja Primitiva mostra-nos um bom exemplo de como devemos orar quando o mundo se opõe a nós. Os cristãos não pediram a Deus que retirasse as autoridades nem que protegesse a Igreja da perseguição. Pediram intrepidez ao Senhor para continuar a testemunhar aos perdidos! A Igreja Primitiva não via a perseguição como motivo para desistir, mas como oportunidade para testemunhar aos líderes em Jerusalém. É triste ver que as reuniões de oração nas igrejas foram reduzidas ao mínimo nos anos recentes. Talvez haja necessidade de um pouco de perseguição.

O homem piedoso conecta a oração com a Palavra de Deus. Os cristãos que oravam em Atos 4 conheciam as Escrituras do Antigo Testamento, a única Bíblia que possuíam. Citaram de memória dois versículos do Salmo 2 e os aplicaram à situação. Quando oramos no Espírito, ele nos traz à mente os versículos que conhecemos e dá-nos as promessas para nos apossarmos delas. A Igreja estava seguindo o exemplo dos apóstolos que disseram: "e, quanto a nós, nos consagraremos à oração e ao ministério da palavra" (ATOS 6:4). A Palavra e a oração precisam andar juntas sempre. Oração sem a Palavra é calor sem luz, e a Palavra sem oração é luz sem calor! Jesus disse que necessitamos de luz e calor. "Se permanecerdes em mim, e as minhas palavras permanecerem em vós, pedireis o que quiserdes, e vos será feito" (JOÃO 15:7). Samuel, o líder piedoso do Antigo Testamento, ensinou a mesma verdade. "Quanto a mim, longe de mim que eu peque contra o SENHOR, deixando de orar por vós; antes, vos ensinarei o caminho bom e direito" (1 SAMUEL 12:23). A oração e a Palavra!

**Chegue a ti, SENHOR, a minha súplica;
dá-me entendimento, segundo a tua palavra"**
(SALMO 119:169).

48

Profiram louvor os meus lábios,
pois me ensinas os teus decretos
(SALMO 119:171).

Aqui está um cristão de *vida equilibrada*. Não sabemos quem escreveu o Salmo 119, mas sabemos quais eram os interesses de seu coração: aprender a Palavra de Deus, orar por ele mesmo e pelos outros e louvar ao Senhor pela oração respondida. A vida do salmista não era nada fácil, mas ele tinha uma vida equilibrada, pois passava tempo lendo a Palavra, orava e dava graças a Deus. Um amigo meu dizia: "Bem-aventurados os equilibrados, porque não quebrarão a cara". Se dedicarmos um tempo todos os dias à Palavra, à oração e ao louvor, Deus fará o restante. É bom sermos alunos dedicados ao estudo da Bíblia e crescer no conhecimento do Senhor, mas precisamos ser cuidadosos para não abarrotar a mente e esvaziar o coração. "O saber ensoberbece, mas o amor edifica" (1 CORÍNTIOS 8:1). Além de estudar, precisamos orar de tal forma que a oração permita que o Espírito Santo nos transforme mediante a Palavra (2 CORÍNTIOS 3:18). No entanto, a adoração também é essencial, porque quando adoramos a Deus, desviamos o olhar de nós e de nossas necessidades e nos envolvemos com a graça e a glória do Senhor. Tanto a oração a sós como a oração em grupo ajudam a centrar nosso coração e mente no Senhor, e isso nos encoraja e nos capacita em nossa caminhada e trabalho.

Aqui está um cristão de *vida disciplinada*. Se os discípulos não forem disciplinados, há algo errado com o discipulado deles. O salmista se levantava antes do amanhecer para passar tempo com o Senhor (SALMO 119:147) e também permanecia em comunhão com Deus durante as vigílias da noite (v.148). "Levanto-me à meia-noite para te dar graças..." (v.62). Paulo e Silas transformaram a meia-noite em uma hora milagrosa enquanto oravam a Deus e o louvavam na prisão em Filipos, e muitas pessoas foram salvas (ATOS 16:25-34).

Mas o salmista escreveu também: "Quanto amo a tua lei! É a minha meditação, todo o dia!" (SALMO 119:97). Não existe aqui uma sugestão para que os cristãos deixem seu trabalho de lado e leiam apenas a Bíblia. O evangelista D. L. Moody advertia os cristãos contra o fato de "ter a mente tão celestial a ponto de não fazer nada de bom na Terra". Vivemos em um mundo real, com pessoas reais, e não podemos deixar de lado nossas responsabilidades humanas. Nossa devoção ao Senhor deve nos tornar pessoas melhores — como cidadãos, membros de família, vizinhos e trabalhadores.

Aqui está um cristão de *vida submissa*. Seu coração, mente e vontade (vv.7,8) e seus lábios e língua (vv.171,172) pertenciam ao Senhor e assim o seu tempo. "Sete vezes no dia, eu te louvo..." (v.164). Louvar ao Senhor sete vezes no dia será um abençoado "hábito santo" que ajudará a transformar sua vida. O salmista pediu a Deus que lhe desse "bom juízo e conhecimento" (v.66), bem como conhecimento da Palavra. A vida submissa tem prioridades; nossa escolha não se baseia simplesmente entre o bom e o mau, mas também entre o melhor e o ótimo. Buscamos "em primeiro lugar, o reino de Deus e sua justiça" (MATEUS 6:33) e damos o lugar de primazia a Jesus (COLOSSENSES 1:18). Devemos dizer com Davi: "Quanto a mim, confio em ti, SENHOR [...]. Nas tuas mãos, estão os meus dias..." (SALMO 31:14,15).

Aqui está um cristão de vida *motivada pelo amor*. Se quisermos que nossos lábios louvem a Deus, nosso coração precisa estar cheio de amor por Deus, pela Sua Palavra, pelo Seu povo e pelo serviço a Ele (119:47,48,97,132,140,165). O coração dedicado ao Senhor ajuda a orientar a mente e a disciplinar a vontade.

> **"Pois o amor de Cristo nos constrange..."**
> (2 CORÍNTIOS 5:14).

49

Contigo, porém, está o perdão, *para que te temam* (SALMO 130:4).

Os cristãos que examinam sinceramente o próprio coração sabem quando necessitam do perdão de Deus. O Espírito Santo tem uma forma carinhosa de nos fazer sentir culpados. Aqueles que não examinam seu coração fingem que são justos e se recusam a encarar os fatos. "Se dissermos que não temos pecado nenhum, a nós mesmos nos enganamos, e a verdade não está em nós" (1 JOÃO 1:8).

Quando sabemos que pecamos, sabemos que só o Senhor pode nos perdoar. Judas confessou seus pecados aos líderes religiosos, mas eles não puderam ajudá-lo. Devastado pelo peso da culpa, ele saiu do recinto e enforcou-se. Pedro também havia pecado, mas derramou lágrimas amargas de arrependimento e resolveu o assunto em particular com Jesus (LUCAS 24:34; 1 CORÍNTIOS 15:5).

"Homem, estão perdoados os teus pecados", Jesus disse ao paralítico que foi descido pelo telhado da casa onde Jesus estava ensinando (LUCAS 5:20). Essa afirmação aborreceu os líderes religiosos presentes e eles o acusaram de blasfêmia, mas Jesus é Deus e Ele perdoa pecados. Jesus disse à ex-prostituta que chorava: "Perdoados são os teus pecados [...]. A tua fé te salvou; vai-te em paz" (7:48,50). Essas palavras também ofenderam os líderes religiosos, mas deram uma nova vida e um novo começo à mulher.

Jesus é o Filho de Deus e o Salvador do mundo, portanto tem autoridade para perdoar pecados. Sua morte sacrificial na cruz e Sua triunfante ressurreição possibilitaram que os pecadores fossem perdoados e que nascessem na família de Deus. "[Nele] temos a redenção, pelo seu sangue, a remissão dos pecados, segundo a riqueza da sua graça" (EFÉSIOS 1:7). Esse milagre não resulta de nossas boas obras, porque a salvação é um dom inteiramente de Deus. Graça é o amor que paga o preço para salvar pessoas que não merecem.

Deus em Sua graça nos dá o que não merecemos, e em Sua misericórdia não nos dá o que merecemos. Jesus não mereceu o castigo; *nós o merecemos.*

Nos tempos do Antigo Testamento, em cada Dia da Expiação (LEVÍTICO 16) dois bodes eram colocados diante do santuário. O sumo sacerdote matava um dos bodes e levava um pouco de seu sangue para dentro do véu do Santo dos Santos e aspergia-o sobre o propiciatório de ouro em cima da arca. Depois saía, colocava a mão na cabeça do bode vivo e confessava os pecados da nação. Um homem levava o bode vivo ao deserto, e o animal nunca mais era visto. Temos aqui duas representações do perdão: o sangue cobrindo os pecados do povo e os pecados levados para longe, para nunca mais serem vistos. "Quanto dista o Oriente do Ocidente, assim afasta de nós as nossas transgressões" (SALMO 103:12).

E então? O povo certamente se alegrava por saber que estava perdoado. "Bem-aventurado aquele cuja iniquidade é perdoada, cujo pecado é coberto" (SALMO 32:1). O sangue dos animais cobria os pecados do povo, mas "o sangue de Jesus, seu Filho, nos purifica de todo pecado" (1 JOÃO 1:7). Essas palavras devem nos aproximar do Senhor de tal modo que o amaremos mais e nos dedicaremos mais uma vez a fazer Sua vontade. "Servi ao SENHOR com temor e alegrai-vos nele com tremor" (SALMO 2:11). Não somos perdoados para repetir nossos PECADOS, mas para ir e não pecar mais (JOÃO 8:11). Não é fácil manter o equilíbrio entre o temor piedoso e a alegria piedosa, mas esse é um dos elementos essenciais para a vida piedosa.

> "Que diremos, pois? Permaneceremos no pecado, para que seja a graça mais abundante? De modo nenhum..." (ROMANOS 6:1,2).

50

*SENHOR, **o meu coração não é orgulhoso** e os meus olhos não são arrogantes. Não me envolvo com coisas grandiosas nem maravilhosas demais para mim* (SALMO 131:1 NVI).

Não podemos ficar parados na vida cristã, porque, se assim for, logo começaremos a andar para trás e a perder terreno. A melhor maneira de evitar esse perigo é estar em movimento constante em direção à maturidade espiritual (HEBREUS 6:1). Deus quer que cresçamos "na graça e no conhecimento de nosso Senhor e Salvador Jesus Cristo" (2 PEDRO 3:18). Se temos hábitos saudáveis, a maturidade física é automática. A maturidade social é aprendida aos poucos, mas a maturidade espiritual exige disciplina, devoção, sacrifício e serviço. Considere estas possibilidades.

Podemos continuar a ser bebês espirituais. O desmame é uma experiência crítica para as crianças porque elas pensam que foram rejeitadas por uma mãe que não as ama mais. Elas não sabem que o desmame é uma prova de que a mãe realmente as ama e quer propiciar-lhes a liberdade de crescer. As crianças acham que ser dependentes da mãe é uma situação confortável e segura e não querem perdê-la, mas a perda é essencial para elas encontrarem a liberdade e as oportunidades para amadurecerem. Isso exige humildade, submissão e obediência por parte da criança; caso contrário, a mãe terá de conviver com um filho mimado, egoísta, desobediente e exigente. O mesmo ocorre na vida espiritual: o Senhor nos desmama carinhosamente das coisas temporárias da infância que nos fascinam (1 CORÍNTIOS 13:11) e nos oferece alimento sólido em lugar de leite (HEBREUS 5:12-14).

Podemos fingir ser maduros. Significa "manter as aparências" e nos interessar por assuntos adultos sobre os quais não sabemos nada. Levamos uma volumosa Bíblia de estudo à igreja, mas não a abrimos durante a semana inteira. Assistimos a várias palestras e guardamos as anotações em uma gaveta, sem nunca as aplicar à nossa vida. Aceitamos oportunidades de servir que vão além de nossas possibilidades, mas, com o tempo, nossa contribuição passa a ser zero. À semelhança da igreja de Sardes, temos um nome no livro da vida, mas estamos mortos (APOCALIPSE 3:1-6). G. Campbell Morgan dava a isso o nome de "reputação sem verdade", e Jesus chamou de hipocrisia. Porém, os disfarces acabam um dia e as máscaras caem; descobrimos, então, que não fomos semelhantes às crianças; fomos infantis e nossa suposta humildade exala orgulho. As crianças que fingem ser adultas são grotescas, não fofinhas, e ninguém as leva a sério.

Podemos pagar o preço e começar a amadurecer. A maturidade espiritual não é um destino, é uma jornada; e esta só terminará quando nos encontrarmos com Jesus — e então uma nova jornada terá início. As pessoas maduras se conhecem, aceitam-se, aperfeiçoam-se e se entregam ao Senhor para servir aos outros. Sabem o que podem fazer e onde se "encaixam", e não se esforçam para ter autoridade e visibilidade. Apenas confiam que Deus as ajudará a realizar bem a obra que lhes cabe para a glória de Jesus. Há mais ministérios prejudicados pelo orgulho do que por qualquer outro pecado. O orgulho nos rouba, mas a humildade nos torna receptivos e nos recompensa com crescimento espiritual que nem sempre conseguimos detectar.

Li a respeito de um membro de um conselho que quase sempre se opunha à ideia de mudanças, dizendo: "Se eu agir assim, poderei tropeçar, e a Bíblia condena isso". Finalmente o pastor replicou: "Sugiro que você cresça e aprenda a andar, para que não tropece tanto". Um coração orgulhoso e olhos arrogantes podem causar muito estrago.

> **"...Deus resiste aos soberbos, contudo, aos humildes concede a sua graça"**
> (1 PEDRO 5:5).

51

Ele envia as suas ordens à terra,
e sua palavra corre velozmente
(SALMO 147:15).

Está ficando cada vez mais difícil receber e digerir as notícias, seja sobre política, esporte, economia ou as apenas divulgadas nos noticiários locais. Por quê? Porque são muitas (chamam isso de sobrecarga de informações) e em grande parte desanimadoras. Porém, os cristãos podem enfrentar os fatos com coragem e manter um espírito manso *porque Deus está agindo no mundo neste instante*. Sua Palavra é viva e eficaz (HEBREUS 4:12) e sempre cumpre Seus propósitos (ISAÍAS 55:10,11). Os servos de Deus podem ser encarcerados, mas a Palavra de Deus não pode ser aprisionada (2 TIMÓTEO 2:9). O Salmo 147 menciona que Deus está agindo hoje na natureza (vv.8,9,15-18) e nos assuntos das cidades e nações (vv.2-5,12-14,19,20), principalmente de Israel. Deus usou reis pagãos como Nabucodonosor, Dario e até César a fim de cumprir Seus planos para Israel.

Não é apenas a Palavra viva de Deus que está agindo agora neste mundo. *Deus está também usando Seu povo para divulgá-la*. Paulo elogiou os cristãos de Tessalônica porque, como tocadores de trombeta, eles "ecoaram" o evangelho a uma área de quilômetros ao redor (1 TESSALONICENSES 1:8,9). Isso me trouxe à memória os mensageiros reais que o rei da Pérsia enviou a seus súditos judeus para contar a boa notícia sobre a libertação deles. "Os mensageiros, montando cavalos das estrebarias do rei, saíram a galope, por causa da ordem do rei..." (ESTER 8:14 NVI). Nosso Rei ordenou que levemos o evangelho a todas as nações, e temos melhores condições de fazer isso que os mensageiros da época de Ester. Por que demorar? Mais de um missionário pioneiro já ouviu esta pergunta: "Há quanto tempo seu povo conhece o evangelho? Por que você não veio antes?". Fazemos ou não parte da equipe mundial de Deus para proclamar a mensagem do evangelho?

O povo de Deus sustenta esses mensageiros com oração. "Finalmente, irmãos, orai por nós, para que a palavra do Senhor se propague e seja glorificada..." (2 TESSALONICENSES 3:1). A Palavra está em movimento, mas precisamos sustentá-la com oração (ATOS 6:4). Se orarmos com fé, Deus removerá os obstáculos e dará as oportunidades de que Seus obreiros necessitam (1 CORÍNTIOS 16:9). Talvez Deus não aja tão rápido quanto desejamos e, às vezes, chegamos a perguntar: "Até quando, Senhor? Até quando?". Mas Deus promete que "...a seu tempo, ceifaremos, se não desfalecermos..." (GÁLATAS 6:9). Creio que a oração sincera é a maior necessidade de nossas igrejas nos dias de hoje. Apesar de seus dons e instrução excelentes, Paulo pediu repetidas vezes às igrejas que orassem por ele, porque os dons e o treinamento sem oração não têm poder para realizar a vontade de Deus. Paulo orou pelas igrejas e pelos membros das igrejas. Estamos seguindo seu exemplo?

A Palavra de Deus está correndo velozmente pelo mundo, embora não possamos ver tudo o que o Senhor está realizando; mas um dia, no céu, veremos como o Senhor usou nossos investimentos financeiros e nossas orações para acelerar Sua atuação no mundo. Nosso texto diz que Deus "envia suas ordens à terra". Deus "agora [...] notifica aos homens que todos, em toda parte, se arrependam" (ATOS 17:30). O evangelho não é simplesmente uma mensagem; é uma ordem do Rei! As empresas comerciais levam sua mensagem e seus produtos a quase todas as partes do mundo. Por que não podemos fazer o mesmo com a boa-nova do evangelho?

> "...Não temais; eis aqui vos trago boa-nova
> de grande alegria, que o será para todo o povo"
> (LUCAS 2:10).

52

Meu filho [...] **se der ouvidos à sabedoria** *e inclinar o coração para o discernimento* (PROVÉRBIOS 2:1,2 NVI).

A sabedoria é o tema principal do livro de Provérbios. Ela significa o uso habilidoso do conhecimento e experiência quando obedecemos ao Senhor, para que Ele possa desenvolver nosso caráter e nos tornar bem-sucedidos. Sucesso nem sempre significa riqueza material; significa o enriquecimento de nossa vida para que possamos enriquecer a outros. Há cinco fatores envolvidos para recebermos essas bênçãos.

Intenção. Algumas pessoas leem a Bíblia todos os dias apenas por hábito ou para aquietar a consciência, mas nenhuma dessas atitudes é adequada. Nossa intenção deve ser a de agradar o Senhor, aprender mais a respeito dele e crescer em graça, para que possamos servi-lo melhor. Queremos cultivar um relacionamento enriquecedor com Deus por meio de Suas palavras "Porque são vida para quem [as] acha e saúde, para o seu corpo" (PROVÉRBIOS 4:22). A Bíblia deveria ser lida como uma carta de amor, não como um manual sobre como protocolar o imposto de renda ou consertar o cortador de grama. "Desejai, [...] como crianças recém-nascidas, o genuíno leite espiritual, para que, por ele, vos seja dado crescimento para salvação" (1 PEDRO 2:2).

Atenção. "Ouvi, filhos, a instrução do pai e estai atentos para conhecerdes o entendimento" (PROVÉRBIOS 4:1). Não importa se estamos lendo a Bíblia em pé, sentados ou deitados na cama. Nosso coração, mente e vontade precisam estar atentos o tempo todo, prontos para aprender e obedecer. "Vede, pois, como ouvis..." (LUCAS 8:18), disse Jesus. Não importa se estamos lendo a Bíblia sozinhos ou ouvindo sua leitura na congregação. Precisamos prestar atenção; é Deus quem está falando. Os olhos e os ouvidos de nosso coração precisam estar abertos (EFÉSIOS 1:17,18; 2 TIMÓTEO 4:4) para ver e ouvir a verdade. Ler ou ouvir como se fosse uma rotina é perder a mensagem que Deus tem para nós. O inimigo fará o possível para nos distrair, mas precisamos resistir a ele e manter a atenção concentrada em Deus e em Sua Palavra.

Meditação. A meditação é para a pessoa interior o mesmo que a digestão é para a pessoa exterior: transforma a verdade em uma parte do nosso ser. Precisamos acolher as Escrituras com alegria, como uma dádiva de Deus em vez de tratá-la como um livro qualquer (1 TESSALONICENSES 2:13). Os outros livros instruem a mente, mas a Bíblia também alimenta e fortalece o coração (MATEUS 4:4; JEREMIAS 15:16). Meditar significa refletir na passagem, relacioná-la com outras passagens e aplicá-la à vida pessoal. Gosto de examinar as referências cruzadas e ver como a Escritura explica a Escritura. Uma vez que a Palavra do Senhor é nosso alimento espiritual, precisamos ter uma dieta equilibrada e não ler apenas os livros e as passagens dos quais mais gostamos.

Adoração. Quando somos abençoados pelas Escrituras, precisamos elevar nosso coração e adorar o Senhor: "Render-te-ei graças com integridade de coração, quando tiver aprendido os teus retos juízos" (SALMO 119:7). A Bíblia e a adoração caminham juntas (COLOSSENSES 3:16,17) e, à medida que somos abastecidos com a Palavra de Deus, passamos a adorar o Senhor ainda mais. Não adoramos a Bíblia; adoramos o Deus que nos deu a Bíblia.

Aplicação. "Tornai-vos, pois, praticantes da palavra e não somente ouvintes, enganando-vos a vós mesmos" (TIAGO 1:22). A única Escritura que trabalha em prol de nossa vida e nos ajuda a crescer é aquela à qual obedecemos. Podemos sentar diante de uma mesa de refeições e admirar os vários alimentos, mas se não ingerirmos o que está à nossa frente, não extrairemos os benefícios do alimento. Não basta ler a receita. Precisamos mastigar, engolir e digerir o alimento, o que significa ler as Escrituras, meditar nelas e obedecer aos mandamentos de Deus.

> **"Santifica-os na verdade; a tua palavra
> é a verdade"** (JOÃO 17:17).

53

Reconhece-o em todos os teus caminhos, e **ele endireitará as tuas veredas** (PROVÉRBIOS 3:6).

Provérbios 3:5,6 são versículos que muitos de nós aprendemos no início de nossa vida cristã, porque, se quisermos agradar o Senhor, precisamos andar de acordo com Sua vontade. Mais ou menos três anos depois de eu ter sido salvo, o Senhor tornou o Salmo 16:11 o versículo de minha vida, e ele começa com estas palavras: "Tu me farás ver os caminhos da vida...". A vida cristã é uma jornada, não um estacionamento, e precisamos atender a algumas condições se quisermos permanecer em seu caminho, sem dar voltas e mais voltas.

Precisamos entregar todo o nosso coração a Ele. A caminhada cristã é uma jornada de fé, e não podemos confiar em dois mestres nem servir a dois senhores. As pessoas de ânimo dobre são instáveis em todos os seus caminhos (TIAGO 1:6-8). "Buscar-me-eis e me achareis quando me buscardes de todo o vosso coração" (JEREMIAS 29:13). Como uma futura noiva se sentiria se o noivo lhe dissesse: "Prometo ser fiel a você pelo menos 80% do tempo"? Ou como um cliente reagiria se o garçom dissesse: "Nossa água é 90% pura"? A devoção total a Cristo não é opção; é essencial. Devemos amar o Senhor, o nosso Deus, de todo o coração (MATEUS 22:37). Quando Jesus chamou Pedro, Tiago e João, eles deixaram tudo e o seguiram (LUCAS 5:11).

Precisamos confiar inteiramente nele. Fé é viver sem fingimento, é viver com a confiança de que Deus confirma o que diz e cumpre o que promete. Algumas pessoas levam os "grandes problemas" ao Senhor, mas tentam resolver os "assuntos menos importantes" sozinhas, e logo esses "assuntos menos importantes" se tornam "grandes problemas". A vontade de Deus procede do Seu coração e é uma expressão do Seu amor por nós individualmente. "O conselho do SENHOR dura para sempre; os desígnios do seu coração, por todas as gerações" (SALMO 33:11). Se lhe obedecermos, Ele se agradará de nós (37:23); se lhe desobedecermos, Ele nos disciplinará (HEBREUS 12:3-11).

Não devemos confiar em nós mesmos. "Tens visto a um homem que é sábio a seus próprios olhos? Maior esperança há no insensato do que nele" (PROVÉRBIOS 26:12). "O que confia no seu próprio coração é insensato..." (28:26). Não significa que devemos desligar a mente e desprezar o treinamento e a experiência do passado; significa que não dependemos deles. "Enganoso é o coração, mais do que todas as coisas, e desesperadamente corrupto; quem o conhecerá?" (JEREMIAS 17:9). As situações ou experiências podem ser semelhantes, mas não são idênticas, e para saber a diferença precisamos da sabedoria que só o Senhor pode dar (TIAGO 1:5).

Precisamos buscar glorificar somente a Deus. "Reconhece-o em todos os teus caminhos..." (PROVÉRBIOS 3:6). Significa que nosso propósito na vida é glorificar a Deus e não engrandecer a nós mesmos. "Portanto, quer comais, quer bebais ou façais outra coisa qualquer, fazei tudo para a glória de Deus" (1 CORÍNTIOS 10:31). Se confiarmos e obedecermos, o Senhor nunca nos conduzirá ao lugar onde Sua graça não nos possa ajudar a honrá-lo. Precisamos examinar nossa motivação com muito cuidado para discernir se estamos agradando a nós mesmos ou agradando ao Senhor. Às vezes, isso exige passar um tempo extra com a Palavra de Deus e em oração. Quando estamos cumprindo a vontade de Deus, podemos dar graças em tudo (1 TESSALONICENSES 5:18), porque andar nos caminhos difíceis da vida é uma prática que quase sempre glorifica Jesus e os demais.

Sim, podemos reunir informações, pedir conselhos a pessoas espirituais, orar, meditar na Palavra de Deus e tomar decisões. Contudo, precisamos lembrar o que Salomão escreveu: "O coração do homem traça o seu caminho, mas o SENHOR lhe dirige os passos" (PROVÉRBIOS 16:9). Precisamos ser receptivos ao Senhor e estar prontos para mudar à medida que Ele nos conduz.

> "Eu sei, ó SENHOR, que não cabe ao homem
> determinar o seu caminho, nem ao que caminha
> o dirigir os seus passos" (JEREMIAS 10:23).

54

*A **sabedoria** é a **coisa principal**; adquire, **pois**, a sabedoria; sim, com tudo o que possuis adquire o conhecimento* (PROVÉRBIOS 4:7 ARC).

A palavra "principal" deriva do latim *primus*, que significa "primeiro". A sabedoria é a primeira coisa, a mais importante, a coisa suprema. Por quê? A sabedoria é suprema porque *toca todas as áreas da vida*. No livro de Provérbios, Salomão mostra-nos que a sabedoria é necessária em casa, na vizinhança, no trabalho, no casamento, na criação dos filhos, no ganhar e no gastar dinheiro e em nossa caminhada com o Senhor. A sabedoria está para a mente da mesma forma que a coragem está para o coração e para a vontade. De que vale um corpo forte e habilidoso se não temos coragem para realizar o trabalho ou lutar na batalha? Que vantagem há em ter conhecimento, treinamento, experiência e oportunidades se carecemos de sabedoria para usá-los adequadamente? "O temor do Senhor é o princípio da sabedoria, e o conhecimento do Santo é prudência" (PROVÉRBIOS 9:10).

A sabedoria é suprema porque *transforma o aprendizado em vida*. De que vale uma boa instrução, até mesmo ter instrução na Bíblia, se não sabemos colocá-la em prática? É constrangedor ser famoso por ter "cérebro" e estar sempre fazendo a maior confusão com a vida. Em minha biblioteca há um livro intitulado *Why Smart People Do Dumb Things* (Por que pessoas inteligentes fazem coisas idiotas). Por quê? Um dos motivos é porque lhes falta sabedoria! Os cristãos devem ser discípulos, e talvez o equivalente mais próximo de "discípulo" seja *aprendiz*. Os aprendizes aprendem ouvindo o instrutor, observando-o trabalhar e depois fazendo o trabalho enquanto este os observa. Podemos ver nadadores olímpicos na televisão, ler livros sobre natação e ouvir palestras sobre natação, mas um dia vamos ter de mergulhar na piscina e nadar! Muitos cristãos que professaram a fé são bons em ouvir a Bíblia e aprender com ela, mas muito fracos quando se trata de obedecer o que ela diz. Os discípulos verdadeiros confiam que o Espírito Santo lhes dá sabedoria para pôr em prática o que aprenderam. Não são apenas ouvintes e leitores; são praticantes da Palavra.

A sabedoria é suprema porque *transforma a vida em aprendizado*. A vida torna-se uma escola, não uma série de eventos, porque a sabedoria piedosa transforma os acontecimentos em experiência, e a experiência, em caráter. Há um número muito grande de cristãos que passam pela vida sem jamais aprender com a alegria ou com o sofrimento, com a dor ou com o prazer, com o sucesso ou com o fracasso. Como é trágico chegar ao fim da vida e descobrir que não vivemos realmente! O romancista e crítico britânico Aldous Huxley disse: "Experiência não é o que acontece a um homem. Experiência é o que o homem faz com o que lhe acontece". Acontecimentos são coisas que você escreve em seu diário. Experiência é o que Deus escreve em seu coração como consequência desses eventos. Ralph Waldo Emerson escreveu: "A vida é uma série de lições que precisam ser vividas para serem entendidas".

A sabedoria é suprema porque *abre caminho para a vida piedosa*. A sabedoria é um atributo de Deus. "Ó profundidade da riqueza, tanto da sabedoria como do conhecimento de Deus..." (ROMANOS 11:33). O Espírito Santo *é* o Espírito de conhecimento (ISAÍAS 11:2), e Jesus Cristo é a sabedoria de Deus (1 CORÍNTIOS 1:24; COLOSSENSES 2:3). As pessoas inteligentes adquirem dinheiro, poder e prestígio, e Deus pode usar essas coisas; mas as pessoas sábias vão além e aumentam sua riqueza e poder espirituais para a glória de Deus. Nosso mundo está cheio de conhecimento, mas "...a sabedoria deste mundo é loucura diante de Deus..." (1 CORÍNTIOS 3:19). A vida é curta e passa rapidamente, portanto precisamos começar desde cedo a aprender a adquirir sabedoria.

> "Ensina-nos a contar os nossos dias,
> para que alcancemos coração sábio" (SALMO 90:12).

55

Guarda os meus mandamentos e vive; *e a minha lei, como a menina dos teus olhos* (PROVÉRBIOS 7:2).

Há muitos motivos para obedecermos aos mandamentos de Deus, mas o principal é poder agradar a Deus e glorificar o Seu nome. "...porque eu faço sempre o que lhe agrada", disse Jesus (JOÃO 8:29). O lar torna-se encantador quando os filhos obedecem porque amam os pais e querem agradá-los. Se quisermos receber as melhores bênçãos do Senhor em nossa vida, precisamos dar-lhe o nosso melhor, aprendendo a Palavra de Deus e a obedecendo. Considere os benefícios.

A obediência sustenta a vida. Cada um de nós está edificando a vida, e toda construção necessita de um alicerce firme e duradouro. De acordo com Jesus, a obediência é o único alicerce permanente (MATEUS 7:24-27). Os cristãos indiferentes desabam quando as tempestades da vida irrompem, mas os cristãos entusiasmados e obedientes sobrevivem às tempestades. Deus não promete que a nossa vida será fácil, mas Ele nos promete Sua presença e Seu cuidado em todas as circunstâncias. De acordo com Neemias 1:5, Deus guarda a Sua aliança e misericórdia para com aqueles que o amam e obedecem os Seus mandamentos.

A obediência torna a Bíblia mais preciosa para nós. A Bíblia passa a ser "a menina de nossos olhos". Essa expressão refere-se à pupila do olho e representa algo precioso e insubstituível (DEUTERONÔMIO 32:10; ZACARIAS 2:8). Os cristãos desobedientes não têm prazer em ler as Escrituras e meditar nelas porque o Espírito não pode instruí-los, mas o filho obediente de Deus deleita-se em Sua Palavra (SALMO 1:1,2). Um dos segredos para conhecer a Bíblia é o desejo de obedecer aos ensinamentos de Deus (JOÃO 7:17). Os incrédulos ou os cristãos desobedientes aprendem os fatos da Bíblia, mas não aprendem as verdades mais profundas que Deus deseja que aprendamos.

A obediência enriquece e traz satisfação à vida. Há uma grande diferença entre ganhar a vida e edificá-la, e o Senhor deseja as duas coisas para nós. Ele tem um plano de vida para cada um de nós (EFÉSIOS 2:10) e o colocará em prática se lhe obedecermos (ROMANOS 12:1,2). Josué é um bom exemplo dessa verdade. Começou como soldado (ÊXODO 17:8-16) e depois se tornou o auxiliar de Moisés (24:13; NÚMEROS 11:28). Josué foi um dos espias que inspecionaram Canaã (NÚMEROS 13) e, com Calebe, encorajou o povo a confiar em Deus e a entrar na Terra Prometida. Depois, como sucessor de Moisés, conduziu a nação a Canaã e conquistou essa terra (DEUTERONÔMIO 31:1-8). Cada um de nós deveria ler Josué 1:1-9 e obedecer esses princípios divinos para liderança eficaz.

A obediência mantém-nos perto de Deus e recompensa a vida. Estamos unidos a Cristo como os ramos de uma videira (JOÃO 15:1-8) e os membros de um corpo (1 CORÍNTIOS 12), e essa união é a base para a comunhão. O segredo para o serviço eficaz de produzir fruto encontra-se na comunhão, em permanecer em Cristo (JOÃO 15:1-17). Do ponto de vista do mundo, o cristão obediente é um perdedor, destituído de tudo o que o mundo tem a oferecer; mas a verdade é o oposto disso. O cristão obediente usufrui as bênçãos do Senhor que o mundo não pode ver nem experimentar. Jesus disse: "Se alguém me ama, guardará a minha palavra; e meu Pai o amará, e viremos para ele e faremos nele morada" (JOÃO 14:23). O apóstolo João escreveu: "Aquele [...] que guarda a sua palavra, nele, verdadeiramente, tem sido aperfeiçoado o amor de Deus..." (1 JOÃO 2:5). Sejam quais forem as provações ou desafios que sobrevierem aos cristãos obedientes, eles desfrutarão paz e confiança, sabendo que, um dia, o sofrimento será transformado em glória (1 PEDRO 4:12-19). Se fizermos "de coração, a vontade de Deus" (EFÉSIOS 6:6), tudo valerá a pena quando nos encontrarmos com Jesus.

> "Tão-somente sê forte e mui corajoso para teres o cuidado de fazer segundo toda a lei que meu servo Moisés te ordenou; que não te desvies, nem para a direita nem para a esquerda, para que sejas bem-sucedido por onde quer que andares" (JOSUÉ 1:7).

56

*A **Sabedoria** edificou a sua casa,*
lavrou as suas sete colunas
(PROVÉRBIOS 9:1).

Encontramos muitas passagens nas Escrituras nas quais há duas opções ao povo de Deus, e estas também são postas diante de nós hoje e todos os dias. Moisés escreveu: "...te propus a vida e a morte, a bênção e a maldição..." (DEUTERONÔMIO 30:19). Jesus descreveu um caminho largo e fácil que conduz à destruição, e um estreito que conduz à vida (MATEUS 7:13,14). Em Provérbios 9, Salomão apresenta-nos duas mulheres, a Sabedoria e a Loucura, e nos conclama a aceitar o convite da Sabedoria, porque a Loucura é o caminho para a morte e o inferno. Há uma diferença marcante entre essas duas mulheres!

A Sabedoria constrói, mas a Loucura destrói. A sabedoria mora em uma linda mansão e convida-nos a um banquete suntuoso, mas a Loucura convida-nos a uma refeição de pão e água (v.17) em uma casa comum, cuja porta conduz à morte (v.18). A Loucura não tem nada a oferecer, senão prazeres pecaminosos que duram alguns momentos, mas que resultam em julgamento eterno. Todos nós somos construtores e temos as plantas e os materiais para construir nossa vida com Sabedoria ou com Loucura. Paulo disse ao jovem Timóteo que "...a piedade para tudo é proveitosa, porque tem a promessa da vida que agora é e da que há de ser" (1 TIMÓTEO 4:8). Jesus prometeu: "Buscai, pois, em primeiro lugar, o seu reino e a sua justiça, e todas estas coisas vos serão acrescentadas" (MATEUS 6:33). Sou grato a Deus por todas as pessoas que ajudaram a "me construir" e que me encorajaram a firmar meus projetos e materiais de construção na Sabedoria. O processo de construção ainda não terminou, e oro todos os dias para que Deus me ajude a terminá-lo bem.

A Sabedoria diz a verdade, mas a Loucura mente. O sol da verdade brilha na mansão da Sabedoria, ao passo que o nevoeiro e as trevas envolvem o casebre da Loucura como uma mortalha. A mentira sempre conduz à escravidão. Sir Walter Scott escreveu: "Ó que teia emaranhada nós tecemos / Quando nossa primeira prática é mentir". A verdade liberta-nos (JOÃO 8:32). Os alunos cristãos nas escolas seculares precisam estar atentos principalmente às "verdades científicas" ou "verdades históricas" que não passam de mentiras quando avaliadas pela Bíblia. O piedoso pastor escocês Robert Murray M'Cheyne escreveu a um aluno: "Tome cuidado com a atmosfera que envolve os clássicos [...] Devemos verdadeiramente conhecê-los, mas apenas como um químico lidando com venenos — descobrir suas qualidades, mas não infectar o sangue com eles". Anos atrás, um evangelista consagrado me disse: "Estude tudo o que puder, mas coloque-o sob o sangue de Cristo e espere que Ele lhe diga como usá-lo".

A Sabedoria nos alimenta, mas a Loucura nos mata de fome ou nos envenena. A mesa da Sabedoria está repleta de carne, vinho e pão, ao passo que a Loucura menciona apenas pão e água roubados. A começar pela Bíblia e pelo hinário, há uma riqueza de sabedoria acessível escrita por autores cristãos e que devemos aproveitá-las. Gosto especialmente das biografias e autobiografias de homens e mulheres cristãos ilustres. Também gosto de ler as cartas escritas por eles. A Loucura diz que seu alimento é doce e agradável (v.17), mas ela não menciona que, no final, se transforma em veneno (v.18)! Meu médico diz: "Você é aquilo que come", mas somos também o que lemos e o que pensamos. "Porque, como imagina em sua alma, assim ele é..." (PROVÉRBIOS 23:7).

Faça a escolha certa. Sente-se à mesa da Sabedoria, abra a Bíblia, leia-a e medite nela. As Escrituras inspiradas sempre devem vir primeiro. Mas há também outros livros úteis escritos por cristãos talentosos. Abra um deles e alimente sua mente e coração com a verdade que Deus compartilhou com o autor. É comum Deus me ensinar exatamente o que preciso saber quando estudo as páginas de um livro que engrandecem Jesus Cristo e revelam a verdade espiritual. Estou certo de que você experimentará o mesmo.

> **"O Senhor é a minha porção; eu disse que guardaria as tuas palavras"** (SALMO 119:57).

57

O ódio provoca dissensão, mas
o amor cobre todos os pecados
(PROVÉRBIOS 10:12 NVI).

Por mais admirável que o amor seja, há algumas coisas que ele não pode fazer. O amor não pode tolerar pecados, porque o pecado é uma ofensa contra o Deus santo e amoroso. O amor não pode purificar pecados, porque "...o sangue de Jesus, seu Filho, nos purifica de todo pecado" (1 JOÃO 1:7). Mas o amor pode e deve cobrir pecados, para que não murmuremos e tragamos desgraça ao nome do Senhor. Devemos ser vencedores.

Devemos vencer o mal com o bem. "Não te deixes vencer do mal, mas vence o mal com o bem" (ROMANOS 12:21). Os filhos de Noé, Sem e Jafé, obedeceram a esse mandamento quando cobriram o corpo nu do pai e tomaram o cuidado de não olhar para ele. Cam, outro filho de Noé, viu a nudez do pai e contou o fato aos irmãos, mas não fez nada para remediar a situação. "A ira do insensato num instante se conhece, mas o prudente oculta a afronta" (PROVÉRBIOS 12:16). A lei de Moisés ainda não havia sido apresentada ao povo, mas certamente havia algo no coração de Cam que poderia tê-lo incentivado a agir corretamente. Quando relatou a cena aos irmãos, ele estava chorando ou caçoando? Edmund Burke disse: "Para que o mal triunfe, basta que os homens de bem não façam nada", e Tiago escreveu: "Portanto, aquele que sabe que deve fazer o bem e não o faz nisso está pecando" (4:17).

Precisamos vencer as mentiras com a verdade. José foi um exemplo clássico disso quando lidou com seus irmãos enganadores que o venderam como escravo e mentiram ao pai dizendo que ele havia sido despedaçado por um animal selvagem (GÊNESIS 37:12-35). Deus esteve com José em suas provações e fez dele o segundo homem no comando do Egito. Quando, durante a fome, seus irmãos foram ao Egito para comprar comida, José tratou-os severamente *porque os amava* e queria vê-los libertos da culpa. José disse a verdade em amor (EFÉSIOS 4:15), porque a verdade sem amor é brutalidade, e o amor sem verdade é hipocrisia. José não facilitou a libertação dos irmãos, porque o preço que ele pagou no Egito havia sido muito alto. Eles tiveram de sofrer as consequências dolorosas de suas mentiras antes de receber perdão.

Precisamos vencer o ódio com amor. Repetindo, penso em José, cujos irmãos o odiavam (GÊNESIS 37:1-11). Mas José não guardou rancor algum deles e, com o tempo, seu amor venceu. Penso também em Davi, que teve oportunidades de destruir o rei Saul, mas poupou a vida dele e não permitiu que ninguém desrespeitasse o rei. "O que encobre a transgressão adquire amor..." (PROVÉRBIOS 17:9). O apóstolo Pedro cita nosso texto em sua primeira carta: "Acima de tudo [...] tende amor intenso uns para com os outros, porque o amor cobre multidão de pecados" (4:8). Quando lemos o lamento de Davi pela morte de Saul, nós o vemos elogiando o rei, sem citar seus pecados (2 SAMUEL 1:17-27).

Evidentemente, o nosso Senhor Jesus Cristo é o maior exemplo de "amor que cobre pecados". Pense em como ele "cobriu" os pecados de Judas e deu-lhe oportunidades para mudar. (Se Pedro soubesse quais eram os planos de Judas, provavelmente teria puxado sua espada!) Depois da ressurreição, Jesus teve um encontro a sós com Pedro e lhe perdoou (LUCAS 24:34. 1 CORÍNTIOS 15:5). Mais tarde, Jesus restaurou Pedro em público (JOÃO 21:15-19). No Pentecoste, a pregação de Pedro levou três mil pessoas ao reino de Deus.

"Novo mandamento vos dou: que vos ameis uns aos outros", Jesus disse a Seus discípulos (JOÃO 13:34), e Paulo escreveu: "...quem ama o próximo tem cumprido a lei" (ROMANOS 13:8). O amor não é apenas o maior mandamento; é também o que mais cobre pecados. Nunca estamos tão perto de Deus do que quando amamos os outros e praticamos o perdão.

> "Mas o fruto do Espírito é: amor..."
> (GÁLATAS 5:22).

Warren Wiersbe

58

A testemunha verdadeira livra almas,
mas o que se desboca em mentiras é enganador (PROVÉRBIOS 14:25).

O sistema de julgamento em Israel estava longe de ser perfeito, e os profetas tinham de advertir o povo contra suborno e perjúrio (ISAÍAS 1:23; AMÓS 5:12; MIQUEIAS 7:3). O livro de Provérbios adverte que essas falsas testemunhas serão punidas e poderão perecer por suas maldades (19:5,9; 21:28). Quando tiramos o texto acima da sala de julgamento e o transportamos para o dia a dia, e transformamos o povo de Deus em testemunhas, lançamos uma nova luz à seriedade de compartilhar o evangelho com os outros.

Uma tragédia. Com certeza é trágico quando um inocente é punido ou morto porque alguém mentiu no banco das testemunhas *ao passo que a testemunha verdadeira não disse nada.* Isso pode acontecer muitas vezes no decorrer do dia quando você e eu deixamos de usar as oportunidades que o Senhor nos oferece de falar de Cristo aos outros. Há ocasiões em que o "silêncio é ouro", mas há outras em que o silêncio é covardia. Precisamos ser como os apóstolos que disseram com intrepidez aos líderes religiosos: "Pois nós não podemos deixar de falar das coisas que vimos e ouvimos" (ATOS 4:20). Quantas "pessoas simpáticas" que conhecemos não nasceram de novo porque ninguém lhes apresentou o plano da salvação? Nossa desobediência nos incomoda?

Uma oportunidade. Não somos apenas "testemunhas" para as almas perdidas; queremos libertá-las da escravidão. Trata-se de um ministério de amor e paciência. Hoje, não temos apóstolos oficiais, mas o Senhor nos deu a mesma oportunidade que deu a Paulo, "para abrir-lhe os olhos e os converteres das trevas para a luz e da potestade de Satanás para Deus, a fim de que recebam eles remissão de pecados e herança entre os que são santificados pela fé em mim" (ATOS 26:18). Os perdidos estão presos no pecado, cegos e vivendo em treva mental, moral e espiritual; são escravos de Satanás, culpados de desobediência e destituídos das riquezas espirituais que você e eu temos em Cristo. Não necessitam de promotores; necessitam de testemunhas! Discutir religião e debater questões teológicas não significa testemunhar. As pessoas podem discutir conosco sobre igrejas e teologia, *mas não sobre nosso testemunho pessoal a respeito do que Cristo fez e faz por nós!* O mendigo cego que Jesus curou disse corretamente: "...uma coisa sei: eu era cego e agora vejo" (JOÃO 9:25).

Uma necessidade. O elemento essencial do testemunho é a verdade. Assim como uma testemunha no tribunal, eu preciso dizer (e viver) "a verdade, somente a verdade e nada mais que a verdade, e que Deus me ajude". E Ele me ajudará! "Mas recebereis poder, ao descer sobre vós o Espírito Santo, e sereis minhas testemunhas..." (ATOS 1:8). O Espírito Santo é o Espírito da verdade (JOÃO 14:17) e as Escrituras são a Palavra da verdade (EFÉSIOS 1:13); se andarmos na verdade (3 JOÃO 3,4), o Senhor nos dará capacidade para ser testemunhas de Jesus. A caminhada e a obra de um filho humilde de Deus é, em grande parte, ser testemunha das palavras que proferimos e dos versículos bíblicos que citamos. É o testemunho *verdadeiro* que liberta almas, não o debatedor irado nem o camelô com uma frase decorada de vendas. As testemunhas verdadeiras falam a verdade de Deus com amor, ouvem com amor e confiam na obra do Espírito Santo.

Procuram-se: testemunhas verdadeiras!

> **"Livra os que estão sendo levados para a morte e salva
> os que cambaleiam indo para serem mortos.
> Se disseres: Não o soubemos, não o perceberá aquele que
> pesa os corações? Não o saberá aquele que atenta para a
> tua alma? E não pagará ele ao homem
> segundo as suas obras?"** (PROVÉRBIOS 24:11,12).

59

O temor do SENHOR é a instrução da sabedoria, e **a humildade precede a honra** (PROVÉRBIOS 15:33).

Andrew Murray disse que humildade não é pensar que somos insignificantes, mas simplesmente não pensar em nós mesmos. Humildade é a graça que, quando sabemos que a possuímos, nós a perdemos. Deus detesta o orgulho (PROVÉRBIOS 6:16,17) e deveríamos também detestá-lo, principalmente o orgulho em nós (8:13). Para entender melhor a honra e a humildade, vamos examinar a vida de quatro pessoas encontradas na história bíblica.

Rei Saul — da honra à humilhação. Quase todas as pessoas admiravam Saul quando ele foi ungido rei de Israel. Saul era alto, forte e aparentemente humilde (1 SAMUEL 9:21), porém, com o passar dos anos, o orgulho tomou conta dele e ele tornou-se invejoso, desconfiado e vingativo, o que hoje chamaríamos de maníaco controlador. Saul começou sendo muito honrado, mas acabou sendo terrivelmente humilhado porque o Senhor afastou-se dele. Em vez de fazer a vontade de Deus, ele procurou uma feiticeira em busca de orientação para uma batalha; e acabou cometendo suicídio no campo de batalha (28:3-25; 31:1-6). Se ele tivesse se humilhado perante o Senhor e ouvido o profeta Samuel, a história teria sido diferente.

Rei Davi — da humildade à honra. Mesmo quando era muito jovem, Davi foi submisso ao Senhor, a seu pai e a seus irmãos no exército de Saul e ao próprio rei Saul. Deus honrou Davi dando-lhe vitória sobre um leão, sobre um urso e sobre o gigante Golias. Como ajudante de Saul, Davi tocava harpa para ajudar o rei a acalmar seu espírito inquieto. Quando foi comandante do exército de Saul, Davi venceu tantas batalhas que o povo cantou louvores a ele, provocando inveja em Saul a ponto deste querer matar Davi. Por cerca de 10 anos, Davi liderou seu pequeno exército enquanto aguardava que o Senhor lhe desse o trono de Israel. Ele era um jovem humilde (SALMO 131) e Deus o honrou no momento certo (78:67-72). "Humilhai-vos, portanto, sob a poderosa mão de Deus, para que ele, em tempo oportuno, vos exalte" (1 PEDRO 5:6).

Absalão — do orgulho à grande desonra. Absalão foi um dos filhos de Davi. Era um homem de bela aparência com personalidade de vencedor e grande ambição. Mas era também orgulhoso e sem fé em Deus. Por ser muito conhecido por todos, Absalão era o que chamaríamos hoje de celebridade, mas não tinha caráter e usava as pessoas para atingir seus propósitos egoístas. Além de tudo, queria ser rei e dispôs-se até a atacar o próprio pai para conseguir a coroa. "Deus resiste aos soberbos, contudo, aos humildes concede a sua graça" (1 PEDRO 5:5-7; VEJA PROVÉRBIOS 3:34). Agindo de modo imprudente, Davi quis que seu exército poupasse seu filho, mas a vontade de Deus era diferente. Absalão ficou preso pelos cabelos espessos nos galhos de uma árvore e foi morto por Joabe, comandante do exército de Davi, a golpes de lança. O corpo de Absalão foi atirado em uma grande cova embaixo de uma pilha de pedras, um monumento à sua arrogância e leviandade.

Jesus — humilde e honrado. Duas palavras resumem a evidência da humildade de nosso Senhor: sacrifício e serviço. Jesus "...a si mesmo se esvaziou [...] a si mesmo se humilhou, tornando-se obediente até à morte e morte de cruz. Pelo que também Deus o exaltou sobremaneira" (FILIPENSES 2:7-9). Seu nascimento foi humilde, e sua vida também. Ele não tinha casa para morar e estava à disposição de todos, de manhã até a noite. Ele disse aos discípulos: "Mas o maior entre vós será vosso servo. Quem a si mesmo se exaltar será humilhado; e quem a si mesmo se humilhar será exaltado" (MATEUS 23:11,12). A humildade é o "solo" no qual todas as outras graças cristãs devem crescer e produzir fruto, ao passo que o orgulho é o "solo" que produz as sementes nocivas do pecado. Hoje, Jesus está sentado no trono acima de todo poder e de todo nome (EFÉSIOS 1:20-23). O servo humilde e sofredor é o Rei dos reis e Senhor dos senhores!

60

O coração alegre é bom remédio,
*mas o espírito abatido faz secar
os ossos* (PROVÉRBIOS 17:22).

Vamos fazer algumas perguntas sobre o texto acima e descobrir qual ajuda prática ele pode nos dar.

Por que o coração? O livro de Provérbios ressalta a *sabedoria*; no texto em hebraico, as palavras *sábio* e *sabedoria* são usadas quase cem vezes. Mas a palavra *coração* também aparece quase cem vezes! A maioria das pessoas associa sabedoria com instrução intelectual, porém a Bíblia associa sabedoria com a mente e o coração. Instrução é aprendizado, mas sabedoria é pôr o aprendizado em prática e ser bem-sucedido. "O sábio de coração aceita os mandamentos..." (PROVÉRBIOS 10:8); "O sábio de coração é chamado prudente..." (16:21). Não basta aprender a verdade; precisamos também amar a verdade e a sabedoria. Conhecer os fatos da Bíblia não é o mesmo que receber as verdades mais profundas que revelam a sabedoria de Deus. "...não tornou Deus louca a sabedoria do mundo?" (1CORÍNTIOS 1:20). As muitas mulheres e concubinas de Salomão desviaram o coração dele do Senhor (1 REIS 11:3,4) a ponto de ele esquecer-se de que havia escrito: "Sobre tudo o que se deve guardar, guarda o teu coração, porque dele procedem as fontes da vida" (PROVÉRBIOS 4:23). Nossa vida flui da abundância do coração (MATEUS 12:34), e se não guardarmos diligentemente o coração, não aprenderemos a sabedoria de Deus.

Por que um coração alegre? Aquilo que deixa as pessoas felizes diz muito a respeito do caráter e ambição delas. Mas felicidade não é algo que buscamos; é um subproduto de fazer a vontade de Deus. Se andarmos com o Senhor e lhe obedecermos, o Espírito nos dará um coração alegre, e "...a alegria do SENHOR é a vossa força" (NEEMIAS 8:10). Em geral, o modo como vemos a vida determina as consequências que sofremos, e começar o dia com uma atitude negativa pode nos roubar as melhores bênçãos de Deus. "Mas o fruto do Espírito é: amor, alegria [e] paz..." (GÁLATAS 5:22). A alegria verdadeira no Senhor não depende de circunstâncias perfeitas ou de ausência de problemas. Paulo e Silas estavam alegres em uma prisão (ATOS 16:25), e Jesus cantou um hino antes de sair para o jardim e ser preso (MATEUS 26:30). Nem sempre Deus substitui a dor e os problemas por alegria; Ele costuma *transformar* a dor e os problemas em alegria! O mesmo bebê que causa dores de parto à mãe também lhe dá alegria quando nasce (JOÃO 16:20-24).

Qual o bem que resulta disso tudo? Salomão escreveu: "O coração alegre é bom remédio..." (PROVÉRBIOS 17:22). Não é a receita médica que altera o nosso quadro; é a ingestão do remédio. "Enviou-lhes a sua palavra, e os sarou..." (SALMO 107:20). A disciplina do Senhor não é motivo de alegria no momento, mas depois "produz fruto pacífico" (HEBREUS 12:11). Medite na Palavra, ore e conviva com pessoas que oram, e a alegria do Senhor adentrará ao seu sistema e começará a curar seu coração. Deus não é glorificado por cristãos críticos, mal-humorados e murmuradores. Deus é glorificado por servos que aceitam Sua vontade e nela encontram a alegria restauradora de Sua graça. A carta de Paulo aos filipenses, permeada de alegria, foi escrita quando ele estava preso em Roma, aguardando um julgamento que poderia levá-lo à morte!

Como devemos começar? Devemos começar desviando os olhos de nós mesmos e de nossas circunstâncias e fixando-os em Jesus pela fé (HEBREUS 12:1,2). Paramos de ficar mal-humorados e de reclamar e começamos a dedicar tempo para meditar nas Escrituras e permitir que as promessas de Deus nos saturem de "remédio". O coração, isto é, o centro de todo problema é o problema que está no coração. Se pedirmos, o Senhor nos restituirá a alegria da salvação (SALMO 51:12). Não há substituto para esperar no Senhor e descansar em Suas promessas.

> "Entrega o teu caminho ao SENHOR, confia nele,
> e o mais ele fará" (SALMO 37:5).

61

Diz o preguiçoso: *Um leão está lá fora; serei morto no meio das ruas*
(PROVÉRBIOS 22:13).

Ocioso e preguiçoso são palavras que descrevem a pessoa que não gosta de trabalhar, alguém que lembra o bicho-preguiça com seus movimentos lentos ou a lesma no mundo dos moluscos. Poderíamos substituir essas palavras por outras como lento, vagaroso, avesso ao trabalho.

Os preguiçosos são negligentes. Se existia alguém que Salomão não tolerava, esse alguém era a mulher ou o homem preguiçoso que se recusava a dedicar-se inteiramente ao trabalho — ou nem sequer aparecia para trabalhar! Na Bíblia, as pessoas que Deus abençoou e usou eram todas trabalhadoras. Na verdade, muitas trabalhavam quando Deus as chamou. Moisés e Davi estavam cuidando de ovelhas; Gideão estava malhando trigo; Isaías estava adorando no Templo; e Pedro, André, Tiago e João estavam pescando. Na parábola dos talentos, Jesus disse que o servo com um talento era mau, negligente e inútil porque não quis trabalhar nem aplicou seu talento para render juros (MATEUS 25:14-30). Paulo ordenou ao povo de Deus em Roma: "No zelo, não sejais remissos; sede fervorosos de espírito, servindo ao Senhor" (ROMANOS 12:11), e disse aos servos da igreja de Colossos: "Tudo quanto fizerdes, fazei-o de todo o coração, como para o Senhor e não para homens" (COLOSSENSES 3:23).

Os preguiçosos são mentirosos. É improvável que houvesse um leão na rua e, mesmo que houvesse, o homem e seus vizinhos poderiam tê-lo afugentado ou matado. Davi era apenas um adolescente quando matou um leão e um urso que atacaram seu rebanho (1 SAMUEL 17:33-37) e anos depois, um de seus principais soldados matou um leão numa cova "no tempo da neve" (2 SAMUEL 23:20). O preguiçoso estava apenas dando uma desculpa e, em geral, as pessoas que sabem dar boas desculpas não são eficientes em nada. O evangelista americano Billy Sunday definiu desculpa como "a embalagem de um motivo preenchida com mentira". O preguiçoso não lavra porque está muito frio lá fora (PROVÉRBIOS 20:4), e quando chega o tempo da colheita, ele não tem nada para colher (24:30-34). Em vez de dar desculpas, ele deveria confessar seus pecados e pedir a Deus que o ajude a ser um trabalhador fiel.

Os preguiçosos são perdedores. Além de perder a colheita (renda), o que traz prejuízo para seu lar, os preguiçosos perdem os benefícios que o corpo e a alma do trabalhador fiel recebe. O trabalho não é punição pelo pecado, porque nossos primeiros pais trabalhavam no jardim antes de o pecado entrar em cena (GÊNESIS 2:15). O trabalho é um privilégio e uma oportunidade para aprender e crescer, usar as habilidades concedidas por Deus e os recursos que o Senhor nos deu para nos sustentar, sustentar os outros e ofertar ao Senhor (EFÉSIOS 4:28). O emprego deve nos proporcionar alegria e enriquecimento, mesmo quando nos sentimos exaustos no fim do dia. Mas foi por isso que Deus nos deu o sono! Jesus estava tão cansado de ministrar que dormiu em um barco em meio a águas turbulentas. "Doce é o sono do trabalhador..." (ECLESIASTES 5:12). Ser preguiçoso em assuntos materiais ou espirituais (HEBREUS 6:12) é perder as bênçãos que Deus tem para nós.

Os preguiçosos não são líderes. Os homens e mulheres que ajudaram a compor a história civil e religiosa foram pessoas que se sacrificaram e trabalharam, sem dar desculpas. Se você necessita de incentivo, leia a breve autobiografia de Paulo em 2 Coríntios 11:22-33! Jesus orava de manhãzinha e trabalhava o dia inteiro e algumas horas da noite — e Ele é nosso exemplo. Sim, Jesus tirava algumas horas de folga com os discípulos, porem apenas para recuperar as forças e trabalhar mais.

Concordo com as palavras do Dr. Bob Cook: "O trabalho árduo é uma emoção e uma alegria, quando estamos fazendo a vontade de Deus".

> "Vai ter com a formiga, ó preguiçoso,
> considera os seus caminhos e sê sábio"
> (PROVÉRBIOS 6:6).

62

Tudo tem o seu tempo determinado,
e **há tempo para todo propósito**
debaixo do céu (ECLESIASTES 3:1).

Quando deram o nome de Abel a seu segundo filho, Adão e Eva deram a Salomão a palavra-chave para Eclesiastes; a palavra hebraica *hebel* significa "vaidade, usada cerca de 40 vezes em Eclesiastes. Salomão examinou os vários aspectos da vida para descobrir se valia a pena viver e, quanto mais ponderou, mais concluiu que a vida não tinha nenhum significado. Era vaidade. Logo no segundo capítulo, ele disse: "Porque aborreci a vida..." (v.17), uma afirmação verdadeira de um homem sábio e que possuía tudo. Às vezes, sentimo-nos assim, principalmente quando lemos ou vemos os noticiários ou quando um sonho nosso se torna um pesadelo. Mas o texto acima menciona três verdades que nos encorajam a ter uma visão mais positiva da vida.

Na vida, experimentamos uma sequência de eventos. Salomão chama esses eventos de "ocasião" e "tempo". Eclesiastes menciona várias vezes a palavra "tempo". Deus habita na eternidade e pôs a eternidade em nosso coração (3:11), o que explica nossa profunda insatisfação com as "coisas" e os "acontecimentos" e nosso desejo de ter algo mais. Esse "algo mais" é o que Jesus chamou de vida abundante (JOÃO 10:10) e só o encontramos quando confiamos em Cristo como nosso Salvador e o servimos como Senhor. Salomão escreve, sim, a respeito de viver com alegria (ECLESIASTES 2:24; 3:12-15,22; 5:18-20; 8:15; 9:7-10), mas estritamente em termos humanos: apreciar o trabalho, apreciar a comida e a bebida e apreciar o cônjuge e a família. Mas um incrédulo, que ainda não chegou a salvação, pode fazer tudo isso! Por melhor que a vida seja, sempre queremos algo mais, algo que nos prepare para a morte e a eternidade. Salomão menciona a morte com frequência, e a única preparação verdadeira para a morte é conhecer Jesus Cristo (JOÃO 11:25,26).

Esses acontecimentos ajudam a cumprir os propósitos de Deus. Os cientistas e historiadores capazes têm tentado descobrir propósito no Universo e na história humana, mas até agora não conseguiram porque Deus foi deixado fora da equação. Somos criaturas vinculadas ao tempo e vemos apenas a sequência dos acontecimentos. É como olhar para três peças de um quebra-cabeça e querer imaginar o quadro inteiro. Deus vê o quadro inteiro, e esta Terra é o "palco" do Universo, onde Ele está pondo Seus propósitos em prática e revelando Seus planos. "Ao Senhor pertence a terra [...] o mundo e os que nele habitam" (SALMO 24:1). Há ocasiões em nossa vida em que gostaríamos de saber o que Deus está fazendo, mas podemos repetir as palavras de Romanos 8:28 e saber que tudo o que está acontecendo coopera para o nosso bem e para a glória do Senhor. "Tudo fez Deus formoso no seu devido tempo..." (ECLESIASTES 3:11). Os cristãos vivem de promessas nesta vida, não de explicações. As explicações serão dadas quando esta vida chegar ao fim e entrarmos na eternidade. As palavras de Jesus a Pedro podem ser aplicadas a nós hoje: "O que eu faço não o sabes agora; compreendê-lo-ás depois" (JOÃO 13:7). Quando oramos: "Seja feita a Tua vontade, assim na terra como no céu", estamos pedindo plenitude de vida, não explicações ou motivos.

Os propósitos de Deus originam-se de Seu coração amoroso. Medite no Salmo 33:10,11 e alegre-se. O Senhor tem propósitos para as nações e para cada pessoa; Seus propósitos vêm de Seu coração *e serão cumpridos*! Todo cristão pode dizer: "O que a mim me concerne o Senhor levará a bom termo; a tua misericórdia, ó Senhor, dura para sempre; não desampares as obras das tuas mãos" (SALMO 138:8). Nosso problema é que estamos apressados demais para que nossa vontade seja feita agora em vez de esperar no Senhor. Abraão e Sara esperaram 25 anos por Isaque, o filho prometido, e José esperou 13 anos para ser o segundo homem no comando do Egito, e ambos foram expressões do amor de Deus e do cumprimento de Seu sábio plano.

"Espera pelo Senhor..."
(SALMO 27:14).

63

Lavai-vos, purificai-vos, tirai a maldade *de vossos atos de diante dos meus olhos...* (ISAÍAS 1:16).

Estamos acostumados a pedir ao Senhor que nos lave depois que pecamos (SALMO 51:2,7), mas o texto acima ordena que *nos lavemos*! Não significa que temos autoridade e capacidade para remover nossos pecados; ao contrário, significa que precisamos nos arrepender e eliminar de nossa vida as coisas que nos levam a pecar com facilidade. Ouvi falar de um membro de igreja que orava longamente em cada reunião de oração e sempre terminava dizendo: "E, Senhor, tira as teias de aranha de minha vida". Certa noite, um homem do grupo, cansado de ouvir essas palavras, disse bem alto: "E, Senhor, enquanto estiveres fazendo isso, *mata a aranha*!". Este é o significado do texto.

O pecado nos torna impuros. O pecado é descrito de várias maneiras nas Escrituras — trevas, doença, escravidão e até morte —, mas um dos mais conhecidos é a impureza. A lei de Moisés ensinou o povo judeu a distinguir entre o puro e o impuro, não apenas nos alimentos, mas também nos contatos da vida diária. Por exemplo, a pessoa tornava-se impura se tocasse em um cadáver ou em alguém com uma ferida exposta. Essas regras ajudavam a manter o povo saudável, mas também o lembrava de manter a vida pura para desfrutar as bênçãos do Senhor. Os sacerdotes poderiam morrer se não se lavassem antes de entrar no santuário (ÊXODO 30:17-21). Nem sempre levamos nossos pecados tão a sério quanto deveríamos, mas o Senhor vê a impureza em nosso coração. "Se eu acalentasse o pecado no coração, o Senhor não me ouviria" (SALMO 66:18 NVI). Neste mundo, todos nós pecamos, mas devemos nos esforçar para permanecer o mais puro possível perante o Senhor. A primeira epístola de João diz que devemos andar na luz (1:5-10).

A religião pode nos tornar fingidos. Tentar esconder nossos pecados de Deus e dos outros só serve para acrescentar outro pecado à lista: hipocrisia. Ao ler Isaías 1, você verá a triste descrição de pecadores enchendo o Templo, oferecendo sacrifícios a Deus, levantando as mãos e orando — e depois saindo do Templo e voltando a pecar e a pecar. Eles observavam fielmente os dias sagrados aos judeus. Estavam certos de que suas orações e sacrifícios agradariam o Senhor e davam aos outros a impressão de que eram piedosos. Mas estavam errados. Certamente não podemos enganar a Deus com nossos rituais religiosos, e mesmo que enganemos nossos amigos, isso não faz bem algum. Com o tempo, a verdade aparece, e mesmo que nossos pecados secretos não sejam expostos, continuamos afastados do Senhor e andando nas trevas.

Só Deus pode nos libertar. Seu convite é: "Vinde [agora]" e Sua promessa é: "Ainda que os vossos pecados sejam como a escarlata, eles se tornarão brancos como a neve; ainda que sejam vermelhos como o carmesim, se tornarão como a lã" (ISAÍAS 1:18). Deus perdoa nossos pecados, mas também ordena que abandonemos tudo o que nos incita a pecar. "Deixe o perverso o seu caminho..." (55:7) e comece a andar no caminho certo com as pessoas certas. Para obedecer ao mandamento do Senhor, algumas pessoas precisam limpar a biblioteca, a estante com revistas e talvez a coleção de músicas. "Tendo, pois, ó amados, tais promessas, purifiquemo-nos de toda impureza, tanto da carne como do espírito, aperfeiçoando a nossa santidade no temor de Deus" (2 CORÍNTIOS 7:1). Observe o momento crucial definitivo ("purifiquemo-nos") e o processo que se segue ("aperfeiçoando a santidade"). "Despojando-vos, portanto, de toda maldade e dolo, de hipocrisias e invejas e de toda sorte de maledicências" (1 PEDRO 2:1).

Precisamos nos lavar e nos purificar como prova de que estamos falando sério a respeito de ter uma vida santa. Deus nos renovará se nos arrependermos e abandonarmos os pecados que nos contaminam.

> **"Chegai-vos a Deus, e ele se chegará a vós outros.**
> **Purificai as mãos, pecadores; e vós que sois**
> **de ânimo dobre..."** (TIAGO 4:8).

64

Acautela-te e aquieta-te; não temas, *nem se desanime o teu coração por causa desses dois tocos de tições fumegantes, por causa do ardor da ira de Rezim, e da Síria, e do filho de Remalias* (ISAÍAS 7:4).

Um *tempo de medo*. Acaz, rei de Judá, encontrava-se em situação muito difícil. Rezim, rei da Síria e Peca, rei de Israel, haviam conspirado para atacar Judá e colocar outro rei no trono. Mas o Templo e os sacerdotes estavam em Judá, e Acaz pertencia à dinastia de Davi de cuja descendência nasceria o prometido Messias. "...Então, ficou agitado o coração de Acaz e o coração do seu povo, como se agitam as árvores do bosque com o vento" (v.2). Sempre que estivermos com medo, devemos ser sábios e abrir as Escrituras, ouvir o Senhor e entender Seu ponto de vista. Deus não via Rezim e Peca como tições fumegantes terríveis, mas apenas como dois tocos desprezíveis, prestes a se extinguir. Quando Moisés enviou os espias à terra de Canaã, dez deles apresentaram uma descrição correta da terra, *mas deixaram Deus fora da história*! Dois espias, Calebe e Josué, viram a terra a partir do ponto de vista de Deus e encorajaram o povo a entrar na terra e tomar posse de sua herança. Os dez espias incrédulos morreram e, durante os 38 anos seguintes da peregrinação de Israel, todos os israelitas que tinham mais de 20 anos morreram no deserto, exceto Calebe e Josué. A descrença é um pecado perigoso (NÚMEROS 13–14).

Um tempo de fé. Entender o ponto de vista de Deus significa andar pela fé. "Tu, SENHOR, conservarás em perfeita paz aquele cujo propósito é firme; porque ele confia em ti" (ISAÍAS 26:3). Mas não podemos ter a mente dividida, buscando ao mesmo tempo a ajuda de Deus e dependendo de nossos esquemas (TIAGO 1:5-8); precisamos confiar plenamente no Senhor. A fé é viva sem esquemas. No entanto, o rei Acaz havia feito um tratado secreto com o rei da Assíria, pedindo sua ajuda caso a nação de Judá fosse atacada (2 REIS 16:5-9). "Uns confiam em carros, outros, em cavalos, nós, porém, nos gloriaremos em o nome do SENHOR, nosso Deus" (SALMO 20:7). Um dos nomes de Deus é *Jeová Nissi*, que significa "O SENHOR é Minha Bandeira", uma comemoração à primeira batalha que Israel venceu depois de ter saído do Egito (ÊXODO 17:15,16). Se nos lembrássemos do que o Senhor fez por nós no passado, seríamos encorajados a pôr nossa confiança nele hoje. Às vezes, temos de repetir as palavras daquele pai aflito: "Eu creio! Ajuda-me na minha falta de fé!" (MARCOS 9:24), lembrando que Jesus honrou até essa oração.

Um tempo de fidelidade. O nome do filho de Isaías que o acompanhou para encontrar-se com o rei era Sear-Jasube, que significa "Um-Resto-Volverá". O conceito de um remanescente judeu de crentes fiéis percorre todo o Antigo Testamento, desde Noé e sua família (GÊNESIS 7:23) e José (45:7) até Malaquias 3:16; e Paulo retoma-o em Romanos 11:5 (VEJA ISAÍAS 1:9; 37:31,32; LUCAS 12:32). Deus nunca dependeu de números exagerados para realizar Seu propósito na Terra, e você e eu hoje somos parte daquele *remanescente* de fiéis. Malaquias 3:16-18 descreve com clareza a palavra remanescente como um pequeno grupo que teme ao Senhor, que se reúne, ora junto, medita em assuntos espirituais, ministra uns aos outros e exercita discernimento espiritual ao testemunhar aos perdidos. A exortação de Deus para nós é: "...faze, pois, tuas orações pelos que ainda subsistem" (ISAÍAS 37:4).

Em vez de ser temerosos e aflitos, devemos nos acautelar e nos aquietar, sabendo que o Senhor está no controle de tudo.

> **"Contudo, vos exortamos [...]**
> **a diligenciardes por viver tranquilamente..."**
> (1 TESSALONICENSES 4:10,11).

65

*Acaso, pode uma mulher esquecer-se do filho que ainda mama, de sorte que não se compadeça do filho do seu ventre? Mas ainda que esta viesse a se esquecer dele, eu, todavia, **não me esquecerei de ti*** (ISAÍAS 49:15).

O povo de Israel andava se queixando da sorte na vida e acusando o Senhor de ter se esquecido dele e de abandoná-lo. Essa é uma reação comum quando a vida está difícil, nossas orações não são respondidas, e não conseguimos ver uma saída. Mais de uma vez, até o grande rei Davi sentiu-se abandonado. "Até quando, SENHOR? Esquecer-te-ás de mim para sempre...?" (SALMO 13:1). Até os filhos de Coré, que serviam no santuário, às vezes sentiram-se abandonados. "Por que escondes a face e te esqueces da nossa miséria e da nossa opressão?" (44:24). Mas nosso texto deixa claro que nosso Pai celestial não abandonará Seus filhos.

Deus lembra-se de seu povo. Israel encontrava-se em circunstâncias difíceis porque havia desobedecido ao Senhor e Ele os estava disciplinando. Mas até a disciplina era evidência de que o Senhor estava com eles e cuidava deles. Às vezes, agimos como crianças amuadas que vivem resmungando: "Ninguém me ama", e isso só piora a situação. Quando a Bíblia diz que Deus se "lembra" de algo ou de alguém, não significa que Sua mente caducou e foi restaurada. Deus é onisciente e não se esquece de nada. Significa simplesmente que Ele está prestes a agir. Deus lembrou-se de Noé e livrou-o do dilúvio (GÊNESIS 8:1). Deus lembrou-se da oração de Abraão e tirou Ló de Sodoma (19:29). Lembrou-se das orações de Raquel por um filho e deu-lhe José (30:22) e lembrou-se também das orações de Ana e deu-lhe Samuel (1 SAMUEL 1:11,19). Deus sempre age certo e *no tempo certo*, quando Seus preparativos estão concluídos.

Deus lembra-se das promessas de Sua aliança. Quando o povo de Israel estava sofrendo no Egito, "Deus [ouviu] o seu gemido, lembrou-se da sua aliança com Abraão, com Isaque e com Jacó" (ÊXODO 2:24; VEJA 6:5). As alianças de Deus são tão fiéis e imutáveis quanto o caráter de Deus, e podemos confiar em Suas promessas. Nosso Senhor e Salvador Jesus Cristo é hoje "o Mediador da nova aliança" (HEBREUS 12:24) e o povo de Deus honra essa aliança todas as vezes que celebra a Ceia do Senhor. Ela nos faz lembrar o preço daquela aliança, o sangue precioso de Jesus, bem como a promessa de que temos o perdão de Deus e que Jesus voltará. Cada promessa que o Senhor nos dá em Sua Palavra está fundamentada no que Jesus fez por nós na cruz!

Deus não se lembra de nossos pecados. O rei Davi orou no Salmo 25:7: "Não te lembres dos meus pecados da mocidade, nem das minhas transgressões. Lembra-te de mim segundo a tua misericórdia, por causa da tua bondade, ó SENHOR". Satanás é o acusador do povo de Deus diante do Senhor (APOCALIPSE 12:10) e seus demônios gostam de lançar acusações à nossa mente e nosso coração; mas a promessa da aliança de Deus é que "dos seus pecados jamais me lembrarei" (HEBREUS 8:12; 10:17). Significa que nossos pecados não estão mais registrados nem nos atribuem culpa. Os pecadores salvos não são como os criminosos em liberdade condicional que voltam à prisão se cometerem outro crime. *Todos os nossos pecados foram completamente perdoados e esquecidos* (COLOSSENSES 2:13,14). Quando pecamos, confessamos nosso pecado a Deus e somos purificados (1 JOÃO 1:9). Não permita que o acusador o perturbe (ZACARIAS 3:1-5).

Não nos esqueçamos de Deus! Medite em Deuteronômio 8:11; 32:18 e em Jeremias 2:12; 3:21.

> **"Eu, eu mesmo, sou o que apago as tuas transgressões por amor de mim e dos teus pecados não me lembro"**
> (ISAÍAS 43:25).

66

Voltai, ó filhos rebeldes, **eu curarei as vossas rebeliões** (JEREMIAS 3:22).

O profeta Jeremias ministrou em Judá durante os últimos 40 anos do reino e testemunhou a destruição de Jerusalém e do cativeiro do povo. Se os governantes tivessem dado ouvidos a ele e se voltado para o Senhor, esses trágicos acontecimentos não teriam ocorrido. Mas o que aconteceu com o povo de Judá pode também acontecer conosco, portanto precisamos prestar atenção.

Enfrentamos uma situação perigosa. Com exceção do remanescente fiel, o povo de Judá não sabia que estava espiritualmente enfermo. Era rebelde e estava distante de Deus, mas recusava-se a admitir e não tomava nenhuma providência quanto a isso. À semelhança de uma doença física contagiosa, a deterioração espiritual começa discretamente; vai declinando aos poucos até entrar em colapso. O povo se voltou contra Deus descaradamente, começou a adorar ídolos e não queria arrepender-se nem confessar seus pecados. Na tentativa de agradar ao povo, os falsos profetas garantiram que o Senhor jamais permitiria que os babilônios pagãos destruíssem o Templo, mas eles estavam enganados (JEREMIAS 6:14; 18:11,22). Além de a cidade e o Templo terem sido destruídos, a maioria do povo foi conduzida à Babilônia e lá permaneceu 70 anos em cativeiro. Provavelmente as igrejas e os cristãos de hoje estão cometendo o dobro dos erros que o povo de Judá cometeu, talvez fechando os olhos à nossa condição espiritual, dando ouvidos a falsos conselhos e provocando a disciplina do Senhor.

Ouvimos um convite misericordioso. "Voltai, ó filhos rebeldes". No texto de Jeremias, em hebraico, o verbo traduzido por *voltar* é usado mais de cem vezes — cinco vezes somente no capítulo 3. Os rebeldes não caem precipitadamente em armadilhas; viram as costas ao Senhor e, aos poucos, deixam de cumprir Sua vontade e de estar em comunhão com Ele. O Senhor é paciente e não desiste de nós. Envia Sua Palavra e, se necessário, usa a disciplina com amor para nos despertar quanto ao perigo. E se lhe obedecermos, Ele nos perdoará e nos restaurará. Mas se continuarmos a acreditar em mentiras ("Você não será castigado por isso"), a situação piorará e o Senhor terá de lidar conosco. Se pararmos logo no início e percebermos o mal que estamos fazendo ao coração de Cristo, a nós, a nossos queridos e ao testemunho do Senhor, devemos confessar imediatamente nossos pecados e pedir perdão a Deus. Quanto mais esperarmos, pior a situação se tornará.

Podemos experimentar uma transformação maravilhosa. "Eu curarei as vossas rebeliões". Que promessa encorajadora! Como é maravilhoso aquele dia em que o médico nos diz: "Identificamos seu problema e há cura para ele". Alguns cristãos que professaram a fé não querem ser curados de sua rebeldia, e temos dúvida se realmente nasceram de novo. A santidade não ocorre automaticamente por mais que nos esforcemos. Precisamos recorrer ao Grande Médico, confessar nossos pecados a Ele e permitir que Ele nos purifique e nos cure. Leia o Salmo 32 se quiser saber o que acontece com as pessoas que encobrem sua rebeldia e as bênçãos que recebem quando a confessam. "O que encobre as suas transgressões jamais prosperará; mas o que as confessa e deixa alcançará misericórdia" (PROVÉRBIOS 28:13).

O Grande Médico está sempre disponível. Seu diagnóstico é sempre correto, seus tratamentos sempre funcionam — e Ele vai à casa de Seus pacientes. E, a propósito, Ele já pagou a conta.

> **"Sonda-me, ó Deus, e conhece o meu coração,
> prova-me e conhece os meus pensamentos;
> vê se há em mim algum caminho mau e guia-me
> pelo caminho eterno"** (SALMO 139:23,24).

67

Assim diz o SENHOR ao povo de Judá e de Jerusalém: **"Lavrem seus campos não arados** *e não semeiem entre espinhos"* (JEREMIAS 4:3 NVI).

Na Escritura, colheita é a imagem de "apanhar os frutos", bons ou maus, daquilo que dizemos e fazemos. O Senhor deseja ver fruto em nossa vida (GÁLATAS 5:22,23) e uma "colheita de almas" produzida por nosso trabalho (JOÃO 4:34-38). William R. Inge, decano da Catedral de Saint Paul, em Londres (1911–34) disse com sabedoria: "Estamos sempre semeando o futuro e estamos sempre colhendo o passado". Quanto mais você meditar nessa afirmação, mais séria ela se tornará. Jesus busca "fruto [...] mais fruto [...] muito fruto" (JOÃO 15:1-8).

As colheitas produtivas necessitam de preparação. "Campo não arado" é um solo inativo porque não foi tratado. Não foi arado nem recebeu as sementes, portanto não pode produzir nenhuma colheita. Um dos motivos para a terra ser improdutiva é porque "os trabalhadores são poucos" (LUCAS 10:2); e Lucas 9:57-62 relata o porquê de os trabalhadores serem poucos: o povo que Deus chama está apresentando desculpas! Jesus está à procura de trabalhadores, não de pessoas ociosas que apresentam desculpas.

A preparação inclui o uso do arado. De acordo com a parábola do semeador (MATEUS 13:1-9,18-23), a boa semente da Palavra só entrará em nosso coração se o solo tiver sido arado pelo arrependimento e confissão. Um coração enrijecido não pode receber a verdade de Deus, porque o diabo vem e leva a semente embora: "...semeai para vós outros em justiça, ceifai segundo a misericórdia; arai o campo de pousio; porque é tempo de buscar ao SENHOR, até que ele venha, e chova a justiça sobre vós" (OSEIAS 10:12). O solo preparado tem um tremendo potencial, mas é trágico saber que há muitas terras não cultivadas em nossa vida.

O uso do arado exige perseverança. "...Ninguém que, tendo posto a mão no arado, olha para trás é apto para o reino de Deus"

(LUCAS 9:62). Se formos servos fiéis, um dia "ceifaremos, se não desfalecermos" (GÁLATAS 6:9). Se o lavrador olhar repetidamente para trás e pensar somente em voltar, que tipo de sulcos ele vai produzir? É certo que arar é um trabalho árduo, mas, quando nos chama, Deus nos capacita. "Tudo posso naquele que me fortalece" (FILIPENSES 4:13). O inimigo nos fornece todos os tipos de desculpa para nos desviarmos por caminhos convenientes, mas o Senhor, por meio de Seu exemplo e exortações, encoraja-nos a continuar o trabalho até que a obra esteja concluída.

A perseverança origina-se da fé. O Senhor não quer que sejamos "indolentes, mas imitadores daqueles que, pela fé e pela longanimidade, herdam as promessas" (HEBREUS 6:12). A fé e a paciência formam uma dupla excelente! Devemos viver pela fé em cada área da vida e do serviço cristão e, se vivermos pela fé, cultivaremos a paciência. Sem paciência, aprendemos muito pouco e não realizamos quase nada. Tiago lembra-nos de que a prova de nossa fé produz paciência (1:4), e ele usa o exemplo do lavrador para nos encorajar. "...Eis que o lavrador aguarda com paciência o precioso fruto da terra, até receber as primeiras e as últimas chuvas" (5:7). "Porque de Deus somos cooperadores..." (1 CORÍNTIOS 3:9), e se fizermos a nossa parte, Ele fará a dele. "...porque sem mim nada podeis fazer" (JOÃO 15:5).

A fé origina-se de viver de acordo com as Escrituras. "E, assim, a fé vem pela pregação, e a pregação, pela palavra de Cristo" (ROMANOS 10:17). Leia Hebreus 11 e veja o que Deus fez às pessoas comuns e *com* as pessoas comuns que aceitaram Sua Palavra e confiaram nele. Como trabalhadores, precisamos viver de acordo com as Escrituras e permitir que o Espírito nos instrua e nos capacite. Entramos no trabalho de outras pessoas, e elas entram em nosso trabalho (JOÃO 4:38), mas é o Senhor quem promove a colheita.

> "...Eu, porém, vos digo: erguei os olhos e vede os campos, pois já branquejam para a ceifa" (JOÃO 4:35).

68

Ninguém há semelhante a ti, *ó Senhor; tu és grande, e grande é o poder do teu nome. [...] Pois isto a ti é devido; porquanto, entre todos os sábios das nações e em todo o seu reino,* **ninguém há semelhante a ti** (JEREMIAS 10:6,7).

Os profetas hebreus lembravam continuamente ao povo de Israel que Jeová era o único Deus vivo e verdadeiro e que os ídolos dos gentios não tinham nenhum valor. Mesmo assim, Israel recorreu a esses ídolos repetidas vezes em busca de ajuda e teve de ser disciplinado pelo Senhor. As pessoas das igrejas primitivas eram atraídas por ídolos, da mesma forma que *nós, os cristãos das igrejas de hoje, também o somos*! Ao contrário dos ídolos pagãos, os ídolos contemporâneos não são feios e de má aparência, mas belos e sedutores — celebridades, dinheiro, poder, autoridade, sexo, diversão, comida —, mas, ainda assim, são perigosos e substitutos mortos do Deus vivo. Qualquer coisa em nossa vida que substitua o Senhor e nos escravize, qualquer coisa pela qual nos sacrificamos para ter a satisfação que ela nos oferece, é um ídolo e precisa ser abandonada. Nenhum ídolo pode fazer por nós o que o Senhor faz por meio de Jesus Cristo!

Só o Senhor pode nos salvar de nossos pecados. "Olhai para mim e sede salvos, vós, todos os termos da terra; porque eu sou Deus, e não há outro" (ISAÍAS 45:22). Em uma manhã gelada de domingo, o jovem Charles Haddon Spurgeon ouviu um sermão sobre esse texto, confiou em Cristo e foi salvo! "E não há salvação em nenhum outro; porque abaixo do céu não existe nenhum outro nome, dado entre os homens, pelo qual importa que sejamos salvos" (ATOS 4:12).

Só o Senhor merece nossa adoração, sacrifício e serviço. Na dedicação do Templo, o rei Salomão iniciou sua oração com estas palavras: "Ó Senhor, Deus de Israel, não há Deus como tu, em cima nos céus nem embaixo da terra..." (1 REIS 8:23). Ana, uma mulher piedosa, orou fervorosamente por um filho e Deus atendeu a seu pedido.

Quando levou o menino Samuel ao santuário e o entregou para servir a Deus naquele local, ela orou: "...O meu coração se regozija no SENHOR, a minha força está exaltada no SENHOR [...]. Não há santo como o SENHOR, porque não há outro além de ti; e Rocha não há, nenhuma, como o nosso Deus" (1 SAMUEL 2:1,2). Se tivermos ídolos no coração, nosso afeto pelo Senhor e nossa lealdade a Ele estarão divididos e não poderemos agradar-lhe. Nas Escrituras, idolatria é chamada de prostituição (SALMO 106:39; OSEIAS 4:12; TIAGO 4:4).

Só o Senhor pode libertar-nos da escravidão. Os julgamentos que Deus enviou contra a terra do Egito (ÊXODO 7–12) foram direcionados contra os deuses do Egito, para que o Faraó soubesse que não havia nenhum Deus como o Senhor (8:10). Depois da libertação, os judeus cantaram louvores a seu grande Deus. "Ó SENHOR, quem é como tu entre os deuses? Quem é como tu, glorificado em santidade, terrível em feitos gloriosos, que operas maravilhas?" (15:11). Se alguém ou alguma coisa entrar em minha vida e receber esse tipo de louvor, estou envolvido com idolatria. Se eu me recusar a dar a Deus a glória que Ele merece, estou envolvido com idolatria. Leia 1 Coríntios 8 e medite no que Paulo escreveu.

Só o Senhor pode desenvolver nosso caráter e nos tornar semelhantes a Jesus. O autor do Salmo 115 zomba da idolatria, contrastando os ídolos mortos com o Deus vivo, e faz-nos esta advertência: "Tornem-se semelhantes a eles os que os fazem e quantos neles confiam" (v.8). *Tornamo-nos semelhantes aos ídolos que adoramos.* Mas ser piedoso é ser "semelhante a Deus". Quem deseja se tornar um ídolo sem vida quando podemos ser mais semelhantes a Jesus, o nosso Senhor vivo (2 CORÍNTIOS 3:18)?

Não existe ninguém como Jesus!

"Filhinhos, guardai-vos dos ídolos"
(1 JOÃO 5:21).

69

Como o vaso que o oleiro fazia de barro se lhe estragou na mão, **tornou a fazer** *[...] outro vaso, segundo bem lhe pareceu* (JEREMIAS 18:4).

Este episódio lembra-nos de que somos barro. A vida é uma dádiva e a morte é nosso destino aqui na terra. "...porque tu és pó e ao pó tornarás" (GÊNESIS 3:19). O barro é uma substância frágil, mas tem potencial. Todo bebê que nasce neste mundo é frágil, e ninguém sabe como ele será. O vaso de barro em si não é valioso, mas pode conter algo muito valioso; e *somos feitos à imagem de Deus*. Sem o Senhor, talvez jamais descobriremos nossas possibilidades ou alcançaremos nosso potencial. A fragilidade do barro necessita do poder e da sabedoria de Deus.

Isso nos lembra de que *Deus é o oleiro*. "Então, formou o SENHOR Deus ao homem do pó da terra..." (GÊNESIS 2:7) é a descrição de um oleiro trabalhando. Deus é soberano e pode planejar para nós e fazer de nós o que Ele deseja. Não significa que somos vítimas indefesas em um mundo controlado, porque o Senhor decretou que colaboramos com Ele à medida que Ele trabalha em nossa vida. Jesus disse: "Jerusalém, Jerusalém [...]! Quantas vezes quis eu reunir teus filhinhos [...] e vós não o quisestes!" (LUCAS 13:34). E tenha em mente que "Deus é amor" (1 JOÃO 4:8); Seus decretos são evidências de Seu amor por nós, por isso nunca precisamos temer a vontade de Deus. Nós não giramos a roda do oleiro; rendemo-nos às mãos do oleiro. Tenho ouvido pessoas dizerem com orgulho que "se fizeram por si mesmas" e eu gostaria de dizer a elas: "Então você deve assumir a culpa". É muito melhor ser feito por Deus.

A roda do oleiro representa a vida humana. Deus providencia os acontecimentos da vida para que o conheçamos, conheçamos a nós mesmos, os outros e as oportunidades que a vida nos apresenta. "Pois somos feitura dele, criados em Cristo Jesus para boas obras, as quais Deus de antemão preparou para que andássemos nelas" (EFÉSIOS 2:10). Quando nos submetemos à Sua vontade, Ele nos prepara para o que Ele preparou para nós. O barro na roda que Jeremias estava vendo não queria cooperar e resistiu várias vezes; o oleiro bem que poderia tê-lo tirado da roda e o atirado longe — mas continuou a trabalhar e "tornou a fazer dele outro vaso". Deus nunca desiste de nós. Pense em Moisés, Davi, Jonas, Pedro, João Marcos e outros nas Escrituras que erraram, mas foram bem-sucedidos. O Oleiro está no comando, e se nos rendermos a Ele, o Senhor cuidará para que realizemos aquilo que planejou para nós.

A experiência de Jeremias ajuda-nos a entender *o que o sucesso é*. Tem pouco a ver com fama, poder ou riqueza. Sucesso é submeter-se ao Senhor e fazer a Sua vontade (ROMANOS 12:1-3), permitindo que Ele nos modele conforme o Seu desejo. Quando erramos, pedimos que Ele nos refaça e começamos a servi-lo. *O vaso estragado continua nas mãos do oleiro!* Deus nos faz, o pecado nos estraga, mas o Oleiro pode nos consertar e continua a nos moldar. Um cristão com deficiência física perguntou a um pastor: "Por que Deus me fez assim?". O pastor respondeu: "Ele não fez você — *Ele está fazendo você!*". O oleiro pega cada vaso e coloca-o no forno, onde o barro cuidadosamente adquire consistência e depois recebe o acabamento. Caso contrário, o vaso não teria muita utilidade. Não gostamos desses fornos, mas necessitamos deles.

O discípulo Judas não se submeteu ao oleiro e teve uma morte vergonhosa. Os líderes religiosos compraram o "campo do oleiro" com o dinheiro que Judas lhes devolveu e ali fizeram um cemitério para enterrar os forasteiros. Se ao menos Judas tivesse aprendido o significado de submeter-se ao Oleiro! Para ser um sucesso aos olhos de Deus, basta submeter-se ao Oleiro e crer que ele pode refazê-lo.

> "O que a mim me concerne o SENHOR levará a bom termo;
> a tua misericórdia, ó SENHOR, dura para sempre;
> não desampares as obras das tuas mãos"
> (SALMO 138:8).

70

> *Porque sou eu que conheço os planos que tenho para vocês, diz o SENHOR, planos de fazê-los prosperar e não de lhes causar dano, planos de dar-lhes* **esperança e um futuro**
> (JEREMIAS 29:11 NVI).

No decorrer da conquista de Jerusalém, o exército babilônio destruiu a cidade, roubou os tesouros do Templo e levou muitas pessoas à Babilônia como escravas. O profeta Jeremias escolheu permanecer na cidade destruída em companhia das pessoas que haviam sido deixadas para trás, mas escreveu uma carta aos exilados para dizer-lhes como agir como povo de Deus em um ambiente pagão. O povo de Deus de hoje vive em um ambiente predominantemente pagão, portanto podemos aprender com Jeremias quais são as nossas responsabilidades.

Aceite a vontade de Deus. Os falsos profetas entre os judeus na Babilônia estavam dizendo ao povo que eles voltariam para casa com seus tesouros dentro de 2 anos (JEREMIAS 28:1-11), mas Jeremias lhes disse que seriam 70 anos (29:10)! Quando o povo olhou para trás, sabia que Deus havia enviado Seus profetas muitas vezes para adverti-lo, mas não quis ouvi-los. Não podiam mudar o passado, mas poderiam aprender com o passado, confessar seus pecados (vv.19,23) e obedecer à Palavra de Deus. O Senhor estava provocando dor no povo, mas não causando danos ao povo. De vez em quando, meus médicos provocam dor em mim, nas nunca me causaram danos. Para os exilados, de nada adiantaria sentar, chorar e querer vingar-se (SALMO 137). Isso só tornaria a vida deles mais infeliz ainda. O povo de Deus de hoje enfrenta problemas por causa de seus pecados ou talvez por causa dos pecados dos outros, mas, nas duas situações, precisamos nos submeter à vontade de Deus. Ele sabe o que está fazendo, e o lugar mais seguro no mundo é estar na vontade de Deus. Aceite-a. Deus tem Seu povo na mente e no coração, e deseja o melhor para ele.

Obedeça às instruções de Deus. Jeremias não disse ao povo que organizasse protestos nem criasse um movimento secreto de resistência, mas que deveria ter vida normal, que criassem suas famílias e se preparassem para o futuro. Insistiu para que orassem pela cidade (JEREMIAS 29:7) e por eles próprios (v.12). Paulo e Pedro fizeram essa exortação à igreja primitiva (ROMANOS 13; 1 TIMÓTEO 2:1-4; 1 PEDRO 2:13-15), e isso deveria chamar nossa atenção hoje. Se sofremos por ser testemunhas de Cristo, devemos em primeiro lugar obedecer ao Senhor (ATOS 4:19,20), porém até esse testemunho deve ser dado com mansidão e amor. Os judeus exilados obedeceram ao conselho de Jeremias. Após 70 anos, milhares voltaram à sua terra, reconstruíram Jerusalém e o Templo e repovoaram a terra que Deus lhes havia dado. Em razão disso, hoje conhecemos o único Deus vivo e verdadeiro, as Escrituras inspiradas e o Salvador, Jesus Cristo.

Creia nas promessas de Deus. Quando conhecemos Jesus Cristo como Salvador e Senhor e prestamos atenção à Palavra de Deus, temos segurança no futuro. Quando Deus nos coloca no forno, Ele fica de olho no termômetro e com a mão no termostato. Deus sabe qual é a temperatura e por quanto tempo ficaremos lá. O Senhor não quebrou Sua aliança com Abraão, Isaque, Jacó e Davi, nem se esqueceu de Suas promessas aos profetas (JEREMIAS 24:6; 30:10,11; 31:10-14). Qualquer pessoa viva tem um futuro até o momento da morte, mas nem todas têm um futuro com esperança após morte. "Pois tudo quanto, outrora, foi escrito para o nosso ensino foi escrito, a fim de que, pela paciência e pela consolação das Escrituras, tenhamos esperança" (ROMANOS 15:4).

O presente será vitorioso se vivermos um dia de cada vez, aprendendo com o passado, aguardando o futuro com grande expectativa e obedecendo à vontade do Senhor. Lembre-se de que Deus pensa em você e tem planos para sua vida.

> "Bendito seja o SENHOR [...] nem uma só palavra falhou de todas as suas boas promessas..." (1 REIS 8:56).

71

Assim diz o Senhor: O povo [...] **logrou graça no deserto***. Eu irei e darei descanso a Israel* (JEREMIAS 31:2).

O deserto é o último lugar onde esperaríamos receber graça, a menos que o Senhor esteja conosco; Ele pode usar nossas "experiências no deserto" para nos ensinar valiosas lições espirituais.

Para o povo de Israel, o deserto foi um *lugar de provação*. Deus conduziu os israelitas no deserto por 40 anos, para humilhar e prová-los (DEUTERONÔMIO 8:2); e, em geral, eles foram reprovados. Deus os guiou dia e noite, proporcionou alimento e água e os ajudou a derrotarem os inimigos — e, mesmo assim, eles quiseram, mais de uma vez, voltar ao cativeiro no Egito. Provocaram Deus e Moisés, no entanto o Senhor cuidou deles. Isso é graça! O Senhor conhecia o coração de Seu povo, mas o povo não conhecia o próprio coração, e as provas de Deus o ajudaram a ver sua carência.

Para Davi, Elias e João Batista o deserto foi um *lugar de treinamento*. Foi no deserto que Davi se escondeu do rei Saul (SALMO 63), e lá Elias aprendeu a não fugir da responsabilidade (1 REIS 19). O profeta estava exausto e faminto, e a ameaça de morte feita por Jezabel deixou-o apavorado, mas o Senhor deu-lhe descanso e alimento e enviou-o de volta à batalha. João Batista cresceu no deserto e aprendeu a ouvir a voz de Deus (LUCAS 1:80; MATEUS 3:1,3). É nos lugares difíceis da vida que descobrimos a graça do Senhor derramada sobre seus servos, não importa como se sintam. "Eis que Deus é a minha salvação; confiarei e não temerei..." (ISAÍAS 12:2).

Para Jesus, o deserto foi um *lugar de tentação*, mas Ele o transformou em um lugar de triunfo (MATEUS 4:1-11), onde podia ter comunhão com o Pai (LUCAS 5:16). Jesus costumava ir ao deserto para afastar-se das multidões e ter um tempo muito necessário para orar e meditar (ISAÍAS 50:4,5). Você faz "pausas para bênção" quando está sozinho e aguarda silenciosamente diante do Senhor? Recomendo que o faça.

Filipe, o evangelista, estava realizando importantes reuniões em Samaria quando o Senhor o chamou para ir ao deserto e compartilhar o evangelho com um homem, e aquele deserto se tornou um *lugar de testemunho* (ATOS 8:5-8,26-40). O viajante era um oficial de alta patente da Etiópia, aparentemente prosélito da fé judaica, e Filipe apresentou-lhe o Salvador. Paulo e Silas tiveram experiência semelhante em um cárcere em Filipos enquanto oravam e adoravam. O carcereiro e sua família se converteram e provavelmente alguns outros prisioneiros (ATOS 16:25-34). Louvar ao Senhor em tempos de "deserto", de dor e provação pode abrir portas e corações e nos proporcionar uma colheita. Por falar em Paulo, ao listar suas provações, ele nos lembra de que enfrentou "perigos no deserto" (2 CORÍNTIOS 11:26). Ele não explica quais eram esses perigos, mas não era seguro nem confortável viajar naquela época, e Paulo viajava muito.

O sistema mundial de hoje é um vasto deserto que não facilita a nossa jornada como peregrinos. Pedro descreve o mundo como "lugar tenebroso" e a palavra traduzida por tenebroso significa "sujo, deplorável, imundo", como um pântano perigoso (2 PEDRO 1:19). Mas temos a Palavra de Deus que brilha nesse mundo *tenebroso* e desolador e nos mostra o caminho, assim como a nuvem e o fogo guiaram o povo de Israel pelo deserto. *Preste atenção às Escrituras e o mundo não poderá desviá-lo do bom caminho.* O deserto se tornará em terra produtiva quando o Senhor derramar a Sua graça sobre você.

> **"Lâmpada para os meus pés é a tua palavra e luz, para os meus caminhos"** (SALMO 119:105).

72

...depois daqueles dias, diz o SENHOR: Na mente, lhes imprimirei as minhas leis, também no coração lhas inscreverei; **eu serei o seu Deus,** *e eles serão o meu povo* (JEREMIAS 31:33).

Pensar que o Deus santo e grandioso se dispôs a ser o *nosso* Deus e compartilhar Sua verdade conosco à medida que Seu Espírito a escreve em nossa mente e coração é algo que deveria nos deixar maravilhados e agradecidos, alegres e obedientes. Pense em quem Deus é!

Ele é o Deus de amor (2 CORÍNTIOS 13:11). As nações pagãs fabricavam deuses que exigiam que seus adoradores oferecessem os próprios filhos nos altares deles, mas o nosso Deus enviou Seu único Filho, na forma de um bebê, para crescer e sacrificar-se por nossos pecados. Deus acolheu as crianças, tomou-as em Seus braços e as abençoou (MATEUS 19:13-15). Jesus ama e acolhe os pecadores que se achegam a Ele para serem salvos (LUCAS 19:10). O amor de Deus é um grande amor (EFÉSIOS 2:4).

Ele é o Deus de toda a graça (1 PEDRO 5:10). Deus, em Sua graça, dá-nos o que não merecemos, e recebemos Sua graça pela fé, para servi-lo e fazer boas obras. Paulo escreveu: "...pela graça de Deus, sou o que sou..." (1 CORÍNTIOS 15:10), e Deus disse a ele: "...A minha graça te basta..." (2 CORÍNTIOS 12:9). A graça de Deus nos basta também!

Ele é o "Deus único e sábio" (ROMANOS 16:27). Nosso mundo vive em meio a uma "explosão de conhecimento", porque as informações eletrônicas se espalham rapidamente, mas existe uma carência dolorosa de sabedoria. Aparentemente, as pessoas não sabem usar as informações que recebem. O povo de Deus pode orar por sabedoria (TIAGO 1:5) e encontrar sabedoria nas Escrituras. "O temor do SENHOR é o princípio da sabedoria..." (PROVÉRBIOS 9:10).

Ele é o Deus da glória (ATOS 7:2). Antes de confiarem no Deus vivo e verdadeiro, Abraão e Sara adoravam a deusa lua em Ur dos Caldeus. Não existe glória nos ídolos mortos e eles sabiam a diferença. Jesus deixou temporariamente de lado Sua glória quando veio à Terra como um ser humano, mas reivindicou-a quando retornou ao céu e tem compartilhado essa glória com Seu povo (JOÃO 17:22). Parte dessa glória irradiou-se do rosto de Estêvão enquanto ele discursava no Sinédrio (ATOS 6:15). "...Aquele que se gloria, glorie-se no Senhor" (1 CORÍNTIOS 1:31).

Ele é o Deus vivo (1 TESSALONICENSES 1:9). Ao contrário dos ídolos mortos feitos por mãos humanas, o Deus a quem adoramos e servimos é vivo e não pode morrer. Nosso Deus caminha conosco, fala conosco, ajuda-nos a resolver nossos problemas e luta nossas batalhas, e nunca se cansa de cuidar de Seus filhos. O Espírito Santo é o Espírito do Deus vivo (2 CORÍNTIOS 3:3) e o povo de Deus é "a Igreja do Deus vivo" (1 TIMÓTEO 3:15). Se conhecemos a Deus verdadeiramente por meio da fé em Jesus Cristo, Sua vida deve brilhar através de nós todos os dias em nossa jornada, adoração e serviço.

Ele é o Deus da paz (FILIPENSES 4:9). Deus não declarou guerra à humanidade; foi a humanidade que declarou guerra ao Senhor (ROMANOS 1:18). As primeiras palavras de nosso Senhor aos apóstolos depois de Sua ressurreição foram: "Paz seja convosco!" (JOÃO 20:19,21).

Ele é o Deus da esperança (ROMANOS 15:13). As pessoas sem Cristo não têm esperança; as que confiam em Cristo têm a esperança viva (1 PEDRO 1:3). Um dia, iremos para o céu e veremos Jesus!

Poderíamos prosseguir no assunto, mas isso deve ser suficiente para emocionar com a grandeza de Deus o coração de cada cristão verdadeiro. E Ele fez uma aliança conosco!

> "...que este é Deus, o nosso Deus para todo o sempre;
> ele será nosso guia até à morte" (SALMO 48:14).

73

> **[Eu] comprei, pois [...] o campo**
> *que está em Anatote; e lhe pesei o dinheiro, dezessete siclos de prata*
> (JEREMIAS 32:9).

Desconfio que muitas pessoas acharam que Jeremias foi muito tolo por ter comprado um campo quase 5 quilômetros distante de Jerusalém e ocupado pelo exército babilônio que cercava a cidade. Mas Jeremias sabia o motivo dessa compra: porque Deus assim lhe ordenara. Foi um sermão em ação. O profeta havia anunciado que os cativos judeus na Babilônia retornariam a Judá em 70 anos (25:11,12; 29:10; 32:15,37-44), e Jeremias agora estava confirmando suas palavras com ações. A fé sem obras é morta (TIAGO 2:17). Aquele vaso de barro contendo a escritura da compra da propriedade seria um lembrete constante da promessa de Deus. Jeremias jamais reivindicaria a terra, mas um membro de sua família poderia pegar a escritura e tomar posse dela.

Deus usou vários meios diferentes para lembrar Seu povo das futuras bênçãos que receberia e, assim, dar-lhe confiança em tempos de provação. Quando estava morrendo, José garantiu a seus irmãos que eles sairiam do Egito rumo à terra prometida a Abraão, Isaque e Jacó. Ordenou-lhes que dissessem a todas as gerações posteriores que levassem seu corpo embalsamado em um caixão e o enterrassem com seus antepassados na Terra Prometida (GÊNESIS 50:22-26) — e foi o que eles fizeram (ÊXODO 13:19; JOSUÉ 24:32; ATOS 7:15,16). Durante os anos de cativeiro no Egito, aquele caixão deve ter dado esperança àquele povo judeu sofredor. Quando visitamos o túmulo de um cristão, normalmente olhamos com tristeza para a lápide, mas devemos levantar os olhos com alegria para o Senhor e dizer: "Na tua volta, esvaziarás esta sepultura! Aleluia!".

Um caixão encorajou os judeus escravizados no Egito e um vaso de barro encorajou os judeus exilados na Babilônia, mas, hoje, o

Senhor dá a Seu povo uma simples refeição para encorajar-nos a vigiar, aguardando a vinda do Senhor (MATEUS 26:26-30). Na última Páscoa de nosso Senhor com Seus discípulos, Jesus instituiu a Ceia do Senhor e disse a eles que a celebrassem em memória dele e em antecipação a Seu retorno prometido (1 CORÍNTIOS 11:23-26). Os cristãos participam dessa refeição em família e olham para a cruz, olham dentro do próprio coração e olham para frente aguardando a vinda de Jesus. "E a si mesmo se purifica todo o que nele tem esta esperança, assim como ele é puro" (1 JOÃO 3:3). A igreja de hoje usa programações diferentes para celebrar a Ceia do Senhor, mas provavelmente os cristãos primitivos a celebravam em cada Dia do Senhor quando se reuniam e, com frequência, no final de uma refeição comum durante a semana.

O corpo de cada cristão é semelhante a um vaso de barro no qual o Espírito Santo habita (2 CORÍNTIOS 4:7). Porque Ele habita ali? Ele tem muitos ministérios, mas, de acordo com Efésios, "o Espírito Santo da promessa" selou-nos para que soubéssemos que pertencemos ao Senhor, que um dia Ele virá para nós e nos levará para nossa herança celestial (1:13,14). O Espírito de Deus está conosco para sempre (JOÃO 14:16), o que significa que devemos ter confiança e coragem, por mais difícil que a vida se torne. O Espírito da promessa mantém nossos olhos de fé nas promessas de Deus, principalmente na promessa da volta de Cristo, e assegura-nos de que Jesus cumprirá Suas promessas. Continue a olhar para cima! Não desanime e não planeje desistir.

> "Então, veio a palavra do SENHOR a Jeremias, dizendo:
> Eis que eu sou o SENHOR, o Deus de todos os viventes;
> acaso haveria coisa demasiadamente maravilhosa
> para mim?" (JEREMIAS 32:26,27).

74

Tomou, pois, Jeremias outro rolo *e o deu a Baruque, filho de Nerias o escrivão, o qual escreveu nele, ditado por Jeremias, todas as palavras do livro que Jeoaquim, rei de Judá, queimara...* (JEREMIAS 36:32).

Uma nova geração. Jeoaquim, filho de Josias, estava no trono de Judá. Seu pai foi um grande homem de fé e coragem, mas Jeoaquim não. Não ouviu o conselho do profeta Jeremias e "fez ele o que era mau perante o SENHOR..." (2 REIS 23:37). Em vez de sacrificar o ganho pessoal para que pudesse cuidar de seu povo carente, Jeoaquim construiu para si um palácio enorme e caro na ocasião em que Judá necessitava de um exemplo melhor de liderança (JEREMIAS 22:13-19). Durante o reinado de Josias, o livro da Lei foi encontrado no Templo e, quando foi lido a Josias, ele rasgou suas roupas, confessou pecados e chamou a nação ao arrependimento (2 REIS 22). Mas quando seu filho Jeoaquim ouviu a leitura das Escrituras, ele cortou o livro em pedaços e o queimou! Como é triste quando uma nova geração abandona a fé de seus pais. Se Jeoaquim tivesse seguido o exemplo do pai, teria escapado da derrota e de uma morte vergonhosa.

Uma tentação antiga. Uma mentira muito velha controlava a mente e o coração de Jeoaquim, uma mentira proferida primeiramente pelo diabo no jardim do Éden: "...É assim que Deus disse...?". "Você confia realmente no que Deus diz?". O rei não acreditou que as palavras do profeta eram as palavras de Deus ou que elas transmitissem alguma mensagem pessoal para ele. Alguns líderes do rei ouviram a leitura do rolo *e tremeram de medo*, mas o rei não prestou atenção. Lançou o rolo no fogo e o queimou. As mãos humanas podem destruir exemplares da Palavra de Deus escrita, mas não podem destruir a Palavra de Deus em si. "Para sempre, ó SENHOR, está firmada a tua palavra no céu" (SALMO 119:89). Jesus disse: "Passará o céu e a terra, porém as minhas palavras não passarão" (MATEUS 24:35). Jeoaquim confiou nas mentiras de seus conselheiros e dos falsos profetas, mas não confiou na verdade de Deus proferida por um profeta verdadeiro. Os líderes mundiais cometem esse erro com frequência, mas "a palavra de Deus [...] é permanente" (1 PEDRO 1:23).

Uma restauração misericordiosa. Quando Baruque, o escriba de Jeremias, lhe contou que o rei havia destruído o rolo, o profeta pegou outro rolo e ditou as mesmas palavras do original. No que se refere à nação, aquele foi um ato de misericórdia da parte de Deus, mas para o rei, selou seu trágico destino. Destruir a evidência não inocenta o criminoso! A narrativa diz que Jeoaquim recusou-se a obedecer à vontade de Deus e pagou caro por sua tolice. Hoje temos o registro nas Escrituras e podemos aprender com ela. O mundo perdido odeia as Escrituras porque elas lançam luz sobre a perversidade do coração humano. Ao mesmo tempo, as Escrituras revelam o coração cheio de graça de um Deus amoroso. "Pois todo aquele que pratica o mal aborrece a luz e não se chega para a luz, a fim de não serem arguidas as suas obras" (JOÃO 3:20).

Uma obrigação privilegiada. As autoridades talvez desprezem as Escrituras e pode ser que queiram destruí-las, mas o povo de Deus tem a obrigação privilegiada de amar a Palavra de Deus, ler, estudar e obedecê-la. Devemos acolhê-la "não como palavra de homens e sim como, em verdade é, a palavra de Deus, a qual, com efeito, está operando eficazmente em vós, os que credes" (1 TESSALONICENSES 2:13). Não basta acreditar na Bíblia; precisamos aceitá-la em nosso próprio ser, como fazemos com a comida e a bebida. Estamos aproveitando esse privilégio?

**"...Não só de pão viverá o homem,
mas de toda palavra que procede da boca de Deus"**
(MATEUS 4:4).

75

Mandaram retirar Jeremias do átrio da guarda e o entregaram a Gedalias [...] para que o levasse para o seu palácio; **assim, habitou entre o povo** (JEREMIAS 39:14).

No início de seu ministério, Jeremias queria encontrar uma estalagem no deserto, onde pudesse estar longe do povo e não ser testemunha de suas atividades iníquas (JEREMIAS 9:1-6). Mas não devemos ser tão severos com ele, porque Moisés ficou tão angustiado com os israelitas que desejou morrer (NÚMEROS 11:10-15) e Davi orou pedindo asas para que pudesse fugir para longe de Jerusalém e ter um pouco de paz (SALMO 55:6-8). Pela graça de Deus, os três permaneceram em seu posto e serviram ao Senhor e a Seu povo. O chefe da guarda babilônia ofereceu-se para levar Jeremias à Babilônia, onde ele receberia cuidados, mas Jeremias escolheu viver com seu povo. Quando você sentir vontade de fugir, pense nos fatores que mantiveram Jeremias no lugar quando a situação estava muito difícil.

Ele estava em comunhão íntima com Deus. "Não temas diante deles", o Senhor disse a Jeremias quando o chamou, "porque eu sou contigo para te livrar..." (JEREMIAS 1:8, VEJA VV.17-19). Jeremias acreditou nas promessas de Deus e o Senhor não o decepcionou. O rei de Judá e seus príncipes decepcionaram o povo e tentaram abandonar a cidade, mas foram pegos e julgados (39:1-10). Fugiram porque eram mercenários, e não pastores (JOÃO 10:12,13). Jeremias chorou por seu povo e queria chorar ainda mais (JEREMIAS 4:19; 9:1; 23:9). Ele foi um verdadeiro patriota que amou sua nação e tentou desesperadamente salvá-la da ruína, e esse amor fluiu de sua caminhada junto a Deus, porque o Senhor ama Israel com amor eterno (31:3). A palavra *coração* é usada mais de 60 vezes em Jeremias e Lamentações.

Ele aceitou seu chamado. Jeremias sabia que seu trabalho não seria fácil. Ele teria de arrancar e derrubar coisas antes de poder plantar e construir (1:9,10). Os líderes ímpios se oporiam a ele, mas o Senhor faria dele uma cidade fortificada, uma coluna de ferro e muros de bronze (1:17-19). A única forma de prosseguir é assumir uma posição firme. Deus fez dele um acrisolador para intensificar o calor e separar o ouro das impurezas (6:27-30), e o povo não queria isso. Os falsos profetas eram "médicos" enganadores que mentiam a respeito da condição da nação e aplicavam remédios que não surtiam efeito (6:13,14; 8:21,22). Jeremias foi semelhante a um cordeiro levado ao matadouro (11:19) e um pastor tentando conduzir um rebanho rebelde (13:17; 23:1-6). Teve de usar canga de madeira (CAP.27–28), *mas o Senhor estava preso à canga com ele e ajudou-o a carregar o fardo*. Podemos reivindicar o mesmo privilégio como servos do Senhor (MATEUS 11:28-30). Jeremias é conhecido como "o profeta chorão" (JEREMIAS 9:1; 13:17; 14:17), mas Jesus chorou durante Seu ministério (LUCAS 19:41; JOÃO 11:35) e Paulo também (ATOS 20:19).

Ele cuidou do povo de Deus. Jeremias viveu com o povo, orou pelo povo e compartilhou as promessas de Deus com o povo, embora pudesse viver confortavelmente na Babilônia. *Ele sempre disse a verdade ao povo*. Se os líderes tivessem aceitado a Palavra de Deus, a cidade e o povo teriam sido libertados da destruição. Da mesma forma que Davi e Jesus, Jeremias via o povo como um rebanho sem pastor e o amou apesar de ter sido mal compreendido e de ter sua mensagem rejeitada (2 SAMUEL 24:17; MATEUS 9:36; VEJA 2 CORÍNTIOS 2:15). "O amor nunca perece..." (1 CORÍNTIOS 13:8 NVI) embora pareça que perecemos tristemente, porque o amor nos torna mais semelhantes a Jesus; e Ele também habitou entre o povo e procurou ajudá-lo.

> **"Tenho compaixão desta gente,
> porque há três dias que permanecem comigo
> e não têm o que comer"** (MARCOS 8:2).

76

E então, **você deveria buscar coisas especiais** *para você? Não as busque, pois trarei desgraça sobre toda a humanidade [...], mas eu o deixarei escapar com vida aonde quer que você vá* (JEREMIAS 45:5 NVI).

Os eventos neste curto capítulo ocorreram provavelmente entre os versículos 8 e 9 do capítulo 36. O escriba Baruque havia escrito o "rolo do julgamento" e leu-o aos príncipes e depois ao rei Jeoaquim, que o destruiu. Baruque havia reescrito as palavras originais do rolo com as adições ditadas por Jeremias. Todo esse trabalho árduo, mais as ações e atitudes do rei, perturbaram Baruque e o deixaram desanimado. Mas o Senhor falou a Jeremias, que falou a Baruque, e o problema foi resolvido. Quando você se encontrar em situação semelhante, lembre-se destes fatos.

Deus sabe como você se sente. O nome Baruque significa "abençoado do Senhor", mas depois de tudo o que havia sofrido, ele não se sentia especialmente abençoado. De acordo com o capítulo 36, Baruque havia lido o rolo ao povo no Templo e depois aos príncipes do rei no palácio. Quando o rei ouviu a leitura do livro, cortou-o em pedaços e queimou-o, e então tentou prender Baruque, mas Deus o protegeu. E depois de tudo isso, Baruque teve de reescrever o rolo, portanto não é de admirar que ele estivesse lamentando, fraco e precisando de descanso! Não nos cansamos do trabalho do Senhor, mas podemos ficar exaustos *no* trabalho do Senhor. Baruque já estava pronto para dizer a Jeremias o que Pedro perguntou a Jesus: "...eis que nós tudo deixamos e te seguimos; que será, pois, de nós?" (MATEUS 19:27). Satanás estava cochichando ao ouvido de Baruque: "Que vantagem você vai levar nisso? *Eu* tenho algo melhor para você!". O Senhor sabia de tudo isso e tinha uma solução melhor.

Deus sabe o que desejamos. O coração de cada problema é o problema no coração. Baruque tinha um problema sério no coração e o Senhor sabia qual era: Baruque estava querendo muito mais do que recebia de Jeremias. Baruque descendia de uma família muito conceituada de Judá. Seu avô Maaseias havia sido governador de Jerusalém sob as ordens do rei Josias (2 CRÔNICAS 34:8) e seu irmão Seraías foi membro da corte do rei Jeoaquim (JEREMIAS 36:26; 40:8; 51:59)

Com esses tipos de "conexões", Baruque deve ter conseguido um cargo no palácio e escapado da perseguição. *Porém o lugar mais seguro do mundo está na vontade de Deus*. Provavelmente, Baruque pensou que os líderes aceitariam a advertência de Deus e se arrependeriam, e depois ele ficaria em posição confortável com o povo e com a corte do rei. Talvez houvesse um reavivamento lá como na época de Josias e Deus salvaria a nação. As esperanças de Baruque foram em vão, mas Deus sabia tudo sobre eles e garantiu a Baruque que sua vida não corresse perigo.

Deus deseja o melhor. Não precisamos de coisas grandes e poderosas para nós; nossa missão é pedir a Deus que faça coisas grandes e poderosas para que Ele seja exaltado (JEREMIAS 33:3). Se, como Maria, submetermos tudo a Ele, um dia seremos capazes de repetir as palavras dela: "Porque o poderoso me fez grandes coisas..." (LUCAS 1:49). Deus não ficou feliz por trazer destruição e cativeiro a Judá, Jerusalém e ao povo, mas isso precisava ser feito. O Senhor deu-lhes a terra e abençoou-os nela, mas seus pecados violaram a aliança e Ele teve de discipliná-los (JEREMIAS 45:4). Além do mais, ao servir a Deus, Jeremias pagou um preço maior que Baruque, porque mentiram a seu respeito, e ele foi preso e açoitado. Jeremias sentia a tristeza do povo que estava prestes a ser levado para o cativeiro e chorou por eles. Sua recompensa? Ele foi tão piedoso que o povo pensou que Jesus fosse Jeremias (MATEUS 16:14)! Que elogio a Jeremias!

> "Tende o mesmo sentimento uns para com os outros; em lugar de serdes orgulhosos, condescendei com o que é humilde; não sejais sábios aos vossos próprios olhos" (ROMANOS 12:16).

77

As misericórdias do Senhor são a causa de não sermos consumidos, porque as suas misericórdias não têm fim; **[suas misericórdias] renovam-se cada manhã** (LAMENTAÇÕES 3:22,23).

Na mesa ao lado de meu computador tenho uma pequena reprodução do quadro de Rembrandt "O profeta Jeremias lamentando a destruição de Jerusalém". A pintura certamente reflete a tristeza expressa no livro das Lamentações de Jeremias. Nosso texto é citado após 18 versículos de tristeza e apresenta uma sequência sobre misericórdia que fala a nós hoje por mais difícil que a vida possa ser.

Cada manhã, vamos nos alegrar! Nossas circunstâncias podem mudar e nossos sentimentos a respeito das circunstâncias podem mudar, *mas nosso Pai celestial não muda nunca*! "Porque eu, o Senhor, não mudo..." (MALAQUIAS 3:6). Cada amanhecer significa que envelhecemos um dia, mas o Senhor nunca envelhece porque Ele é eterno. Significa que cada um de Seus atributos divinos é imutável e que podemos crer que Ele é sempre misericordioso, compassivo e fiel (LAMENTAÇÕES 3:22,23). Deus, em Sua misericórdia não nos dá o que merecemos, e em Sua graça e amor dá-nos o que não merecemos. A palavra hebraica traduzida por *misericórdias* em nosso texto pode também ser traduzida por "aliança de amor" e "benignidade amorosa".

No dia a dia, não temos ideia de como serão os membros de nossa família, os professores, amigos ou chefes, mas sabemos como o Senhor será, portanto, vamos nos alegrar.

Cada manhã, vamos lembrar. O povo judeu que estava lamentando com Jeremias sabia o que havia acontecido cada manhã na história judaica e no Templo judaico. Eles sabiam que durante a peregrinação de Israel no deserto, o maná descia do céu a cada manhã para alimentar o povo (ÊXODO 16). E a cada manhã, precisamos nos alimentar da Palavra de Deus para ter a força espiritual necessária para as tarefas do dia: "...Nem só de pão viverá o homem, mas de toda palavra que procede da boca de Deus" (MATEUS 4:4). Cada manhã, os sacerdotes acendiam lenha sobre o altar (LEVÍTICO 6:12) para que os sacrifícios pudessem ser oferecidos, e Paulo usou essa atividade para encorajar Timóteo a reavivar o fogo em seu coração (2 TIMÓTEO 1:6). Os sacerdotes ofereciam holocaustos a cada manhã (ÊXODO 29:38-46), e devemos nos oferecer ao Senhor a cada manhã (ROMANOS 12:1,2). A queima de incenso a cada manhã (ÊXODO 30:7) fala de oração (SALMO 141:1,2) e precisamos começar o dia com oração e comunhão com o Senhor. E não podemos nos esquecer de louvar e agradecer a Deus quando apresentamos nossos problemas diários diante dele (1 CRÔNICAS 23:30). Quando eu era seminarista, todo verão eu tinha um emprego de tempo integral com sistema de turnos, portanto tinha de adaptar minha programação todas as semanas; mas funcionava porque, fosse a hora que fosse, eu podia ter um encontro com o Senhor.

Cada manhã, vamos receber. Em Lamentações 3:22-24, Jeremias menciona quatro atributos de Deus: misericórdia, compaixão, fidelidade e esperança. A misericórdia fala de Seu perdão, portanto não devemos transportar os pecados de ontem para hoje. A compaixão fala da provisão de Deus para cada necessidade, portanto vamos pedir e receber, "lançando sobre ele toda a [nossa] ansiedade, porque ele tem cuidado de [nós]" (1 PEDRO 5:7). Cada manhã, ore para cumprir as tarefas do dia e apresente suas necessidades a Ele. O dia correrá melhor. A fidelidade de Deus nos garante que Ele é digno de confiança para estar conosco e cumprir Suas promessas. Quanto à esperança, necessitamos dela, porque as coisas nem sempre ocorrem da maneira que planejamos.

Nosso encontro diário com o Senhor é o segredo da "novidade de vida" para as exigências de cada dia (ROMANOS 6:4), portanto comece a andar "pelo novo e vivo caminho..." (HEBREUS 10:20).

"Bom é o SENHOR para os que esperam por ele,
para a alma que o busca" (LAMENTAÇÕES 3:25).

78

Olhei, e **eis que um vento tempestuoso** *vinha do Norte, e uma grande nuvem, com fogo a revolver-se, e resplendor ao redor dela, e no meio disto, uma coisa como metal brilhante, que saía do meio do fogo* (EZEQUIEL 1:4).

Um *lugar novo*. Ezequiel, o sacerdote, foi levado à Babilônia com o segundo grupo de exilados mas, por estar distante do Templo e de seus objetos e utensílios, ele não pôde continuar seu ministério usual. Quando o Senhor nos muda de lugar, é comum concluirmos que nosso mistério chegou ao fim, mas isso talvez não seja verdade. José teve um ministério em um cárcere egípcio que o levou a ser a segunda autoridade na terra e a salvar o povo de Israel. Durante a guerra, muitos cristãos usando fardas encontraram oportunidades de servir a Cristo em terras estrangeiras. Seja para onde for que Deus nos conduzir, Ele vai adiante de nós e prepara o caminho. Deus está em toda parte e pode trabalhar por nosso intermédio em qualquer lugar, desde que estejamos cumprindo Sua vontade. Se o Senhor o conduziu a um novo lugar e você se sente abandonado e sozinho, tenha ânimo! Ele tem um trabalho para você, portanto, fique alerta!

Uma vocação diferente. Ezequiel era sacerdote e Deus o chamou para ser profeta, uma missão muito difícil. Jeremias teve a mesma experiência e João Batista também, ambos filhos de sacerdotes. O trabalho do sacerdote consistia principalmente de uma rotina, porque tudo o que ele precisava saber estava escrito nos cinco livros do Antigo Testamento. Mas não havia nenhuma rotina na vida do profeta. Na verdade, o profeta podia ser atacado, preso ou até executado. O sacerdote judeu tinha um pouco de segurança, mas os profetas enfrentavam oposição e perigo. O ministério do sacerdote era manter e proteger o passado, para que cada nova geração pudesse conhecer a Deus e ter comunhão com Ele. A tarefa do profeta era a de confrontar o presente quando os reis, sacerdotes e pessoas comuns desobedeciam ao Senhor e precisavam arrepender-se. É por isso que, geralmente, os profetas não eram benquistos; mas sem a fé e a coragem daqueles homens, não haveria um futuro feliz para a nação. O ministério no Templo exigia trabalho em equipe entre os sacerdotes e os levitas, mas os profetas em geral trabalhavam sozinhos. Ezequiel pelo menos tinha uma esposa para ajudá-lo a carregar o fardo, mas ela morreu — e Ezequiel fez o culto fúnebre dela! A vida dele não foi fácil, mas ele foi fiel até o fim.

Uma visita assustadora. A mensagem de Deus chegou a Ezequiel na forma da visão de uma tempestade se formando no céu na direção do norte. Em meio a uma nuvem com fogo, ele viu um trono sobre uma grande plataforma de cristal com rodas cheias de olhos em cada canto da plataforma, rodas que viravam simultaneamente em todas as direções. Quatro seres viventes, cada um com quatro rostos, estavam sob a plataforma e controlando seus movimentos. Foi uma visão de Deus em Seu trono e trabalhando neste mundo para realizar Seus propósitos. Uma tempestade vinda do norte estava se formando, e aquela tempestade traria julgamento ao povo e destruição a Jerusalém e ao Templo. Havia também um arco-íris ao redor do trono que falava da graça de Deus em meio às tempestades da vida. Deus julgaria Seu povo, mas, onde o pecado aumenta, a graça transborda (ROMANOS 5:20 NVI) e, em Sua ira, o Senhor se lembra da misericórdia (GÊNESIS 9:8-17; HABACUQUE 3:2).

Cada geração na história enfrentou tempestades, e nós também enfrentaremos. Em cada geração os falsos profetas predisseram "paz e segurança" (1 TESSALONICENSES 5:3), mas as tempestades vieram da mesma forma e o julgamento começa na casa do Senhor (EZEQUIEL 9:4-6; JEREMIAS 25:29; 1 PEDRO 4:17,18). Estamos preparados?

> **"Fogo e saraiva, neve e vapor e ventos procelosos que lhe executam a palavra"** (SALMO 148:8).

79

*Como o aspecto do arco que aparece na nuvem em dia de chuva, assim era o resplendor em redor. Esta era a aparência da **glória do Senhor**...*
(EZEQUIEL 1:28).

Você está surpreso por encontrar a glória do Senhor na tempestade? Associamos tempestades com trevas e destruição, portanto por que Deus colocaria Sua glória ali? Tudo a respeito de Deus é glorioso: Seu nome (SALMO 72:19), Sua obra (111:3), Seu poder (COLOSSENSES 1:11), Seu trono (JEREMIAS 17:12), Sua criação (SALMO 19:1) — e Seus julgamentos. Ele recebe glória quando julga o pecado da mesma forma que responde à oração. No Salmo 29, Davi descreve uma tempestade que ele presenciou no deserto, e usa quatro vezes a palavra "glória". O povo de Judá estava afastado de Deus e seus governantes não estavam interessados em mudar seus caminhos, por isso Deus enviou o "furacão Nabucodonosor", e o exército babilônio destruiu Judá e Jerusalém. Deus é glorificado por meio de nossa obediência (MATEUS 5:16), mas se persistirmos na desobediência, Ele receberá glória na disciplina que enviará. O maior sofrimento que Deus impôs a alguém foi quando Ele fez cair os pecados do mundo sobre Jesus (ISAÍAS 53:6) e, mesmo assim, a cruz traz grande glória ao Senhor. "Mas longe esteja de mim, gloriar-me, senão na cruz de nosso Senhor Jesus Cristo...", Paulo escreveu (GÁLATAS 6:14). Se confiarmos nele, Deus receberá a glória de nossas tempestades, bem como de nossos sucessos pacíficos.

Você se choca ao ver a glória de Deus na presença de ídolos? Na Babilônia, Ezequiel sabia mais sobre o que acontecia em Jerusalém do que o povo da cidade! Deus permitiu que ele visse os pecados dos sacerdotes adorando ídolos *no Templo do Senhor* (EZEQUIEL 8). Nos lugares ocultos do Templo, bem como nos átrios externos, os sacerdotes estavam adorando ídolos, como o sol e coisas abomináveis que se arrastam na Terra. A idolatria sempre foi um dos maiores pecados do povo hebreu, e Deus quase sempre o disciplinava por sua desobediência, mas foi *inacreditável* o povo adorar ídolos no Templo de Deus! "Inculcando-se por sábios, tornaram-se loucos e mudaram a glória do Deus incorruptível em semelhança da imagem de homem corruptível..." (ROMANOS 1:22,23). Deus não compartilha adoração com ídolos. "Eu sou o SENHOR, este é o meu nome; a minha glória, pois, não a darei a outrem, nem a minha honra, às imagens de escultura" (ISAÍAS 42:8). O Senhor retirou Sua glória do Templo (EZEQUIEL 8:4; 9:3; 10:4,18; 11:22,23) e depois permitiu que o exército babilônio destruísse o Templo.

Você está acostumado a ver a glória de Deus na igreja? A glória de Deus estava no tabernáculo (ÊXODO 40:34), mas ela foi embora por causa dos pecados dos sacerdotes, e o povo disse: "Icabode [...] Foi-se a glória de Israel" (1 SAMUEL 4:19-22). Quando Salomão dedicou o Templo, a glória do Senhor entrou no Templo (1 REIS 8:1-11), mas agora a glória de Deus estava abandonando Sua casa e Seu povo. Na pessoa do Espírito Santo, a glória de Deus habita em todos os cristãos, transformando o corpo de cada cristão em santuário de Deus (1 CORÍNTIOS 6:19,20). O Espírito Santo também habita em cada igreja local que é fiel ao Senhor (1 CORÍNTIOS 3:9-17). "Não sabeis que sois santuário de Deus e que o Espírito de Deus habita em vós?" (v.16). Observe o aviso que se segue no versículo 17: "Se alguém destruir o santuário de Deus, Deus o destruirá; porque o santuário de Deus, que sois vós, é sagrado". Paulo orou para que pudesse haver "glória na igreja" em consequência da ação do Espírito Santo na vida da comunidade ali reunida. Caso contrário, Jesus poderá ficar do lado de fora da igreja, tentando entrar (APOCALIPSE 3:14-20). Como é trágico quando a igreja se dedica a tudo, menos a glorificar Jesus Cristo. A glória de Deus voltará ao Templo judeu (EZEQUIEL 43:1-5), e quando a igreja local estiver preparada, o Espírito Santo voltará, trazendo poder e bênção — e Jesus será glorificado.

> "A glória do SENHOR entrou no templo pela porta que olha para o oriente. O Espírito me levantou e me levou ao átrio interior; e eis que a glória do SENHOR enchia o templo"
> (EZEQUIEL 43:4,5).

80

> *Esta era a aparência do SENHOR; vendo isto,* **caí com o rosto em terra** *e ouvi a voz de quem falava*
> (EZEQUIEL 1:28)

Deus chamou Ezequiel para ser Seu porta-voz aos prisioneiros de guerra judeus na Babilônia, ao passo que Jeremias serviu ao povo que permaneceu em Judá. O primeiro passo na "ordenação" de Ezequiel foi que ele contemplasse o trono glorioso de Deus no meio de uma tempestade. O propósito da vida e do serviço cristãos é engrandecer a glória de Deus em qualquer circunstância. E se o Senhor não nos equipar, nosso trabalho será em vão. Como Ezequiel reagiu?

Ele caiu com o rosto em terra diante da glória do Senhor. Na linguagem contemporânea, "cair com o rosto em terra" significa "fracassar completamente e sentir-se envergonhado quase a ponto de não poder se desculpar". Mas na linguagem bíblica, significa humilhar-se diante do Senhor e entregar tudo a Ele, sentir-se tão fascinado por Sua grandeza e glória a ponto de achar que não somos nada. Significa repetir as palavras de João Batista: "Convém que ele cresça e que eu diminua" (JOÃO 3:30). Abraão prostrou-se diante do Senhor (GÊNESIS 17:3,17) e também Moisés e Arão (NÚMEROS 14:5), Daniel (DANIEL 8:17) e o apóstolo João (APOCALIPSE 1:17). No jardim do Getsêmani, Jesus prostrou-se sobre Seu rosto e orou ao Pai enquanto se preparava para ir para a cruz (MATEUS 26:36-39). Em seu livro, Ezequiel registra no mínimo seis vezes que ele caiu com o rosto em terra diante do Senhor. "A soberba precede a ruína, e a altivez do espírito, a queda" (PROVÉRBIOS 16:18). "O maior inimigo do homem é ele próprio", disse D. L. Moody. "Seu orgulho e autoconfiança quase sempre o levam à ruína". "...Deus resiste aos soberbos, mas dá graça aos humildes" (TIAGO 4:6).

Ele permaneceu em pé com a força do Senhor (EZEQUIEL 2:1,2). O mandamento de Deus é acompanhado da capacitação de Deus.

"Então, entrou em mim o Espírito, quando falava comigo, e me pôs em pé..." (v.2). Podemos hoje reivindicar o poder do Espírito como Ezequiel fez. "Humilhai-vos na presença do Senhor, e ele vos exaltará" (TIAGO 4:10). Ezequiel diz cinco vezes em seu livro que o Senhor o levantou e o capacitou a realizar seu trabalho. *O mesmo poder do Espírito que levantou o trono glorioso de Deus levantou também Seu servo humilde* (EZEQUIEL 1:19-21). O último "levantamento" que Ezequiel narra foi quando o Espírito o levantou e o conduziu ao novo Templo onde a glória do Senhor havia retornado (43:1-5). O profeta começou com glória e terminou com glória, e é assim que a vida do cristão deve se desenvolver — "de glória em glória" (2 CORÍNTIOS 3:18). O ministério exige cristãos que assumam uma posição definida, sem levar em conta a fraqueza pessoal ou a oposição do inimigo. "...Não por força nem por poder, mas pelo meu Espírito, diz o SENHOR dos Exércitos" (ZACARIAS 4:6).

Ele virou o rosto na direção da vontade do Senhor (EZEQUIEL 3:8-11). O Senhor disse nove vezes a Ezequiel que volvesse o rosto contra um "alvo" e dissesse as palavras que Ele lhe dera (6:2; 13:17; 20:46; 21:2; 25:2; 28:21; 29:2; 35:2; 38:2). Isso significa transmitir corajosamente a mensagem de Deus no poder de Deus, sem hesitar ou afrouxar por causa das consequências. "Eis que fiz duro o teu rosto contra o rosto deles..." (3:8). Deus disse palavras semelhantes a Jeremias: "Não temas diante deles, porque eu sou contigo para te livrar..." (JEREMIAS 1:8). Assim como Jesus seguiu para Jerusalém, o profeta manifestou no rosto sua firme decisão de obedecer à vontade de Deus (LUCAS 9:51). Ezequiel não teve facilidade para transmitir suas mensagens nem seus ouvintes foram receptivos a ele, mas o profeta fez a obra para a qual Deus o chamara, e devemos fazer o mesmo. As palavras de Jesus a Seu Pai me vêm à mente:

> **"Eu te glorifiquei na terra, consumando a obra que me confiaste para fazer"** (JOÃO 17:4).

81

Tu, ó filho do homem, ouve o que eu te digo, não te insurjas como a casa rebelde; **abre a boca e come** *o que eu te dou* (EZEQUIEL 2:8).

Quando comeu o rolo, Ezequiel associou-se a um ilustre grupo de fiéis que foram nutridos espiritualmente pelas Escrituras. A lista começa com Jó dizendo: "...dei mais valor às palavras de sua boca do que ao meu pão de cada dia" (JÓ 23:12 NVI). Moisés disse a Israel que "não só de pão viverá o homem, mas de tudo o que procede da boca do SENHOR..." (DEUTERONÔMIO 8:3). Jesus citou essas palavras quando confrontou Satanás no deserto e o derrotou (MATEUS 4:1-4). "Quão doces são as tuas palavras ao meu paladar!", escreveu o salmista. "...Mais que o mel à minha boca" (119:103). Jeremias, o profeta e companheiro de Ezequiel, disse: "Achadas as tuas palavras, logo as comi; as tuas palavras me foram gozo e alegria para o coração, pois pelo teu nome sou chamado..." (JEREMIAS 15:16). O apóstolo João também comeu um rolo (APOCALIPSE 10:8-11), e, em sua boca, foi tão doce quanto o mel, mas amargo em seu estômago.

Ler e ouvir as Escrituras deveria ser uma experiência tão agradável para nós quanto participar de um suntuoso banquete. Afinal, receber a Palavra de Deus em nosso coração (EZEQUIEL 3:10) não é castigo, mas alimento e satisfação. Um dos primeiros sintomas de declínio em nossa caminhada espiritual é a perda de apetite pelas Escrituras. Comer é uma metáfora conhecida para aprender. As pessoas dizem a um vendedor ou político dinâmico: "Não consigo engolir isto" ou, "Vou ter que pensar um pouco mais sobre isto". Dizemos ao pregador: "O senhor me deu alimento para reflexão" ou talvez: "As ideias daquele jovem pregador estão um pouco cruas". Um amigo me disse: "Eu devorei aquele livro". Receber a verdade espiritual é semelhante a ingerir alimento, e a verdade adentra a nossa mente e coração e, aos poucos, transforma nosso "eu" interior.

Todo cristão deveria dedicar um tempo todos os dias para ler a Bíblia, meditar nela, digeri-la e permitir que ela produza crescimento espiritual. Muitos cristãos, atarefados que estão, engolem "comida religiosa prejudicial" que, na verdade, os torna mais fracos, e não mais fortes. Devemos terminar nosso tempo de quietude diário com o gosto de mel na boca e o calor do amor de Deus em nosso coração (LUCAS 24:32) e devemos meditar nessas bênçãos durante o dia. O inspirado autor do Salmo 119 encontrava-se com o Senhor de manhã (v.147) e, com a ajuda do Espírito, carregava aquela experiência consigo o dia inteiro (vv.97,164). De fato, até durante a noite ele tinha comunhão com o Senhor na Palavra (vv.55,62). Muitas vezes o Senhor me despertou durante a noite e me ensinou verdades que nunca vi quando lia a Bíblia em minha mesa. Vale a pena frequentar a "escola noturna" de Deus.

Jesus é o exemplo perfeito do que significa viver pela Palavra de Deus. Quando tinha 12 anos, Ele permaneceu no Templo e discutiu as Escrituras com os mestres judeus (LUCAS 2:41-50). Durante Seu ministério, Ele citou as Escrituras com grande competência para instruir os que o buscavam e para refutar Seus oponentes. O segredo? Jesus ouvia o Pai todos os dias. "O SENHOR Deus me deu língua de eruditos, para que eu saiba dizer boa palavra ao cansado. Ele me desperta todas as manhãs, desperta-me o ouvido para que eu ouça como os eruditos" (ISAÍAS 50:4). Os seus ouvidos despertam as manhãs para ouvir o Senhor falar? Os testemunhos do Senhor estão alegrando seu coração todos os dias? Abra os olhos à Palavra de Deus e ouça o que o Senhor tem a dizer.

> "Os teus testemunhos, recebi-os por legado perpétuo,
> porque me constituem o prazer do coração"
> (SALMO 119:111).

82

*Então, disse eu: ah! SENHOR Deus! Eis que a **minha alma não foi contaminada**, pois, desde a minha mocidade até agora, nunca comi animal morto de si mesmo nem dilacerado por feras, nem carne abominável entrou na minha boca* (EZEQUIEL 4:14).

Deus prepara Seus servos. Quando faço uma retrospectiva de mais de seis décadas de ministério, consigo ver com mais clareza como o Senhor me preparou para meu trabalho e preparou meu trabalho para mim. A preparação de Ezequiel está registrada nos três primeiros capítulos de seu livro. Primeiro, Deus revelou Seu trono de glória e algumas das obras complexas de Sua providência. A razão de nosso ministério é glorificar ao Senhor, e o método de ministério é nos submetermos à Sua vontade. Ele sabe o que está fazendo. Reinamos em vida somente quando Cristo reina em nossa vida (ROMANOS 5:17). Mas Deus também revelou a tempestade iminente que anunciou o julgamento de Jerusalém. Ordenou a Ezequiel que fosse um atalaia fiel e avisasse o povo sobre a ira que viria (EZEQUIEL 3:16-21). Então, o Espírito de Deus assumiu o controle do profeta (2:1,2) e ele recebeu a ordem de comer a Palavra de Deus e permitir que ela fizesse parte de seu ser. O profeta deveria proclamar a Palavra de Deus no poder do Espírito (3:4-15) e o Senhor faria o restante. As Escrituras e o Espírito precisam sempre trabalhar juntos, e o servo precisa sempre submeter-se ao Salvador.

Deus instrui Seus servos. Quando seu ministério começou no capítulo 4, Ezequiel foi informado exatamente sobre o que fazer: deveria "brincar de guerra" diante do povo! Que pedido infantil foi aquele feito a um profeta ilustre! Há vários desses eventos inusitados de ministério no livro; dou a eles o nome de "sermões de ação". Os exilados na Babilônia eram tão cegos a Deus e Seus caminhos que o profeta teve de tratá-los como crianças e demonstrar a verdade, bem como declará-la. Ele "brincou" de guerra e "brincou" também de barbeiro (CAP.5). Seu "sermão de ação" que mais lhe custou foi quando sua mulher morreu e ele não teve permissão para chorar a morte dela (24:15-27). Esses "sermões de ação" lembram-nos de que a vida de uma testemunha é uma parte importante da mensagem da testemunha. Por mais estranhas que as instruções de Deus possam parecer, precisamos aceitar e obedecê-las, porque "a loucura de Deus é mais sábia do que os homens" (1 CORÍNTIOS 1:25).

Deus prova Seus servos. Quando ordenou a Ezequiel que cozinhasse as "rações de seu soldado" sobre esterco de homem, Deus o estava pondo à prova. Lembre-se de que Ezequiel era sacerdote, e os sacerdotes tinham de permanecer cerimonialmente limpos, caso contrário não poderiam servir. Tinham de saber a diferença entre o "santo" e o "profano" e ensinar a diferença ao povo (EZEQUIEL 44:23; LEVÍTICO 10:10). Se os israelitas não cumprissem essas exigências, seriam expulsos de sua terra (LEVÍTICO 18:24-30). Na verdade, já haviam sido expulsos por terem rejeitado as coisas santas e escolhido as profanas. Pelo fato de ser sacerdote, Ezequiel tinha de obedecer às leis de Deus contra a contaminação do ritual, chegando ao ponto de usar apenas esterco de vaca como combustível quando cozinhava suas refeições. "Quem é fiel no pouco também é fiel no muito..." (LUCAS 16:10). Os cristãos de hoje não precisam se preocupar com os alimentos porque "...nenhuma coisa é de si mesmo impura" (ROMANOS 14:14) e não somos contaminados pelo que entra em nossa boca, mas pelo que sai dela (MATEUS 15:11; MARCOS 7:18-23). O abuso dessa liberdade talvez não nos prejudique, mas pode ser pedra de tropeço para um irmão ou irmã mais fraco (ROMANOS 14). Se Ezequiel tivesse usado esterco humano como combustível, o povo teria tomado conhecimento, e o profeta teria prejudicado sua reputação e sua oportunidade de ministrar ao povo. Seus "sermões de ação" não teriam significado algum. A lei do amor exige que pensemos nos outros, não apenas em nós.

> "Assim, pois, seguimos as coisas da paz e também as da edificação de uns para com os outros. Não destruas a obra de Deus por causa da comida..."
> (ROMANOS 14:19,20).

83

Matai velhos, mancebos e virgens, [...] até exterminá-los; mas a todo o homem que tiver o sinal não vos chegueis; **e começai pelo meu santuário**. *E começaram pelos homens mais velhos...*
(EZEQUIEL 9:6 ARC).

O Senhor deu ordens a seis homens (anjos?) designados para matar o povo de Jerusalém que estava adorando ídolos. Um sétimo homem deveria ir adiante deles e colocar uma marca na testa dos remanescentes piedosos que seriam poupados, mas o resto seria morto. Se estivéssemos lá, como o Senhor nos teria classificado?

Somos líderes desobedientes que levam os outros ao mau caminho? O rei Manassés tinha introduzido a idolatria no Templo, e o Senhor anunciou que o julgamento cairia sobre Jerusalém, se o povo não se arrependesse e não voltasse para Ele (2 REIS 21). Desde os tempos que viveram no Egito, os israelitas tinham uma fraqueza por adorar ídolos. Ezequiel 8 registra a impiedade dos sacerdotes e do povo que adoravam o sol, répteis e animais abomináveis. O rei, os príncipes e os falsos profetas apoiavam essa nova religião que insultava o Deus de Abraão, de Isaque e de Jacó. Precisamos conduzir o povo de Deus a adorar a Deus de acordo com Sua Palavra e a serem capacitados pelo Espírito Santo.

Somos seguidores fracos que acompanham a multidão? "Não seguirás a multidão para fazeres mal...", Moisés advertiu o povo no Sinai (ÊXODO 23:2). Ele deveria ver a "cultura das multidões" nos dias de hoje! Enquanto Moisés se encontrava no monte com o Senhor, seu irmão Arão estava seguindo a multidão e fabricando um deus para o povo adorar na ausência de Moisés (CAP.32). Quando Moisés o repreendeu, Arão culpou o povo. Em Cades-Barneia, o portão de entrada de Canaã, o povo recusou-se a acreditar em Deus e a dar ouvidos a Calebe e a Josué e, por esse pecado, a nação peregrinou pelo deserto durante 38 anos, e a geração antiga morreu. O rei Saul não temia ao Senhor e preferiu ouvir a voz do povo (1 SAMUEL 15:24). Ele estava mais preocupado em ser benquisto pelo povo do que agradar a Deus. Será que estamos andando no caminho difícil e estreito que conduz à vida ou no caminho largo e apreciado que conduz à morte (MATEUS 7:13,14)?

Estamos com o coração partido, chorando pelas condições da igreja? O Senhor instruiu o homem com o estojo de escrevente a colocar uma marca na testa de todas as pessoas que estivessem suspirando e gemendo por causa dos pecados cometidos no Templo do Senhor, e elas escapariam do julgamento (EZEQUIEL 9:4,5). É muito fácil ser complacente com as situações ruins, mas se amamos a Cristo verdadeiramente, choramos, oramos e clamamos a Deus para que envie um reavivamento. Ezequiel foi um dos que choraram de pesar (6:11-14), seguindo o exemplo do rei Josias (2 REIS 22:13-20), Esdras (ESDRAS 9), Jeremias (JEREMIAS 13:15-17) e Daniel (DANIEL 9). Jesus chorou por Jerusalém (LUCAS 19:41,42) e Paulo chorou pelos cristãos professos que seguiam os padrões do mundo nas igrejas (FILIPENSES 3:17-19; 2 CORÍNTIOS 12:21). "Torrentes de água nascem dos meus olhos, porque os homens não guardam a tua lei" (SALMO 119:136).

Estamos em perigo de morte? O modo como tratamos a Igreja do Deus vivo determina o modo como Ele nos tratará (1 CORÍNTIOS 3:17). O Senhor matou Nadabe e Abiú (LEVÍTICO 10) por terem profanado o tabernáculo, e matou Ananias e Safira por terem mentido ao Senhor (ATOS 5:1-11). O povo estava ficando doente e morrendo na igreja de Corinto por estar abusando da Ceia do Senhor (1 CORÍNTIOS 11:27-34). É importante pensar que o julgamento começa na casa de Deus. Nós que recebemos muito, muito nos será exigido (LUCAS 12:48).

> **"Porque a ocasião de começar o juízo pela casa de Deus é chegada; ora, se primeiro vem por nós, qual será o fim daqueles que não obedecem ao evangelho de Deus?"** (1 PEDRO 4:17).

84

*Filho do homem, estes homens levantaram os seus **ídolos dentro do seu coração**, tropeço para a iniquidade que sempre têm eles diante de si; acaso, permitirei que eles me interroguem?* (EZEQUIEL 14:3).

Ezequiel tinha esposa e morava em sua própria casa, portanto obedecia às instruções que Jeremias dera aos exilados na carta que lhes enviou (JEREMIAS 29:5,6). Os anciãos do povo judeu visitaram o profeta em sua casa, demonstrando preocupação exteriormente, mas em seu interior adorando ídolos. Ezequiel era um homem de *coração consagrado*, completamente submisso ao Senhor. À semelhança de Daniel, ele "resolveu [...] firmemente, não contaminar-se..." com o modo de vida dos babilônios (DANIEL 1:8). Deus enviou mensagens ao povo por meio de Ezequiel, mas o povo não estava preparado para ouvir e obedecer. Tinha também ídolos no coração. "A intimidade do SENHOR é para os que o temem, aos quais ele dará a conhecer a sua aliança" (SALMO 25:14). Os servos de Deus sabem o que está acontecendo. Moisés conhecia os caminhos de Deus, mas o povo conhecia apenas os Seus feitos (SALMO 103:7). Os servos nas bodas em Caná sabiam a procedência do vinho (JOÃO 2:9) e os servos do oficial do rei sabiam quando o menino começou a ser curado (4:51,52). Jesus disse: "Já não vos chamo servos [...] porque tudo quanto ouvi de meu Pai vos tenho dado a conhecer" (JOÃO 15:15).

Os anciãos judeus sentados diante de Ezequiel eram homens de *coração dividido*, e o Senhor disse a Seu profeta que não tinha certeza se eles mereciam ouvir qualquer palavra dele (EZEQUIEL 14:3). Aqueles homens fingiam obedecer à lei de Moisés, mas o coração deles pertencia aos ídolos e eles estavam violando os dois primeiros mandamentos (ÊXODO 20:1-6). Foi por causa dessa idolatria que o povo judeu se encontrava no exílio na Babilônia enquanto Jerusalém e o Templo estavam sendo atacados. Alguém disse que "uma mudança nas circunstâncias não supera uma falha de caráter". Deus deportou os judeus para a Babilônia e eles levaram consigo a maldade no coração! Corações divididos são perigosos, porque "...o homem de ânimo dobre [é] inconstante em todos os seus caminhos" (TIAGO 1:8). Li a respeito de um homem que levou um amigo não filiado a nenhuma igreja a uma reunião dos quacres, onde os adoradores permaneciam em silêncio até que o Espírito conduzisse um deles a falar, mas naquele dia ninguém falou. Na saída, o homem desculpou-se com o amigo pelo que parecia ter sido um tempo perdido, mas o homem disse: "Ah, não! Não se desculpe! Enquanto fiquei sentado naquele silêncio, pensei em mais formas de ganhar dinheiro do que penso quando estou em meu escritório!".

O Senhor sonda nosso coração e "esquadrinha todos os corações e penetra todos os desígnios do pensamento" (1 CRÔNICAS 28:9). Se o que se passa em nosso coração enquanto estamos sentados na igreja fosse mostrado na tela, sentiríamos vergonha? Quais ídolos estão dentro dele? Heróis esportivos? Celebridades da televisão e cinema? Dinheiro? Carros? Casas? Sucesso nos negócios? Reconhecimento? Prazeres mundanos? Boa aparência? Louvor? Jesus disse: "Buscai, pois, em primeiro lugar, o seu reino e a sua justiça, e todas estas coisas vos serão acrescentadas" (MATEUS 6:33). As supostas coisas boas da vida são apenas "benefícios adicionais" quando colocamos Jesus em primeiro lugar em nossa vida. Só colhemos tragédia quando começamos a adorar e servir "...a criatura em lugar do Criador" (ROMANOS 1:25).

Provérbios diz: "...guarda o teu coração, porque dele procedem as fontes da vida" (4:23). Recebemos um novo coração quando confiamos em Jesus e nos entregamos a Ele (EZEQUIEL 11:19; 18:31; 36:26), portanto por que deveríamos nos contaminar com pecados antigos? Quando Jesus ocupa o trono em nosso coração, aqueles ídolos antigos precisam desaparecer (1 PEDRO 3:15)!

> "Dá-me, filho meu, o teu coração,
> e os teus olhos se agradem dos meus caminhos"
> (PROVÉRBIOS 23:26).

85

Busquei entre eles um homem *que tapasse o muro e se colocasse na brecha perante mim, a favor desta terra, para que eu não a destruísse; mas a ninguém achei* (EZEQUIEL 22:30).

Isaías, Jeremias e Ezequiel haviam informado ao reino de Judá que o Senhor estava enviando julgamento por causa da idolatria da nação. Os governantes, os sacerdotes e os falsos profetas seriam declarados culpados por essa desgraça, mas o povo em geral estava feliz por segui-los (EZEQUIEL 22:23-29). Havia um remanescente piedoso e fiel ao Senhor, mas era necessário que alguém se apresentasse para assumir a liderança. Será que a situação de hoje é muito diferente daquela? Aparentemente, não temos um grande número de líderes experientes, homens ou mulheres, que possam fazer diferença em nações, cidades e igrejas, pessoas que possam transformar a letargia em ação e a derrota em vitória. Talvez você seja a pessoa que Deus está procurando! Se for, estas são algumas instruções importantes.

Vigie e ore. Ezequiel recebeu a incumbência de ser o atalaia (3:17) e escolher outros homens para vigiar com ele (33:1-11). Cada um de nós precisa vigiar e orar (NEEMIAS 4:9; MARCOS 14:38) e permanecer alerta, não apenas quanto à volta do Senhor, mas também quanto à chegada de Satanás e de seus representantes que "introduzirão, dissimuladamente, heresias destruidoras" que profanam a igreja (2 PEDRO 2:1).

Paulo advertiu aos anciãos de Éfeso que se acautelassem dos lobos vorazes que queriam destruir o rebanho (ATOS 20:28-31), e nós observamos esse aviso hoje. Paulo não sugeriu que as igrejas em Éfeso pendurassem cartazes dizendo: "Todos são bem-vindos", porque os mestres falsos e enganadores não são bem-vindos.

Assuma uma posição. A descrição em nosso texto é a de um soldado guardando o muro da cidade sob ataque do inimigo. Ele vê que uma parte da cidade está ruindo e prestes a desabar, portanto coloca-se na brecha *e passa a ser o muro*. Torna-se o "homem da brecha" que impede a entrada do inimigo. Sim, uma pessoa pode fazer diferença. Moisés, Davi e Paulo se colocaram muitas vezes na brecha, da mesma forma que Débora (JUÍZES 4–5), Ana (1 SAMUEL 1–2) e Maria, mãe de Jesus (LUCAS 1:26-56). Em Efésios 6, Paulo descreve a armadura do soldado cristão e também sua postura: devemos *permanecer e resistir* (vv.11,13,14). As "pessoas da brecha" devem ser o muro!

Confie no Senhor. "...esta é a vitória que vence o mundo: a nossa fé" (1 JOÃO 5:4). Não a fé em nós mesmos, em nosso treinamento, experiência, autoconfiança, mas fé no Senhor e em Suas promessas. "Porque as armas da nossa milícia não são carnais e sim poderosas em Deus, para destruir fortalezas; anulando nós, sofismas e toda altivez que se levante contra o conhecimento de Deus..." (2 CORÍNTIOS 10:4,5). Precisamos fixar nossos olhos da fé em Jesus (HEBREUS 12:1,2). Comparado com Davi, Golias era mais alto, mais forte e mais experiente, e tinha armas mais poderosas, *mas Davi teve fé no Senhor e derrotou o gigante* (1 SAMUEL 17).

Persevere. "Sede vigilantes, permanecei firmes na fé, portai-vos varonilmente, fortalecei-vos" (1 CORÍNTIOS 16:13). Pode ser que "aquele que luta e foge esteja vivo para lutar outro dia", mas também é verdade que ele nunca será campeão nem afugentará o inimigo. "Combati o bom combate...", Paulo escreveu (2 TIMÓTEO 4:7) e acrescentou a triste notícia de que muitos cristãos haviam desistido e o abandonaram (vv.9-16). É muito importante que terminemos bem e possamos repetir as palavras de Paulo: "...completei a carreira, guardei a fé" (v.7). Jesus Cristo é o Comandante do exército do Senhor (JOSUÉ 5:13-15) e está procurando "pessoas da brecha" para restaurar o muro e derrotar o inimigo.

Quer apresentar-se como voluntário?

> "Olhei, e não havia quem me ajudasse,
> e admirei-me de não haver quem me sustivesse..."
> (ISAÍAS 63:5).

86

*Ajuntaram-se [...] e viram que **o fogo não teve poder** algum sobre o corpo destes homens; nem foram chamuscados os cabelos da sua cabeça, nem os seus mantos se mudaram, nem cheiro de fogo passara sobre eles* (DANIEL 3:27).

O *mundo deseja que nos moldemos a ele*. Espiritualmente falando, essa fatia da história antiga descreve um mundo muito parecido com a sociedade contemporânea, um mundo que deseja que os cristãos se moldem a ele. Nós também vivemos em um mundo com líderes poderosos que desejam ser tratados como deuses e que se zangam ao serem contrariados. Esses líderes conhecem o valor das grandes multidões e que a maioria do povo brinca timidamente de "seguir o líder". Essas celebridades também conhecem o poder sedutor da música e do poder controlador do medo que modela a obediência cega das massas. Desde que chegaram à Babilônia, Daniel e seus amigos foram pressionados a se amoldar. Receberam novos nomes, foram apresentados a novos deuses, tiveram de mudar de alimentação e receberam ordens de obedecer a um novo senhor — Nabucodonosor. Se não aceitassem, seriam atirados em uma fornalha de fogo ardente e destruídos. Mas, como cristãos, precisamos obedecer ao que está em Romanos 12:1,2 e não nos conformar com este mundo, mas sermos transformados pela renovação interior que procede do Espírito. "Não ameis o mundo nem as coisas que há no mundo...", ordena o apóstolo João (1 JOÃO 2:15) e Tiago escreveu: "...Aquele, pois, que quiser ser amigo do mundo constitui-se inimigo de Deus" (4:4). Nosso Senhor deixa claro que não somos do mundo (JOÃO 17:14). Conformar-se com o mundo é abandonar a vontade de Deus.

O diabo deseja que façamos concessões. Aqueles três homens hebreus não eram cidadãos comuns, mas oficiais do reino (DANIEL 3:12) e Satanás certamente os lembrou disso. Tinham de prestar contas a seu líder para serem bons exemplos. Afinal, eram prisioneiros de guerra e sujeitos a disciplina rígida. Podiam facilmente ceder às ordens e dobrar os joelhos de maneira fingida, e quem saberia a diferença? *Deus saberia!* Talvez pudessem jogar algo no chão e curvar-se para pegá-lo. Ou fingir que estavam doentes e permanecer em casa. *Mas fé é viver sem fingimento!* Por que adotar as táticas do diabo? Se estamos cingidos com o cinto da verdade (EFÉSIOS 6:14), precisamos andar na verdade (3 JOÃO 3,4). Condescendência é uma mentira que demora a ser exposta, mas, depois de exposta, causa um dano incrível e não ajuda a construir nosso caráter nem glorificar a Deus. Condescendência é a espada desonesta do covarde.

O Senhor deseja que sejamos vencedores. "...No mundo, passais por aflições; mas tende bom ânimo; eu venci o mundo", disse Jesus (JOÃO 16:33). Ele também derrotou o diabo (COLOSSENSES 1:13). Graças à fé corajosa daqueles homens, seus medos desapareceram e o Senhor esteve com eles na fornalha de fogo ardente! "...Não temas, porque eu te remi; chamei-te pelo teu nome, tu és meu [...] quando passares pelo fogo, não te queimarás, nem a chama arderá em ti" (ISAÍAS 43:1,2). O fogo nem sequer deixou cheiro na roupa deles (Deus é bom em lidar com detalhes)! Deus não extinguiu o fogo; deixou-o arder, mas não permitiu que lhes causasse nenhum dano. Os três homens são mencionados em Hebreus 11:32-35 com outros heróis da fé.

Pedro lembra-nos de que o povo de Deus enfrentará "fogo ardente", mas que o Senhor pode nos ver através dele (1 PEDRO 4:12-19). Vamos obedecer à Sua vontade, confiar nele e permitir que o Espírito Santo guie a nossa vida. Tudo isso valerá a pena quando nos encontrarmos com Jesus.

> **"Em todas essas coisas, porém,
> somos mais que vencedores, por meio daquele
> que nos amou"** (ROMANOS 8:37).

87

O meu povo consulta o seu pedaço de madeira, e a sua vara lhe dá resposta; porque um **espírito de prostituição os enganou***, eles, prostituindo-se, abandonaram o seu Deus* (OSEIAS 4:12).

Aos olhos de Deus, a idolatria é o equivalente moral do adultério e da prostituição, assim como a raiva é o equivalente moral do assassinato (MATEUS 5:21-30). Deus nos criou à Sua imagem, para que possamos conhecê-lo, amar e servi-lo e, portanto, nos tornar mais semelhantes a Ele. Porém, desde o início da história humana, os povos começaram a fazer deuses à imagem deles e a adorar ídolos que não podiam ver, que não os ouviam nem os ajudavam. Hoje, um ídolo pode ser um belo carro ou uma casa, um emprego, dinheiro, fama, uma organização à qual pertencemos ou até uma teoria na qual acreditamos. Os ídolos são capazes de nos influenciar muito mais do que as pessoas imaginam, e isso é tão sutil que é muito difícil reconhecer essa influência.

Na época de Oseias, a idolatria proliferava entre o povo judeu. Quando o reino foi dividido durante o reinado de Roboão, o Reino do Sul, ou Judá, ficou com o Templo e os sacerdotes e podia continuar a adorar ao Senhor; mas Jeroboão, rei do Reino do Norte, não quis que seu povo fosse a Judá para adorar, para que não voltasse para casa. Então, ele fez dois bezerros de ouro para que o povo os cultuasse. Pôs um deles em Dã e o outro em Betel, e ordenou ao povo que os adorasse (1 REIS 12:21-33). Isso violou os dois primeiros mandamentos da lei (ÊXODO 20:1-6). Deus tinha feito uma "aliança conjugal" com Israel no Sinai, e a nação havia prometido obediência a Ele (JEREMIAS 2:1-3; OSEIAS 2; ISAÍAS 54:5). Quando o povo foi atrás dos ídolos, cometeu adultério e prostituiu-se.

A Igreja como noiva é uma metáfora conhecida no Novo Testamento. "Maridos, amai vossa mulher, como também Cristo amou a igreja e a si mesmo se entregou por ela" (EFÉSIOS 5:25). Paulo escreveu à igreja em Corinto: "Porque zelo por vós com zelo de Deus; visto que vos tenho preparado para vos apresentar como virgem pura a um só esposo, que é Cristo" (2 CORÍNTIOS 11:2). Quando uma igreja local imita o mundo em sua adoração e ministério buscando agradar ao mundo, em vez de obedecer às Escrituras e buscar agradar a Deus, ela se prostitui e desonra seu relacionamento com Cristo. Esse foi o problema com a igreja em Éfeso: o povo abandonou seu primeiro amor. Se nossa vida girar em torno de números dos quais nos orgulhamos, pregadores ou cantores que elogiamos, eventos religiosos que apreciamos, em lugar de nosso amor por Jesus, estamos adorando ídolos. As multidões podem gostar, mas Jesus ficará do lado de fora da porta tentando entrar (APOCALIPSE 3:20).

Israel era idólatra, e algumas igrejas são idólatras, mas, individualmente, os cristãos também podem ser culpados de adorar substitutos de Deus. Precisamos tomar cuidado para não perder nosso "amor de lua de mel" por nosso Salvador (JEREMIAS 2), o amor que tínhamos logo que começamos a andar com Jesus. Precisamos separar tempo para ler as Escrituras e meditar nelas, orar e adorar ao Senhor. Adorar a Deus em público com Seu povo era empolgante e agradável, mas hoje talvez seja uma rotina que até pode causar tédio. Em algum ponto, começamos a apressar nossos devocionais diários, criticar os cultos de adoração e até procurar desculpas para não participar deles. Os ídolos se alojaram dentro de nós e expulsaram Jesus. A Igreja está "casada com Cristo", embora o casamento público ainda não tenha ocorrido (ROMANOS 7:1-4; APOCALIPSE 19:6-10), mas muito frequentemente essa união é ignorada. "O amor jamais acaba..." (1 CORÍNTIOS 13:8), porém podemos fracassar em nossa maneira de expressá-lo a Jesus.

"Portanto, meus amados, fugi da idolatria"
(1 CORÍNTIOS 10:14).

88

*Efraim se mistura com os povos
e é* **um pão que não foi virado**
(OSEIAS 7:8).

O pão era o alimento básico do antigo povo do Oriente Próximo. Em geral, era preparado sobre uma grelha e em fogo baixo, o que significava que o cozinheiro tinha de estar alerta e virar a massa no momento certo, caso contrário o pão viraria cinza de um lado, com a massa crua do outro. Quando isso acontecia, o pão não podia ser consumido e era jogado fora. O profeta Oseias chamou Efraim (o Reino do Norte) de povo meio cozido, adorando o Senhor sem entusiasmo e com o coração dedicado aos ídolos. Os cristãos de hoje podem cometer o mesmo pecado, errando da mesma forma que o povo de Efraim errou.

O primeiro erro do povo foi *não ser totalmente dedicado ao Senhor*. Um provérbio oriental diz: "Os hipócritas são semelhantes a um pão assado na grelha — possuem dois lados". A massa não pode virar-se sozinha. Precisa ser virada pelo cozinheiro para que o pão possa ser comido. Portanto, a massa tem duas obrigações: 1) "receber o calor" e 2) submeter-se às mãos do cozinheiro. Se resistir ao calor ou recusar-se a ser virada, ela ficará meio cozida e não servirá para nada. Não gostamos das provações da vida, mas necessitamos delas. Gostamos de viver do nosso jeito e evitar "o calor", mas ficamos meio cozidos e nos tornamos inúteis. O Senhor deseja que sejamos pães saborosos e nutritivos, para alimentar as multidões famintas, e isso exige submissão completa ao Senhor.

O segundo erro *foi ser condescendente com o mundo*. Deus ordenou ao povo de Israel que não se misturasse com outras nações e não imitasse seus costumes idólatras. "...Israel [...] é povo que habita só e não será reputado entre as nações" (NÚMEROS 23:9). Quando conquistou a Terra Prometida, o povo foi instruído a destruir todos os ídolos e templos dedicados a deuses e deusas pagãos. As duas primeiras gerações de israelitas foram obedientes, mas a terceira começou a imitar seus vizinhos, adorando ídolos e cometendo os pecados torpes que acompanhavam a adoração, e Deus teve de castigá-la (JUÍZES 1:7-23). "Antes, se mesclaram com as nações e lhes aprenderam as obras; deram culto a seus ídolos, os quais se lhes converteram em laço" (SALMO 106:35,36). "Estrangeiros lhe comem a força, e ele não o sabe..." (OSEIAS 7:9). Satanás é tão sutil que o cristão rebelde quase sempre não sabe o que está acontecendo.

O terceiro erro foi *não estar preparado para servir ao Senhor*. Israel deveria ser uma luz aos gentios e mostrar-lhes o Deus vivo e verdadeiro (ISAÍAS 49:6); no entanto, as trevas dos gentios envolveram os judeus e eles viveram na escuridão. Os sacerdotes, levitas e profetas ensinaram ao povo a diferença entre o puro e o impuro e advertiram que Deus não toleraria a amizade dos israelitas com o mundo. Hoje, Deus dá a mesma advertência a Seu povo (1 JOÃO 2:15-17; 2 CORÍNTIOS 6:14–7:1; TIAGO 4:1-10). Os sacerdotes e os levitas eram dedicados ao Senhor de tal forma que podiam agradar a Deus e servir ao povo. No início, não eram "meio cozidos", mas dedicados e preparados para servir. Porém, com o passar dos anos, alguns se tornaram "meio cozidos" e totalmente despreparados para servir no santuário. Deus não abençoa nem usa servos despreparados e, mesmo assim, hoje há pregadores, professores, cantores, administradores, mães, pais e outros obreiros que não têm capacidade para servir e que, com seu "serviço", estão enfraquecendo a causa de Cristo.

Precisamos "receber o calor" e nos submetermos nas mãos do Salvador para sermos servos voluntários *e* capazes.

> **"Ora, numa grande casa não há somente utensílios de ouro e prata; há também de madeira e de barro. Alguns, para honra; outros, porém, para desonra. Assim, pois, se alguém a si mesmo se purificar destes erros, será utensílio para honra, santificado e útil ao seu possuidor, estando preparado para toda boa obra"**
> (2 TIMÓTEO 2:20,21).

89

> *Por isso, povo de Israel, eu os castigarei.
> E, já que vou castigá-los,* **preparem-se
> para se encontrar com o seu Deus...**
> (AMÓS 4:12 NTLH).

Amós abre o livro escrito por ele, pronunciando julgamento sobre as nações gentias devido à maneira como trataram os judeus, e isso deve ter deixado os reinos de Israel e Judá muito felizes. Mas em seguida, o profeta anunciou o castigo que viria sobre Israel e Judá por causa dos pecados que cometeram contra o Senhor. Deus já havia disciplinado Seu povo enviando seca e fome, ferrugem e mofo, doenças e guerras, mas agora viria o julgamento final, a morte. O povo não enfrentaria as "surras" de Deus, mas ficaria frente a frente com o próprio Deus! O exército assírio invadiria o Reino do Norte, Israel, e grande parte do povo morreria. Se você e eu soubéssemos que morreríamos na próxima semana, como reagiríamos? *Se, de repente, tivermos de reorganizar nossa vida e alterá-la drasticamente, é porque deve haver algo errado com ela.* Devemos, portanto, viver para o Senhor e estar preparados para que Ele nos chame a qualquer momento. Israel não estava preparado por vários motivos.

Eles se esqueceram da aliança com Deus. Antes de a nova geração de israelitas entrar na Terra Prometida, Moisés relembrou-lhes sobre a aliança com Deus e lhes disse como deveriam viver (DEUTERONÔMIO 27–28). Depois que entraram na terra, Josué relembrou-lhes pela segunda vez (JOSUÉ 8:30-35). Deus lhes disse que os sustentaria e os protegeria, desde que eles fossem obedientes, mas, se desobedecessem e fossem semelhantes a seus vizinhos, seriam castigados. As provações que Deus enviou à terra foram as mesmas que Ele citou na aliança, mas o povo não entendeu a mensagem. Em vez de adorar ao Senhor conforme a ordem recebida, eles começaram a adorar os ídolos mortos das outras nações, e o Senhor não teve alternativa, a não ser castigá-los. "...O Senhor julgará o seu povo" (HEBREUS 10:30). Os cristãos da igreja em Corinto não celebravam a Ceia do Senhor corretamente, por isso muitos deles ficaram fracos e doentes, e alguns morreram (1 CORÍNTIOS 11:27-32). Deus cumpre o que diz!

Eles menosprezaram os chamados de Deus. Os vários julgamentos que o Senhor enviou à Terra foram "chamados de despertamento" que os líderes e o povo menosprezaram. Em Amós 4, Deus lhes disse cinco vezes: "não vos convertestes a mim" (vv.6-11), mas eles não lhe deram ouvidos. Entregaram o coração aos ídolos pagãos e deram as costas ao Senhor. Amós rogou-lhes que buscassem a Deus e vivessem (5:4,6,14), mas eles não tomaram conhecimento e morreram (MOISÉS FEZ A MESMA ADVERTÊNCIA EM DEUTERONÔMIO 30:11-20, E SUPOMOS QUE JOSUÉ A FEZ TAMBÉM). Tenho tido a experiência de que Deus sempre toma uma atitude em relação a mim todas as vezes que lhe desobedeço e não ouço Sua voz. Mas fico satisfeito com isso, porque Sua mão disciplinadora é uma prova de Seu coração amoroso é evidência de que sou realmente filho de Deus (HEBREUS 12:3-11). Deus não disciplina os filhos do vizinho, e é por isso que os pecadores perdidos parecem "ficar impunes".

Eles não levaram a morte a sério. A morte é o último julgamento que Deus envia, e ela inclui Seus filhos (1 JOÃO 5:16,17). Para nós, pecar deliberadamente e esperar ficar impune contraria o que as Escrituras ensinam. Deus não tem prazer nem na morte do perverso (EZEQUIEL 18:23,32) nem quando Ele precisa tirar a vida de um de Seus filhos. É triste saber que há cristãos professos que vivem como se Jesus nunca tivesse morrido, que o Espírito nunca tivesse descido do céu e que nunca haverá julgamento; mas Amós clamou: "...preparem-se para se encontrar com o seu Deus..." (4:12 NTLH). O Senhor precisa dizer mais?

> **"E, assim como aos homens está ordenado**
> **morrerem uma só vez, vindo, depois disto, o juízo"**
> (HEBREUS 9:27).

90

> *E **Jonas se levantou para fugir** de diante da face do S*ENHOR *para Tarsis...* (JONAS 1:3 ARC).

Do que trata o livro de Jonas? Não trata do peixe, porque o grande peixe é mencionado apenas quatro vezes. Jonas é citado 18 vezes, mas as palavras "Senhor" e "Deus" são mencionadas 40 vezes! O livro fala de Deus e de como Ele lida com as pessoas que querem seguir os próprios caminhos e, portanto, se recusam a obedecer à Sua vontade. Certamente Jonas sabia que não poderia fugir de Deus. "Para onde me ausentarei do teu Espírito? Para onde fugirei da tua face?" (SALMO 139:7). Se tentarmos nos esconder de Deus, as consequências serão dolorosas.

A direção da vida será de decadência. Jonas *desceu* ao porto de Jope, depois *desceu* para entrar no navio (JONAS 1:3), e depois *desceu* ao porão do navio onde dormiu (v.5). É possível pensar que a mistura de uma consciência culpada com a tempestade tivesse mantido Jonas acordado, mas ele dormiu profundamente. Em geral, quando desobedecemos a Deus, passamos por um período de total confiança que nos aquieta com uma falsa paz. Esse é um dos truques de Satanás. Mas aquilo não era o fim. Os marinheiros gentios tentaram salvar a vida de Jonas, mas ele pediu com insistência que o atirassem ao mar. E assim, ele *desceu* ao mar onde um grande peixe o aguardava. O peixe engoliu Jonas, que *desceu* a seu estômago. Desceu, desceu, desceu, desceu! Jonas havia recebido uma mensagem de Deus que salvaria a vida de quase um milhão de pessoas em Nínive, mas, por ser um judeu patriota, Jonas queria que os ninivitas morressem.

As circunstâncias da vida serão tempestuosas. Deus chamou o povo judeu para ser bênção ao mundo (GÊNESIS 12:1-3), mas, todas as vezes que desobedeceu a Deus, o povo trouxe problema em vez de bênção. O nome Jonas significa *pomba*, porém Jonas não levou nem um pouco de paz ao navio. Um filho de Deus desobediente à vontade do Pai pode causar mais problema do que um grande grupo de incrédulos. Tão logo Jonas seguiu seu caminho de rebeldia, o Senhor não pôde mais falar com ele, e teve de usar a tempestade para chamar-lhe a atenção. Jonas também perdeu seu poder de oração (JONAS 1:6) e seu testemunho perante os marinheiros gentios (vv.7-9). E, ao querer fugir do Senhor, ele quase perdeu a vida e pôs a tripulação em perigo. Mas assim que Jonas foi lançado ao mar, a tempestade cessou! Tenho visto famílias passando por tempestades e, depois, alcançar uma tranquilidade abençoada assim que o pecado no lar é confessado e perdoado — e o mesmo acontece nas igrejas.

A esperança da vida será o arrependimento. Talvez Jonas esperasse uma morte rápida, mas Deus tinha outros planos que o levaram a passar três dias orando e pedindo perdão, mas, assim que ele se arrependeu, Deus o resgatou e o colocou em pé em terra seca. A oração de Jonas é composta de citações do livro dos Salmos, portanto as Escrituras que ele memorizou lhe vieram à mente com facilidade. Quando o grande peixe vomitou Jonas na terra, o povo que presenciou o fato deve ter ficado surpreso e alarmado, e a notícia chegou rapidamente a Nínive. Quando Jonas se apresentou, o povo estava pronto para ouvir, arrependeu-se de seus pecados e foi poupado do julgamento. O Senhor deu mais uma chance a Jonas, da mesma forma que fez com Abraão, Jacó, Moisés, Davi e Pedro.

Somente um Deus tão misericordioso como o Deus que adoramos é capaz de pegar um servo teimoso e desobediente e usá-lo para levar um despertamento espiritual a uma grande cidade. Jesus usou a experiência de Jonas para retratar Sua ressurreição e ressaltar a importância de ouvir a Palavra de Deus e arrepender-se (MATEUS 12:38-41; 16:4). Espero que você não esteja fugindo de Deus. Se estiver, mude de direção e corra *para* Ele, e Ele lhe dará um novo começo.

> "Ninivitas se levantarão no juízo com esta geração
> e a condenarão; porque se arrependeram com a pregação
> de Jonas. E eis aqui está quem é maior do que Jonas"
> (MATEUS 12:41).

91

Ele te declarou, ó homem, o que é bom e que é o que o SENHOR pede de ti: que pratiques a justiça, e ames a misericórdia, e **andes humildemente com o teu Deus** (MIQUEIAS 6:8).

A cena é a de um tribunal (MIQUEIAS 6:1-5) e Deus está julgando Seu povo. Ele pede que apresentem uma evidência de que falhou com eles, mas não há nenhuma. Então o povo pergunta o que pode oferecer ao Senhor para receber Seu perdão, mas nenhum sacrifício será suficiente (vv.6,7). Nosso texto revela o que agrada a Deus e o que Ele está buscando em nossa vida.

Precisamos ser corretos com os outros. Deus se agrada quando agimos com justiça e amamos com misericórdia. À primeira vista, essas duas coisas parecem óleo e água, incapazes de se misturar, mas, graças à cruz, isso não é verdade. Na cruz, Jesus levou o castigo que, por justiça, merecíamos, e agora Deus pode nos mostrar misericórdia sem violar Sua lei. Cristo morreu por nós e satisfez a justiça exigida pela lei de Deus, e ressurgiu dos mortos para que, por Sua graça, pudesse nos perdoar. Deus é justo e o justificador daqueles que creem em Jesus. Paulo trata dessa verdade em Romanos 3:21-31. Porque o Senhor nos perdoou, podemos perdoar aos outros. Deus, em Sua misericórdia, não nos dá o que merecemos, mas, em Sua graça, dá-nos o que não merecemos; isso abre caminho para perdoarmos aos outros. É impossível ter comunhão verdadeira com o Senhor se não estivermos em comunhão com os outros (MATEUS 5:21-26).

Precisamos querer progredir espiritualmente. Andar com o Senhor significa crescer em graça, vencer fraquezas e pecados e depender de Sua cura e de Seu poder. Se não desejarmos realmente pagar o preço do desenvolvimento espiritual, esse texto não nos pode ajudar. Jesus perguntou ao paralítico no tanque Betesda: "Queres ser curado?", mas a resposta dele foi apenas uma justificativa (JOÃO 5:1-7). Apesar disso, Jesus o curou e disse: "Levanta-te, toma o teu leito e anda" (v.8). A nova vida significa nova caminhada, e uma nova caminhada capacita-nos a experimentar novos desafios e crescer no Senhor. Você está pronto para seguir Jesus?

Precisamos estar de acordo para haver o encontro. Se você não conhece Jesus pessoalmente como Salvador e Senhor, então o único lugar para encontrá-lo é no Calvário, onde Ele morreu por você. Se conhece Jesus, então o encontrará todos os dias no trono da graça (HEBREUS 4:16). O profeta Amós perguntou: "Andarão dois juntos, se não houver entre eles acordo?" (3:3) ou "Duas pessoas andarão juntas se não estiverem de acordo?" (NVI). O Pai deseja que tenhamos um encontro diário com Ele quando Ele nos fala por meio das Escrituras e podemos falar com Ele em oração. Que privilégio é estar em comunhão com o Deus do Universo!

Precisamos andar em humildade. Se andarmos na rua com um vizinho amigo, ninguém prestará muita atenção em nós. Mas se andarmos com o prefeito ou com o governador, o fato chamará um pouco de atenção. Deus é a pessoa mais importante do Universo e nós andamos com Ele! Deus é invisível, claro, mas as pessoas podem nos ver, e deveriam ser capazes de ver que nosso comportamento é diferente. Mas como podemos andar "humildemente" quando estamos na companhia do Senhor? Vendo a grandeza dele e a nossa pequenez! Por que Deus se digna a andar comigo e me ajudar? Quem sou eu para que Ele queira minha companhia? Seja na fornalha ardente (DANIEL 3:25), seja nas águas profundas (ISAÍAS 43:2) ou no vale escuro (SALMO 23:4), o Senhor anda conosco. Apreciar Sua presença ajuda-nos a ter um coração humilde, e Deus concede graça aos humildes (1 PEDRO 5:5,6).

> **"Certamente, ele escarnece dos escarnecedores, mas dá graça aos humildes"** (PROVÉRBIOS 3:34).

92

> ...aviva a tua obra, ó SENHOR, no decorrer dos anos, e, no decurso dos anos, faze-a conhecida; na tua ira, lembra-te da misericórdia
>
> (HABACUQUE 3:2).

O nome Habacuque significa "lutar" ou "abraçar" e, em seu livro, ele luta e abraça. No primeiro capítulo, ele luta com o Senhor porque não consegue entender por que um Deus Santo permitiria que os babilônios pagãos conquistassem Judá. Deus disse: "...realizo, em vossos dias, obra tal, que vós não crereis, quando vos for contada" (v.5). No capítulo 2, Habacuque entende a visão de Deus sobre a situação, e no capítulo 3, ele "abraça" o Senhor e ora para que Sua obra prossiga! "Prossegue a tua obra" é a oração dele. Por mais que sirvamos ao Senhor, não podemos esquecer, nunca, que a obra é *de Deus*, não nossa. Jesus deixou claro que estava realizando a obra do Pai (JOÃO 4:32-34) e Paulo seguiu Seu exemplo (1 CORÍNTIOS 15:58; 16:10; FILIPENSES 1:6). Quando entendemos que estamos realizando a obra do Senhor e não a nossa, vemos algumas mudanças encorajadoras em nosso ministério.

Deixamos de questionar a vontade de Deus e passamos a aceitar a vontade de Deus. No primeiro capítulo, o profeta Habacuque estava andando pela visão, tentando em sua própria força entender o plano de Deus. É claro que o Senhor não permitiria que os babilônios ímpios derrotassem Seu povo escolhido, mas Ele permitiu. E também consentiu que destruíssem Jerusalém e o Templo, lugares onde o Seu povo escolhido estava adorando ídolos. Os babilônios, povo não convertido, adoravam ídolos porque estavam cegos; mas os judeus conheciam o Deus vivo e verdadeiro, portanto sua idolatria era pior. O profeta conhecia os termos da aliança de Deus com o povo, portanto, não deveria ter se surpreendido. Nossa tarefa não é explicar, mas crer e obedecer. Vivemos de promessas, não de explicações.

Paramos de reclamar e começamos a nos alegrar (HABACUQUE 3:17,18). Assim que o profeta se submeteu ao Senhor, sua atitude inteira mudou. "Porque os meus pensamentos não são os vossos pensamentos, nem os vossos caminhos, os meus caminhos, diz o SENHOR" (ISAÍAS 55:8). Agora ele estava orando: "Seja feita a Tua vontade. Prossegue a Tua obra!". No capítulo 3, Habacuque viu o Senhor marchando triunfantemente na história e, a princípio, ele foi tomado pelo medo (v.16). Porém, quando percebeu que Jeová estava trabalhando *por* seu povo e não contra ele, Habacuque começou a adorar e a celebrar. Ele não podia alegrar-se em suas circunstâncias, mas podia alegrar-se no Senhor (v.18).

Dependemos da força de Deus, não da nossa (v.19). "...não vos entristeçais, porque a alegria do SENHOR é a vossa força" (NEEMIAS 8:10). Estamos realizando a obra de Deus e Ele suprirá todas as nossas necessidades, inclusive a força e a sabedoria exigidas para cada dia. Vivemos e trabalhamos um dia por vez, "e, como os teus dias, durará a tua paz" (DEUTERONÔMIO 33:25). Quantas vezes olhei para a agenda da semana e me perguntei se conseguiria dar conta de tudo — mas, com a ajuda de Deus, consegui! "...A minha graça te basta, porque o poder se aperfeiçoa na fraqueza..." (2 CORÍNTIOS 12:9).

Deixamos de agradar a nós mesmos e passamos a dar glória a Deus. Ao olharmos para frente, diremos: "...a terra se encherá do conhecimento da glória do SENHOR, como as águas cobrem o mar" (HABACUQUE 2:14). Ao olharmos para trás, diremos: "isto procede do SENHOR e é maravilhoso aos nossos olhos" (SALMO 118:23). Quando a obra do Senhor é feita de acordo com a Sua vontade e para a Sua glória, tudo vai bem.

> "Porque dele, e por meio dele,
> e para ele são todas as coisas. A ele, pois,
> a glória eternamente. Amém"
> (ROMANOS 11:36).

93

O SENHOR, o seu Deus, está em seu meio, poderoso para salvar. Ele se regozijará em você; com o seu amor a renovará, **ele se regozijará em você** *com brados de alegria* (SOFONIAS 3:17 NVI).

Não precisamos nos angustiar, porque Deus vê o que está por vir. O profeta escreve sobre os "dias" futuros em relação ao povo judeu: um *dia de julgamento* quando as nações atacarão Jerusalém (SOFONIAS 1:1–3:7) e um *dia de alegria* quando o Senhor resgatará o Seu povo (3:8-20). "Não temas", o Senhor lhes diz, porque Ele está com o Seu povo e o libertará (v.16). *Podemos depender do amor de Deus, porque esse amor nunca falhará.* "No amor não existe medo; antes, o perfeito amor lança fora o medo..." (1 JOÃO 4:18). O salmista escreveu: "Deus é o nosso refúgio e fortaleza, socorro bem presente nas tribulações" (SALMO 46:1).

Nosso Deus não apenas salva, mas também canta. Em nosso texto vemos Deus, o Pai, como um pai amoroso, carregando um filho aflito no colo e cantando para ele dormir. Imagine! O Pai carrega-nos carinhosamente e acalma nosso coração conturbado. Em Mateus 26:30, o Deus Filho canta na celebração da Páscoa antes de seguir para o jardim a fim de orar e depois ao Calvário a fim de morrer. Jesus também cantou depois da vitória de Sua ressurreição (SALMO 22:22; HEBREUS 2:12). O Espírito Santo canta na Igreja do Senhor e por meio dela quando nos reunimos para adorar e nos sujeitamos a Ele (EFÉSIOS 5:18-21). Há ocasiões na vida do cristão em que nada parece trazer paz. As circunstâncias são opressoras, as pessoas estão ocupadas demais para ouvir e até nossas orações parecem ineficazes. Esse é o momento de permanecer em silêncio diante do Senhor e permitir que Ele lhe conceda paz com Seu cântico. Não tente explicar isso, porque a paz de Deus "...excede todo o entendimento" (FILIPENSES 4:7); apenas desfrute-a.

Há, no entanto, mais coisas. Além de ver o que está por vir, de nos salvar do julgamento e cantar para nós, o Senhor se alegra conosco. Podemos alegrar a Deus! Os pais alegram-se com aqueles momentos em que os filhos lhes proporcionam grande alegria ao coração por causa de um ato espontâneo de obediência e amor ou por algo especial que fizeram apenas para agradar-lhes. Não basta simplesmente conhecer a vontade de Deus e cumpri-la; precisamos também agradá-lo. Jonas finalmente chegou a Nínive e transmitiu a mensagem do Senhor, mas sua atitude foi completamente errada. Ele odiava o povo a quem estava pregando, por isso saiu da cidade e ficou amuado, torcendo para que Deus a destruísse (JONAS 4). Jesus disse: "...eu faço sempre o que lhe agrada" (JOÃO 8:29). O pai deseja que vivamos "de modo digno do Senhor, para o seu inteiro agrado" (COLOSSENSES 1:10). Deus disse aos sacerdotes na época de Malaquias: "...Eu não tenho prazer em vós..." (MALAQUIAS 1:10). Nosso modo de viver deveria ser como nossas ofertas, "...não com tristeza ou por necessidade, porque Deus ama a quem dá com alegria" (2 CORÍNTIOS 9:7).

Ele "calar-se-á por seu amor" é a tradução de nosso texto na versão Almeida Revista e Corrigida. As pessoas que dizem o tempo todo que nos amam são tão irritantes quanto aquelas que raramente o dizem, mas quando nosso amor aumenta cada vez mais, *ele é expresso tanto no silêncio quanto na fala*. Quando não está falando a nós nem agindo em nosso favor, o Senhor continua a nos amar; e o "amor silencioso" pode ser apreciado da mesma forma, ou mais, que as palavras verbalizadas. Os bebês que ainda não falam expressam amor aos pais, e os pais podem manifestar e verbalizar seu amor aos filhos, mesmo em silêncio. O povo fica nervoso quando há um pedido de silêncio no culto. Com amigos de longa data, há um silêncio de comunhão que diz mais que palavras, e isso inclui o amor silencioso de Deus por nós.

O Pai está se alegrando com você?

> **"Agrada-se o Senhor dos que o temem
> e dos que esperam na sua misericórdia"**
> (SALMO 147:11).

94

*O SENHOR será **Rei sobre toda a terra**; naquele dia, um só será o SENHOR, e um só será o seu nome* (ZACARIAS 14:9).

Quando eu era rapaz e frequentava a Escola Dominical, aprendi que Jesus foi um Profeta enquanto esteve aqui na Terra e agora Ele é um Sacerdote no céu, porém, na Sua volta, Ele será o Rei desta Terra. Mas essa afirmação não está totalmente correta, porque Jesus governa como Rei hoje. Ele é um sacerdote segundo a ordem de Melquisedeque, e Melquisedeque foi rei e sacerdote (HEBREUS 6:20–7:3). Hoje, Jesus está sentado no trono no céu à direita do Pai (EFÉSIOS 1:20; HEBREUS 1:3; 8:1), e Ele é Rei.

O Rei nos criou. Quando o Senhor criou Adão e Eva, criou a realeza, porque nossos primeiros pais receberam a ordem de dominar a criação (GÊNESIS 1:26,28; SALMO 8:6-8). A tragédia foi que eles perderam esse domínio quando desobedeceram ao Senhor, comeram o fruto da árvore da vida e foram expulsos do jardim (GÊNESIS 3). Em Romanos 5:12-21, Paulo explica que as consequências daquele pecado recaíram sobre todo ser humano que nasceu e nasce na Terra. Por causa da desobediência de Adão o pecado reina neste mundo (v.21) e, se o pecado está reinando, a morte está reinando (vv.14,17); porque "...o salário do pecado é a morte..." (6:23). A criação realizada pelo Rei foi desfigurada pelo pecado e a morte.

O Rei veio até nós. Em razão de Seu amor e graça, o Senhor estabeleceu um plano de salvação que nos resgataria do pecado e da morte. O Filho de Deus nasceu em Belém, enviado pelo Pai para ser o Salvador do mundo (1 JOÃO 4:14). Ele nasceu "Rei dos judeus" (MATEUS 2:1,2) e, durante Seu ministério na Terra, exerceu o domínio que Adão tinha perdido. Ele comandou os peixes (MATEUS 17:24-27; LUCAS 5:1-11; JOÃO 21:1-14), as aves (MATEUS 26:31-34,74,75) e os animais (MARCOS 1:12,13; LUCAS 19:30). Ele teve domínio! Mas foi rejeitado por Seu povo. Pilatos, o governador romano, perguntou-lhe: "És tu o rei dos judeus?", e Jesus respondeu: "O meu reino não é deste mundo" (JOÃO 18:33,36). Em outras palavras, Seu reino não é uma entidade política, mas uma comunidade de adoração e serviço. Um dia, Jesus reinará como "Rei de toda a terra", mas hoje Seu governo está em ação onde Seu povo lhe obedece e ora: "...venha o teu reino, faça-se a tua vontade, assim na terra como no céu" (MATEUS 6:10). A multidão gritou a Pilatos: "Crucifica-o!" e os sacerdotes disseram: "Não temos rei, senão César!" (JOÃO 19:15). Jesus usou uma coroa de espinhos e foi crucificado por nós com este título acima de Sua cabeça: "Jesus Nazareno, o Rei dos Judeus". Mas em Sua morte e ressurreição, Jesus destruiu o poder do pecado e da morte; agora a graça reina, e aqueles que confiam em Jesus podem reinar em vida (ROMANOS 5:17,21). Ele "...nos constituiu reino [e] sacerdotes" (APOCALIPSE 1:5,6) e estamos sentados com Ele no trono (EFÉSIOS 2:1-7). Podemos andar em vitória e bênçãos porque reinamos em vida por Seu intermédio (ROMANOS 5:17).

O Rei está voltando! Jesus prometeu voltar e levar aqueles que confiam nele para seus lares no céu a fim de reinar com Ele para sempre (JOÃO 14:1-6; APOCALIPSE 22:5). Haverá um novo céu e uma nova Terra. Nesse meio tempo, nosso privilégio e também responsabilidade é "adorar o Rei" (ZACARIAS 14:16,17), servindo-o fielmente. Jesus é o Rei dos reis e Senhor dos senhores (APOCALIPSE 17:14; 19:6), Rei do céu e Rei de toda a Terra.

O Pai "...nos libertou do império das trevas e nos transportou para o reino do Filho do seu amor" (COLOSSENSES 1:13). Estamos agora no reino! Adore o Rei!

> "E lhes enxugará dos olhos toda lágrima,
> e a morte já não existirá, já não haverá luto,
> nem pranto, nem dor, porque as primeiras
> coisas passaram" (APOCALIPSE 21:4).

95

Mas, desde o nascente do sol até o poente, é grande entre as nações o meu nome; e em todo lugar lhe é queimado incenso e trazidas ofertas puras, porque **o meu nome é grande** *entre as nações, diz o S*ENHOR *dos Exércitos*
(MALAQUIAS 1:11).

"O primeiro passo em declive para qualquer igreja é dado quando ela não aceita a soberania de Deus", escreveu A. W. Tozer em seu excelente livro *The Knowledge of the Holy* (O conhecimento do Deus Santo). A palavra "igreja" pode ser substituída por "cristão", "professor da escola bíblica" ou "missionário". O profeta Malaquias ministrou aos judeus que haviam sido exilados na Babilônia e retornado à sua terra para reconstruir Jerusalém e o Templo. Infelizmente, o nível da vida espiritual daquele povo não era muito alto. Eles poderiam ter glorificado o nome do Senhor diante dos gentios, mas preferiram discutir com Deus. Os cristãos contemporâneos têm três responsabilidades quando se trata dos nomes de Deus.

Precisamos conhecer o nome de Deus. Nos tempos bíblicos, os nomes eram indicações de caráter e habilidade, e os nomes de Deus nos dizem quem Ele é e o que Ele pode fazer. *Jeová* significa "EU SOU O QUE SOU" (ÊXODO 3:13,14). Ele é o Deus autoexistente e eterno que sempre foi, sempre é, e sempre será. *Jeová Sabaô* é "O SENHOR dos exércitos, o SENHOR dos exércitos do céu" (1 SAMUEL 1:3,11), ao passo que *Jeová Rafá* é "o Senhor que cura" (ÊXODO 15:22-27). Para as batalhas da vida, precisamos conhecer *Jeová Nissi*, "o Senhor é a nossa bandeira" (ÊXODO 17:8-15), que pode nos dar a vitória. *Jeová Shalom* é "o SENHOR é nossa paz" (JUÍZES 6:24) e *Jeová Raá* é "o SENHOR é o nosso pastor" (SALMO 23:1). Eu poderia prosseguir, mas sugiro que você estude por conta própria com a ajuda de uma boa Bíblia de estudo. Conhecer os nomes de Deus é conhecê-lo melhor e ser capaz de invocá-lo para nos ajudar. "Em ti, pois, confiam os que conhecem o teu nome, porque tu, SENHOR, não desamparas os que te buscam" (SALMO 9:10).

Precisamos honrar o nome de Deus. Os sacerdotes no Templo não estavam honrando o nome de Deus; estavam desprezando-o ao realizar seus ministérios descuidadamente e oferecendo ao Senhor sacrifícios que Ele não aceitava (MALAQUIAS 1:6-10). Malaquias usou a palavra "desprezível" para descrever o trabalho deles (1:7,12; 2:9). Deus exige que lhe ofereçamos nosso melhor e o sirvamos de tal forma que honre Seu nome (1 CRÔNICAS 21:24). O Senhor preferiu que alguém fechasse as portas do Templo a permitir que aqueles sacrifícios baratos fossem oferecidos em Seu altar (MALAQUIAS 1:10; LEVÍTICO 22:20). Em vez de alegrar-se em seu ministério, os sacerdotes estavam cansados de tudo aquilo (MALAQUIAS 1:13). "Servi ao SENHOR com alegria, apresentai-vos diante dele com cântico" (SALMO 100:2). Precisamos dar honra ao nome de Deus (MALAQUIAS 2:2) e temer Seu nome (1:14; 4:2). Havia um remanescente piedoso que temia o Senhor e honrava Seu nome (3:16-19), e eles eram a esperança da nação.

Precisamos proclamar o nome de Deus a outras nações. O Senhor queria que Seu nome fosse honrado "fora dos limites de Israel" (1:5). O profeta viu o dia em que os judeus e os gentios seriam um só povo de Deus por meio da fé em Jesus Cristo (EFÉSIOS 2:11-22). Quando morreu na cruz, Jesus rasgou o véu do Templo, abriu o caminho de acesso a Deus para todos os povos e derrubou a parede de separação entre os judeus e os gentios (EFÉSIOS 2:14), para que todos fôssemos "um em Cristo Jesus" (GÁLATAS 3:28). O nome de Jesus Cristo e Seu evangelho precisam ser compartilhados com o mundo, porque não há fronteiras que possam nos confinar. "Entrementes, os que foram dispersos iam por toda parte pregando a palavra" (ATOS 8:4). Estamos fazendo nossa parte?

> **"Mas [...] é grande entre as nações o meu nome [...],
> diz o SENHOR dos Exércitos"** (MALAQUIAS 1:11).

96

Vocês têm cansado o SENHOR
com as suas palavras...
(MALAQUIAS 2:17 NVI).

Você conheceu pessoas que falavam tanto a ponto de deixá-lo cansado de ouvir? Talvez teve um filho ou irmão que fazia perguntas desde o amanhecer até a hora de dormir, ou um aluno que nunca parava de falar ou ainda um colega de trabalho que se sentia motivado a contar-lhe todas as informações confidenciais da empresa? Quando exercia o pastorado, era comum eu ter de aguentar os telefonemas frequentes dos congregados que imaginavam ter problemas e queriam que eu soubesse todos os detalhes. Entendo que ouvir é um ministério importante e que as pessoas podem expor seus problemas, mas o tempo é muito precioso e a conversa é às vezes insignificante.

Mas por que cansar *Deus* com nossas palavras se Ele já sabe o que se passa em nossa mente e coração? Ele vê o fim desde o começo e não se impressiona com nossos longos discursos. Jesus disse que somente os pagãos "...pensam que por muito falarem serão ouvidos", e advertiu que não devemos ser iguais a eles (MATEUS 6:7,8 NVI). Deus, o Pai, estava cansado da adoração rotineira de Israel, das ofertas e orações que não partiam do coração de Seu povo (ISAÍAS 29:13). Na época de Malaquias, depois que os judeus saíram da Babilônia, voltaram para sua terra e reconstruíram o Templo, o povo tinha certeza de que Deus realizaria grandes milagres para impressionar os gentios, mas não houve nenhum milagre. O povo questionou o Senhor e, pior ainda, os sacerdotes estavam cansados de seu ministério no novo Templo (MALAQUIAS 1:12,13). A essência toda da vida religiosa deles era fraca e eles necessitavam desesperadamente de um reavivamento. Deus estava cansado de ouvir suas orações e hinos cheios de falsidade. Temos o mesmo problema hoje?

Nosso Senhor Jesus Cristo teve o mesmo problema com o povo de Sua época *e com Seus discípulos*. Um pai aflito levou o filho endemoninhado aos nove discípulos que não tinham subido ao monte da Transfiguração com Jesus, e eles não conseguiram expulsar os demônios (MATEUS 17:14-21). Quando Jesus desceu do monte e viu a cena constrangedora, disse: "Ó geração incrédula e perversa! Até quando estarei convosco? Até quando vos sofrerei?..." (v.17). Jesus libertou o menino e o entregou ao pai. Por que os nove discípulos não conseguiram? "Por causa da pequenez da vossa fé", Jesus lhes disse (v.20). Eles eram uma "geração incrédula e perversa" e aparentemente não tinham orado e jejuado (v.21). Jesus já lhes havia concedido poder para expulsar demônios (10:1), mas, em Sua ausência, os nove discípulos haviam afrouxado sua disciplina espiritual. Essa é uma das consequências trágicas de uma vida espiritual fraca: não podemos ajudar os outros e não podemos glorificar a Jesus.

Israel entristeceu a Deus, o Pai, os nove discípulos incapazes entristeceram a Deus, o Filho, e a Igreja da contemporaneidade está entristecendo a Deus, o Espírito Santo. "E não entristeçais o Espírito de Deus, no qual fostes selados para o dia da redenção" (EFÉSIOS 4:30). O Espírito Santo habita em cada cristão sincero e é uma pessoa que se agrada com nossa obediência e se entristece com nossa desobediência. Em suas cartas aos Efésios e Colossenses, Paulo relaciona alguns pecados que entristecem o Espírito e o impedem de agir em nós e por nosso intermédio: mentira, ira injustificada, roubo, linguagem torpe, amargura, blasfêmia e malícia. São atitudes interiores que Deus vê em nosso coração e deseja remover antes que venham à tona e causem problema.

Jesus está decepcionado conosco? Estamos cansando-o com nossos erros? Estamos procurando "métodos melhores" quando Deus está procurando homens e mulheres melhores que não o entristeçam? "...eu faço sempre o que lhe agrada", disse Jesus (JOÃO 8:29). Sigamos Seu exemplo!

> "Longe de vós, toda amargura, e cólera, e ira, e gritaria, e blasfêmias, e bem assim toda malícia. Antes, sede uns para com os outros benignos, compassivos, perdoando-vos uns aos outros, como também Deus, em Cristo, vos perdoou"
> (EFÉSIOS 4:31,32).

97

*Eis que **eu envio o meu mensageiro**, que preparará o caminho diante de mim; de repente, virá ao seu templo o Senhor, a quem vós buscais, o Anjo da Aliança, a quem vos desejais; eis que ele vem, diz o SENHOR dos Exércitos* (MALAQUIAS 3:1).

Três mensageiros diferentes estão envolvidos nessa afirmação.

O primeiro mensageiro é *Malaquias*, o profeta, porque o nome Malaquias significa "meu mensageiro". Que privilégio ele teve de ser o mensageiro de Deus, ouvir Sua voz, falar e escrever Suas palavras! A mensagem de Malaquias ao povo não foi fácil de ser transmitida, porque o povo estava cada vez mais descuidado e indiferente quanto à adoração ao Senhor. Para eles, tudo não passava de uma rotina enfadonha, um trabalho a ser feito. Os sacerdotes tinham a responsabilidade de servir como mensageiros de Deus (MALAQUIAS 2:7), mas se cansaram do ministério no Templo e não estavam oferecendo a Deus o melhor que possuíam. Eles não se importavam quando o povo trazia animais cegos, coxos e enfermos para os sacrifícios (1:6-8) em vez de oferecer a Deus animais perfeitos. Algumas pessoas chegavam a trazer animais roubados (v.13). Esqueceram as palavras do rei Davi, que disse que não ofereceria ao Senhor holocaustos que não lhe custassem nada (2 SAMUEL 24:24). Sacrifícios baratos não são sacrifícios de jeito nenhum. Já fomos culpados desse pecado?

O segundo mensageiro é João Batista. "Eis que eu envio o meu mensageiro, que preparará o caminho diante de mim..." (MALAQUIAS 3:1). O profeta Isaías escreveu a respeito de João: "Voz que clama no deserto: Preparai o caminho do SENHOR; endireitai no ermo vereda a nosso Deus" (40:30; VEJA MATEUS 3:3). Nos tempos antigos, sempre que o rei planejava visitar uma cidade, o povo ia adiante para desobstruir os obstáculos da estrada e aplainá-la.

João Batista recebeu esse ministério. Ele não exaltou a si mesmo; exaltou a Jesus, pois é isso que todo mensageiro do Senhor deve fazer. "Eis o Cordeiro de Deus, que tira o pecado do mundo!", ele anunciou (JOÃO 1:29). "Convém que ele cresça e que eu diminua" (3:30). Como mensageiros do Rei, precisamos ser fiéis para honrar o Rei, e não a nós, e transmitir a mensagem que Ele ordenou. Jesus disse: "E eu vos digo: entre os nascidos de mulher, ninguém é maior do que João..." (LUCAS 7:28). Os judeus responderam à mensagem de João no início de seu ministério, mas quando ele foi preso, não fizeram nada para resgatá-lo; João entregou a vida em favor de seu Senhor.

O terceiro mensageiro é o próprio Senhor Jesus Cristo. "...virá ao seu templo o Senhor, a quem vós buscais, o Anjo da Aliança..." (MALAQUIAS 3:1). Malaquias era um profeta oficial e João Batista era filho de um sacerdote e foi chamado para ser profeta, mas Jesus é o Profeta, Sacerdote e Rei! "O Senhor será Rei sobre toda a terra..." (ZACARIAS 14:9). Jesus veio à Terra pela primeira vez para proclamar a Palavra de Deus e cumprir a Sua vontade — morrer na cruz pelos pecados do mundo. Ele voltará pela segunda vez para julgar o mundo com fogo, para purificar Seu povo Israel e para estabelecer Seu reino. Leia Zacarias 12–14 e observe a repetição das palavras "naquele dia".

O Senhor quer que Seu povo seja composto de mensageiros fiéis para proclamar as boas-novas da salvação aos outros.

> "Que formosos são sobre os montes os pés do que anuncia as boas-novas, que faz ouvir a paz, que anuncia coisas boas, que faz ouvir a salvação..." (ISAÍAS 52:7).

98

Pode um homem roubar de Deus?
Contudo vocês estão me roubando.
E ainda perguntam: "Como é que te roubamos?". Nos dízimos e nas ofertas
(MALAQUIAS 3:8 NVI).

Os cristãos são *perdoados*, porque confiaram em Jesus Cristo e Ele lhes perdoou todos os pecados (COLOSSENSES 2:13). E, por terem sido perdoados, os cristãos também devem ser pessoas perdoadoras (EFÉSIOS 4:30-32). E as pessoas que são perdoadas e perdoam devem também ser *generosas*! Consequentemente, a graça de Deus que agiu no coração delas deve respingar nos outros.

Deus é um doador generoso; jamais devemos nos esquecer desse fato. "Toda boa dádiva e todo dom perfeito são lá do alto, descendo do Pai das luzes, em quem não pode existir variação ou sombra de mudança" (TIAGO 1:17). "...E que tens tu que não tenhas recebido?..." (1 CORÍNTIOS 4:7). Deus "...é quem a todos dá vida, respiração e tudo mais" (ATOS 17:25; VEJA 14:17). Deus fez uma aliança com sua criação dizendo que "não deixará de haver sementeira e ceifa, frio e calor, verão e inverno, dia e noite" (GÊNESIS 8:22). Se isso não fosse verdade, a vida no mundo seria um caos, no entanto, não damos o devido valor a essa aliança. "Se eu tivesse fome, não to diria, pois o mundo é meu e quanto nele se contém", diz Deus no Salmo 50:12. Antes de criar o primeiro homem e a primeira mulher, Deus preparou um lar suntuoso e belo para eles, no qual tudo era muito bom (GÊNESIS 1:31). "...ele faz nascer o seu sol sobre maus e bons e vir chuvas sobre justos e injustos" (MATEUS 5:45). Ao longo dos séculos, a família humana tem feito um enorme estrago no lar que Deus nos deu, e devemos nos arrepender disso. Se parássemos para pensar em tudo o que o Pai nos tem dado, seríamos mais generosos com os outros.

Deus é o doador generoso, mas o homem costuma ser um ladrão egoísta. As pessoas gostam das dádivas que recebem de Deus, e até as desperdiçam e se esquecem de ser generosas com os outros ou com o Senhor. Roubar a Deus é o primeiro pecado humano registrado na Escritura, quando nossos primeiros pais pegaram o fruto da árvore do Senhor e o comeram (GÊNESIS 3); e continuamos a roubar a Deus até hoje. O povo de Israel era especialmente culpado desse pecado. Na lei de Moisés, o Senhor ordenou ao povo que levasse dízimos e ofertas a Ele, prometendo que o abençoaria se fizesse isso. "Honra ao SENHOR com os teus bens e com as primícias de toda a tua renda; e se encherão fartamente os teus celeiros e transbordarão de vinho os teus lagares" (PROVÉRBIOS 3:9,10). Na época de Malaquias, os judeus roubaram a Deus não lhe oferecendo nada, não lhe oferecendo o melhor que possuíam e ofertando com espírito rancoroso. Deus vê esses mesmos pecados em Seu povo hoje. Quando roubamos a Deus, nós roubamos os outros *e* roubamos a nós mesmos! Deus quer nos abençoar, mas nossa desobediência egoísta o entristece e o impede de derramar bênçãos sobre nós (MALAQUIAS 3:10).

Existe cura para o coração egoísta? Sim! A graça de Deus. "Pois conheceis a graça de nosso Senhor Jesus Cristo, que, sendo rico, se fez pobre por amor de vós, para que, pela sua pobreza, vos tornásseis ricos" (2 CORÍNTIOS 8:9). Se estamos realmente experimentando as riquezas da graça de Deus, devemos também querer que os outros as experimentem e, com certeza experimentarão, se compartilharmos com eles tudo o que Deus nos tem concedido. Quando somos generosos com Deus e com os outros, deixamos de ser reservatórios e nos tornamos canais de bênção. "Deus pode fazer-vos abundar em toda graça, a fim de que, tendo sempre, em tudo, ampla suficiência, superabundeis em toda boa obra" (2 CORÍNTIOS 9:8).

Que excelente acordo! Toda graça, abundante, em tudo, ampla suficiência, superabundância — em toda boa obra! Não podemos oferecer menos ao Senhor!

> **"...é mister [...] recordar as palavras do próprio Senhor Jesus: Mais bem-aventurado é dar que receber"** (ATOS 20:35).

99

*Então aqueles que temem ao Senhor falam cada um com o seu companheiro; **e o Senhor atenta e ouve**; e há um memorial escrito diante dele, para que os que temem ao Senhor, e para os que se lembram do seu nome* (MALAQUIAS 3:16 ARC).

O povo judeu sentia-se feliz por estar longe da Babilônia e de volta à sua terra, mas a vida ali não era fácil. O Senhor não podia abençoá-los como queria porque eles não estavam lhe obedecendo, portanto Ele designou o profeta Malaquias para repreendê-los por causa de seus pecados — pelo menos 36 desses pecados estão mencionados no livro — e pedir que voltassem a ter uma devoção sincera ao Senhor. O profeta repreendeu principalmente os sacerdotes por sua atitude descuidada no altar. Hoje, é importante ver o Senhor lidando com Seu povo, porque nossas igrejas precisam ouvir e prestar atenção às palavras de Malaquias.

Deus tem consideração por Seu povo. Apesar da indiferença geral da nação judaica, havia um pequeno grupo de pessoas que colocavam o Senhor em primeiro lugar e lhe obedeciam. Temiam ao Senhor (esse fato é mencionado duas vezes) e reuniam-se com frequência para encorajar uns aos outros e meditar no nome do Senhor. "Torre forte é o nome do Senhor, à qual o justo se acolhe e está seguro" (PROVÉRBIOS 18:10). Por mais corrupto que o povo de Deus tivesse se tornado, havia sempre um remanescente fiel que honrava ao Senhor, e Deus usou esse remanescente para realizar Sua vontade.

Deus não se impressiona com números. Ele reduziu o exército de Gideão de 32 mil homens para 300 e derrotou os midianitas (JUÍZES 7). Apenas com a ajuda de seu escudeiro, Jônatas venceu uma guarnição de filisteus, "porque para o Senhor nenhum impedimento há de livrar com muitos ou com poucos" (1 SAMUEL 14:6). Em nosso mundo controlado por estatísticas, esquecemo-nos de Zacarias 4:10: "Porque, quem despreza o dia das coisas pequenas?...". Eu sempre lembrava a meus alunos de ministério que não há igrejas "pequenas" nem "grandes" pregadores, apenas um Deus grande e poderoso.

Deus lembra-se do que Seu povo pensa, diz e faz e registra tudo. Jesus é Emanuel, "Deus conosco" (MATEUS 1:23) e prometeu estar entre nós todas as vezes que nos reunirmos em Seu nome (18:20). A metáfora de Deus fazendo anotações em um livro é usada com frequência na Escritura. Davi escreveu: "Contaste os meus passos, quando sofri perseguições; recolheste as minhas lágrimas no teu odre; não estão elas inscritas no teu livro?" (SALMO 56:8). Deus observa onde as pessoas nascem (87:6) e mantém um registro dos nomes daqueles que nasceram de novo (FILIPENSES 4:3; LUCAS 10:20; APOCALIPSE 21:27). Seja onde for que o povo de Deus se reúna em nome de Cristo — em uma residência, em um simples salão ou em uma catedral enorme —, precisamos lembrar que o Senhor está ali conosco e "...não há criatura que não seja manifesta na sua presença; pelo contrário, todas as coisas estão descobertas e patentes aos olhos daquele a quem temos de prestar contas" (HEBREUS 4:13). No trono de julgamento de Cristo, nossas obras serão consideradas e seremos recompensados de acordo com elas (ROMANOS 14:10-12). É muito importante temer ao Senhor enquanto o adoramos, ouvir a leitura e a exposição das Escrituras e estar em comunhão com os irmãos.

Deus recompensa os fiéis. "Eles serão para mim particular tesouro [...] diz o SENHOR dos Exércitos..." (MALAQUIAS 3:17). A palavra *tesouro* poderia ser traduzida por "joia preciosa". O povo de Israel era joia preciosa do Senhor, embora nem sempre fosse agradecido ou agisse de acordo (ÊXODO 19:5; DEUTERONÔMIO 7:6; 14:2). A Igreja é também uma joia preciosa do Senhor, comprada com o sangue precioso de Jesus Cristo (1 PEDRO 1:19). Talvez façamos parte de uma minoria, mas somos valiosos a nosso Pai celestial. Ele nos ama, nos vê, nos ouve, olha dentro de nosso coração e um dia nos recompensará com a glória de Seu Filho. É muito encorajador saber que Ele está observando e ouvindo, e que Ele conhece o nosso coração.

> "...o Senhor [...] trará à plena luz as coisas ocultas das trevas, mas também manifestará os desígnios dos corações; e, então, cada um receberá o seu louvor da parte de Deus" (1 CORÍNTIOS 4:5).

100

> *Pois **eis que vem o dia** e arde como fornalha; todos os soberbos [...] serão como o restolho; o dia que vem os abrasará [...]. Mas para vós outros que temeis o meu nome nascerá o sol da justiça, trazendo salvação nas suas asas...* (MALAQUIAS 4:1,2).

Que dia está vindo? O Dia do Senhor, o dia em que Ele julgará os habitantes da Terra. A expressão "naquele dia" é mencionada 17 vezes em Zacarias 12–14, à medida que o profeta descreve o que acontecerá quando "não haverá demora" (APOCALIPSE 10:6). Observe os contrastes no texto.

Os perversos incrédulos e os justos tementes a Deus. Na linguagem do Novo Testamento são "os perdidos" e "os salvos", aqueles que rejeitaram a Cristo e aqueles que o aceitaram. Jesus deixa claro que há somente dois "caminhos" na vida: o caminho estreito da fé em Cristo e o largo, o caminho conhecido do mundo que rejeita a Cristo (MATEUS 7:13,14). "Pois o SENHOR conhece o caminho dos justos, mas o caminho dos ímpios perecerá" (SALMO 1:6). Quem são os justos? Todos aqueles que se arrependeram de seus pecados e confiaram somente em Cristo para serem salvos. Quem são os ímpios? Todos aqueles que jamais confiaram em Cristo e confiaram em suas boas obras e atividades religiosas para salvá-los. Não nos tornamos filhos de Deus por causa de boas obras, mas porque confiamos na obra consumada de Jesus na cruz. "Mas Deus prova o seu próprio amor para conosco pelo fato de ter Cristo morrido por nós, sendo nós ainda pecadores" (ROMANOS 5:8).

O forno que queima e o sol que cura (MALAQUIAS 4:2). Jesus disse: "...Eu sou a luz do mundo; quem me segue não andará em trevas; pelo contrário, terá a luz da vida" (JOÃO 8:12). Durante aqueles dias terríveis de tribulação, o Senhor derramará Sua ira sobre um mundo pecaminoso, e isso incluirá o calor intenso do sol. "...os homens se queimaram com o intenso calor, e blasfemaram o nome de Deus, que tem autoridade sobre estes flagelos, e nem se arrependeram para lhe darem glória" (APOCALIPSE 16:9). O sol é uma descrição de Jesus Cristo (ISAÍAS 9:1,2; MATEUS 4:16). Ele cura Seu povo, mas julga os que o rejeitam. "Tu os tornarás como em fornalha ardente, quando te manifestares; o SENHOR, na sua indignação, os consumirá..." (SALMO 21:9). Deus não é apenas amor; é também luz (1 JOÃO 1:5; 4:8); Ele ama o pecador, mas julga os pecados. Se confiarmos em Jesus, em Seu amor santo, Ele nos perdoará e nos curará de nossos pecados. Jesus é "o sol nascente nas alturas" que nos visitou e morreu por nós na cruz (LUCAS 1:78). O que lhe está reservado: queimadura ou cura?

O restolho queimado e o bezerro saltitante (MALAQUIAS 4:1,2). O profeta descreve o incrédulo como restolho ou refugo que é queimado e esmagado, ao passo que o cristão é como um bezerro radiante que é solto do curral e salta alegremente pelo campo, pisando no restolho! Hoje, os pecadores incrédulos pensam que são vencedores e que os cristãos são tolos, mas vem o dia em que os "grandes" serão queimados como restolho e os humildes herdarão a Terra. Os bezerros são mantidos em currais para engordarem e serem abatidos, mas o povo do Senhor não! O povo do Senhor é livre para saltitar sob "...o sol da justiça, trazendo salvação nas suas asas" (v.2).

Malaquias termina seu livro com uma declaração ameaçadora do Senhor: "para que eu não venha e fira a terra com maldição" (v.6). Os cristãos, porém, não se assustam com essa declaração porque, perto de concluir o Novo Testamento, o Senhor diz: "Nunca mais haverá qualquer maldição..." (APOCALIPSE 22:3).

"Pois eis que vem o dia" e é melhor estarmos preparados.

> "O SENHOR será Rei sobre toda a terra;
> naquele dia, um só será o SENHOR,
> e um só será o seu nome" (ZACARIAS 14:9).

101

Contudo, [José] não a conheceu [Maria], enquanto ela não deu à luz um filho, **a quem pôs o nome de Jesus** (MATEUS 1:25).

O Senhor não está com pressa. Durante séculos, Deus tinha levado diferentes pessoas de diferentes lugares a fazer diferentes coisas a fim de preparar o caminho para o nascimento de Jesus em Belém, e agora Ele havia chegado. "Vindo, porém, a plenitude do tempo, Deus enviou seu Filho..." (GÁLATAS 4:4). Em Malaquias 1:11, Deus tinha prometido que o Seu nome seria "...grande entre as nações..."; agora havia chegado Aquele que cumpriria essa promessa (JOÃO 17:4). Ele é o primeiro nome e o último nome do Novo Testamento (MATEUS 1:1; APOCALIPSE 22:21); e, entre esses versículos, o nome de Jesus é mencionado mais de 900 vezes. No primeiro capítulo de Mateus, o nome *Jesus* está ligado a dois outros nomes: *Cristo* e *Emanuel*. Seu nome oficial é *Cristo*, que significa "ungido" e nos lembra de que Jesus é profeta, sacerdote e rei. Na nação hebraica, os homens que ocupavam essas funções eram sempre ungidos com óleo especial. *Emanuel* significa "Deus conosco", lembrando-nos de que Jesus é Deus e está sempre presente com o Seu povo. *Jesus* é o Seu nome pessoal e significa "Salvador". Pensemos a respeito desse nome.

Jesus é um nome divinamente atribuído. O anjo que visitou Maria lhe disse para dar ao seu filho o nome Jesus (LUCAS 1:31); e, em seu sonho, José viu um anjo que lhe deu a mesma ordem (MATEUS 1:21), à qual ele obedeceu (v.25). Quando o bebê foi circuncidado, foi-lhe dado o nome Jesus (LUCAS 2:21). Esse nome vem do hebraico *Yehoshua* (JOSUÉ), que significa "o Senhor salva". A frase "...ele salvará o seu povo..." em Mateus 1:21 não se refere apenas à salvação do povo judeu, mas à de todos aqueles que depositam a sua confiança em Jesus.

Jesus *é um nome honrado*. Esse era o nome de Oseias, um dos doze espias, mas Moisés o mudou para Josué (NÚMEROS 13:8,16). Durante a marcha no deserto, Josué tinha sido assistente especial de Moisés e general do exército, mas Deus o constituiu sucessor de Moisés e ele conduziu a nação para entrar na Terra Prometida. Porém, o nome *Josué* também pertencia ao sumo sacerdote que serviu ao remanescente judeu que foi para a Terra Santa após o exílio na Babilônia (AGEU 1:1). Devido à proeminência desses dois homens, um general e um sumo sacerdote, muitos meninos judeus recebiam o nome *Josué*, que, em grego, é *Jesus*.

Jesus *é um nome eficaz*. Que boa notícia Jesus ser o Salvador dos pecadores perdidos! "E não há salvação em nenhum outro; porque abaixo do céu não existe nenhum outro nome, dado entre os homens, pelo qual importa que sejamos salvos" (ATOS 4:12). Mas há mais. Ele é o mestre e amigo dos pecadores *salvos*! Seu povo tem o privilégio da oração devido à autoridade do Seu nome. "E tudo quanto pedirdes em meu nome, isso farei, a fim de que o Pai seja glorificado no Filho. Se me pedirdes alguma coisa em meu nome, eu o farei" (JOÃO 14:13,14). Em Seu nome, temos autoridade para proclamar o evangelho (LUCAS 24:47), a oportunidade de nos reunir com outros cristãos e adorar (MATEUS 18:20), e o privilégio de sofrer por amor do Seu nome (ATOS 5:41; 1 PEDRO 4:14).

Jesus *é um nome banalizado*. As pessoas usam o nome do Senhor levianamente desconsiderando Sua pessoa e obra. Mas cabe a nós, como filhos de Deus, engrandecer o nome de Jesus por nossas boas obras, nosso caminhar piedoso e nosso falar com graça.

> **"Pelo que também Deus o exaltou sobremaneira**
> **e lhe deu o nome que está acima de todo nome,**
> **para que ao nome de Jesus se dobre todo joelho,**
> **nos céus, na terra e debaixo da terra..."**
> (FILIPENSES 2:9,10).

102

> *Entrando na casa, [os magos] viram o menino com Maria, sua mãe.* **Prostrando-se, o adoraram...**
> (MATEUS 2:11).

A despeito do que cantamos durante a temporada de Natal, os magos do oriente não eram reis, mas sim intérpretes das estrelas e de sonhos, e não sabemos quantos eram. Deus os guiou por meio da estrela até a casa em Belém onde a sagrada família estava vivendo. Considere alguns dos fatores envolvidos nesse importante acontecimento.

Persistência. Não sabemos de que país eles vieram, embora muitos estudiosos acreditem ter sido da Pérsia. Sem dúvida, havia um grande contingente de pessoas e animais, suficiente para agitar Jerusalém e assustar o rei Herodes. Naquele tempo, a viagem era lenta e, quanto maior era o contingente, mais tempo se levava para chegar ao destino. Alguns estudiosos acreditam que eles tenham viajado durante, talvez, um ano. O povo de Deus dos dias atuais pode ter contato instantâneo com o Salvador em Seu trono da graça e sabemos que Ele está sempre conosco (MATEUS 28:18-20; HEBREUS 13:5). Porém, é necessário graça e persistência para viver a vida cristã. Hebreus 6:12 nos adverte: "...não vos torneis indolentes, mas imitadores daqueles que, pela fé e pela longanimidade, herdam as promessas".

Orientação. Não há sentido em viajar se você não sabe para onde está indo, mas o Senhor os orientou por meio de uma estrela especial. Sendo homens que estudavam corpos celestes, os magos encontraram na estrela um guia perfeito. Mas, ao chegarem a Jerusalém, os sacerdotes lhes deram orientações para ir a Belém, segundo Miqueias 5:2; depois, em Belém a estrela reapareceu e os levou à casa certa. Nós seguimos a liderança do Senhor um passo de cada vez. Deus não enviou um mapa aos magos; Ele os guiou dia a dia até chegarem ao seu destino designado. Deus pode usar circunstâncias, outras pessoas e a Sua Palavra para indicar o caminho que Ele quer que sigamos, e eles sempre serão concordantes. Cuide-se para não ignorar a Bíblia! Se dedicarmos diariamente um tempo às Escrituras, Deus nos dará exatamente a promessa, o alerta ou o comando de que precisamos naquele momento.

Eminência. Os magos eram homens importantes e ricos, enquanto a maioria dos cristãos é constituída por pessoas comuns que têm vidas comuns, *mas todas com o privilégio de adorar a Jesus e de servi-lo!* Deus não faz acepção de pessoas e não demonstra parcialidade (ATOS 10:34,35). Podemos não ter presentes caros para levar-lhe, mas, se o que levarmos a Ele vier do nosso coração, Ele o aceitará e abençoará. Jesus aceitou o almoço simples do rapaz (JOÃO 6:8-11), assim como o unguento caro de Maria (12:1-8), e os dois presentes resultaram em bênção para outros. É provável que os presentes dos magos tenham dado a José os recursos financeiros de que ele necessitava para a fuga da família para o Egito e as despesas para a sua vida lá.

Reverência. Após entrar na casa, os magos "...prostrando-se, o adoraram..." (MATEUS 2:11). Esses homens eram gentios e, por seus atos, demonstraram que o Rei dos judeus traria salvação a todas as nações do mundo (4:15,16; 12:15-21). Nossa celebração anual do nascimento de Cristo deve incluir ação de graças pelo Presente de Deus ao mundo inteiro. Ele deve ser um momento de adoração e louvor, e devemos dar presentes a Jesus, assim como os magos fizeram séculos atrás.

Os magos não voltaram a Herodes ou aos sacerdotes, pois haviam encontrado Jesus e não precisavam de algo ou alguém mais. Não vá além do Rei! Como os humildes pastores (LUCAS 2:20), sem dúvida os magos divulgaram em casa a boa palavra de que Deus tinha enviado o Salvador e Seu nome era Jesus. Sigamos este exemplo.

> "...[o] bendito e único Soberano,
> o Rei dos reis e Senhor dos senhores"
> (1 TIMÓTEO 6:15).

103

Naqueles dias, **apareceu João Batista pregando** *no deserto da Judeia e dizia: Arrependei-vos, porque está próximo o reino dos céus* (MATEUS 3:1,2).

A entrada repentina de João Batista em cena assustou as pessoas e intrigou os líderes religiosos judeus (JOÃO 1:14-28). Se os sacerdotes tivessem se lembrado do que os profetas tinham escrito, teriam compreendido quem João era e o que ele viera fazer (ISAÍAS 40:3-5; MALAQUIAS 3:3; 4:5,6). Jesus disse que jamais havia nascido homem maior do que João Batista (MATEUS 11:7-15). Certamente, sua mensagem era a maior, porque ele anunciava a iminente chegada do prometido Messias e do Seu reino, e chamava o povo a arrepender-se de seus pecados e a acolherem o seu Salvador. Certamente, João é, para nós, um bom exemplo de um servo fiel.

João veio porque foi enviado pelo Senhor. "Houve um homem enviado por Deus cujo nome era João" (JOÃO 1:6). A palavra traduzida como "enviado" dá origem à nossa palavra *apóstolo* e significa "alguém comissionado pelo rei e autorizado a falar por ele". A obra de João era preparar as pessoas para o ministério de Jesus. A condição espiritual do povo judeu estava em declínio; João os chamou a se arrependerem de seus pecados e a voltarem ao Senhor. Por ser um servo de Deus, João não tinha medo do que os homens poderiam dizer ou fazer. Ele tinha uma vida austera no deserto e era um homem de oração. Era como o profeta Elias, que enfrentou bravamente o rei Acabe e os sacerdotes de Baal e venceu a batalha (1 REIS 17–18). A única maneira de ter autoridade e vitória é ser enviado por Deus e fazer a obra que Ele atribui a nós.

João pregou a mensagem que Deus lhe deu. Várias palavras do Novo Testamento significavam *pregar*; a usada aqui significa "apregoar uma mensagem oficial". Atualmente, os funcionários governamentais têm inúmeras formas de se comunicar com os cidadãos, mas, no tempo de João, habitualmente era a voz do arauto oficial que entregava a mensagem. João era testemunha de Jesus, a Luz (JOÃO 1:7,8), porque o povo judeu estava espiritualmente cego para a Luz do Senhor, que estava brilhando. João dava o seu testemunho no deserto próximo ao rio Jordão porque as pessoas estavam vagando num deserto religioso como os judeus do Antigo Testamento. Porém, uma das coisas mais notáveis acerca de João Batista é ele não ter realizado milagres (10:40-42). Seu trabalho foi feito por meio da pregação da Palavra, exatamente como o nosso hoje. Nunca subestime o poder da pregação da Palavra de Deus.

João se especializou em exaltar Jesus Cristo. Ele disse: "Convém que ele cresça e que eu diminua" (3:30). Ele glorificava Jesus e não a si mesmo. "Porque não nos pregamos a nós mesmos, mas a Cristo Jesus como Senhor e a nós mesmos como vossos servos, por amor de Jesus" (2 CORÍNTIOS 4:5). Jesus Cristo é a Palavra viva (JOÃO 1:1,2,14) e João Batista declarou ser apenas uma voz proferindo essa Palavra (1:19-24). Você ouve uma voz, mas é incapaz de ver o som se não tiver um equipamento especial. João era apenas uma "...lâmpada que ardia e alumiava..." (5:35), mas Jesus é a Luz (1:6-9; 8:12). João anunciou Jesus como o noivo, mas João era apenas o melhor amigo do noivo no casamento (3:29). O anjo disse ao pai de João que seu filho seria grande (LUCAS 1:15), *mas João se encarregou de Jesus ser sempre maior.*

Ao buscarmos servir ao Senhor, tenhamos a certeza de que Deus nos chamou e nos enviou. Declaremos a mensagem que Ele nos deu e tenhamos a certeza de que engrandecemos Jesus Cristo. Jesus elogiou João por não ser um caniço agitado pelo vento ou uma celebridade rica, mas sim um servo devoto do Senhor (MATEUS 11:7-15). Ele pode dizer isso de nós?

> **"Ele é a cabeça [...] para em todas as coisas ter a primazia"** (COLOSSENSES 1:18).

104

E eis uma voz dos céus, que dizia:
Este é o meu Filho amado,
em quem me comprazo (MATEUS 3:17).

Pai afirma o Seu amor. João Batista reconheceu Jesus quando este foi ao rio Jordão para ser batizado. Sabendo que Jesus não tinha pecados a confessar, João tentou dissuadi-lo, mas Jesus insistiu em que obedecessem à vontade do Pai. A maioria dos estudiosos do Novo Testamento concorda que o batismo do Novo Testamento era por imersão, representando morte, sepultamento e ressurreição. A palavra "nos" no versículo 15 não se refere a Jesus e a João, mas ao Pai, a Jesus e ao Espírito Santo, que "...[cumpririam] toda a justiça..." na morte, no sepultamento e na ressurreição do Filho de Deus. Jesus se referiu a esse "batismo" ao dizer: "Tenho, porém, um batismo com o qual hei de ser batizado; e quanto me angustio até que o mesmo se realize!" (LUCAS 12:50). Essa foi a primeira das três ocasiões em que o Pai afirmou amor ao Seu Filho, e todas as três envolveram a cruz. A segunda foi na transfiguração (MATEUS 17:1-7); e a terceira foi após a entrada triunfal de Jesus em Jerusalém (JOÃO 12:12-32). Sempre que nos deparamos com uma situação de "Calvário", nosso Pai nos assegura do Seu amor.

Satanás questiona o amor do Pai. Imediatamente após o Seu batismo, Jesus foi conduzido pelo Espírito ao deserto, para ser tentado por Satanás (MATEUS 4:1-11). O Mestre jejuou durante quarenta dias e noites; quando viu que Jesus estava em Seu momento de maior fraqueza, Satanás atacou com três ofertas poderosas. Primeiramente, Satanás se referiu ao que o Pai tinha falado do céu. *Se tu és o Filho de Deus — e o Pai disse que és —, por que estás com fome? Se teu pai te ama verdadeiramente, por que te priva de alimento?* (conforme v.3). Ao nos tentar, um dos estratagemas de Satanás é nos levar a questionar o amor do nosso Pai celestial.

Quando consegue nos fazer duvidar do amor de Deus, Satanás destrói facilmente nossa fé, esperança e amor. *Por que tu tens de morrer na cruz, Jesus? É esse o amor do Pai por ti? Adora-me e eu te darei os reinos do mundo e tu não terás de sofrer* (conforme v.9). Sempre que você for tentado, jamais questione o amor do Pai. Se Jesus é o seu Salvador, você está "...no Amado" (EFÉSIOS 1:6).

O Filho demonstra amor divino no Calvário. "Mas Deus prova o seu próprio amor para conosco pelo fato de ter Cristo morrido por nós, sendo nós ainda pecadores" (ROMANOS 5:8). A cruz é a maior prova do amor de Deus. Sabemos que Deus nos ama, não porque somos saudáveis, ricos e desfrutamos de uma vida tranquila, mas porque Ele nos disse isso nas Escrituras. De fato, o Pai nos ama *tanto quanto ama ao Seu próprio Filho*. Jesus orou ao Pai: "...que o mundo conheça que tu me enviaste e os amaste, como também amaste a mim" (JOÃO 17:23). Como eleito de Deus, você é amado pelo Pai (COLOSSENSES 3:12). Todos os filhos de Deus são "...irmãos amados pelo Senhor..." (2 TESSALONICENSES 2:13), independentemente de quanta dor sentimos ou quão desconfortáveis nossas circunstâncias possam ser. Quando você duvidar do amor de Deus, visite a cruz.

O nosso amor pelos outros comprova o amor de Deus por eles. Deus revela o Seu amor por meio do Seu próprio povo. O mundo perdido nunca crerá em João 3:16 se os cristãos não obedecerem a 1 João 3:16 — "Nisto conhecemos o amor: que Cristo deu a sua vida por nós; e devemos dar nossa vida pelos irmãos". E 1 João 4:11 diz: "Amados, se Deus de tal maneira nos amou, devemos nós também amar uns aos outros". Os cristãos devem ser canais, não reservatórios; compartilhamos o amor de Deus com os outros à medida que o Espírito Santo trabalha em nós e por meio de nós. "Mas o fruto do Espírito é: amor..." (GÁLATAS 5:22). O amor não é algo que fabricamos, como atores fingindo emoção no palco. O amor é como um fruto — vivo, perfumado, nutritivo, com sementes para produzir mais frutos.

"O amor jamais acaba..."
(1 CORÍNTIOS 13:8).

105

Portanto, sede vós perfeitos
como perfeito é o vosso Pai celeste
(MATEUS 5:48).

"Impossível!" é a nossa primeira reação a esse versículo, porque a palavra *perfeito* nos perturba como seres humanos pecadores. Uma coisa é fazer o nosso melhor, mas totalmente outra é reivindicar "perfeição". Se precisamos ser perfeitos, por que "perdoa-nos as nossas dívidas" está na oração do Senhor? Nosso Pai Celestial quer que objetivemos a perfeição porque Ele não pode desejar menos do que o melhor para os Seus filhos. Eis aqui algumas diretrizes para nos ajudar em nossa busca.

O objetivo da vida cristã é a piedade, e piedade simplesmente significa "semelhança de Deus". Em 3 de março de 1805, o missionário Henry Martyn escreveu em seu diário que seu "grande negócio" na vida era a santificação de sua própria alma, e ele estava certo. O apóstolo Paulo disse a Timóteo para exercitar-se na piedade (1 TIMÓTEO 4:7) e pregar "...o ensino segundo a piedade" (6:3). A palavra traduzida como *perfeito* em Mateus 5:48 significa "ser completo, ser maduro no caráter". Um pediatra examina um bebê de três meses de idade e diz: "Esta criança é perfeita!". É claro que a criança não é perfeita, porque nada pode fazer além de comer, dormir e dar trabalho às pessoas — mas, para o tempo em que a criança está no mundo, ela está no estágio certo de desenvolvimento. Os cristãos podem ser vítimas de interrupção do desenvolvimento se ignoram a Bíblia, a oração, a adoração e o serviço (HEBREUS 5:12–6:1). "Sereis santos, porque eu sou santo" é repetido várias vezes nas Escrituras (LEVÍTICO 11:44,45; 19:2; 20:7; 1 PEDRO 1:15,16). Nosso objetivo na vida é a piedade, a chave para todas as outras bênçãos.

O modelo para a piedade é Jesus Cristo. "E crescia Jesus em sabedoria, estatura e graça, diante de Deus e dos homens" (LUCAS 2:52). "Antes, crescei na graça e no conhecimento de nosso Senhor e

Salvador Jesus Cristo..." (2 PEDRO 3:18). Jesus quer que Seus discípulos sejam "filhos" maduros do Pai e não crianças dependentes com dificuldades (GÁLATAS 4:4-7). Os pais se alegram quando seus filhos têm idade suficiente para se alimentar e cuidar de suas próprias necessidades pessoais, e são capazes de aceitar responsabilidades. Quando nascemos de novo na família de Deus, o Senhor começou a boa obra em nós para nos preparar para vida e serviço, e Ele continua essa obra e nos aproxima da maturidade espiritual à medida que o obedecemos (FILIPENSES 1:6; EFÉSIOS 2:10). Deus deseja que "...[nos conservemos] perfeitos e plenamente convictos em toda a vontade de Deus" (COLOSSENSES 4:12). Não devemos imitar outros cristãos a menos que eles estejam imitando Cristo (1 CORÍNTIOS 11:1).

O motivo para seguir a Cristo é o amor. Amor cristão significa que tratamos os outros como o nosso Pai celestial nos trata, não como os nossos inimigos nos tratam. Quando os nossos inimigos abusam de nós, eles só machucam a si mesmos; quando retribuímos ódio com amor, crescemos no Senhor, pois Ele transforma maldições em bênçãos (DEUTERONÔMIO 23:5). O amor realiza, mas o ódio destrói. Nosso amor por Cristo nos capacita a experimentarmos o Seu amor por nós e, depois, a compartilhar esse amor com os outros, especialmente os mais indignos. A maneira como tratamos os outros não depende da maneira como eles nos tratam, mas da maneira como Deus trata a nós e a eles. Ele lhes envia luz do sol e chuva; por isso, não devemos enviar-lhes tempestades. Se devemos nos tornar perfeitos, completos e maduros em Cristo, precisamos sofrer como Ele sofreu e fazê-lo para a glória de Deus. Podemos não gostar das pessoas que abusam de nós, mas, com a ajuda do Espírito, podemos amá-las. Romanos 12:17-21 é o mandato que seguimos e, se o obedecermos, cresceremos em caráter e conduta cristãos e nos tornaremos mais parecidos com o Mestre.

> **"Não te deixes vencer do mal,
> mas vence o mal com o bem"**
> (ROMANOS 12:21).

106

*Quando, pois, deres esmola, **não toques trombeta** diante de ti, como fazem os hipócritas, nas sinagogas e nas ruas, para serem glorificados pelos homens. Em verdade vos digo que eles já receberam a recompensa* (MATEUS 6:2).

Um amigo com dom de relações públicas me disse: "Lembre-se, quase todas as pessoas que você encontra têm um sinal invisível em torno de seu pescoço, que diz 'Faça-me sentir-me importante'". Dar atenção a pessoas com amor cristão é algo adequado a fazer, desde que os nossos motivos sejam puros, mas atender às pessoas somente para obter elogios e reconhecimento para nós está fora de questão. Essa abordagem se aplicava especialmente aos escribas e fariseus do século primeiro. Dar aos pobres, orar e jejuar eram práticas religiosas básicas para o povo judeu, e Jesus exortou o povo a não "tocar as suas próprias trombetas" quando os estavam observando. Todos gostam de ser apreciados, mas pescar elogios ou chamar a atenção para as nossas realizações não é a abordagem cristã à vida. Há três fontes de louvor, mas Jesus aprovou somente uma delas e essa é a que devemos praticar.

Podemos despertar elogios de outros. Os escribas e fariseus honravam e louvavam uns aos outros, mas se esqueciam de esforçar-se para receber o louvor que vem somente do Senhor (JOÃO 5:44; 12:43). Em suma, eles estavam mais preocupados com a reputação do que com o caráter. É improvável que Jesus estivesse falando sobre trombetas de fato, pois nenhum judeu tocaria uma trombeta na sinagoga. Em vez disso, Ele estava ilustrando a inconveniência de chamar a atenção para as nossas realizações unicamente para que os outros possam nos elogiar. Quando as pessoas se sentem pressionadas a elogiar os outros, seu louvor está fadado a ser insincero. Se o seu objetivo é o louvor humano, você pode receber a sua recompensa — *mas as recompensas terminam aí*. Você não pode receber a sua recompensa duas vezes. Receba-a de pessoas e você não a receberá de Deus.

Podemos fabricar elogio para nós mesmos. Sou avisado para não deixar a minha mão esquerda saber o que a mão direita está fazendo (MATEUS 6:3). Por quê? Porque eu começaria imediatamente a *dar-me tapinhas nos ombros.* "Pois todo o que se exalta será humilhado; e o que se humilha será exaltado" (LUCAS 14:11). A Bíblia registra as tragédias de numerosas pessoas cujo orgulho inflou seus egos. Davi era humilde e se tornou rei, enquanto o rei Saul era orgulhoso e perdeu sua coroa. "...Não é esta a grande Babilônia que eu edifiquei para a casa real, com o meu grandioso poder e para a glória da minha majestade?" (DANIEL 4:30) — o rei Nabucodonosor disse essas palavras e viveu como um animal durante os sete anos seguintes. O orgulho de Moisés ao ferir a rocha em Cades lhe custou o privilégio de entrar na Terra Prometida (NÚMEROS 20:1-13); o orgulho de Pedro em vangloriar-se de sua lealdade a Jesus resultou em suas três humilhantes negações (JOÃO 13:36-38). O fazendeiro rico que se gabou de seu sucesso morreu naquela mesma noite (LUCAS 12:13-21); o fariseu cuja oração no Templo foi apenas um comunicado de imprensa egoísta voltou para casa em condição pior do que quando chegara (18:9-14).

Podemos receber elogio de Deus. O importante é que os nossos motivos sejam puros, porque o Senhor vê o coração. Doar é correto. Deus o ordena; as pessoas têm necessidades e nós devemos ajudar a atender a essas necessidades. Porém, nós damos não porque queremos uma recompensa, mas porque isso glorifica a Deus, atende a necessidades e edifica o caráter cristão. Deus não tem de nos recompensar, pois lhe devemos obediência; mas, em Sua graça, ele escolhe nos recompensar. Algum dia, no céu, colocaremos as nossas recompensas aos pés de Jesus (APOCALIPSE 4:10), porque tudo que é bom vem do coração generoso de Deus. Aleluia!

> "...Porque tudo vem de ti,
> e das tuas mãos to damos"
> (1 CRÔNICAS 29:14).

107

Ora, se Deus veste assim a erva do campo, que hoje existe e amanhã é lançada no forno, quanto mais a vós outros, **homens de pequena fé?**
(MATEUS 6:30).

Todas as pessoas têm fé em alguém ou algo, independentemente do quanto o neguem. Se você endossa um cheque ou deposita dinheiro no banco, tem fé. Se você entrega uma receita a um farmacêutico e depois toma o remédio, está exercendo fé. Dirigir na estrada ou até mesmo entrar em um elevador e apertar um botão exige fé. O fator mais importante é o *objeto* da nossa fé, que, para o cristão, é o Deus Todo-poderoso. A fé cristã é viver com confiança de que Deus cumprirá as Suas promessas, e isso nos leva à obediência e à perseverança, não importam as circunstâncias e consequências. Nós caminhamos, trabalhamos e guerreamos por fé.

Todo cristão verdadeiro tem alguma medida de fé (ROMANOS 12:3) e essa medida pode aumentar conforme caminhamos com o Senhor, até termos a grande fé (MATEUS 8:10; 15:28). Em nosso texto, Jesus repreende Seus discípulos por sua "...pequena fé", uma frase frequentemente utilizada por Ele. Se você examinar os textos, aprenderá algumas das características dos cristãos de "pequena fé".

Pessoas de pequena fé são *propensas a preocupar-se*. Essa é a mensagem do nosso texto. Se a nossa fé não atuar nos assuntos da vida diária, nunca agirá nos grandes desafios do ministério ou da guerra espiritual. A fé em Deus é o segredo de um coração sem preocupações (6:25-34). Tudo precisa ser levado ao Senhor em oração se esperamos desfrutar da Sua paz (FILIPENSES 4:6,7). A Igreja Primitiva enfatizava a oração e o ministério da Palavra (ATOS 6:4); ambos exigem fé e ajudam a edificar a fé.

Pessoas de pequena fé são *facilmente assustadas*. Uma tempestade repentina irrompeu no mar da Galileia e os discípulos estavam terrivelmente assustados, *mas Jesus estava dormindo*

(MATEUS 8:23-27)! Os homens acordaram o Senhor e gritaram: "...salva-nos! Perecemos!" Jesus acalmou a tempestade no mar, *mas não conseguiu acalmar o medo no coração deles*. O problema deles era a sua pequena fé, e esse pode ser o seu problema. Charles Spurgeon disse: "Uma pequena fé levará a sua alma ao céu, mas uma grande fé trará o céu à sua alma".

Pessoas de pequena fé são *indecisas*. Segundo Mateus 14:22-33, certa noite, Jesus enviou deliberadamente Seus discípulos para uma tempestade no mar da Galileia enquanto Ele ficou para trás. No meio da noite, Ele foi até eles *caminhando sobre as águas*. Pedro gritou: "...Se és tu Senhor, manda-me ir ter contigo, por sobre as águas" (v.28). Jesus disse uma palavra: "...Vem!...". *E Pedro andou sobre as águas para ir ao encontro de Jesus*. Mas, em seguida, Pedro tirou os olhos de Jesus e começou a olhar para as grandes ondas e a sentir o vento forte. O que aconteceu? Ele começou a afundar! "...Salva-me, Senhor!", gritou ele, e Jesus o resgatou (vv.30,31). Lembre-se, Pedro conhecia aquela massa de água como você conhece o quintal da sua casa, mas ficou com medo e "parado entre duas opiniões". Cuidado com o "...ânimo dobre..." (TIAGO 1:8). Essa é a situação da pessoa de pequena fé.

Jesus comparou a fé a um grão de mostarda, uma das menores sementes conhecidas (MATEUS 17:20). Porém, o tamanho da semente é irrelevante; o que conta é a vida que há no interior da semente. Plante a semente e, finalmente, você terá uma grande planta (13:31,32). A fé é como aquela pequena semente: se for plantada no coração e alimentada, produzirá a planta. A Bíblia contém "...as palavras da fé..." (1 TIMÓTEO 4:6); quanto mais nos alimentarmos da verdade de Deus, mais forte a nossa fé se tornará. Ao reivindicarmos as promessas de Deus em oração, nossa fé amadurecerá.

"...Seja-vos feito segundo a vossa fé"
(MATEUS 9:29 ARC).

108

Entrai pela porta estreita *(larga é a porta, e espaçoso, o caminho que conduz para a perdição, e são muitos os que entram por ela), porque estreita é a porta, e apertado, o caminho que conduz para a vida, e são poucos os que acertam com ela* (MATEUS 7:13,14).

Após uma noite de oração, nosso Senhor escolheu Seus doze discípulos e, em seguida, pregou Seu sermão de ordenação, o qual chamamos Sermão do Monte. Nele, Ele explicou a verdadeira justiça e expôs a justiça artificial dos escribas e fariseus (MATEUS 5:20). As igrejas dos tempos atuais têm falsos cristãos em seu meio; por isso, esse sermão se aplica a nós. A metáfora das portas e dos caminhos nos ajuda a examinar a nós mesmos para ver se realmente conhecemos o Senhor.

O privilégio da escolha. Nós somos feitos à imagem de Deus, e o Senhor não nos "agride" para nos fazer obedecê-lo. Em Sua Palavra, Ele explica as verdades básicas que precisamos conhecer e insiste para tomarmos a decisão certa. Se rejeitamos a vontade de Deus, sofremos com isso. Algumas pessoas não gostam de tomar decisões e flutuam de um problema para outro, ou então deixam que outros decidam por elas. Porém, as decisões da vida vêm a nós como projéteis e é perigoso atrasar-se. Pessoas podem orar por nós e nos aconselhar, mas nós precisamos tomar as decisões. Não há lugar para neutralidade ou transigência. Ou abandonamos a nossa bagagem mundana e passamos pela porta estreita que leva ao caminho estreito, ou nos apegamos a tudo e passamos pela porta larga que leva ao caminho espaçoso. Nós tomamos as decisões e sofremos as consequências.

O perigo da ilusão. Passar pela porta estreita e andar no caminho estreito significa que precisamos deixar para trás tudo que não é coerente com uma vida cristã dedicada. Jesus descreveu isso como "tomar a sua cruz"; não podemos carregar nossa cruz e nossa bagagem mundana ao mesmo tempo. Porém, cuidado com as ilusões do mundo. Parece que a porta larga é a entrada mais fácil, mas isso é pura ilusão. "...Esforçai-vos por entrar pela porta estreita...", diz Jesus em Lucas 13:24; e a palavra traduzida como "esforçar" dá origem à nossa palavra *agonizar*. Ela retrata um atleta dando o melhor de si e pagando um preço para vencer a corrida. *Do início ao fim, a vida cristã não é fácil*: "...através de muitas tribulações, nos importa entrar no reino de Deus" (ATOS 14:22). O caminho largo e cheio de gente parece ser o mais adequado a seguir, mas esse caminho leva à destruição. As ilusões do mundo somente o levarão ao erro. Cuidado!

A promessa de vida. A escolha que fazemos é uma questão de vida ou morte. Jesus disse: "...Eu vim para que tenham vida e a tenham em abundância" (JOÃO 10:10). O caminho é difícil, mas é o único caminho para a vida eterna. Os prazeres do pecado não são duradouros (HEBREUS 11:25), mas as alegrias da vida eterna não terminam. Que tragédia chegar ao fim da vida e descobrir que não vivemos!

"Há caminho que ao homem parece direito, mas ao cabo dá em caminhos de morte". Essa afirmação é encontrada em Provérbios 14:12 e 16:25, então deve ser importante. Deus coloca diante de nós dois caminhos — o caminho difícil da vida e o caminho fácil do pecado e da destruição. O conselho de Deus para nós é "...escolhe, pois, a vida..." (DEUTERONÔMIO 30:19).

> "Tu me farás ver os caminhos da vida;
> na tua presença há plenitude de alegria,
> na tua destra, delícias perpetuamente"
> (SALMO 16:11).

109

Pedi, e dar-se-vos-á; **buscai e achareis**; *batei, e abrir-se-vos-á*
(MATEUS 7:7).

A menos que nós, como povo de Deus, aprendamos a orar como deveríamos, nunca avançaremos para a maturidade espiritual ou teremos ministérios eficazes que glorificarão a Deus. "Porém, irmãos, quer queiramos ou não, lembrem-se, *pedir é a regra do reino*". Essas palavras são tão verdadeiras hoje como quando Charles Haddon Spurgeon as disse na manhã do domingo de 1º de outubro de 1882, no *Metropolitan Tabernacle* de Londres. "...Nada tendes, porque não pedis" (TIAGO 4:2).

No entanto, oração é muito mais do que pedir e receber, embora isso seja essencial; a oração é também *buscar e achar*. A oração não é simplesmente uma conversa com Deus, na qual lhe contamos todas as nossas necessidades. *Oração é também uma viagem com Deus, durante o qual Ele nos revela a Ele mesmo e os Seus recursos.* Jesus disse: "Tomai sobre vós o meu jugo e aprendei de mim..." (MATEUS 11:29). Aprender o quê? A grandeza do Seu caráter e a incomensurável vastidão da Sua riqueza. Se a nossa comunhão com Deus em oração consiste apenas em "dá-me isso e dá-me aquilo", somos dignos de pena. Precisamos orar com Moisés: "...Rogo-te que me mostres a tua glória" (ÊXODO 33:18) e com Davi: "...buscarei, pois, SENHOR, a tua presença" (SALMO 27:8). Quando fazemos a conhecida Oração do Senhor, nossos primeiros pedidos (antes de dizermos "dá-nos") estão focados em glorificar o nome de Deus, apressar a vinda do reino de Deus e fazer a vontade do Senhor. Estas são prioridades.

A primeira pergunta que Jesus fez aos Seus discípulos foi: "...Que buscais?" (JOÃO 1:38), e Ele faz essa pergunta a nós hoje. Se não sabemos o que estamos buscando, nossa viagem será um desperdício de tempo. "E procuras tu grandezas? Não as procureis..."

(JEREMIAS 45:5). Para ter certeza, "coisas" são importantes e Deus sabe que precisamos delas (MATEUS 6:32); porém precisamos nos lembrar das nossas prioridades espirituais. Mas "...buscai, pois, em primeiro lugar, o seu reino e a sua justiça, e todas estas coisas vos serão acrescentadas" (v.33). "Coisas" são benefícios extras, mas o governo de Deus e Sua justiça são essenciais. O Senhor "...se torna galardoador dos que o buscam" (HEBREUS 11:6). Assim como os pais amam passar tempo com seus filhos e compartilhar amor e compreensão, também o nosso Pai se agrada quando ficamos a sós com Ele, ponderamos sobre a Sua Palavra, o adoramos e abrimos nosso coração em total rendição.

Você já fez uma jornada de oração ao longo das Bem-aventuranças (MATEUS 5:1-12)? Que viagem! Essas profundas declarações são como espelhos que nos ajudam a examinar a nós mesmos e, depois, se tornam janelas que revelam a grandeza do caráter de Deus. *Ao contemplarmos a beleza de Jesus, a glória de Deus brilha e tornamo-nos mais semelhantes a Ele* (2 CORÍNTIOS 3:18)! Quando terminar sua jornada pelas Bem-aventuranças, inicie por um salmo, tal como Salmo 15 ou 19. O que Deus nos diz acerca de si mesmo, de nós, da graça que Ele tem para cada uma de nossas necessidades e desafios? Uma das viagens mais ricas é pelas orações do apóstolo Paulo, enquanto estava na prisão (EFÉSIOS 1:15-23; 3:14-21; FILIPENSES 1:3-11; COLOSSENSES 1:9-12).

Nosso Senhor acrescentou: "...batei, e abrir-se-vos-á", referindo-se a uma porta de serviço sendo aberta pelo Senhor; na Escritura, uma "porta aberta" fala de ministério. "Porque uma porta grande e oportuna para o trabalho se me abriu...", escreveu Paulo (1 CORÍNTIOS 16:9; VEJA COLOSSENSES 4:3; APOCALIPSE 3:8). Deus nos abençoa para que possamos ser uma bênção para outros. O que mantemos para nós, podemos perder, mas o que damos, mantemos para sempre. Quando pedimos, recebemos; quando buscamos, crescemos; e, quando batemos, damos. Essa é uma vida cristã equilibrada.

> "...eis que tenho posto diante de ti uma porta aberta,
> a qual ninguém pode fechar..." (APOCALIPSE 3:8).

110

Mas o centurião respondeu: **Senhor, não sou digno** *de que entres em minha casa; mas apenas manda com uma palavra, e o meu rapaz será curado* (MATEUS 8:8).

Quando não estava viajando em ministério, Jesus fazia de Cafarnaum, a cidade de Pedro, André, Tiago e João, o Seu "quartel-general". Ela era o principal porto para os muitos pescadores do mar da Galileia e era cercada por plantações especialmente produtivas. Cafarnaum ficava localizada em uma importante rota comercial; por isso, não era um simples vilarejo, mas uma movimentada cidade cosmopolita, o que explica por que Roma havia posicionado soldados ali. Nos quatro evangelhos e no Livro de Atos se encontram sete centuriões, todos eles apresentados como homens honrados que tratavam Jesus e os cristãos com dignidade e bondade. Três perguntas vêm à mente a partir desse relato sobre Jesus e o centurião.

Como os nossos amigos nos veem? Esse centurião tinha sido especialmente gentil com os judeus de Cafarnaum e construído uma sinagoga para eles. Quando os anciãos da sinagoga levaram a Jesus o pedido do centurião, de que fosse curar o servo, eles discutiram o caso daquele homem, dizendo que ele lhes tinha construído uma sinagoga e, portanto, era digno de receber a ajuda dele (LUCAS 7:3-5). Entretanto, o centurião declarou abertamente: "...não sou digno..."! Os anciãos judeus sabiam que, segundo a sua tradição, um judeu era contaminado se entrasse na casa de um gentio, embora isso não teria impedido Jesus de ajudar o servo. O oficial gentio sabia mais a respeito de Jesus do que os anciãos, porque disse: "...também eu sou homem sujeito à autoridade..." (MATEUS 8:9). Observe essa palavra *também*. Ele acreditava que Jesus atuava sob a autoridade de Deus, uma notável convicção para um soldado romano.

Como vemos a nós mesmos? O centurião não exaltou a si mesmo. Ele admitiu que estava sob a autoridade dos seus superiores e, finalmente, do imperador, mas essa autoridade não lhe dava poder para curar seu amado servo moribundo. Certamente, o centurião sabia sobre as curas milagrosas do nosso Senhor em outros lugares. Um oficial romano poderia emitir todos os tipos de comandos em uma terra conquistada, mas esse homem não era abusivo. Como Cornélio em Atos 10, ele usou a sua autoridade para ajudar os outros e não para exibir a sua própria "grandeza". Onde quer que haja corações humildes, Deus pode fazer a Sua obra e levar-lhes verdade e vida (ISAÍAS 57:15). "Em vindo a soberba, sobrevém a desonra, mas com os humildes está a sabedoria" (PROVÉRBIOS 11:2). A humildade do centurião lhe rendeu um grande elogio de Jesus!

Como Jesus nos vê? Jesus deve ter sabido do amor do centurião por seu servo, e a declaração do homem a respeito de autoridade revelou a sua fé no poder das palavras de Jesus. Porém, Jesus nada disse sobre a sinagoga ou da generosidade do centurião. Em vez disso, ficou fortemente impressionado com a fé desse homem no poder das palavras que Jesus falava. Poderia o soldado ter aprendido isso a partir de um relato da cura do filho do nobre de Cafarnaum (JOÃO 4:46-54), quando Jesus curou o menino *à distância*? O centurião estava dizendo: "...apenas manda com uma palavra, e o meu rapaz será curado". Deus criou o Universo simplesmente pronunciando a palavra. "Pois ele falou, e tudo se fez; ele ordenou, e tudo passou a existir" (SALMO 33:9). Jesus ficou maravilhado com a fé do homem, um gentio pagão! Ele também ficou impressionado com a fé de uma mulher gentia (MATEUS 15:28) e a *incredulidade* dos judeus (MARCOS 6:1-6).

O Senhor está planejando agir por nosso intermédio na vida das pessoas e em lugares sobre os quais nada sabemos hoje; mas, se andarmos na Sua vontade, compartilharemos da Sua bênção. Estamos sob a Sua autoridade e confiando nele? Se assim for, prepare-se para um milagre!

"Enviou-lhes a sua palavra, e os sarou..."
(SALMO 107:20).

111

> **Vendo ele as multidões, compadeceu-se** *delas, porque estavam aflitas e exaustas como ovelhas que não têm pastor*
> (MATEUS 9:36).

Nossos olhos costumam ver as coisas que interessam ao nosso coração. As crianças veem lojas de doces e de brinquedos, enquanto seus pais veem cartazes de "liquidação". Eu atento para sebos de livros e minha esposa encontra lojas de tecidos. Quando Jesus via as multidões, preocupava-se com as pessoas a quem veio salvar.

Compaixão. Esse termo tem origem em duas palavras latinas que, juntas, significam "sofrer com outra pessoa, suportar dor com outra pessoa". A palavra grega em nosso texto é mais dramática, porque se refere às vísceras do corpo humano sendo fortemente abaladas. Uma pessoa com compaixão é agitada até as profundezas e sente dor porque outras pessoas estão sofrendo. Mateus nos diz três vezes que Jesus teve compaixão das multidões (9:36; 14:14; 15:32); Seu coração também sofreu com indivíduos necessitados — dois cegos (MATEUS 20:34), um leproso (MARCOS 1:41), um endemoninhado (5:19), uma viúva angustiada (LUCAS 7:13) e um menino endemoninhado (MARCOS 9:22). Em três de Suas parábolas, Jesus falou de compaixão (MATEUS 18:27; LUCAS 10:33; 15:20). Em nosso texto (MATEUS 9:36,37), Ele viu as multidões como ovelhas impotentes e vagantes sendo abusadas por seus pastores. Ele também viu as multidões como campos de grãos, prontos para a colheita. As ovelhas se dispersariam e seriam mortas por predadores, e a colheita se perderia, tudo por falta de pessoas com compaixão. Esse fato nos comove?

Intercessão. A solução do nosso Senhor para essa situação desoladora foi a *oração* (v.38), pedindo a Deus que enviasse trabalhadores compassivos para cuidar dos rebanhos e dos campos.

Quando foi a última vez em que pedimos a Deus que enviasse trabalhadores? Nós lhe pedimos para chamá-los em nossa própria família? O médico disse à minha mãe que ela não conseguiria criar-me após os 2 anos, porque havia um problema no meu sangue, mas o prognóstico dele nunca se cumpriu. Por quê? Porque eu tinha um bisavô piedoso que orava para que houvesse um pregador do evangelho em cada geração da nossa família — *e tem havido*. Oro diariamente para que o Senhor envie trabalhadores à Sua lavoura e sempre acrescento: "E chama alguns da nossa família" — e Ele tem chamado. Compaixão e intercessão precisam andar juntas.

Dedicação. Quando começamos a orar para que Deus envie trabalhadores, precisamos nos lembrar de que, frequentemente, Ele começa a responder *no intercessor e por meio dele* (EFÉSIOS 3:20). Tenho certeza de que Moisés orou a Deus para libertar o Seu povo da escravidão no Egito, e Deus o chamou para ser esse libertador. Neemias chorou e orou devido ao triste estado de Jerusalém, e o Senhor o enviou como governador para reconstruir os muros (NEEMIAS 1–2). Foi numa reunião de oração que o Senhor chamou Paulo e Barnabé para levarem o evangelho aos gentios (ATOS 13:1-3). Portanto, quando oramos, precisamos primeiramente entregarmo-nos ao Senhor; caso contrário, podemos estar orando somente com os lábios e não com o coração. Se eu não estou disposto a servir em Sua vontade, que direito tenho de pedir que outros sirvam?

Nosso grande Sumo Sacerdote tem compaixão e se preocupa conosco (HEBREUS 4:15,16), e nós devemos ter compaixão pelos outros. Comecemos em casa, com nossa própria família e vizinhos; então, poderemos interceder por nossa família da igreja e pelos santos e pecadores do mundo todo. A palavra que significa "compaixão" é encontrada, de várias maneiras, em Efésios 4:32 ("compassivos"), Filipenses 2:1 ("amor"), Colossenses 3:12 ("misericórdia") e 1 Pedro 3:8 ("compadecidos"); todas elas somadas constituem *compaixão*. Jamais somos tão semelhantes a Jesus do que quando somos compassivos.

> "Ah! Senhor, estejam, pois, atentos os teus ouvidos
> à oração do teu servo e à dos teus servos que se agradam
> de temer o teu nome..." (NEEMIAS 1:11).

112

Vinde a mim, todos os que estais cansados e sobrecarregados, **e eu vos aliviarei.** *Tomai sobre vós o meu jugo [...], porque sou manso e humilde de coração; e achareis descanso para a vossa alma. Porque o meu jugo é suave, e o meu fardo é leve* (MATEUS 11:28-30).

Os historiadores enfrentam um desafio ao pensar em nomes para as diferentes épocas da história humana. Tivemos o "Período Entreguerras", a "Idade das Trevas", a "Idade Média" e a "Era do Iluminismo", para citar apenas alguns exemplos; mas penso que o melhor nome para o período compreendido desde a Segunda Guerra Mundial até os dias atuais seria "Idade da Inquietação". Para mim, este parece ser um tempo em que as pessoas inquietas têm usado sedativos, ajuda psiquiátrica e outras maneiras de fugir dos problemas e pressões da vida diária. Você pode ir à farmácia e comprar sono, mas não pode comprar descanso, e o entretenimento que você compra é apenas uma distração temporária que, frequentemente, o deixa mais inquieto do que quando o iniciou. A única oferta de alívio válida é aquela que Jesus nos faz em nosso texto. Ele nos convida a dar três passos simples de fé.

Aceite Jesus como seu Salvador e receba alívio. Seu simples convite é *venha* — e não *vá, trabalhe, compre* ou *tente* — e quando vamos com fé, Ele nos dá alívio. Esse alívio é um presente, mas lhe custou a vida ao morrer por nós na cruz. A Bíblia chama esse alívio de "...paz com Deus..." (ROMANOS 5:1), o que significa que todos os nossos pecados passados, presentes e futuros são perdoados (COLOSSENSES 2:13) e nunca serão guardados contra nós. Na literatura grega, a palavra "sobrecarregados" do nosso texto se referia à carga de um navio, que é uma boa descrição dos fardos que as pessoas tentam carregar hoje. Que maravilhosa segurança temos em Jesus como nosso Salvador!

Renda-se a Jesus, o seu Mestre, e encontre alívio. "Tomai sobre vós o meu jugo" pode soar como trocar um fardo por outro, exceto por uma coisa: Jesus nos garante que o Seu jugo é *suave* e o Seu fardo é leve. A palavra suave significa "adaptado, confortável". Receber Jesus como Salvador nos dá segurança, mas submetermo-nos a Ele como Mestre nos dá responsabilidade. Essa é "...a paz de Deus..." (FILIPENSES 4:6,7). Por estarmos atrelados a Jesus, Ele nos ajuda a carregar o fardo. Todas as pessoas que você encontra estão usando algum tipo de jugo, alguma responsabilidade que lhes pesa, e a maioria delas está tentando levá-lo sozinhas. Quem conhece Jesus como Mestre sabe que Ele é quem leva o fardo, não *em nosso lugar*, mas *conosco*. Ter o alívio de Deus não significa retirarmo-nos da vida. Não, nós encontramos alívio na vida, o tipo de renovação diária que nos faz continuar a despeito das preocupações que nos envolvem e do serviço. Ele é um Mestre bondoso e amoroso que sabe como planejar cada dia de modo que as nossas tarefas nos edifiquem, abençoem outros e glorifiquem a Deus.

Faça de Jesus seu Amigo e encontre alívio mais profundo no Seu amor. Passamos, agora, da segurança e responsabilidade para a *intimidade*. Jesus disse: "Vós sois meus amigos, se fazeis o que eu vos mando. Já não vos chamo servos, porque o servo não sabe o que faz o seu senhor; mas tenho-vos chamado amigos, porque tudo quanto ouvi de meu Pai vos tenho dado a conhecer" (JOÃO 15:14,15). "Manifestou os seus caminhos a Moisés e os seus feitos aos filhos de Israel" (SALMO 103:7). A nação sabia *o que* Deus estava fazendo, mas Moisés sabia *por que* Ele o estava fazendo. Quando temos intimidade com Jesus em Sua Palavra, crescemos em nosso conhecimento de Deus e na Sua vontade para nós. Não podemos controlar o mundo que nos rodeia, mas, com a ajuda de Deus, podemos controlar o mundo dentro de nós e experimentar "...a paz de Deus, que excede todo o entendimento" (FILIPENSES 4:7). Salvador + Mestre + Amigo = alívio.

> **"Justificados, pois, mediante a fé, temos paz com Deus por meio de nosso Senhor Jesus Cristo"** (ROMANOS 5:1).

113

Ele, porém, lhes respondeu:
Um inimigo fez isso... (MATEUS 13:28).

Esteja atento! Como cristãos, nós vivemos num campo de batalha, não num parque de diversão, porque temos um inimigo cujo objetivo é nos derrotar e destruir a obra do Senhor. Caricaturas de Satanás aparecem em histórias em quadrinhos e desenhos animados, mas, ele definitivamente não é uma criatura vermelha com chifres, rabo pontiagudo e um tridente. Pondere alguns dos seus nomes e títulos e você terá de levar o diabo a sério. Ele é Abadom e Apoliom, o destruidor (APOCALIPSE 9:11); o acusador (12:10); o adversário (1 PEDRO 5:8); o deus deste século (2 CORÍNTIOS 4:4); mentiroso e homicida (JOÃO 8:44); e o príncipe do mundo (14:30), para citar apenas alguns dos seus títulos. Jesus encontrou Satanás no deserto e o derrotou ali (MATEUS 4:1-11), mas a vitória definitiva do nosso Senhor sobre ele ocorreu na cruz (COLOSSENSES 2:13-15). Todo cristão participará dessas duas vitórias se se dispuser a seguir o exemplo de Cristo e reivindicar sua vitória pela fé.

Esteja alerta! Satanás é um falsário. Jesus é o Senhor da colheita, que planta o Seu povo seja onde for que queira que eles deem frutos. Por sermos sementes, temos a Sua vida dentro de nós; Ele quer que sejamos fecundos e nos multipliquemos ao testemunhar a outras pessoas. Precisamos estar dispostos a morrer para o pecado e o mundo, e a nos render completamente a Cristo. Porém, onde quer que Jesus plante um verdadeiro cristão, o diabo vem e planta uma falsificação. Assim como há filhos de Deus, há filhos do diabo (MATEUS 3:7; JOÃO 8:44), falsos cristãos que são religiosos, mas nunca nasceram de novo (2 CORÍNTIOS 11:26; 1 JOÃO 3:10-15). Satanás tem falsos ministros (2 CORÍNTIOS 11:13-15), que pregam um falso evangelho (GÁLATAS 1:6-9) que produz uma falsa justiça (ROMANOS 10:1-4). Ele tem até uma falsa igreja (APOCALIPSE 2:9; 3:9). O povo de Deus precisa estar alerta para detectar essas falsificações e certificar-se de que elas não se esgueirem até lugares de liderança da Igreja (2 PEDRO 2:1). Precisamos permanecer alertas, porque foi enquanto os trabalhadores dormiam que o diabo plantou as suas falsificações no campo. Para nós, isso não significa sono físico, mas letargia espiritual, uma atitude negligente e relaxada em relação à vida cristã.

Esteja disponível! Jesus quer nos plantar onde daremos frutos para a Sua glória. Na parábola do semeador, o solo representa diferentes tipos de coração, mas, nessa parábola, "o campo é o mundo..." (MATEUS 13:38). Jesus é o semeador e também o dono do campo, e planta Seu povo onde quer que eles deem frutos. Jesus disse: "Em verdade, em verdade vos digo: se o grão de trigo, caindo na terra, não morrer, fica ele só; mas, se morrer, produz muito fruto" (JOÃO 12:24). O Senhor pode ter plantado você em uma escola, um escritório, um acampamento militar, um hospital, uma loja, uma casa tranquila ou um bairro barulhento, mas, independentemente de onde Ele o plantou, certifique-se de que você esteja enraizado e edificado nele (COLOSSENSES 2:7), e "...[arraigado] e [alicerçado] em amor" (EFÉSIOS 3:17). Um amigo meu, que agora está no céu, teve de ficar no hospital durante várias semanas; durante esse tempo, ele levou vários enfermeiros à fé em Cristo. Floresça onde quer que você seja plantado!

Tenha certeza! Os servos da parábola queriam eliminar as plantas estranhas, mas o senhor lhes disse que não, para evitar danificar a safra. Precisamos ter cuidado para não nos desviarmos para outras atividades e roubarmos do nosso Senhor a colheita que Ele merece. Estamos vivendo em uma sociedade que tem em si o verdadeiro e o falso, e só Jesus pode nos ajudar a viver de tal modo que as pessoas reconheçam a realidade do nosso testemunho e queiram confiar no Salvador. Use a "visão de longo alcance" do testemunhar. O agricultor espera pacientemente a semente germinar e, finalmente, dar frutos. Podemos ter a certeza de que, no devido tempo, teremos uma colheita se não nos desanimarmos ou desviarmos.

> "Não vos enganeis: de Deus não se zomba; pois aquilo que o homem semear, isso também ceifará" (GÁLATAS 6:7).

114

Jesus, ouvindo isto, retirou-se dali num barco, **para um lugar deserto, à parte;** *sabendo-o as multidões, vieram das cidades seguindo-o por terra* (MATEUS 14:13).

Desde o início do ministério público do nosso Senhor, grandes multidões o seguiam e houve momentos em que Ele teve de fugir da multidão. Identifiquei pelo menos oito ocasiões em que Jesus deixou as multidões e saiu sozinho ou com os Seus discípulos: Após o Seu batismo (MATEUS 3:13–4:11), depois de um dia agitado de ministério (MARCOS 1:32-35), de curar um leproso (MARCOS 1:40-45), da morte de João Batista (MATEUS 14:1-13), de alimentar as cinco mil pessoas (JOÃO 6:1-15), antes de chamar os doze apóstolos (LUCAS 6:12-16), após o relato dos apóstolos acerca do ministério deles (MARCOS 6:30-32), antes de Seu sofrimento e morte (MATEUS 26:36-45).

O batismo do nosso Senhor foi o sinal de que Seu ministério havia começado. O Pai falou palavras de aprovação e encorajamento, e o Espírito o investiu de poder. Mas dali o Espírito conduziu Jesus ao deserto, onde Ele jejuou durante quarenta dias e encontrou e derrotou o diabo. Nossas horas elevadas e santas de enriquecimento espiritual precisam ser equilibradas com dias sombrios de sacrifício e conflito. Após uma movimentada noite de cura em Cafarnaum, Jesus teve uma curta noite de sono e, em seguida, levantou-se muito cedo para orar e preparar-se para mais um dia agitado. Precisamos começar cada dia passando um tempo a sós com Deus (ISAÍAS 40:31; 50:4-7).

Jesus curou um leproso e lhe disse para não contar aos outros, mas o homem contou a todos acerca de Jesus. (Jesus nos ensina a falar dele a todos e nós nada dizemos!) Jesus teve de ir para um lugar deserto, mas mesmo assim, as multidões o encontraram. Jesus era um servo, não uma celebridade; Ele conhecia as motivações do coração das pessoas que lhe assediavam. Quando nos sentimos bem-sucedidos, é hora de ficar a sós com Deus.

A morte de João Batista deve ter comovido Jesus profundamente, e Ele se retirou para lamentar. Afinal de contas, Sua própria morte também estava programada. O povo de Deus é humano e precisa caminhar através da tristeza e dor. Jesus orou sozinho a noite toda antes de escolher Seus doze apóstolos (LUCAS 6:12-16); nas situações de crise em nossa vida, precisamos passar mais tempo buscando a vontade do Pai. Quando os apóstolos voltaram para relatar sobre o seu ministério itinerante, Jesus os levou a um lugar deserto, para que eles pudessem descansar e ser espiritualmente revigorados. Vance Havner costumava lembrar-nos: "Se não nos afastarmos e descansarmos, simplesmente desfaleceremos". Há momentos em que tirar um dia de folga ou férias, ou até mesmo uma breve soneca, pode ser a coisa mais espiritual que podemos fazer.

A experiência do nosso Senhor no Getsêmani antes de Sua prisão o preparou para as agonias das provações — o escárnio, os açoites e, depois, a crucificação. Nunca seremos capazes de experimentar o sofrimento que Ele suportou, mas podemos seguir o exemplo de Sua rendição no jardim. Jesus tomou o cálice do sacrifício e o bebeu, dizendo: "Não se faça a minha vontade, e sim a tua". Todo filho de Deus dedicado tem experiências de Getsêmani e consegue encontrar a vitória na oração e na submissão.

Nos difíceis desafios da vida cristã, não devemos tentar fugir, como Davi (SALMO 55:6) e Jeremias (JEREMIAS 9:2). Nós deixamos a multidão para que possamos voltar a ela com uma nova força para o ministério. A parte mais importante da vida cristã é a parte que só Deus vê: o nosso tempo a sós com Ele.

> "Mas os que esperam no SENHOR renovam as suas forças, sobem com asas como águias, correm e não se cansam, caminham e não se fatigam" (ISAÍAS 40:31).

115

"Tragam-nos aqui para mim",
disse ele (MATEUS 14:18 NVI).

A palavra "tragam-nos" em nosso texto se refere aos cinco pães e dois peixes nas mãos do rapaz que André encontrou naquela enorme multidão. (André tinha o dom de conectar pessoas a Jesus. *Veja* João 1:40-42; 12:20-26.) Mas como os discípulos conseguiriam alimentar mais de cinco mil pessoas com uma quantidade tão pequena de alimento? Até mesmo André perguntou: "...mas isto que é para tanta gente?" (JOÃO 6:9). Eles não tinham fundos suficientes em caixa para comprar alimentos; por isso, os discípulos haviam concluído que a melhor solução para o problema era mandar todos embora. Porém, a compaixão do nosso Senhor pelas pessoas pôs fim àquela sugestão. Em minha própria vida e ministério cristãos, quando os recursos eram muito poucos e as exigências eram muito altas, frequentemente o Senhor me disse: "...Dai-lhes, vós mesmo, de comer" (MATEUS 14:16). Mas Jesus sempre "...bem sabia o que estava para fazer" (JOÃO 6:6) e os recursos sempre foram fornecidos. O que precisamos fazer para receber a Sua provisão?

Certifique-se de ter um coração correto. O âmago de toda dificuldade é o problema no coração. Jesus teve compaixão da multidão faminta e se recusou a dispensá-la. Eu costumava dizer aos meus alunos de ministério que a maneira mais fácil de resolver os problemas da igreja é livrar-se de todas as pessoas. É fácil cuidar de um prédio vazio! Mas o verdadeiro ministério envolve pessoas — e temos de aprender a amá-las. O Senhor nunca permite que Seus servos obedientes se envolvam em circunstâncias com as quais não possam lidar com a Sua ajuda divina.

Faça um levantamento dos recursos. Ao encontrar o rapaz com o almoço, André cometeu o erro de medir as necessidades pelo almoço, em vez de medir o almoço pelo Senhor. O almoço era pequeno, mas o seu Deus era grande! Independentemente de quão pouco possamos pensar ter, precisamos nos lembrar de que o Senhor se deleita em tomar as coisas pequenas, as coisas fracas e "...aquelas que não são..." (1 CORÍNTIOS 1:27,28) para realizar grandes coisas para Sua glória.

Dê a Jesus tudo que você tem. Os pães e peixes nas mãos do rapaz eram apenas um almoço e, nas mãos de André, apenas uma contribuição — mas, nas mãos de Jesus, se tornaram um milagre. "Tragam-nos aqui para mim" é um dos convites mais graciosos de todas as Escrituras. Sejam quais forem as batalhas que você estiver travando, ou os problemas ou fardos que estiver carregando, coloque-os nas mãos do Senhor e, depois, faça o que Ele mandar. O milagre não ocorreu nas mãos dos discípulos, mas nas mãos de Jesus. O poder divino multiplicou os alimentos e mãos humanas os distribuíram.

Olhe para o céu. Às refeições, era uma prática judaica olhar para cima e louvar a Deus por Sua provisão. "O nosso pão de cada dia dá-nos hoje" é o nosso pedido no início do dia e dizemos "Obrigado, Senhor" ao nos sentarmos à mesa para comer. Obedecendo ao mandamento de Deuteronômio 8:10, meus parentes suecos também oravam ao fim da refeição. Neste simples gesto de olhar para cima, Jesus lembrou à multidão de onde o alimento estava vindo. A Deus seja a glória!

Trabalhe com outras pessoas ao servir. Havia muito para comer e os discípulos fizeram bem o seu trabalho. Eles também encheram doze cestos com as sobras (Nunca desperdice um milagre! Tenho certeza de que eles deram ao menino um suprimento para levar para casa.). A multidão ficou tão impressionada que queria tornar Jesus rei, mas Ele foi para uma montanha para orar (JOÃO 6:15).

Quando nos encontramos preocupados com coisas que estão além da nossa capacidade, obedeçamos à voz de Jesus: "Tragam-nos aqui para mim". Não somos fabricantes; somos distribuidores.

> "Comerás, e te fartarás, e louvarás o SENHOR,
> teu Deus, pela boa terra que te deu"
> (DEUTERONÔMIO 8:10).

116

*Também eu te digo que tu és Pedro, e sobre esta pedra **edificarei a minha igreja**, e as portas do inferno não prevalecerão contra ela* (MATEUS 16:18).

Esta é a primeira aparição da palavra *igreja* no Novo Testamento. A partir desse texto até Apocalipse 22:16, ela é encontrada 114 vezes. Essa primeira referência deve provocar várias respostas daqueles de nós que amam a Cristo e à Sua Igreja, tanto local quanto universal. Considere algumas dessas respostas.

Encorajamento — Cristo está edificando. A despeito do caos e da destruição que vemos na história humana e no mundo atual, Jesus está edificando a Sua Igreja. Satanás é Apoliom, o destruidor (APOCALIPSE 9:11), mas Cristo, o carpinteiro, é o construtor. No Novo Testamento, a palavra *igreja* não se refere a um edifício físico, anteriormente denominado "a casa da igreja". A palavra *igreja* se refere a um conjunto de pessoas salvas que se reúnem para adorar o Senhor, encorajar uns aos outros e procurar difundir o evangelho no mundo todo.

Assombro — Cristo está edificando uma igreja. Cristo é o fundamento e a pedra angular de Sua Igreja (1 CORÍNTIOS 3:11; EFÉSIOS 2:20); os cristãos são as pedras vivas (1 PEDRO 2:5). Sempre que, em qualquer parte do mundo, um pecador confia em Cristo, uma nova pedra é acrescentada ao edifício. Independentemente do que possa acontecer à civilização, a Igreja é indestrutível e durará para sempre. O que fazemos para servir a Jesus e à Sua Igreja também durará para sempre; então, não se desespere. A Igreja é um grupo singular de pessoas. "...não pode haver judeu nem grego; nem escravo nem liberto; nem homem nem mulher; porque todos vós sois um em Cristo Jesus" (GÁLATAS 3:28).

Discernimento — ela é a Igreja de Cristo. Frequentemente, ouço pessoas dizerem: "Ora, na *minha* igreja" — mas a Igreja não é delas; ela pertence a Cristo. Ele a comprou com o Seu sangue (ATOS 20:28).

É lamentável que algumas congregações se esqueçam disso e permitam que Diótrefes e sua família "administrem a igreja" para agradarem a si mesmos (3 JOÃO 9-11). O coração de vários ministros foi partido ao ver "donos de igreja" assumirem e "administrarem" o ministério. Todo membro da Igreja precisa descobrir o seu dom espiritual e pô-lo em ação para a glória do Senhor; falemos a verdade em amor (EFÉSIOS 4:15), sempre que for necessário criticar ou fazer mudanças. Toda "pedra viva" da Igreja precisa estar no lugar certo, ou se tornará pedra de tropeço e fonte de problemas. Somente o Espírito de Deus, usando a Palavra de Deus, pode dar à Igreja a liderança que ela necessita; Ele o fará se orarmos e buscarmos orientação nas Escrituras diariamente.

Realização — Cristo terminará a obra. O mundo, a carne e o diabo não podem impedir o nosso Senhor de, algum dia, apresentar a Sua Igreja "...com exultação, [imaculada] diante da sua glória" (JUDAS 24). A Igreja atual é uma "obra em andamento", o que significa que ela está longe de ser perfeita; mas, algum dia, no céu, ela será uma "...igreja gloriosa, sem mácula, nem ruga, nem coisa semelhante" (EFÉSIOS 5:27). As manchas provêm de corrupção e as rugas provêm de decadência, mas ambas terão desaparecido para sempre quando virmos Cristo. Quando Moisés terminou de construir o tabernáculo e Salomão, o Templo, Deus se instalou ali com grande glória. Mas quando Jesus terminar a Sua Igreja, esta *sairá e subirá ao céu para participar da glória de Cristo.* Que dia esse será!

Cristo ama a Sua Igreja; todo cristão deve fazer o mesmo.

> **"[Sua Igreja deve ser] gloriosa,
> sem mácula..."** (EFÉSIOS 5:27).

117

Disse-lhe o jovem: A tudo isso tenho obedecido; **o que me falta ainda?**
(MATEUS 19:20 NVI).

Procurar. As pessoas orgulhosas pensam não lhes faltar coisa alguma e as pessoas fracas pensam faltar-lhes tudo, mas pessoas como esse jovem são uma espécie singular. Ele pensava ter tudo, mas não conseguia entender por que a vida não estava funcionando como ele havia planejado. Ele tinha dinheiro, caráter, reputação e religião, mas, aparentemente, não tinha paz no coração. Algo estava faltando e ele não sabia o que era. Ouvir Jesus ensinar no Templo ou no mercado pode tê-lo atraído ao Salvador. Seja qual for seu motivo, ele correu até Jesus e começou a fazer perguntas. Jesus direcionou-o aos mandamentos da lei judaica, mas, então, o jovem se tornou evasivo. "Quais?", perguntou ele, e Jesus citou a segunda tábua da lei. Mas a lei não é um bufê a partir do qual você escolhe os mandamentos que deseja obedecer. "Pois qualquer que guarda toda a lei, mas tropeça em um só ponto, se torna culpado de todos" (TIAGO 2:10). A lei é um espelho que nos revela as nossas manchas, mas o rapaz não via manchas. Ele não parecia saber que o ódio era como assassinato no coração e a concupiscência, semelhante ao adultério (MATEUS 5:21-30).

Encontrar. Jesus lhe deu a solução para o seu problema: ele era avarento e tinha de quebrar o poder que os bens materiais exerciam sobre ele. Se o jovem tivesse verificado a segunda tábua da lei, teria encontrado "Não cobiçarás..." (ÊXODO 20:17) e isso poderia tê-lo convencido de sua culpa e o levado à sua conversão, porque não pode haver conversão verdadeira sem convicção de culpa. Nosso Senhor lhe deu três instruções: "...vende os teus bens, dá aos pobres [...] depois, vem e segue-me" (MATEUS 19:21). "...Tende cuidado e guardai-vos de toda e qualquer avareza; porque a vida de um homem não consiste na abundância dos bens que ele possui" (LUCAS 12:15). Como muitas pessoas hoje em dia, o homem tinha recursos para a caminhada exterior da vida, mas não tinha recursos para a jornada interior do espírito. Ele vinha acumulando coisas e deixando faminto o seu espírito. Rapidamente, fez um inventário dos seus bens e decidiu que era caro demais abrir mão deles. E, quanto a seguir Jesus — um homem pobre —, ele não viu futuro naquilo.

Perder. Aparentemente, o homem nada mais disse a Jesus. Ele meramente se levantou, virou-se e foi embora. Ele estava humilde e entusiasmado quando correu para Jesus, mas, agora, estava triste e decepcionado. Ao rejeitar a vontade de Deus, esse homem perdeu a sua riqueza e uma nova vida em Cristo. Se tivesse se rendido ao Senhor, ele teria recebido o perdão e uma nova vida, alegre e emocionante, no Senhor. Mas sua decisão errada o levou de volta para casa, para a mesma velha rotina com muito dinheiro para sustentá-lo. Jesus chocou Seus discípulos ao dizer: "...um rico dificilmente entrará no reino dos céus" (MATEUS 19:23), porque os judeus pensavam que as riquezas denotavam favor de Deus. O jovem governante manteve a sua riqueza, mas perdeu Jesus. Ele continuava sendo um governante, mas perdeu o privilégio de ser um discípulo do Rei. Ele continuaria a sua jornada exterior e se tornaria mais rico e influente, mas a sua jornada interior foi interrompida.

"...Quem pode ser salvo?", perguntaram os discípulos. Jesus deixou claro que não podemos salvar a nós mesmos, seja com dinheiro ou com boas obras, nem podemos salvar os outros. A salvação vem do Senhor; somente Ele pode fazer o impossível — e custou a Jesus a Sua vida para essa salvação estar disponível. Como filhos de Deus, em Jesus Cristo temos tudo e nada nos falta.

> **"...pelo seu divino poder, nos têm sido doadas todas as coisas que conduzem à vida e à piedade, pelo conhecimento completo daquele que nos chamou para a sua própria glória e virtude"** (2 PEDRO 1:3).

118

Então, lhe falou Pedro: Eis que nós tudo deixamos e te seguimos; **que será, pois, de nós?** (MATEUS 19:27).

A pergunta de Pedro soa muito egoísta, mas não quando você considera o contexto. Perceba que ele diz "nós", porque também falava pelos outros onze discípulos. Todos os doze ficaram perplexos. O jovem rico havia acabado de se retirar, infeliz e decepcionado, recusando-se a se desfazer da sua riqueza. Porém, os discípulos haviam desistido de tudo para seguir a Jesus. Se para um homem rico era difícil entrar no reino de Deus, que esperança havia para aqueles discípulos pobres? Jesus lhes assegurou que os seus sacrifícios seriam recompensados, pois eles seriam abençoados em sua vida presente e amplamente recompensados no futuro (MATEUS 19:28-30). "Bem-aventurados os humildes de espírito, porque deles é o reino dos céus" (5:3). Mas aquele evento todo (incluindo a parábola que vem a seguir) nos dá algumas instruções importantes acerca de servir ao Senhor.

Cuidado para não colocar o foco em si mesmo. A atitude do mundo em relação ao serviço é: "O que *eu* ganho com isso?". A parábola dos trabalhadores (20:1-16) descreve os trabalhadores do início da manhã exigindo um contrato, enquanto os contratados mais tarde aceitaram a promessa do dono: "...vos darei o que for justo..." (vv.2-4). É perigoso negociar a vontade de Deus, porque o Senhor sempre nos dará muito mais do que já conquistamos ou merecemos. Estamos apenas nos enganando quando questionamos a generosidade de Deus e insistimos que Ele nos dê exatamente o que queremos. "Ora, se vós, que sois maus, sabeis dar boas dádivas aos vossos filhos, quanto mais vosso Pai, que está nos céus, dará boas coisas aos que lhe pedirem?" (7:11).

Se a nossa preocupação é recompensarmos a nós mesmos, estamos fazendo o jogo de Satanás, que prometeu aos nossos primeiros antepassados: "...como Deus, sereis...". Satanás sempre tem um "negócio especial", mas os dividendos são mortais. Deus é generoso; confie nele.

Evite colocar o foco em outras pessoas. Na parábola, os empregados do início da manhã observaram para ver quanto foi pago aos outros trabalhadores e chegaram à conclusão de que receberiam mais do que haviam barganhado. Eles estavam errados. *Eles receberam o que haviam barganhado!* Você e eu temos o suficiente para cuidar das nossas próprias vidas sem nos intrometermos na vida dos outros. Pedro cometeu esse mesmo erro após o desjejum de Páscoa com Jesus (JOÃO 21). Cristo tratou dos pecados de Pedro e, em seguida, disse: "Segue-me". Esse foi o seu novo comissionamento como apóstolo. João também se levantou e começou a seguir; Pedro se virou e viu-o. "...E quanto a este?", perguntou Pedro, e Jesus respondeu: "...Se eu quero que ele permaneça até que eu venha, que te importa? Quanto a ti, segue-me" (vv.20-22). Observar outros cristãos pode levar a inveja ou orgulho, ambos pecados abomináveis. Paulo deixa claro que cada cristão receberá a sua própria recompensa quando estivermos no tribunal de Cristo (1 CORÍNTIOS 3:8).

Concentre sua mente e seu coração em Jesus e faça a Sua vontade. Quando recebemos Jesus, recebemos tudo o que precisamos para a vida cristã. Deus não poupou o Seu único Filho; por isso, podemos confiar que Ele nos dará tudo o mais. Não importa os sacrifícios que fizermos, eles nada são em comparação aos sacrifícios que Jesus fez por nós. Não vivemos de explicações ou contratos; vivemos das promessas de Deus. O Senhor abençoou os Seus filhos "...com toda sorte de bênção espiritual nas regiões celestiais em Cristo" (EFÉSIOS 1:3) e Sua promessa é: "Pedi, e dar-se-vos-á..." (MATEUS 7:7). Pedro mudou de "O que receberemos?" para "...o que tenho, isso te dou..." (ATOS 3:6) e trouxe glória ao nome do Senhor.

> "Aquele que não poupou o seu próprio Filho,
> antes, por todos nós o entregou, porventura,
> não nos dará graciosamente com ele
> todas as coisas?" (ROMANOS 8:32).

119

Receoso, escondi na terra o teu talento;
aqui tens o que é teu (MATEUS 25:25).

O Senhor não quer receber coisas de nós exatamente como elas eram quando Ele no-las deu. Ele quer que usemos a capacidade que nos deu para realizar a Sua vontade e expandir o reino. Assim como os pais nessa vida ficam felizes quando seus filhos se desenvolvem, também o nosso Pai celestial quer ter a alegria de nos "promover" e recompensar pela nossa fidelidade em fazer a Sua vontade.

Nós nascemos com capacidades. Algumas pessoas têm muitas capacidades, enquanto outras têm muito poucas. A Declaração de Independência dos EUA diz que "todos os homens são criados iguais", mas isso significa iguais aos olhos de Deus e a lei, não aos olhos uns dos outros. Quando as pessoas nascem de novo, o Espírito lhes dá dons compatíveis com as suas habilidades. O Mestre nos conhece intimamente e sempre sabe onde podemos servir melhor. Jesus espera que tenhamos fé em que Ele nos ajudará a fazer bem o trabalho.

Recebemos oportunidades de combinar nossos dons e capacidades. Os talentos da parábola representam oportunidades de usarmos as nossas capacidades. Quando somos fiéis no servir, crescemos em fé e obras, e o Senhor tem a possibilidade de nos dar mais trabalho a fazer. Davi começou como servo do rei Saul, acalmando o rei com sua música de harpa. Depois, tornou-se soldado e comandante de soldados, vencendo muitas batalhas difíceis. Finalmente, foi feito rei e conduziu seus exércitos a grandes vitórias. Se formos fiéis, passaremos de algumas coisas para muitas coisas e de servos a governantes. Cada nova atribuição nos dá oportunidade de crescer. O homem de um só talento pensou não ser importante e acabou repreendido e sem recompensa, *porque nada fez*. Ele desprezou sua única capacidade e oportunidade, temeu seu senhor em vez de obedecê-lo, e desperdiçou sua oportunidade de agradar seu senhor e crescer em ministério.

Precisamos aceitar as nossas responsabilidades. Muitas pessoas das Escrituras hesitaram em aceitar os planos que Deus tinha para as suas vidas — Moisés, Gideão e Jeremias, por exemplo — mas o Senhor os ajudou. *Fazer nada é pecado*. Em Mateus 25:41-46, observe que os "cabritos" foram condenados porque não serviram aos necessitados. Há pecados de omissão, assim como pecados de comissão. O servo deveria ter sido grato por seu único talento, grato por seu generoso senhor e feliz por ir trabalhar investindo o seu talento e vê-lo crescer. O senhor ficou ausente durante um longo tempo; assim, houve muita oportunidade de realizar algo. Em vez de fazer progresso, ele apresentou desculpas; pessoas que são boas em desculpas raramente são boas em qualquer outra coisa. "Mais sábio é o preguiçoso a seus próprios olhos do que sete homens que sabem responder bem" (PROVÉRBIOS 26:16). Alguém disse que "a responsabilidade é a nossa resposta à capacidade de Deus", e a nossa primeira resposta precisa ser: "Sim, Senhor, eu obedecerei".

Nós enfrentaremos a prestação de contas. Servir ao Senhor é um assunto sério; com a responsabilidade vem a prestação de contas. "...Pois todos compareceremos perante o tribunal de Deus" (ROMANOS 14:10). A questão não será quanta capacidade tínhamos, mas se fomos fiéis em usar as nossas capacidades e oportunidades para agradar ao nosso Senhor. "...além disso, o que se requer dos despenseiros é que cada um deles seja encontrado fiel" (1 CORÍNTIOS 4:2). Não somos todos bem-sucedidos da mesma maneira, mas todos podemos ser fiéis em nosso trabalho e trazer glória a Deus. Jesus é um Senhor amoroso que sabe exatamente o que conseguimos fazer e quanto podemos suportar; por isso, nunca precisamos temer a Sua vontade. Winston Churchill disse: "Nós conseguimos o nosso sustento com o que recebemos; construímos a nossa vida com o que damos". Vamos dar o nosso melhor a Jesus e realmente viver!

> "...Mas àquele a quem muito foi dado, muito lhe será exigido; e àquele a quem muito se confia, muito mais lhe pedirão" (LUCAS 12:48).

120

O Rei, respondendo, lhes dirá: Em verdade vos afirmo que, sempre que o fizestes a um destes meus pequeninos irmãos, **a mim o fizestes** (MATEUS 25:40).

Quer encontremos um cristão ou um incrédulo, precisamos manter Jesus em foco, pois um cristão é alguém em quem Jesus vive, e um incrédulo é alguém por quem Jesus morreu. Se Jesus estiver em foco, trataremos cada pessoa como trataríamos o próprio Cristo. Se essa verdade não melhorar nossas "habilidades interpessoais", nada o fará.

Há alegria em fazer algo para os outros e fazê-lo como se estivéssemos fazendo para o nosso Mestre. Há também uma recompensa reservada para nós se seguirmos esse padrão. Algum dia, Jesus premiará aqueles que serviram fielmente e se sacrificaram pelos outros *por Jesus Cristo*. Não se trata de essas pessoas terem ou não merecido esse tratamento bondoso, porque se o Senhor *nos* desse o que merecíamos, seríamos condenados para sempre! Trata-se simplesmente de agradar a Jesus e fazer o que Ele faria se ainda estivesse servindo na Terra.

Porém, juntamente com a alegre bênção de fazer coisas boas aos outros, há também o perigo de perder a bênção por nada fazer. Há pecados de omissão, assim como pecados de comissão. "Portanto, aquele que sabe que deve fazer o bem e não o faz nisso está pecando" (TIAGO 4:17). A conhecida parábola do bom samaritano ilustra isso vividamente (LUCAS 10:25-37). Os ladrões eram culpados de pecados de comissão, porque roubaram o homem, espancaram-no e deixaram-no para morrer. O sacerdote e o levita eram culpados de pecados de omissão, porque passaram pela vítima e nada fizeram. Sem dúvida, todos eles tiveram desculpas que acalmaram as suas consciências. O sacerdote pode ter pensado: *Aqueles ladrões ainda podem estar na área; por isso, é melhor eu me apressar. De qualquer modo, tenho deveres sagrados a cumprir no Templo. O levita está vindo atrás de mim. Sem dúvida, ele ajudará esse pobre homem*. O levita poderia ter dito a si mesmo: *O sacerdote nada fez; então, por que eu deveria fazer?* Cada um de nós é a desculpa de alguém para nada fazer ou o incentivo que alguém precisa para fazer o certo.

Como povo de Deus, precisamos primeiramente nos entregar ao Senhor e, então, estaremos preparados para servir aos outros (2 CORÍNTIOS 8:5). O Senhor nos equipou e enriqueceu de maneira a podermos sempre receber dele aquilo de que precisamos quando Ele nos chama a ajudar os outros. "Deus pode fazer-vos abundar em toda graça, a fim de que, tendo sempre, em tudo, ampla suficiência, superabundeis em toda boa obra" (9:8). Ao enviar Jesus, o Pai nos deu o Seu melhor. Por que Ele reteria qualquer outra coisa (ROMANOS 8:32)? "...Tudo é vosso" (1 CORÍNTIOS 3:21); por isso, precisamos pedir ao Pai o que precisamos para ajudar outras pessoas. Nós somos "...pobres, mas enriquecendo a muitos..." (2 CORÍNTIOS 6:10). "...pelo seu divino poder, nos têm sido doadas todas as coisas que conduzem à vida e à piedade..." (2 PEDRO 1:3). Não se trata de quão pobres somos em nós mesmos, mas de quão ricos somos em Jesus.

Haverá algumas surpresas no céu quando as pessoas forem recompensadas pelo Mestre por ajudar os outros e por fazê-lo em amor a Jesus. Ele nos pergunta: "...que fazeis de mais?..." (MATEUS 5:47); por isso, não sejamos como o sacerdote e o levita, usando os outros como desculpa. Jesus é o nosso exemplo e Ele fornecerá o que precisarmos, quando precisarmos. Mas, primeiramente, entreguemo-nos ao Senhor e, então, estaremos prontos para doar aos outros.

> **"...é mister [...] recordar as palavras
> do próprio Senhor Jesus: Mais bem-aventurado
> é dar que receber"** (ATOS 20:35).

121

Mas, depois da minha ressurreição,
irei adiante de vós *para a Galileia*
(MATEUS 26:32).

Um dos grandes encorajamentos da vida cristã é Jesus ir adiante de nós. Nos tempos do Antigo Testamento, Deus ia adiante do Seu povo e os conduzia pelo deserto. Depois de eles entrarem na Terra Prometida, o Senhor conduziu Josué de uma vitória a outra e, depois, levou-os a dividir a terra de modo que cada tribo recebesse a sua herança de direito. O profeta Jeremias disse: "Eu sei, ó Senhor, que não cabe ao homem determinar o seu caminho, nem ao que caminha o dirigir os seus passos" (JEREMIAS 10:23). Nosso inimigo se alegra quando nos apoiamos em nosso próprio entendimento e não buscamos a direção do Senhor (PROVÉRBIOS 3:5,6).

Jesus é o nosso Pastor; os pastores vão adiante do rebanho e o conduzem (Os vaqueiros conduzem os seus novilhos por trás). "Depois de fazer sair todas as que lhe pertencem, vai adiante delas, e elas o seguem, porque lhe reconhecem a voz; mas de modo nenhum seguirão o estranho; antes, fugirão dele, porque não conhecem a voz dos estranhos [...]. As minhas ovelhas ouvem a minha voz; eu as conheço, e elas me seguem" (JOÃO 10:4,5,27). Como ouvimos a voz do nosso Pastor? Lendo e ouvindo as Escrituras, orando e sendo sensíveis ao que o Espírito nos diz por meio de circunstâncias e de outros cristãos. Lembro-me de momentos em que algo dito por um pastor numa mensagem de domingo foi exatamente a palavra de que eu precisava. Um verdadeiro cristão conhece a voz do Pastor e não é desencaminhado por falsos mestres ou falsos cristãos.

Você sabia que Jesus foi antes de nós para o céu, onde está preparando um lar para cada um dos Seus filhos? Jesus, o precursor, atravessou o véu por nós (HEBREUS 6:20).

O precursor vai adiante para abrir o caminho para os outros seguirem. No Dia da Expiação, anual, o sumo sacerdote judeu passava para o outro lado do véu e entrava no Santo dos Santos, para borrifar o sangue do cordeiro sobre o propiciatório, *mas ninguém o seguia*. Na próxima vez em que Satanás disser que você nunca irá para o céu, lembre a ele de que Jesus já está lá. Diga-lhe que Jesus é o precursor e *o Seu povo o seguirá*. O que Jesus está fazendo no céu? Como nosso Grande Sumo Sacerdote, Ele está intercedendo por nós junto ao trono da graça, onde por intermédio dele podemos receber toda a graça de que necessitamos, dia após dia. Segundo João 14:1-4, Cristo está preparando um lar no céu para cada cristão; algum dia, nós encontraremos com Senhor nos ares e iremos com Ele para o céu.

Jesus nos precede sempre que somos enviados a servi-lo. "...Vinde após mim, e eu vos farei pescadores de homens" (MATEUS 4:19). Os discípulos que tinham sido pescadores haviam capturado peixes vivos que, depois, morriam; porém, como "pescadores de homens", eles poderiam capturar peixes mortos que ganhariam vida! Ele nos prepara para o serviço que nos foi designado e prepara o campo onde serviremos. Independentemente da quantidade de treinamento e experiência que tenhamos, sempre precisaremos da preparação do Senhor para cada aventura ministerial.

João disse a Jesus que ele e os outros discípulos tinham visto um homem expulsar demônios e lhe dito para parar, porque o homem não seguia os discípulos (MARCOS 9:38-41). Ele se esqueceu de que todo cristão precisa seguir Jesus e não seguir os Seus seguidores. Paulo escreveu: "Sede meus imitadores, como também eu sou de Cristo" (1 CORÍNTIOS 11:1). Nossa responsabilidade é seguir Jesus e não nos metermos com o que Ele planejou para os outros (JOÃO 21:19-23). Mantenha os olhos da fé em Jesus, siga e sirva-o, e tudo estará bem.

> "E, quando eu for e vos preparar lugar,
> voltarei e vos receberei para mim mesmo, para que,
> onde eu estou, estejais vós também" (JOÃO 14:3).

Warren Wiersbe

122

Ide, pois, depressa e dizei *aos seus discípulos que ele ressuscitou dos mortos...* (MATEUS 28:7).

Naquele tempo, as mulheres não eram consideradas testemunhas respeitáveis, mas Deus as escolheu para serem as primeiras testemunhas de que Jesus havia ressuscitado dos mortos. As mulheres tinham sido as últimas a deixar a cruz e, agora, foram as primeiras a chegar ao sepulcro. Elas chegaram no início da manhã, mas um grande dia amanheceu diante delas!

Um grande terremoto (MATEUS 28:2). Deus ainda estava no trono, manifestando o Seu poder e cumprindo as Suas promessas. Jesus tinha dito aos Seus seguidores que Ele ressuscitaria no terceiro dia (16:21; 17:23; 20:19; 26:32); porém, de alguma maneira, as Suas palavras não penetraram a mente e ao coração deles. Os terremotos costumam nos fazer pensar em juízo, mas esse terremoto anunciou a ressurreição do Rei. Aquele que foi desprezado era agora glorificado e subiria ao céu e seria entronizado com o Pai. Se isso não causa agitação, nada o fará!

Um grande medo. O terremoto e a chegada do anjo assustaram tanto os guardas romanos, que eles desmaiaram (v.4). Que abertura maravilhosa para o drama da ressurreição! Tudo que Roma fez para manter Jesus no sepulcro estava destruído. O anjo rompeu o selo oficial romano, moveu a pedra e se sentou sobre ela, não apenas para deixar Jesus sair, mas para deixar as testemunhas entrarem. Para aqueles que confiaram em Cristo como Salvador e Senhor, o sepulcro vazio cancela o medo — medo da vida, da morte, do julgamento futuro. Jesus disse: "...porque eu vivo, vós também vivereis" (JOÃO 14:19).

Um grande fato. "Ele não está aqui; ressuscitou, como tinha dito. Vinde ver onde ele jazia" (MATEUS 28:6). A boa notícia da salvação é que Cristo morreu pelos nossos pecados, foi sepultado e ressuscitou ao terceiro dia (1 CORÍNTIOS 15:1-4). Afinal de contas, um Salvador morto não pode dar vida a pecadores mortos. Mas Ele está vivo! Apresentou-se vivo aos Seus seguidores (ATOS 1:3) e fez deles testemunhas da Sua ressurreição (v.22). Pedro pregou a ressurreição aos judeus no Pentecostes (2:32) e também para a multidão no Templo, onde *provou* que Jesus estava vivo ao curar, em nome de Jesus, o coxo que mendigava (3:15). Os apóstolos declararam a ressurreição de Jesus perante os líderes judeus que haviam subornado os soldados romanos para dizerem que o corpo do Senhor havia sido roubado durante a noite (MATEUS 28:11-15; ATOS 5:27-32). Servimos a um Salvador vivo!

Um grande privilégio. O "...Vinde ver..." do anjo foi seguido por seu "Ide [...] depressa e dizei..." (MATEUS 28:7). Foi uma situação "mostre e diga": o anjo lhes mostrou o sepulcro vazio e lhes disse para espalharem a notícia. As mortalhas que estavam enroladas no corpo de Cristo estavam ali, com a forma do corpo, *mas estavam vazias como um casulo.* Seu glorioso corpo vivo havia atravessado o tecido. Mas, além disso, as mulheres encontraram o próprio Jesus (vv.9,10). É bom ter em mãos a prova da ressurreição para confundir os críticos, mas é ainda melhor ter a experiência da ressurreição com o Cristo vivo! Com Paulo, dizemos que queremos "...o conhecer, e o poder da sua ressurreição..." (FILIPENSES 3:10).

Uma grande alegria. As mulheres amavam Jesus e ficaram entusiasmadas ao saber que Ele estava vivo (MATEUS 28:8). Elas sabiam que a ressurreição significava que o Seu sacrifício na cruz tinha sido aceito pelo Pai e elas tinham uma boa notícia para proclamar: Satanás havia sido derrotado e a morte fora conquistada! Jesus lhes prometeria: "...eis que estou convosco todos os dias até à consumação do século" (v.20). Um dos melhores testemunhos de que Jesus está vivo é a vida dedicada de um cristão contente que anda "...em novidade de vida" (ROMANOS 6:4), porque todo dia é dia da ressurreição para aqueles que se renderam a Ele.

É hora de ir e espalhar a boa-nova!

> "Que formosos são sobre os montes
> os pés do que anuncia as boas-novas..."
> (ISAÍAS 52:7).

123

Jesus, profundamente compadecido, estendeu a mão, tocou-o e disse-lhe: **Quero, fica limpo!** (MARCOS 1:41).

Jesus tinha tempo para indivíduos e ministrava pessoalmente a pessoas como o fariseu Nicodemos, a mulher no poço de Sicar, o jovem rico, o ladrão na cruz e, aqui, um leproso (LUCAS 5:12). Naquele tempo, a lepra era temida e os leprosos faziam parte do nível mais baixo da escala social. Eles eram obrigados a ficar dois metros ou mais de distância de outras pessoas e, quando se aproximavam dos outros, tinham de gritar: "Imundo! Imundo!". Contudo, Jesus fez uma pausa em Sua agenda lotada para ouvir o apelo do homem, falar com ele, *tocá-lo* e curá-lo. Frequentemente, Jesus falava a grandes multidões; comumente, muitas pessoas que fazem isso não têm tempo para indivíduos, mas Jesus se compadecia (VEJA MARCOS 6:34; 8:2). Dediquemos tempo a indivíduos, independentemente de quão cheia esteja a agenda ou do quanto estejamos cansados. Isso nos torna mais semelhantes ao nosso Mestre.

Jesus satisfazia às necessidades físicas das pessoas e, igualmente, às suas necessidades espirituais. Ele curava os doentes e deficientes, alimentava os famintos e até mesmo ressuscitava os mortos. Ele ministrava à pessoa de forma integral e essa é a justificativa da Igreja para fundar escolas, hospitais e outras instituições que supram aos carentes as necessidades da vida. Aquele homem estava desesperado. Ele se prostrou diante de Jesus, adorou-o e lhe implorou por ajuda, e Jesus o curou. Quando você e eu doamos para instituições que ministram ao físico e proclamam o evangelho, estamos seguindo o exemplo do nosso Senhor.

O que Jesus fez pelo homem não foi apenas em resposta às suas necessidades; Ele também respondeu à sua fé. O leproso sabia que Jesus poderia curá-lo; seu único problema era saber se Jesus estava disposto a curá-lo. Este homem não orou como o pai do menino endemoninhado: "...mas, se tu podes alguma coisa, tem compaixão de nós e ajuda-nos" (MARCOS 9:22).

A oração envolve a vontade de Deus e também o poder de Deus. "E esta é a confiança que temos para com ele: que, se pedirmos alguma coisa segundo a sua vontade, ele nos ouve. E, se sabemos que ele nos ouve quanto ao que lhe pedimos, estamos certos de que obtemos os pedidos que lhe temos feito" (1 JOÃO 5:14,15). Mas como podemos conhecer a vontade de Deus? Nosso principal guia é a Bíblia, como o Espírito nos ensina. Isso não significa abri-la, em desespero, em qualquer lugar e apontar para um versículo, mas sim ler e meditar sobre as Escrituras todos os dias, e estar atento à voz de Deus. Significa orar e esperar no Senhor, porque, algumas vezes, Ele usa outros cristãos para nos orientar. Em mais de uma ocasião, o Senhor me deu orientação por meio de uma frase num sermão ou até mesmo numa conversa. Precisamos orar pelos perdidos, porque sabemos que o Senhor quer que eles sejam salvos (1 TIMÓTEO 2:4; 2 PEDRO 3:9).

Jesus disse ao leproso para não contar aos outros que Ele o tinha curado, mas este o desobedeceu e espalhava a boa notícia onde quer que fosse. Isso significou que Jesus teve de "passar despercebido" para escapar das multidões; ainda assim, elas pareciam encontrá-lo. Tenho certeza de que o Senhor perdoou o homem por desobedecer às ordens; como disse o bispo Handley Moule: "Eu preferiria moderar um fanático do que tentar ressuscitar um cadáver". No entanto, atualmente a Igreja é exatamente o oposto do leproso curado. Jesus lhe disse para ficar calado, mas ele contou a todos; Jesus nos disse para contar o evangelho a todos, *mas nós ficamos calados*. Qual de nós é o maior transgressor? Se Jesus fez algo especial a você, conte a alguém.

> **"Pois nós não podemos deixar de falar das coisas que vimos e ouvimos"** (ATOS 4:20).

124

Então, lhes disse: **Atentai no que ouvis.** *Com a medida com que tiverdes medido vos medirão também, e ainda se vos acrescentará* (MARCOS 4:24).

Nos tempos antigos, a maioria das pessoas não possuía cópias das Escrituras. Entretanto, aprendiam a escutar com atenção e a lembrar-se de como eram lidas ou cantadas no Templo e na sinagoga. As pessoas eram melhores ouvintes e alunas naqueles tempos. Atualmente, temos tantas edições da Bíblia disponíveis, incluindo gravações de áudio e edições em Braille, que deveríamos conhecê-la melhor do que conhecemos. Porém, não é tarde demais para começar a ler a Palavra de Deus de maneira sistemática. Afinal, as pessoas dedicam tempo a ler romances e jornais e a assistir à televisão, mas não parecem ter tempo para a Bíblia, o livro mais importante já publicado. Jesus nos adverte a exercitar discernimento naquilo que vemos e ouvimos. Por quê?

O que nós escolhemos ouvir e ver revela o que somos. O pregador escocês George H. Morrison disse: "Os homens ouvem com tudo que eles mesmos fazem". Nosso apetite determina o menu que procuramos. Se conhecermos Jesus Cristo e o seguirmos, teremos apetite pela verdade como ela é em Jesus e, diariamente, dedicaremos tempo às Escrituras. "...o seu prazer está na lei do SENHOR, e na sua lei medita de dia e de noite" (SALMO 1:2). Jesus comparou a Palavra de Deus a sementes (LUCAS 8:11), e sementes precisam ser plantadas e regadas para que possam criar raízes e dar frutos. As pessoas que abrem o coração e a mente para as sementes venenosas do mundo estão plantando mentiras onde deveriam estar plantando a verdade de Deus. "...Atentai no que ouvis..." (MARCOS 4:24).

O que escolhemos ouvir e ver determina se venceremos ou perderemos. Nas Escrituras, a palavra *ouvir* traz consigo a ideia de obedecer. Não é suficiente apenas ler ou ouvir a Bíblia; precisamos compreender e obedecê-la. Se o fazemos, crescemos no conhecimento do Senhor, bem como na graça da vida cristã. Se separarmos tempo e energia para estudar a Bíblia, Deus separará a bênção do Espírito para nós. Quanto mais recebermos, mais o Senhor nos acrescentará a cada vez que nos alimentarmos da verdade de Deus. Desperdiçar tempo que poderia ser dedicado à Palavra e à oração é roubar de nós mesmos riquezas espirituais. Paulo disse a Timóteo para exercitar-se na piedade (1 TIMÓTEO 4:7). Ninguém critica uma pessoa que segue um cronograma de exercício saudável, e Deus honra Seus filhos quando eles dedicam tempo a serem santos.

O que escolhemos ouvir e ver determina quanto temos para compartilhar com os outros. A medida com a qual nos dedicamos ao Senhor em nossos exercícios devocionais determina o quanto receberemos dele. Quanto mais temos gratidão pelo que recebemos de Deus, mais Ele nos concede; quanto mais Ele nos dá, mais podemos compartilhar com os outros. O mestre, o pregador e a testemunha cristãos sempre terão tesouros espirituais em seu coração para repassar aos necessitados. Ao exercer diligência e discernimento, rejeitamos a sabedoria do mundo e as mentiras do diabo, e ajudamos a nutrir pessoas com a Palavra de Deus. Se os filhos de Deus só se alimentassem do leite, pão, carne e mel da Palavra, isso faria uma enorme diferença em sua vida e ministérios!

> "O preguiçoso deseja e nada tem,
> mas a alma dos diligentes se farta"
> (PROVÉRBIOS 13:4)

125

...Mas Pedro, chamando-o à parte, *começou a reprová-lo* (MARCOS 8:32).

Pedro tinha acabado de confessar que Jesus era o Cristo, o Filho do Deus vivo. Sabendo disso, Pedro deveria estar preparado para as lições que Jesus desejava ensinar aos discípulos sobre si mesmo e a cruz, mas Pedro não estava pronto. Por estar dando ouvidos a Satanás, Pedro se opôs à vontade de Deus e, por isso, foi repreendido pelo Mestre. Em vez de avançar espiritualmente, Pedro retrocedeu. E isso é o que Satanás deseja que todos nós façamos.

Pedro, o seguidor, tenta ser líder. Pedro tinha sido chamado a seguir Jesus (MATEUS 4:18-22), o que significava atentar aos Seus ensinamentos, imitar Seu exemplo e obedecer a Sua vontade. Em vez disso, agiu como se soubesse mais do que Jesus e tentou impedir seu Mestre de obedecer ao Pai. Pedro estava cooperando com Satanás, que já havia feito uma oferta a Jesus para esquecer a cruz (4:9-11), e agora era Pedro quem a fazia. Viria o dia em que ele seria um líder dentre os discípulos, mas ainda tinha muito que amadurecer. Todos os líderes precisam primeiramente ser ouvintes atentos, alunos e seguidores. "Em verdade, em verdade vos digo", disse Jesus aos Seus discípulos, "que o servo não é maior do que seu senhor, nem o enviado, maior do que aquele que o enviou" (JOÃO 13:16). "Quem, pois, conheceu a mente do Senhor? Ou quem foi o seu conselheiro?" (ROMANOS 11:34). Deus não precisa do nosso conselho. O nosso Senhor nos deu o maior exemplo quando orou ao Pai no jardim: "...contudo, não se faça a minha vontade, e sim a tua" (LUCAS 22:42).

Pedro, a pedra, se torna uma pedra de tropeço. Em seu primeiro encontro com Jesus, André apresentou o seu irmão a Jesus como Simão, mas Jesus lhe deu o novo nome *Pedro*, uma pedra (JOÃO 1:40-42; MATEUS 16:18). Pedro usou essa mesma imagem para todo o povo de Deus (1 PEDRO 2:4). Mas, quando está fora de lugar, uma pedra se torna uma pedra de tropeço; foi exatamente isso o que aconteceu a Pedro. Ele falou em particular com Jesus, mas o Senhor o repreendeu falando para todos ouvirem. A palavra *Satanás* significa "adversário"; assim, Jesus estava advertindo Pedro de que ele era um traidor da Sua causa. Essa é uma advertência a nós. Em dado minuto, Pedro deu testemunho de que Jesus era o Filho de Deus; no minuto seguinte, ele estava falando pelo diabo! Isso pode acontecer a qualquer filho de Deus; por isso, tenhamos o cuidado de fixar nossa mente em coisas do alto e não nas coisas terrenas (COLOSSENSES 3:1-3).

Pedro passou do ganhar ao perder. Não apenas Jesus teria uma cruz, mas cada seguidor de Jesus teria uma cruz. Carregar a cruz significa estar destinado à crucificação. A cada dia, precisamos tomar, de bom grado, a nossa cruz e morrer para a velha vida. Há muitas maneiras de morrer, mas *não podemos crucificar a nós mesmos.* Tudo que podemos fazer é nos rendermos e permitir que o Espírito Santo nos identifique com o Mestre em Sua morte (GÁLATAS 2:20). Pedro queria que Jesus se protegesse, se salvasse da dor e da morte que Ele havia anunciado. Jesus o repreendeu por ser egoísta e ter a mente mundana, e alertou todos os Seus discípulos de que, somente quando nos rendemos a Cristo e abrimos mão de nossos questionamentos, salvamos a nossa vida e obtemos tudo o que Ele tem para nós. Nosso egoísmo não somente nos rouba, mas também rouba as pessoas que precisam ouvir o evangelho.

Seis dias depois, Jesus levou Pedro, Tiago e João a uma montanha alta e, ali, revelou a Sua glória (MARCOS 9:1-13). Eles passaram da lição sobre o sofrimento para a lição sobre a glorificação. Não precisamos temer a rendição, pois ela conduz à glória triunfante; Pedro entendeu a mensagem e a transmitiu a nós (1 PEDRO 1:6-8; 4:13–5:10; 2 PEDRO 1:16-21). Não tenha medo da cruz, porque ela conduz à coroa. O que parece ser perda passará a ser ganho glorioso, tanto nesta vida quanto na vida vindoura.

> **"Quem quiser, pois, salvar a sua vida perdê-la-á;
> e quem perder a vida por causa de mim e do
> evangelho salvá-la-á"** (MARCOS 8:35).

126

E, vendo de longe uma figueira com folhas, foi ver se nela, porventura, acharia alguma coisa. Aproximando-se dela, **nada achou, senão folhas;** *porque não era tempo de figos* (MARCOS 11:13).

Quando uma figueira tem folhas, é um sinal de que há também figos, porque as grandes folhas protegem o fruto; mas, nesse caso, nenhum figo havia sido produzido. Jesus transformou esse evento em um "sermão de ação" para ensinar algumas lições importantes aos Seus discípulos e a nós.

A primeira lição tem a ver com a nação de Israel e a *importância de dar frutos*. Os profetas do Antigo Testamento utilizaram a figueira e a vinha como símbolos da nação de Israel. Jeremias comparou a nação pecadora a figos podres (JEREMIAS 29:17), e Oseias escreveu que, embora Israel fosse como "...as primícias da figueira...", as suas raízes tinham secado e não davam frutos (OSEIAS 9:10,16). Durante o tempo de Joel, uma invasão de gafanhotos estava arruinando o país, que Deus chamava "...minha vide..." e "...minha figueira..." (JOEL 1:7). A descrição mais comum de prosperidade em Israel era morar sob a sua figueira com paz e abundância (1 REIS 4:25; MIQUEIAS 4:4). Antes desse acontecimento, Jesus tinha chorado pela cidade de Jerusalém porque Israel tinha uma aparência exterior de "religião", mas não produzia frutos. A adoração deles era como aquela figueira — nada além de folhas. Jesus disse aos líderes religiosos hipócritas: "Portanto, vos digo que o reino de Deus vos será tirado e será entregue a [uma nação] que lhe produza os respectivos frutos" (MATEUS 21:43). Acredito que a "nação" seja a Igreja (1 PEDRO 2:9), *mas estamos dando frutos hoje* ou as nossas raízes secaram, deixando-nos nada, exceto folhas?

A segunda lição do nosso Senhor tem a ver com a *oração de fé*.

Os discípulos o ouviram amaldiçoar a figueira e, na manhã seguinte, enquanto caminhavam de Betânia para Jerusalém, viram que a árvore havia secado desde as raízes. A resposta do nosso

Senhor foi: "...Tende fé em Deus" (MARCOS 11:22). Ele lhes disse que a fé deles seria capaz de mover montanhas, uma maneira vívida de dizer: "A fé realiza o impossível". Tenha em mente que, quando estava ministrando na Terra, Jesus viveu pela fé e não pelo Seu poder milagroso. Ele orava, dependia do Espírito Santo e reivindicava as promessas de Deus, exatamente como nós precisamos fazer. Nunca me esqueço do que Vance Havner disse, no seminário, num sermão baseado em Hebreus 11:24-29: "Moisés viu o invisível, escolheu a incorruptibilidade e fez o impossível". Nós também podemos agir assim! Durante nossos anos de ministério, minha mulher e eu vimos Deus fazer grandes coisas devido às orações de fé do povo de Deus. *A Igreja está, atualmente, orando com fé e esperando que Deus faça grandes coisas?*

A terceira lição está conectada à segunda: quando oramos, *precisamos ser honestos com Deus*. Se em nosso coração há alguma coisa contra alguém, nosso Pai quer que resolvamos esse assunto para que Ele possa responder às nossas orações. Os líderes religiosos de Jerusalém estavam conspirando para matar Jesus; não obstante, seguiam em frente com seus deveres religiosos tendo homicídio em seus corações! Jesus tratou do tema do pecado no coração em Mateus 5:21-30; precisamos nos lembrar do que Ele disse. Precisamos pedir perdão e depois fazer as pazes com os outros se esperamos que Deus responda nossas orações. "Se eu no coração contemplara a vaidade, o Senhor não me teria ouvido" (SALMO 66:18). "Sobre tudo o que se deve guardar, guarda o coração, porque dele procedem as fontes da vida" (PROVÉRBIOS 4:23).

Jesus ainda está em busca de frutos. Ele nos deu tudo de que necessitamos para termos um coração honesto e uma vida frutífera. Estamos permanecendo nele, frutificando e movendo montanhas?

> "Permanecei em mim, e eu permanecerei em vós.
> Como não pode o ramo produzir fruto de si mesmo,
> se não permanecer na videira, assim, nem vós
> o podeis dar, se não permanecerdes em mim"
> (JOÃO 15:4).

127

É como um homem que, ausentando-se do país, deixa a sua casa, dá autoridade aos seus servos, **a cada um a sua obrigação**, *e ao porteiro ordena que vigie*
(MARCOS 13:34).

O Senhor inventou o trabalho e manteve Adão e Eva ocupados no jardim antes de o paraíso ser perdido. Após caírem no pecado, a morte entrou em cena e o trabalho se tornou árduo. Nosso texto nos dá pelo menos quatro instruções que precisamos seguir para que o nosso trabalho não seja um fardo, mas um ministério para o Senhor e uma alegria para o nosso próprio coração.

Aceite seus dons e seu trabalho. Pessoas maduras aceitam a si mesmas, suas capacidades e incapacidades, e executam a obra para qual Deus as chamou. Em Sua sabedoria, o Senhor nos prepara para o que Ele está fazendo para nós; se lhe permitirmos, Deus nos levará aos lugares onde as nossas capacidades são necessárias e onde poderemos crescer. Jesus comparou o trabalhar ao comer. "...A minha comida consiste em fazer a vontade daquele que me enviou e realizar a sua obra" (JOÃO 4:34). Quando o trabalho e o trabalhador se correspondem mutuamente, o trabalho é nutrição, não punição. O trabalho é um presente de Deus e os trabalhadores competem consigo mesmos, não uns com os outros. Todos nós trabalhamos para o Senhor e queremos que Ele seja glorificado.

Sirva ao Senhor com fidelidade em seu coração. Paulo admoestou os servos e senhores cristãos a se lembrarem de que tinham um Senhor no céu, Jesus Cristo, seu Mestre e Salvador (EFÉSIOS 6:5-9). Jesus ministra à Sua Igreja constantemente no trono da graça no céu e podemos ir a Ele a qualquer momento para receber a graça de que necessitamos (HEBREUS 4:14-16). Devemos servir aos nossos empregadores como se estivéssemos servindo a Cristo, o que significa dar o melhor de nós. Nossos empregadores e colegas de trabalho olham para a aparência exterior, mas Deus olha para o coração (1 SAMUEL 16:7). Ele vê as nossas motivações e sabe se estamos tomando atalhos. O Senhor não é um capataz severo, nem nos permite ter tarefas que somos incapazes de enfrentar com sucesso. Seu jugo é suave e Seu fardo é leve (MATEUS 11:28-30).

Termine as tarefas que Ele lhe dá, e termine bem. Em sua oração sacerdotal, Jesus disse ao Seu Pai: "Eu te glorifiquei na terra, consumando a obra que me confiaste para fazer" (JOÃO 17:4). "Está consumado!", gritou Ele da cruz e, em seguida, rendeu o espírito (19:30). Moisés terminou de construir o Tabernáculo (ÊXODO 40:33); Salomão, a construção do Templo (1 REIS 6:9). Em sua segunda carta a Timóteo, Paulo escreveu: "Combati o bom combate, completei a carreira, guardei a fé" (2 TIMÓTEO 4:7). Todos nós deveríamos estar orando: "Senhor, ajuda-me a terminar bem", como Paulo encorajou seu colaborador Arquipo (COLOSSENSES 4:17). Um número enorme de pessoas começa bem, mas não consegue terminar bem.

Viva com expectativa. Ninguém sabe o dia ou a hora do retorno do nosso Senhor e é importante ter um coração expectante que diz "Talvez hoje!". Jesus nos ordenou vigiar, o que não significa ficar olhando para o céu (ATOS 1:4-8), mas permanecer acordado e espiritualmente alerta. Nossa atitude não deve ser negativa: finalmente seremos libertos do mundo e aliviados dos nossos problemas. Deve ser positiva: veremos Jesus e nos tornaremos semelhantes a Ele!

Saiba quais são os seus dons e qual é o seu trabalho, e dê o melhor de si para agradar ao Senhor. Essa responsabilidade é para todo povo de Deus, não apenas para "cristãos trabalhadores em tempo integral".

> **"O que, porém, vos digo, digo a todos: vigiai!"**
> (MARCOS 13:37).

128

E lhes disse: **A minha alma está profundamente triste** *até à morte; ficai aqui e vigiai* (MARCOS 14:34).

Em Jerusalém, guias turísticos podem lhe mostrar três diferentes locais no Monte das Oliveiras onde Jesus se reuniu com os Seus discípulos. Qual deles, se houver, é o genuíno? Isso não é importante. Não estamos interessados em geografia, mas em teologia. Uma pergunta melhor é: O que Jesus estava fazendo ali e o que isso significa para a Igreja hoje? Três imagens presentes no texto ajudam a responder a essas perguntas.

A primeira imagem é a de um *jardim*. Jesus estava a caminho do Calvário para morrer pelos pecados do mundo, e o pecado adentrou pela primeira vez na raça humana em um jardim (GÊNESIS 3). Deus havia providenciado aos nossos primeiros pais tudo de que precisavam para a vida e a felicidade; tudo o que eles tinham de fazer era obedecer à Sua vontade. Mas o primeiro Adão desobedeceu a Deus e mergulhou a raça humana no pecado e na morte, enquanto o último Adão, Jesus Cristo, foi "...obediente até à morte e morte de cruz" (FILIPENSES 2:8; 1 CORÍNTIOS 15:45). Jesus foi sepultado num túmulo em um jardim, não muito distante de onde morreu (JOÃO 19:41,42).

Porém, o jardim onde Ele orou se chamava "Getsêmani", que significa "lagar de azeite", e isso fala de sofrimento. "Meu coração está se partindo, quase me mata", diz a tradução de Charles B. Williams para Marcos 14:34. O céu é uma "cidade jardim", mas se Jesus não tivesse experimentado o Getsêmani e o Calvário, nós não teríamos acesso ao céu.

Isso nos leva à segunda imagem — o *cálice*. Nas Escrituras, beber de um cálice significa aceitar o que foi estabelecido para você. Às vezes, ele é um cálice de bênção; outras vezes, um cálice de tristeza ou até mesmo de julgamento. O cálice que o Pai preparou para

Jesus era um cálice de agonia, mas, para aqueles que confiaram nele, um cálice de salvação e bênção. Jesus orou para que, se fosse possível, o Pai tirasse dele esse cálice, mas acrescentou: "...contudo, não seja o que eu quero, e sim o que tu queres" (MARCOS 14:36). Independentemente do que havia no cálice, ele fora preparado pelo Pai e Jesus o bebeu de bom grado. Ele sabia que o profeta Isaías havia previsto as tristezas de Sua vida e morte: "Era desprezado e o mais rejeitado entre os homens; homem de dores e que sabe o que é padecer..." (ISAÍAS 53:3). Jesus experimentou alegria (LUCAS 10:21), mas Sua vida foi predominantemente de dor e tristeza, especialmente durante Sua prisão e Suas seis horas na cruz. Ele não só experimentou tristezas, mas também levou as nossas para a cruz. "Certamente, ele tomou sobre si as nossas enfermidades e as nossas dores levou sobre si..." (ISAÍAS 53:4). Qualquer cálice que precisemos beber Ele já bebeu e pode nos conceder a graça de que necessitamos para ir do sofrimento à glória e da cruz à coroa. "No mundo, passais por aflições; mas tende bom ânimo; eu venci o mundo" (JOÃO 16:33). Nós somos aqueles que estão "entristecidos, mas sempre alegres..." (2 CORÍNTIOS 6:10).

A terceira imagem é o *sono*. Jesus levou consigo Pedro, Tiago e João ao lugar de oração, mas, em vez de encorajá-lo em Suas provações, eles foram dormir! Nas Escrituras, o sono é uma imagem de letargia espiritual. "Assim, pois, não durmamos como os demais; pelo contrário, vigiemos e sejamos sóbrios" (1 TESSALONICENSES 5:6). "E digo isto a vós outros que conheceis o tempo: já é hora de vos despertardes do sono..." (ROMANOS 13:11). Há uma desesperada necessidade de vigor espiritual e alerta na Igreja dos dias atuais. Falta-nos a empolgação e a capacitação da Igreja Primitiva; precisamos ser cheios do Espírito e nos centrar em "...oração e [...] ministério da palavra" (ATOS 6:4). Jesus está intercedendo por nós no céu enquanto estamos dormindo aqui na Terra. Uma coisa é ter descanso espiritual; outra muito diferente é sofrer de letargia espiritual.

> "Vigiai, pois, porque não sabeis quando virá o dono da casa: se à tarde, se à meia-noite, se ao cantar do galo, se pela manhã; para que, vindo ele inesperadamente, não vos ache dormindo" (MARCOS 13:35,36).

Warren Wiersbe

129

Jesus, porém, não respondeu palavra, *a ponto de Pilatos muito se admirar* (MARCOS 15:5).

O rei Salomão escreveu: "Tudo tem o seu tempo determinado, e há tempo para todo propósito debaixo do céu"; ele incluiu em sua lista "...tempo de estar calado e tempo de falar" (ECLESIASTES 3:1,7).

A maioria de nós é capaz de se recordar de momentos em que deveria ter falado e não o fez; e também de momentos em que deveria ter mantido a calma, mas falou. Jesus sabia como lidar com essas duas disciplinas, e o vemos claramente fazê-lo durante Suas provações após a Sua prisão.

Jesus ficou em silêncio diante dos Seus acusadores. Os líderes religiosos judeus — os principais sacerdotes, os anciãos, os escribas e o Sinédrio — estavam determinados a matar Jesus e chegaram a recrutar falsas testemunhas para reforçar a sua acusação. Essas mesmas pessoas acusaram Jesus quando Ele estava diante de Pilatos, mas o Mestre não respondeu aos acusadores ou se defendeu. Quando o sumo sacerdote colocou Jesus sob juramento, Ele admitiu ser, realmente, o Filho de Deus (MATEUS 26:62-64), mas nunca respondeu às acusações dos líderes. Isso cumpriu a profecia de Isaías: "Ele foi oprimido e humilhado, mas não abriu a boca; como cordeiro foi levado ao matadouro; e, como ovelha muda perante os seus tosquiadores, ele não abriu a boca" (ISAÍAS 53:7). "E, sendo acusado pelos principais sacerdotes e pelos anciãos, nada respondeu" (MATEUS 27:12). O Bom Pastor estava sendo tratado como um cordeiro no matadouro. Em poucas horas, Ele daria a Sua vida pelas ovelhas. Todos os que seguem Jesus serão, em alguma ocasião, falsamente acusados, como Ele foi; como Ele, permitamos que Deus controle o nosso falar e abençoe o nosso silêncio.

Jesus ficou em silêncio diante do rei Herodes (LUCAS 23:6-12). Tentando fugir de ter que tomar uma decisão sobre Jesus, o político

Pilatos o enviou a Herodes Antipas, o homem que ordenara a execução de João Batista. Herodes estava ansioso para encontrar Jesus e esperava vê-lo fazer um milagre, mas Jesus nada disse a Herodes e nada fez para Herodes. Jesus não era um apresentador religioso. *Ao matar João Batista, Herodes silenciou a voz do Pai.* Herodes tinha escutado João falar, mas não obedecera a Palavra de Deus; de acordo com o rei Davi, quando Deus se mantém em silêncio, isso é como descermos ao poço da morte (SALMO 28:1). A Bíblia é viva e poderosa (HEBREUS 4:12); se crermos e obedecermos, ela nos dará vida, mas, se a rejeitarmos, trará morte. Moisés e Arão levaram a Palavra viva de Deus a Faraó no Egito, mas ele não quis dar ouvido; a morte veio sobre a nação. Nós, que somos filhos de Deus, precisamos obedecê-lo, caso contrário Ele poderá não falar conosco; nosso pecado "matará" nosso testemunho e nosso serviço e, se não nos arrependermos, poderá também matar-nos. "...Há pecado para morte..." (1 JOÃO 5:16).

Jesus ficou em silêncio diante de Pilatos (JOÃO 19:9). Sim, Jesus respondeu a algumas das perguntas de Pilatos, mas, quando este lhe perguntou "...Donde és tu?...", Jesus não respondeu. O que assustou Pilatos foi a afirmação do nosso Senhor, de que Ele era o Filho de Deus, o Governante de um reino especial. Pilatos era um bom político, mas péssimo teólogo, e não conseguiu entender que Jesus governava um reino espiritual que veio do céu, um reino que, algum dia, destruiria o Império Romano. Roma conquistava por assassinato, mentiras e autoridade opressiva, mas Jesus governava por meio de vida, verdade e autoridade amorosa. Como a maioria dos líderes mundiais dos dias de hoje, Pilatos não conseguia compreender isso em absoluto.

Por meio da Sua Palavra e pelo Seu Espírito, Deus está falando à Sua Igreja hoje. Estamos escutando? A expressão: "Quem tem ouvidos, ouça o que o Espírito diz às igrejas..." é encontrada sete vezes no último livro da Bíblia!

> "Somente em Deus, ó minha alma,
> espera silenciosa..."
> (SALMO 62:5).

130

> *E, entrando o anjo onde ela estava, disse: Salve, agraciada; o Senhor é contigo;* **bendita és tu entre as mulheres** (LUCAS 1:28 ARC).

No texto grego original do Novo Testamento, a palavra traduzida como "agraciada" é encontrada somente aqui e em Efésios 1:6, "para louvor da glória de sua graça, que ele nos concedeu gratuitamente no Amado". Nós não recebemos a graça de Deus porque a merecemos, mas porque, em Seu amor, Ele a concede a nós. Em Jesus Cristo, todo cristão tem sido "agraciado" pelo Senhor. O Pai "...nos tem abençoado com toda sorte de bênção espiritual nas regiões celestiais em Cristo" (1:3). O que isso significou na vida de Maria e o que significa na nossa vida?

Para começar, significa *salvação*. Maria se alegrou em Deus, seu Salvador (LUCAS 1:46,47). Não podemos ser salvos pelas nossas boas obras, porque a única maneira de sermos salvos é pela fé em Jesus Cristo (EFÉSIOS 2:8,9). É a graça de Deus que traz salvação a nós (TITO 2:11). Maria não louvou Moisés ou as leis de Moisés, porque ninguém pode ser salvo por cumprir a lei (GÁLATAS 2:16; 3:11). Mesmo sendo o canal humano pelo qual o Filho de Deus veio ao mundo, Maria precisava ter um Salvador.

A graça também nos enche de *alegria*. Sendo virgem, Maria percebeu que ter um filho provocaria todos os tipos de reações das pessoas de Nazaré, onde ela morava. Mas estava disposta a suportar a dor para poder cumprir a vontade de Deus. Maria disse ao anjo: "Aqui está a serva do Senhor; que se cumpra em mim conforme a tua palavra" (LUCAS 1:38). Render-se ao Senhor é um ato de fé que traz uma profunda alegria ao coração. O cântico de louvor de Maria (vv.46-55) nos lembra do cântico de louvor de Ana em 1 Samuel 2:1-10, e é provável que Maria conhecesse a canção de Ana. Para nos apresentarmos ao Senhor e cantarmos acerca disso, precisamos de graça em nosso coração (COLOSSENSES 3:16).

Maria sofreria nos anos seguintes, e é necessário graça para sofrer pelo Senhor e glorificá-lo. O Senhor disse a Paulo: "...A minha graça te basta, porque o poder se aperfeiçoa na fraqueza..." (2 CORÍNTIOS 12:9). Quando Maria e José levaram o menino Jesus ao Templo para apresentá-lo ao Senhor, Simeão disse que uma espada traspassaria a alma dela (LUCAS 2:25-35), e isso aconteceu. Maria ficou junto a cruz com João, e Jesus encarregou João de cuidar dela (JOÃO 19:25-27). Como Sua mãe, Maria era a única pessoa de toda a Jerusalém que poderia ter salvado Jesus da cruz, mas se manteve em silêncio porque sabia que a cruz estava no plano de Deus. Em nossa vida, pode haver momentos em que tudo parece estar contra nós, mas esses são os momentos em que a graça inesgotável de Deus nos capacita a continuar e, como Maria, louvar a Deus por esse privilégio.

A graça de Deus deu a Maria uma *família espiritual*, pois nós a encontramos com os irmãos e irmãs no cenáculo, aguardando a vinda do Espírito Santo (ATOS 1:12-14). Eles não estavam orando por Maria; ela estava orando ao Senhor com eles. Não só a igreja nascente estava orando, mas Pedro estava abrindo-lhes as Escrituras e preparando-os para o Pentecostes, e Maria necessitava do Espírito Santo tanto quanto os outros. Todos nós precisamos de uma família da igreja. Sim, nenhuma igreja é perfeita, assim como nenhuma família é perfeita, mas, mesmo assim, nós amamos uns aos outros, oramos uns pelos outros e encorajamos uns aos outros.

Nas Escrituras, as últimas palavras registradas de Maria estão em João 2:5, quando ela disse aos servos no casamento: "...Fazei tudo o que ele vos disser". Esse é um bom conselho! Se, a cada dia, lêssemos as Escrituras e obedecêssemos ao que Deus nos diz, quanta diferença isso faria!

Como Maria, somos altamente favorecidos
— altamente agraciados —
por Deus (LUCAS 1:28).

131

Bem-aventurada a que creu, *porque serão cumpridas as palavras que lhe foram ditas da parte do Senhor*
(LUCAS 1:45).

Estas palavras foram ditas a Maria por Isabel, que, apesar de sua idade avançada, estava grávida de João Batista. Deus estava fazendo grandes coisas para aquelas duas mulheres. O Senhor tinha anunciado grandes coisas a Maria e lhe faria grandes coisas, não porque ela mesma fosse grande, mas porque colocou sua fé no Deus vivo e verdadeiro, o único que é grande. Quão maravilhoso seria se todos os cristãos hoje se rendessem ao Senhor como fez Maria (LUCAS 1:38)! Então, o Senhor faria as "[obras] maiores..." que Jesus prometeu à Sua Igreja (JOÃO 14:12-14), e o mundo incrédulo acordaria e prestaria atenção. Se realmente queremos ver "obras maiores" em nossa vida, precisamos seguir o exemplo de Maria.

Há graça a receber. Sempre que Deus quer fazer algo grande em, e por meio de um dos Seus filhos, Ele invariavelmente começa com a graça. O Senhor chamou os idosos Abraão e Sara a fundarem a nação judaica e, em Sua graça, lhes deu um filho. Escolheu Moisés para liderar Seu povo do Egito até a Terra Prometida e, graciosamente, o capacitou a fazer o trabalho. Chamou Josué para reivindicar a Terra Prometida para Israel e lhe deu a graça da qual ele precisava para derrotar todos os inimigos. O chamado de Deus sempre inclui Seu apetrechamento e capacitação, se nos rendermos a Ele e caminharmos por fé. "...aquele que começou boa obra em vós há de completá-la até ao Dia de Cristo Jesus" (FILIPENSES 1:6). Se você for escolhido por Deus para servir de alguma maneira e se sentir inadequado, isso é um bom sinal! Basta dizer com Paulo: "...Porque, quando sou fraco, então, é que sou forte" (2 CORÍNTIOS 12:10). O servo que se sente adequado falhará;

o servo que se sente inadequado glorificará a Deus. "...A minha graça te basta, porque o poder se aperfeiçoa na fraqueza..." (v.9).

Há uma promessa para crer. Nós não vivemos de explicações; vivemos de promessas. O Dr. Bob Cook costumava nos lembrar: "Se você é capaz de explicar o que está acontecendo, Deus não o fez". O marido de Isabel, Zacarias, não creu na promessa de Deus e ficou mudo até seu filho nascer (LUCAS 1:18-20). O cântico de louvor de Maria revela que ela conhecia passagens do Antigo Testamento, especialmente o cântico de louvor de Ana em 1 Samuel 2:1-11, porque "...a fé vem pela pregação, e a pregação, pela palavra de Cristo" (ROMANOS 10:17). "Eu costumava pensar que deveria fechar a minha Bíblia e orar por fé", disse o evangelista D. L. Moody, "mas vim a enxergar que era de estudar a Palavra que eu teria fé". Então, oremos pedindo fé e, em seguida, abramos a Bíblia! Quando o Senhor quer que façamos alguma coisa, Ele sempre nos dá uma promessa bíblica, que nos levará adiante.

Há um propósito a atingir. Isabel disse que tudo que Deus disse que faria seria cumprido — e foi! O Senhor disse a Maria que seu filho seria o Salvador (*Jesus* significa "salvador") e o Rei (LUCAS 1:31-33), e Deus cumpriu a Sua palavra. "...nem uma só palavra falhou de todas as suas boas promessas...", disse o rei Salomão (1 REIS 8:56). Frequentemente tem sido dito que o Senhor não está à procura de melhores métodos, mas de melhores homens e mulheres de fé. Na vida e no serviço cristãos, é a fé o que faz a diferença, pois "...o justo viverá pela sua fé" (HABACUQUE 2:4). O que Deus nos chama a fazer pode parecer impossível, mas, como disse o anjo Gabriel a Maria: "...para Deus não haverá impossíveis..." (LUCAS 1:37). Primeiramente, Maria se rendeu ao Senhor (v.38), experimentou a graça de Deus e reivindicou a promessa de Deus. Depois, alegrou-se com o Senhor; nós também podemos fazer isso. "Então, creram nas suas palavras e lhe cantaram louvor" (SALMO 106:12). Bem-aventurados os que creem!

> **"Não há santo como o SENHOR;
> porque não há outro além de ti; e Rocha não há,
> nenhuma, como o nosso Deus"** (1 SAMUEL 2:2).

132

A sua pá, ele a tem na mão, para limpar completamente a sua eira e recolher o trigo no seu celeiro; **porém queimará a palha** *em fogo inextinguível* (LUCAS 3:17).

João Batista não era um "...caniço agitado pelo vento" (MATEUS 11:7), porque estava preparando o povo para acolher o seu Salvador. Essa é a decisão mais séria que alguém pode tomar, porque determina o seu destino eterno. "...Eis o Cordeiro de Deus, que tira o pecado do mundo!", declarou João (JOÃO 1:29). "Convém que ele cresça e que eu diminua" (3:30). João até se atreveu a pregar acerca do inferno. Ele viu a chegada de uma colheita na qual Deus separaria o trigo do joio e queimaria a palha em fogo inextinguível. Deus não preparou o inferno para as pessoas, mas para Satanás e seus anjos (MATEUS 25:41), e para aqueles que rejeitam Cristo e escolhem Satanás. Qual deve ser a reação do cristão ao fato do inferno e à certeza do juízo eterno?

Nossa primeira reação deve ser a de *gratidão em nossa adoração*, porque quem somos nós que devamos ser salvos da ira de Deus? Certamente, não merecíamos ser levados à família de Deus, porque nascemos pecadores, vivíamos como pecadores, e até gostávamos de pecar. No entanto, Deus Pai nos escolheu; Deus Filho morreu por nós; e Deus Espírito Santo nos convenceu, nos levou à fé em Cristo e nos selou por toda a eternidade (EFÉSIOS 1:3-14). Nada havíamos feito para merecer o perdão, mas Deus nos ama, nos perdoa e nos inunda de bênçãos! Jesus intercede por nós no céu e o Espírito Santo habita em nós. É graça do começo ao fim e isso ainda me surpreende. Quando perdemos a maravilha da salvação, damos o primeiro passo para o pecado. Charles Wesley bem o expressou: "Amor surpreendente / Como pode ser? / Que tu, meu Deus / Devesses morrer por mim?".

Nossa segunda reação deve ser a de *compaixão em nosso testemunho*. O apóstolo Paulo tinha "...grande tristeza e incessante dor..." em seu coração devido ao seu fardo pelo povo perdido de Israel. Ele estava até disposto a ir para o inferno se isso significasse a salvação dos judeus (ROMANOS 9:1-5). Isso nos faz lembrar de Moisés, que estava disposto a morrer pelo bem do seu povo que havia pecado (ÊXODO 32:31-35). Moisés e Paulo (ROMANOS 10:1) intercederam por seu povo; também nós devemos orar pela salvação dos perdidos. Deus não tem prazer na morte do ímpio (EZEQUIEL 18:23,32; 33:11). Ele não quer que pessoa alguma pereça (2 PEDRO 3:9), mas "...deseja que todos os homens sejam salvos e cheguem ao pleno conhecimento da verdade" (1 TIMÓTEO 2:4). Estamos aqui na Terra, não para ser juízes ou advogados de acusação, condenando pessoas perdidas, mas para sermos testemunhas que evidenciam Jesus e compartilham a boa notícia do evangelho. Você tem uma lista de nomes de pessoas por quem ora?

Nossa terceira reação deve ser a de *obediência em nossa caminhada*. Nossa tarefa não é perguntar "...Senhor, são poucos os que são salvos?" (LUCAS 13:23), mas ter certeza de que somos salvos e vivemos de acordo com essa salvação. "As coisas encobertas pertencem ao SENHOR, nosso Deus, porém as reveladas nos pertencem, a nós e a nossos filhos, para sempre, para que cumpramos todas as palavras desta lei" (DEUTERONÔMIO 29:29). Nossa vida de temor a Deus pode ser a única versão da Bíblia que os perdidos lerão. Não desperdicemos tempo e energia debatendo os bons argumentos de teologia quando o mundo está cheio de pessoas que nada sabem acerca do simples plano de salvação. Deixe a sua luz brilhar neste mundo escuro.

Podemos não gostar da verdade sobre o inferno, mas a mesma Bíblia que assegura que os cristãos irão para o céu (JOÃO 14:1-6) também assegura aos incrédulos que eles irão para o inferno — a menos que recebam Jesus Cristo em seus corações (3:14-21). O que estamos fazendo a respeito disso?

> **"Respondeu-lhe Jesus: Eu sou o caminho, e a verdade, e a vida; ninguém vem ao Pai senão por mim"** (JOÃO 14:6).

133

Vendo-lhes a fé, Jesus disse ao paralítico: Homem, **estão perdoados os teus pecados**
(LUCAS 5:20).

Jesus era muito conhecido durante o primeiro ano de Seu ministério e grandes multidões o seguiam. Suponha que você e eu tivéssemos estado em Cafarnaum e aberto à força o nosso caminho até aquela casa cheia. O que teríamos aprendido sobre Jesus?

Jesus ensina. As pessoas tinham diferentes motivos para lotarem a casa. Algumas estavam apenas curiosas para ver aquela "celebridade" de perto e ouvir o que Ele tinha a dizer. Outras estavam buscando a verdade, ou talvez cura, e esperavam que Ele pudesse ajudá-las. Algumas, como os escribas e fariseus, iam com espírito crítico e esperavam encontrar transgressão. Lucas nos diz que Jesus estava ensinando (5:17) e Marcos diz que Ele estava pregando (2:2); portanto, havia explicação e aplicação em Seu ministério. Se chegarmos a Jesus com coração preparado, poderemos aprender com Ele; se formos embora e obedecermos ao que ouvimos, a bênção será ainda maior. "Bem-aventurados os que têm fome e sede de justiça, porque serão fartos" (MATEUS 5:6). Atente às palavras de Jesus e aprenda.

Jesus cura. Lucas nos diz que "...o poder do Senhor estava com ele para curar" (5:17). Isso significa que entre os presentes existiam pessoas que tinham fé, porque em Nazaré Ele não pôde fazer muitos milagres, devido à incredulidade deles (MATEUS 13:58). Quando vamos a uma reunião da igreja para adorar, temos um coração que crê e permite que o Espírito aja, ou um coração crítico que entristece o Espírito Santo? A cura de um homem específico é descrita, um paralítico que foi levado à casa e descido através do teto. Louvado seja Deus pelas pessoas que creem, se preocupam com as outras, e não deixam coisa alguma impedi-las!

Multidões são boas, mas, se impedirem pessoas carentes de chegar a Jesus, são um entrave. Zaqueu, o cobrador de impostos, também enfrentou esse problema (LUCAS 19:1-10). Os milagres do nosso Senhor não eram apenas atos graciosos de bondade, mas também "sermões de ação" que ensinavam lições espirituais. O pecado é como a doença (ISAÍAS 1:4-6). Ele começa pequeno e, gradualmente, cresce até tomar a vida da vítima e, se não for extirpado, resulta em morte. No texto que estamos estudando agora, Jesus relacionou pecado e doença; é possível que aquele homem estivesse paralisado por entregar-se ao pecado.

Jesus salva. Nosso texto registra que a primeira coisa dita por Jesus ao homem foi que os pecados dele estavam perdoados. Tornar um homem saudável sem transformar o seu coração só faria dele um pecador saudável! O problema básico não seria resolvido. Pessoas que pecaram contra outras podem perdoar umas às outras, mas só Deus é capaz de limpar completamente um coração pecaminoso e apagar o registro. Perdão significa absolvição e libertação da escravidão e da culpa pelo pecado. Quando o nosso Senhor disse isso, ofendeu os líderes religiosos presentes porque não acreditavam que Ele era realmente o Filho de Deus. Foi fácil para Jesus dizer essas palavras, mas por trás delas estava o Seu sacrifício na cruz. "Certamente, ele tomou sobre si as nossas enfermidades e as nossas dores [...] e pelas suas pisaduras fomos sarados" (ISAÍAS 53:4,5). Jesus curou o corpo do homem como prova de também ter perdoado os seus pecados. Não podemos ver o coração, mas podemos ver o corpo transformado.

Jesus disse "estão perdoados os teus pecados" ao paralítico e também a uma mulher pecadora que chorou aos Seus pés (LUCAS 7:36-50). *Mas Ele também disse isso a todos os que confiaram nele como Salvador!* "Filhinhos, eu vos escrevo, porque os vossos pecados são perdoados, por causa do seu nome" (1 JOÃO 2:12). O verbo "perdoados" não está restrito a determinado tempo: você foi perdoado, você é perdoado e você sempre será perdoado. Se isso não é uma boa notícia, o que é então?

> "Mas ele foi traspassado pelas nossas
> transgressões e moído pelas nossas iniquidades;
> o castigo que nos traz a paz estava sobre ele, e
> pelas suas pisaduras fomos sarados" (ISAÍAS 53:5).

134

Bendizei aos que vos maldizem, *orai pelos que vos caluniam* (LUCAS 6:28).

Os escribas e fariseus ensinavam que "...amarás o teu próximo...", em Levítico 19:18, significava "amarás o próximo judeu" e, em seguida, acrescentavam "e odiarás os gentios". Mas não foi isso o que Moisés escreveu, nem o que Jesus ensinou no Sermão do Monte ou na parábola do Bom Samaritano (LUCAS 10:25-37). No tocante aos inimigos, tenha em mente três verdades básicas.

Se formos cristãos obedientes, teremos inimigos. Se vivermos de maneira piedosa e defendermos o que é certo, provavelmente alguém se oporá a nós. Jesus disse: "Bem-aventurados os perseguidos por causa da justiça, porque deles é o reino dos céus" (MATEUS 5:10). Ele disse aos Seus discípulos: "Se vós fôsseis do mundo, o mundo amaria o que era seu; como, todavia, não sois do mundo, pelo contrário, dele vos escolhi, por isso, o mundo vos odeia" (JOÃO 15:19). Paulo escreveu: "Ora, todos quantos querem viver piedosamente em Cristo Jesus serão perseguidos" (2 TIMÓTEO 3:12). Ele disse aos cristãos de Filipos: "Porque vos foi concedida a graça de padecerdes por Cristo e não somente de crerdes nele" (FILIPENSES 1:29). Jesus teve uma vida perfeita e nunca fez mal a uma única pessoa, mas foi odiado pela multidão religiosa e crucificado. O povo de Deus é sal em um mundo decaído e luz em um mundo de trevas — o sal incomoda e a luz expõe. O mundo gosta de um cristão que faz concessões, mas um cristão que faz concessões não será recompensado.

Se formos cristãos obedientes, não declararemos guerra contra os outros. Nada posso fazer se há pessoas que não gostam de mim e querem me ferir, mas *posso* contribuir com isso ao tentar prejudicá-las. Pessoas não convertidas podem retribuir mal por mal e bem por bem, porque esse é o modo como os seres humanos agem. Retribuir mal por bem é agir como o diabo, mas retribuir bem por mal é agir como Jesus, e Ele é o nosso exemplo supremo. "...Amai os vossos inimigos..." (LUCAS 6:27) não significa que eu tenho de gostar deles, mas apenas que eu os trate da maneira como meu Pai celestial me trata. Ele é paciente comigo, me perdoa, quer o melhor para mim e sempre me concede outra chance para fazer melhor. Se eu verdadeiramente amar os meus inimigos por causa de Jesus, retribuirei bem por mal, os abençoarei mesmo que eles me amaldiçoem e orarei por eles (vv.27,28). "Abençoar" os outros é querer o melhor de Deus para eles e pedir ao Senhor para mostrar-lhes a Sua graciosa bondade. Há momentos em que sentimos vontade de orar um dos salmos imprecatórios; porém, segundo Romanos 12:9-21, o julgamento não pertence a nós, mas ao Senhor. Jesus orou pelos Seus inimigos (LUCAS 23:34) e Estêvão fez o mesmo (ATOS 7:59,60).

Se formos cristãos obedientes, Deus nos ajudará a vencer. "Se possível, quanto depender de vós, tende paz com todos os homens" (ROMANOS 12:18). Às vezes, não é possível, e tudo que tentamos parece falhar. *Mas não desista.* Continue amando, orando e fazendo o bem, e deixe os resultados com o Senhor. Deus Pai está com você e não o abandonará. "Por isso, também os que sofrem segundo a vontade de Deus encomendem a sua alma ao fiel Criador, na prática do bem" (1 PEDRO 4:19). Deus Filho está com você quando compartilha a "...comunhão dos seus sofrimentos..." (FILIPENSES 3:10). Ele conquistou vitória sobre o mundo (JOÃO 16:33). E Deus Espírito Santo está com você para trazer-lhe descanso e conferir glória a Deus (1 PEDRO 4:14). O Senhor pode transformar maldições em bênçãos (DEUTERONÔMIO 23:5; NEEMIAS 13:2) e pode usar as nossas bênçãos para desfazer as maldições do inimigo.

"Antes, ele dá maior graça..."
(TIAGO 4:6).

135

**Não me deste ósculo; *ela,
entretanto, desde que entrei
não cessa de me beijar os pés***
(LUCAS 7:45).

Um *convite insincero*. O fariseu Simão pediu a Jesus que fosse jantar em sua casa e Jesus aceitou o convite. É interessante o quanto Jesus era capaz de exercer Seu ministério com pessoas ao comer com elas à mesa — mesmo as que se opunham a Ele. O Senhor sabia que o propósito de Simão era insincero, uma vez que os fariseus estavam constantemente à procura de oportunidades para criticar Jesus e deixá-lo em apuros com os líderes religiosos. Simão comprovou sua insinceridade pela maneira como tratou Jesus. Ele não acolheu Jesus com um beijo, não ungiu Sua cabeça com óleo perfumado e não ofereceu água para lavar os Seus pés. Quatro vezes em Mateus 23, Jesus chamou os fariseus de cegos (vv.16,17,24,26), e a palavra certamente se aplicava a Simão. Ele era cego para os seus próprios pecados, cego para a notável transformação da mulher e cego para a pessoa de Jesus Cristo. No entanto, convidou Jesus para a sua mesa! Jesus aceitou, não para o Seu próprio bem, mas para o bem de Simão. Às vezes, temos de ir a jantares somente para o bem dos outros.

Uma interrupção surpreendente. Quando a mulher entrou na sala do banquete, Simão deve ter ficado terrivelmente constrangido. Simão era um homem hipócrita, cujo coração nunca havia se quebrantado por seus pecados; ele também nunca tinha experimentado o tipo de arrependimento e amor demonstrado por aquela mulher. Ele era religioso, mas era tudo fingimento, mantinha as aparências. A mulher tinha sido culpada de pecados da carne, mas Simão era culpado de pecados do espírito (2 CORÍNTIOS 7:1). Ela fora uma filha pródiga, mas Simão era um irmão mais velho que sabia criticar os outros, mas não os perdoar (LUCAS 15:25-32). A mulher não foi na esperança de obter alguma comida; ela foi para derramar o seu amor a Jesus. Se você pesquisar sobre a harmonia dos evangelhos, descobrirá que muitos estudiosos da Bíblia acreditam que ela confiou em Cristo quando Ele fez aquele gracioso convite registrado em Mateus 11:28-30: "Vinde a mim, todos os que estais cansados e sobrecarregados, e eu vos aliviarei. Tomai sobre vós o meu jugo e aprendei de mim, porque sou manso e humilde de coração; e achareis descanso para a vossa alma. Porque o meu jugo é suave, e o meu fardo é leve". Tudo que a mulher demonstrou a Jesus, Simão se negou a fazer. Há pecados de omissão e pecados de comissão. Ela lavou os Seus pés com as suas lágrimas, enxugou-os com os seus cabelos, beijou-os e derramou neles um unguento caro. Essa foi a sua maneira de dizer que Jesus era seu Salvador e Senhor, que ela tinha ouvido e crido no Seu convite e por isso encontrara descanso.

Uma revelação constrangedora. Jesus sabia o que Simão estava pensando; por isso, contou-lhe uma parábola e o repreendeu por seus pensamentos maldosos. O Bom Pastor sempre defende as Suas ovelhas (ROMANOS 8:31-34). Ele disse abertamente a Simão e seus convidados como esse anfitrião o havia tratado, e Simão não pôde negar. Gostaríamos que os nossos pecados fossem anunciados no próximo banquete da igreja? Provavelmente, não, mas Deus já os conhece.

Uma bênção graciosa. Jesus disse à mulher: "...Perdoados são os teus pecados. [...] A tua fé te salvou; vai-te em paz" (LUCAS 7:48,50). Não foi o seu caro presente ou as suas lágrimas o que a salvaram, mas a sua fé no Salvador. Tudo que ela havia feito a Jesus só revelara que ela havia se arrependido de todos os seus pecados e confiado em Cristo, e agora ela o amava e queria agradecer-lhe. Fé traz salvação, e salvação traz paz.

Fé, paz, amor e lágrimas. Foi essa a *sua* experiência?

> **"Justificados, pois, mediante a fé, temos paz
> com Deus por meio de nosso Senhor Jesus Cristo
> [...] porque o amor de Deus é derramado
> em nosso coração..."** (ROMANOS 5:1,5).

136

Volta para casa *e conta aos teus tudo o que Deus fez por ti. Então, foi ele anunciando por toda a cidade todas as coisas que Jesus lhe tinha feito* (LUCAS 8:39).

Há cinco orações nesse evento marcante no cemitério: três dos demônios (LUCAS 8:28,31,32), uma dos moradores locais (v.37) e uma do endemoninhado curado (v.38). Os demônios receberam o que pediram e assim também os moradores, mas não o endemoninhado curado, e o seu pedido era bom. Tudo que ele queria fazer era seguir com Jesus, mas o Senhor lhe disse que fosse para casa e contasse a todos o que Deus tinha feito por ele. Está claro que ele era um novo homem, pois estava vestido, sentado aos pés de Jesus e em perfeito juízo. Por que, então, Jesus não concordou com o seu pedido e permitiu que ele fosse um dos Seus seguidores pessoais?

Para começar, Jesus não "exibia" novos cristãos como artistas de um espetáculo de feira. Alguns anos atrás, houve nos EUA uma epidemia das, assim chamadas, conversões de celebridades, cuja justificativa era "você deve confiar em Cristo porque essas pessoas famosas confiaram nele". A. W. Tozer chamou isso de "a abordagem dos cereais ao evangelismo", porque celebridades, especialmente atletas vencedores, eram frequentemente retratadas em caixas de cereais matinais. Mas os pecadores devem voltar-se a Cristo independentemente do que as pessoas famosas possam fazer, e o fato de elas serem ricas e famosas é uma garantia de nada. Paulo nos lembrou de que "...não foram chamados [...] segundo a carne, nem muitos poderosos, nem muitos de nobre nascimento" (1 CORÍNTIOS 1:26). Conheci pessoalmente algumas dessas pessoas, que deram todos os indícios de que a sua salvação era genuína, mas, infelizmente, muitas outras caíram à margem do caminho e foram esquecidas.

Jesus mandou o homem ir para casa porque as pessoas de lá o conheciam melhor e seu testemunho teria um impacto maior.

Elas conheciam a triste história de como ele se tornou endemoninhado, a realidade e a agonia disso, e teriam que admitir que ele era um homem diferente. É interessante Jesus ter dito ao leproso curado para não dizer nada a pessoa alguma (MARCOS 1:43), mas ordenado ao endemoninhado curado que contasse a todos. A palavra traduzida como "anunciar" em nosso texto se refere aos pronunciamentos do arauto de um rei. Jesus o comissionou a levar a boa-nova e ele obedeceu. Quem dera mais de nós seguíssemos o exemplo desse homem!

Isso leva a uma terceira razão para Jesus tê-lo enviado para casa: ele poderia ter algum dano a reparar. Ele era casado? Tinha uma família? Ou vivia com os seus pais? A maneira como ele se comportava com a família e o modo como saiu de casa (ou foi convidado a sair) podem ter prejudicado os relacionamentos familiares, e o Senhor o ajudaria a reparar as coisas. Uma de nossas primeiras responsabilidades após confiar em Cristo é "restaurar as cercas", ou talvez "derrubá-las".

Estou certo de que o Senhor providenciou que cristãos do seu bairro o ajudassem a se alimentar da verdade de Deus e a crescer na graça. Todo novo cristão precisa de comunhão com outros cristãos que possam lhe explicar os conceitos básicos da vida cristã. Lembro-me de um cantor muito conhecido do meio-oeste dos EUA que me telefonou para dizer que aceitara a Cristo. "O que eu faço agora?", perguntou ele. Nós nos encontramos para almoçar e eu o encorajei para que ingressasse em uma boa igreja e pedisse ao pastor para envolvê-lo em um programa de discipulado. Em vez disso, ele abriu uma nova empresa, gravou suas novas músicas e fez muitas apresentações, mas nunca se desenvolveu espiritualmente. Depois, saiu de cena e nunca mais o vi, embora tenha tentado localizá-lo. Gostaria que ele tivesse escutado o meu conselho.

> **"...que estes aprendam primeiro a exercer piedade para com a própria casa..."** (1 TIMÓTEO 5:4).

137

E aconteceu que, ao se completarem os dias em que devia ele ser assunto ao céu, **manifestou, no semblante, a intrépida resolução** *de ir para Jerusalém* (LUCAS 9:51).

Muitas pessoas vagam pela vida, quando deveriam estar marchando no caminho de Deus e movendo-se em direção ao objetivo que Ele escolheu para elas. A esses andarilhos faltam objetivos com propósito e determinação piedosa. Eles precisam de "perseverança", uma qualidade de caráter que a Igreja Primitiva possuía: "...perseveravam na doutrina dos apóstolos e na comunhão, no partir do pão e nas orações" (ATOS 2:42). Sua esperança em Jesus era tão perseverante e segura quanto uma âncora (HEBREUS 6:19), e eles perseveravam no Evangelho e na fé (1 CORÍNTIOS 15:1-5; 16:13). No tocante a dedicação e determinação, Jesus é o nosso exemplo.

Jesus percorria *um caminho determinado*. Isso foi profetizado em Isaías 50:7: "Porque o SENHOR Deus me ajudou, pelo que não me senti envergonhado; por isso, fiz o meu rosto como um seixo e sei que não serei envergonhado". Tudo que se referia ao ministério terreno do nosso Senhor foi planejado, desde o momento do Seu nascimento (GÁLATAS 4:4,5) até o dia da Sua morte (1 CORÍNTIOS 5:7). No Evangelho de João, frequentemente encontramos as frases "sua hora" ou "a hora", referindo-se à hora da morte de Jesus (2:4; 7:6,8,30; 8:20; 12:23; 13:1; 16:32; 17:1). O local de Sua morte seria a cidade santa de Jerusalém, "porque não se espera que um profeta morra fora de Jerusalém" (LUCAS 13:33). O modo como Ele morreria é revelado no Salmo 22; o motivo para a Sua morte é explicado em Isaías 53. Durante os meus anos de vida e ministério, apoiei-me fortemente em meu versículo da vida, Salmo 16:11: "Tu me farás ver os caminhos da vida; na tua presença há plenitude de alegria, na tua destra, delícias perpetuamente". Cada um de nós tem um caminho determinado; cada um de nós tem uma Jerusalém.

Jesus percorria *um caminho difícil*. Tão logo iniciou Seu ministério ao ser batizado por João, Ele foi levado ao deserto para confrontar Satanás (MARCOS 1:12). A tentação final de Satanás foi oferecer-lhe todos os reinos do mundo se Ele se prostrasse e o adorasse (MATEUS 4:8-11). Essa foi uma tentativa de desviar Jesus da cruz, mas o nosso Senhor disse "não". O diabo ainda usou Pedro para dissuadi-lo a se afastar da cruz (16:21-23). Após Ele ter alimentado cinco mil pessoas, a multidão quis fazê-lo rei (JOÃO 6:14,15). Esse era outro desvio. Porém, Jesus perseverou em cumprir a vontade do Pai e, sabendo o que estava diante de si, continuou caminhando para Jerusalém. George Washington Carver disse que as pessoas devem ser julgadas não somente pelos cargos que ocupam, mas também pelos obstáculos que tiveram de vencer para chegar lá.

Jesus percorria *um caminho triunfante*. Antes de ir ao Getsêmani, Ele disse ao Seu Pai: "Eu te glorifiquei na terra, consumando a obra que me confiaste para fazer" (17:4). Espero poder dizer isso honestamente quando chegar ao fim do caminho a mim determinado. A cruz parecia ser derrota, mas era realmente vitória. Sua nação o rejeitou, os líderes religiosos o odiaram, Seu tesoureiro o traiu, Seus discípulos o abandonaram e fugiram, e até mesmo o Pai o abandonou naquele momento crucial em que os nossos pecados foram colocados sobre Ele. Contudo, Jesus foi fiel até o fim e pôde bradar: "Está consumado!". Ele previu a alegria que lhe estava proposta em glorificar o Pai e compartilhar essa glória com a Sua Igreja (JOÃO 17:24; HEBREUS 12:1,2; JUDAS 24). Quem se importa com a viagem quando a estrada leva ao Lar?

> "Porém em nada considero a vida preciosa
> para mim mesmo, contanto que complete a minha
> carreira e o ministério que recebi do Senhor Jesus
> para testemunhar o evangelho da graça de Deus"
> (ATOS 20:24).

138

*E lhes fez a seguinte advertência: A seara é grande, **mas os trabalhadores são poucos**. Rogai, pois, ao Senhor da seara que mande trabalhadores para a sua seara* (LUCAS 10:2).

Por que há tão poucos trabalhadores? Jesus é um capataz tão cruel que ninguém consegue trabalhar para Ele ou com Ele? Paulo estava errado quando escreveu "Porque de Deus somos cooperadores..." (1 CORÍNTIOS 3:9)? A colheita é tão pouco importante que a Igreja pode se dar ao luxo de ignorá-la? Os espectadores não são poucos, nem os críticos e os fiscais de calçada; mas alistar semeadores, regadores, colhedores e enfardadores não é uma tarefa fácil.

Uma das razões para a falta de trabalhadores é que muitas pessoas do povo de Deus não conseguem ver os campos. O povo de Deus está cego e não percebe os campos maduros ou os trabalhadores que faltam. Eles não estão obedecendo à ordem de Jesus: "...vos digo: erguei os olhos e vede os campos, pois já branquejam para a ceifa" (JOÃO 4:35). O que vemos com os nossos olhos é, em grande parte, determinado pelo que amamos em nosso coração. "Desembarcando, viu Jesus uma grande multidão, compadeceu-se dela e curou os seus enfermos" (MATEUS 14:14). Outros estão trabalhando e nós estamos criticando. Que vergonha para nós! Temos compaixão?

À cegueira devemos acrescentar o egoísmo. Nosso texto é precedido por Lucas 9:57-62; por isso, dedique tempo a ler esse breve, mas tocante parágrafo. Eis três homens — dois voluntários e um recrutado — e nenhum deles acabou trabalhando nos campos de colheita. O primeiro homem não se dispôs a negar-se a si mesmo. Ele queria um lar confortável e uma cama quente, mas Jesus não escreveu isso no contrato. Jesus não tinha um lar acolhedor ou uma cama quente em Seu próprio contrato! O segundo homem não se dispôs a tomar a sua cruz e morrer para as pressões normais deste mundo. Certamente, devemos amar e respeitar os nossos pais, mas, se esse amor nos impede de obedecer ao chamado de Deus, esse amor está distorcido. Jesus não deixou o Pai celestial para vir à Terra para morrer por nós? O terceiro homem tinha a sua própria programação — participar de uma festa de despedida em casa. Aquela pequena frase "...deixa-me primeiro..." diz muito (v.61). Jesus o advertiu contra olhar para trás ao tentar arar o campo. *Como ele poderia seguir Jesus e olhar para trás ao mesmo tempo?* Paulo deixou claro que uma coisa ele fez: "...esquecendo-me das coisas que para trás ficam e avançando para as que diante de mim estão, prossigo para o alvo, para o prêmio da soberana vocação de Deus em Cristo Jesus" (FILIPENSES 3:13,14). Se queremos ajudar na colheita, precisamos negar a nós mesmos, tomar a nossa cruz e seguir a Jesus (MATEUS 16:24).

Junto a cegueira e egoísmo, algumas pessoas do povo de Deus são culpadas de falta de oração. *Aqueles que oram sinceramente por trabalhadores* em breve se tornarão os próprios trabalhadores. Certamente, Moisés estava orando pelos israelitas que sofriam no Egito e o Senhor o chamou para libertá-los. Neemias orou e chorou pela situação de Jerusalém e Deus o chamou para restaurar os muros e as portas dessa cidade (NEEMIAS 1:4-11). Foi numa reunião de oração da igreja que Paulo e Barnabé receberam o seu chamado para levar o evangelho às nações (ATOS 13:1-3). Se as nossas vontades forem verdadeiramente rendidas a Deus, Ele poderá nos chamar a nos tornarmos parte da resposta às nossas próprias orações! Muitos cristãos fazem a Oração do Senhor com fidelidade, incluindo "Venha o teu reino; faça-se tua vontade, assim na terra como no céu". Se você realmente tem essa intenção, prepare-se. Deus tem trabalho para você fazer.

> "...sede firmes, inabaláveis
> e sempre abundantes na obra do Senhor..."
> (1 CORÍNTIOS 15:58).

139

Respondeu-lhe o Senhor: Marta! Marta! Andas inquieta e te preocupas com muitas coisas. Entretanto, **pouco é necessário ou mesmo uma só coisa;** *Maria, pois, escolheu a boa parte, e esta não lhe será tirada* (LUCAS 10:41,42).

Davi escreveu: "Uma coisa peço ao SENHOR..." (SALMO 27:4). Jesus disse ao jovem rico: "...Uma coisa ainda te falta..." (LUCAS 18:22). O apóstolo Paulo confessou: "Irmãos, quanto a mim, não julgo havê-lo alcançado; mas uma coisa faço..." (FILIPENSES 3:13). Jesus curou um mendigo cego que deu testemunho dizendo: "...uma coisa sei: eu era cego e agora vejo" (JOÃO 9:25). O que o nosso Senhor disse a Marta em nosso texto se aplica a todos nós: "pouco é necessário ou mesmo uma só coisa". Nestes dias, quando a vida pode ser facilmente desmantelada e quando tantas vozes nos dizem o que fazer, precisamos ser como Maria e manter nossas prioridades na direção certa. Precisamos separar tempo diariamente para nos sentarmos aos pés de Jesus, ouvir a Sua Palavra e receber a verdade que é boa, necessária e duradoura.

Se fizermos isso, *agradaremos ao Senhor*. Há um tempo para servir como Marta, mas é importante, primeiro, dedicarmos tempo a adorar, amar e aprender aos pés de Jesus. Isso é uma verdadeira preparação para o serviço aprovado. Onde quer que você encontre Maria de Betânia nas Escrituras, ela está aos pés de Jesus. Em nosso texto, ela se sentou aos Seus pés para escutar e aprender. Em João 11:32, ela levou suas dores aos pés do Mestre e, em João 12:3, derramou seu caro presente aos Seus pés. Naquele tempo, os mestres raramente ensinavam a alunas mulheres, mas Jesus se agradou em ensinar a Maria, e ensinará a você e a mim por meio de Seu Espírito se nos chegarmos aos Seus pés. Adoração e meditação precisam sempre preceder o serviço, porque sem Jesus nada podemos fazer (15:5).

Dedicar tempo a Jesus também nos *enriquecerá espiritualmente*. Marta estava preocupada com o alimento para o corpo, mas a prioridade de Maria era o alimento para a alma. Jesus disse: "Trabalhai, não pela comida que perece, mas pela que subsiste para a vida eterna, a qual o Filho do Homem vos dará..." (6:27). A Palavra de Deus é pão, leite, carne e mel para a alma (DEUTERONÔMIO 8:3; SALMO 119:103; 1 PEDRO 2:2,3; HEBREUS 5:12-14). Com seu apetite espiritual saudável, Maria estava bem acompanhada por pessoas como Jeremias (JEREMIAS 15:16), Jó (JÓ 23:12) e Jesus (MATEUS 4:4). Jesus nos advertiu de que os cuidados desta vida — como o preparo de refeições — podem sufocar o solo de nossa alma e torná-lo difícil para receber a semente da Palavra (LUCAS 8:14). É essencial cultivarmos um apetite pela Palavra de Deus e não viver de substitutos. Não se contente com nutrição de segunda mão; permita ao Espírito ensinar-lhe diretamente a partir das Escrituras. Isso se aplica até mesmo a livros como este, porque os livros são *suplementos* ao estudo da Bíblia, não *substitutos* ao estudo e meditação da Bíblia.

Sentar-se aos pés de Jesus significa que *você será criticado*. Satanás não se importa se a sua Bíblia fica sobre uma mesa ou dentro de uma gaveta; ele simplesmente não quer que ela se instale no seu coração e o abençoe. Marta criticou sua irmã e seu Salvador, e tentou dizer-lhes o que fazer. Críticas vindas de cristãos doem muito mais do que críticas vindas de incrédulos; precisamos aprender a esperá-las, e não a sermos enfraquecidos por elas. *Deixe Jesus defendê-lo, assim como defendeu Maria.* O lugar mais seguro é aos pés de Jesus.

Mas a bênção é essa: dedicar um tempo diário a Jesus *lhe dará influência duradoura*. Quando Maria ungiu Jesus, Ele lhe disse que ela seria uma bênção para cristãos do mundo todo (MATEUS 26:13) — e ela foi! Nossa vida, nossas orações, nossa adoração e nosso serviço podem alcançar o mundo todo e dar frutos para a eternidade, mas não saberemos isso até vermos Jesus. Precisamos fazer a escolha. Maria fez sua escolha e Deus a abençoou por essa decisão.

> "Escolhi o caminho da fidelidade
> [...] escolhi os teus preceitos"
> (SALMO 119:30,173).

140

Não temais, ó pequenino rebanho; *porque vosso Pai se agradou em dar-vos o seu reino*
(LUCAS 12:32).

O contexto dessa declaração é o ensinamento do nosso Senhor a respeito da preocupação (LUCAS 12:22-34). Os discípulos seriam enviados a um mundo difícil, onde pessoas más e circunstâncias exigentes testariam a fé deles. A preocupação pode levar ao medo (vv.4,5), o medo pode levar à incredulidade, e a incredulidade sempre leva ao fracasso. Jesus destacou que os corvos dependem de Deus para a sua alimentação e os lírios dependem de Deus para a sua beleza; então, por que os Seus discípulos não conseguem depender do Pai para aquilo de que necessitam? Preocupar-se é viver como os gentios (v.30), isto é, os romanos e gregos daquele tempo, incrédulos e adoradores de ídolos. Raramente um cristão confessa publicamente o pecado da preocupação. Nós preferimos chamá-lo "a cruz que carrego", "inquietação" ou, talvez, "problemas". Se apenas percebêssemos o notável relacionamento que temos com o Senhor, isso afastaria o medo e traria paz.

Nós somos Seus amigos. "Digo-vos, pois, amigos meus: não temais..." (v.4). Jesus enfatizou esse relacionamento em seu pronunciamento no cenáculo (JOÃO 15:13-15). "Ninguém tem maior amor do que este: de dar alguém a própria vida em favor dos seus amigos. Vós sois meus amigos, se fazeis o que eu vos mando. Já não vos chamo servos, porque o servo não sabe o que faz o seu senhor; mas tenho-vos chamado amigos, porque tudo quanto ouvi de meu Pai vos tenho dado a conhecer." A palavra traduzida como *amigos* significa "um amigo no tribunal". Essa era uma pessoa próxima ao rei, que compartilhava os seus segredos. "A intimidade do SENHOR é para aqueles que o temem..." (SALMO 25:14). É por isso que Jesus disse aos discípulos que temessem a Deus e isso derrotaria todos os medos (LUCAS 12:4-7). *O temor de Deus vence todos os medos*! "Bem-aventurado o homem que teme ao SENHOR [...]. O seu coração, bem firmado, não teme..." (SALMO 112:1,8).

Nós somos o seu rebanho. "Não temais, ó pequenino rebanho..." (LUCAS 12:32). A imagem de ovelhas e do pastor é encontrada ao longo de toda a Escritura, referindo-se a Israel e a Igreja. As ovelhas são indefesas e não muito inteligentes, e precisam desesperadamente de um pastor para proteger e cuidar delas. O povo de Deus sempre foi pouco em número (MATEUS 7:14); nós somos um "pequenino rebanho". O mundo admira grandes números, mas Deus faz boas coisas até mesmo com os pequenos números — doze apóstolos, 120 cristãos em Atos 1, os 300 soldados de Gideão, as cinco pedras de Davi. Em contraste com as realizações do mundo, o ministério da Igreja pode não parecer grande, *mas durará eternamente.*

Nós somos a Sua família. As metáforas mistas de carneiros, família e reino refletem o panorama oriental da Bíblia, porque um sheik era governante, pai e pastor. Quem quer que creia em Jesus Cristo se torna filho do Rei, e todos os recursos do Rei estão à nossa disposição. O Senhor não apenas nos dá uma mesada generosa — Ele nos dá o reino todo! Ele "...nos constituiu reino, sacerdotes para o seu Deus e Pai..." (APOCALIPSE 1:6). Por que se preocupar e por que ter medo quando temos, disponíveis pela fé, as riquezas da Sua graça e as riquezas da glória (EFÉSIOS 1:6; FILIPENSES 4:19)?

As ovelhas são facilmente assustadas, exceto quando o pastor está por perto; e o nosso Pastor está sempre próximo. "Não temas, porque eu sou contigo; não te assombres, porque eu sou o teu Deus; eu te fortaleço, e te ajudo, e te sustento com a minha destra fiel" (ISAÍAS 41:10). Não tenha medo de pessoas ou de circunstâncias.

> "Até os cabelos da vossa cabeça estão todos contados.
> Não temais! Bem mais valeis do que muitos pardais"
> (LUCAS 12:7).

Warren Wiersbe

141

*Depois, lhe disse o servo:
Senhor, feito está como mandaste,
e ainda há lugar* (LUCAS 14:22).

"**S**ó por ser todo-poderoso, o Deus Todo-poderoso não precisa de apoio", escreveu A. W. Tozer em seu excelente livro *The Knowledge of the Holy* (O conhecimento do Santo). Deus não se presta ao vazio porque se identifica com a plenitude, exceto quando Seu Filho se humilhou ("se esvaziou") para tornar-se pobre e nascer na raça humana. Porém, até mesmo nesse caso era apenas o início da grande obra de redenção de Deus, que culminará com novo céu e nova Terra cheios da glória de Deus. Para nos encher a fim de servirmos, Deus precisa, primeiramente, esvaziar-nos.

Vemos prova da plenitude divina *na criação de Deus*. De acordo com Gênesis 1:2, a Terra se caracterizava por ausência de forma, escuridão e vazio, até o Senhor fazer a luz brilhar; fazer terra, mar e os céus; e enchê-los de vida, beleza e propósito. Ele desconsiderou todos os outros corpos celestes e escolheu a Terra para Seu próprio planeta. "Ao SENHOR pertence a terra e tudo o que nela se contém, o mundo e os que nele habitam" (SALMO 24:1). "...pois o mundo é meu e quanto nele se contém" (50:12). Ele encheu o mundo com tudo de que precisamos para a manutenção da vida humana, e seu Filho veio à Terra para nos dar vida abundante e eterna.

Vemos a plenitude de Deus *em Jesus Cristo, o Filho de Deus*, "porque aprouve a Deus que, nele, residisse toda a plenitude" (COLOSSENSES 1:19). Muitos "líderes religiosos" surgiram ao longo dos séculos, mas nenhum deles encarnou Deus, como Jesus fez, "porquanto, nele, habita, corporalmente, toda a plenitude da Divindade" (2:9). Nada faltava, na pessoa de Jesus Cristo, que fosse essencial para a vida ou para o cumprimento da vontade de Deus. Paradoxalmente, ao longo dos "dias de sua carne", Jesus Cristo foi o mais pobre dos pobres e o mais rico dos ricos; devido à Sua pobreza, todo cristão é rico (2 CORÍNTIOS 8:9).

Mas o Pai quer ver essa magnífica plenitude vitalizando os *Seus próprios filhos espirituais, a Igreja, o Corpo de Cristo*. Jesus é "...o cabeça sobre todas as coisas [para] a Igreja, a qual é o Seu Corpo, a plenitude daquele que a tudo enche em todas as coisas" (EFÉSIOS 1:22,23). Paulo não estava escrevendo sobre encher um auditório com pessoas, mas de encher as pessoas do auditório com o Espírito Santo para que elas possam representar Jesus diante de um mundo perdido e desesperado. Nosso objetivo não é o de nos tornarmos como alguns cristãos muito conhecidos. Nosso objetivo é crescer "...à medida da estatura da plenitude de Cristo" (4:13). É a nossa comunhão com Cristo nas Escrituras, na oração, na adoração e no serviço que nos amadurece e nos transforma à Sua imagem (2 CORÍNTIOS 3:18). Colossenses 2:10 nos diz que, nele, estamos "...aperfeiçoados...", e João 1:16, que "...temos recebido da sua plenitude e graça sobre graça". *Leia essas afirmações novamente e creia nelas.*

No livro de Atos, lemos pelo menos dez vezes sobre o povo de Deus ser "cheio do Espírito", e esse era o "segredo" do seu sucesso. Eles podem não ter tido muita educação formal, nem riqueza ou status social, mas se renderam e foram obedientes ao Espírito Santo. Eram cheios de fé e poder (ATOS 6:8), de júbilo por poderem sofrer por amor a Jesus (5:41) e de boas obras que tocavam o coração das pessoas (9:36). Esse foi o início da gloriosa plenitude de Deus na Igreja, mas, algum dia, "...toda a terra se encherá da glória do SENHOR" (NÚMEROS 14:21).

Por que não pedir a Deus para revelar mais dessa glória em nós e por meio de nós hoje?

"Pois a terra se encherá do conhecimento da glória do SENHOR, como as águas cobrem o mar"
(HABACUQUE 2:14).

142

> *O pai, porém, disse aos seus servos:*
> **Trazei depressa a melhor roupa**,
> *vesti-o, ponde-lhe um anel no dedo e*
> *sandálias nos pés* (LUCAS 15:22).

De Gênesis 3:7 a Apocalipse 22:14, os inspirados escritores da Bíblia têm muito a dizer a respeito do significado espiritual da roupa. Lavar roupas e vestir-se com roupas limpas simboliza, frequentemente, mudanças dramáticas na vida do povo de Deus, mudanças que talvez alguns de nós precisemos hoje.

Da nudez à vestidura. Após terem pecado, Adão e Eva tentaram cobrir sua vergonhosa nudez com folhas de figueira, mas o Senhor rejeitou o que eles tinham feito (GÊNESIS 3:7), assim como hoje Ele rejeita as nossas boas obras como meio de salvação. Nossos primeiros ancestrais só se tornaram aceitáveis após o Senhor derramar o sangue de alguns animais inocentes e vesti-los com túnicas feitas por Ele (3:21). Jesus é o Cordeiro de Deus cujo sangue foi derramado para tirar os nossos pecados (JOÃO 1:29) e cuja justificação recebemos (2 CORÍNTIOS 5:21).

Da corrupção à limpeza. Cada vez que vou até a minha biblioteca, passo pela cópia emoldurada da pungente pintura de Rembrandt *O Retorno do Filho Pródigo* (A palavra *pródigo* significa "esbanjador"). O rapaz está de joelhos diante de seu pai; está descalço e sujo, e suas roupas estão em farrapos. Ele precisava de roupas novas, e a "melhor roupa" da casa pertenceria ao seu pai, que a deu ao jovem com alegria. O filho estava disposto a trabalhar como escravo, mas seu pai não quis ouvir falar nisso. Com sua graça e amor, o pai lhe deu roupas, um anel e um par de calçados. O rapaz tomou banho, vestiu as roupas novas e foi à festa. Foi um novo começo! Davi teve uma experiência semelhante após confessar os seus pecados (2 SAMUEL 12:20). Quando Jacó voltou para casa, fez toda a sua família lavar-se e trocar de roupa (GÊNESIS 35:1-3).

De uma velha vida a uma nova vida. José tirou suas vestes de prisão, banhou-se e vestiu roupas limpas para poder se apresentar a Faraó; esse foi o início de uma nova vida para ele (41:14,42). Ele também deu roupas novas a seus irmãos (45:22) como lembretes de que os seus antigos pecados estavam perdoados e pertenciam ao passado, e as coisas novas tinham vindo para ficar. Quando, no monte Sinai, Israel estava prestes a iniciar um relacionamento de santa aliança com Deus, Moisés ordenou-lhes que, primeiramente, lavassem suas roupas (ÊXODO 19:10,14). Jesus ressuscitou Lázaro dentre os mortos e ordenou que suas mortalhas fossem removidas. Pessoas vivas não se vestem como cadáveres! Paulo usou isso como uma ilustração de tirarmos a velha vida e vestirmos a nova (EFÉSIOS 4:17-24; COLOSSENSES 3:1-17). Jesus advertiu a igreja morna de Laodiceia a vestir novas vestes espirituais e voltar à ação (APOCALIPSE 3:18).

De roupas comuns a roupas requintadas. O sumo sacerdote judeu usava vestes especiais "...para glória e ornamento" (ÊXODO 28:2,40), e os outros sacerdotes também eram identificados por suas roupas. Afinal, eles haviam sido separados pelo Senhor para servir somente a Ele. Se os sacerdotes não se vestissem adequadamente, corriam perigo de perder a vida (ÊXODO 28:43). As noivas também eram adornadas com belas peças de vestuário (SALMOS 45:13-15; 132:16; APOCALIPSE 21:2). A Igreja é a Noiva de Cristo e, algum dia, participaremos daquela grande ceia das Bodas do Cordeiro (APOCALIPSE 19:7-9). É importante nos aprontarmos hoje para essa grandiosa ocasião.

Tenhamos o cuidado de andar no Espírito e de não contaminar as nossas vestes (3:4). O nosso Senhor diz: "Eis que venho como vem o ladrão. Bem-aventurado aquele que vigia e guarda as suas vestes, para que não ande nu, e não se veja a sua vergonha" (16:15). "Alegremo-nos, exultemos e demos-lhe a glória, porque são chegadas as bodas do Cordeiro, cuja esposa a si mesma já se ataviou" (19:7). Todos vestidos e um lugar maravilhoso para ir — o céu!

> **"...vos revistais do novo homem,
> criado segundo Deus, em justiça e retidão
> procedentes da verdade"** (EFÉSIOS 4:24).

Warren Wiersbe

143

*Disse-lhes Jesus uma parábola sobre **o dever de orar sempre** e nunca esmorecer* (LUCAS 18:1).

A oração é o termômetro e o termostato da vida cristã. Ela revela a nossa "temperatura espiritual" e também ajuda a regulá-la. Se estamos negligenciando a oração ou se estamos orando com indiferença, estamos frios (MATEUS 24:12). Se estamos "para cima e para baixo" em uma vida de oração indisciplinada, estamos "mornos" — nem frios, nem quentes (APOCALIPSE 3:15,16). Se estamos andando com o Senhor, meditando na Palavra e rendidos a ele, nosso coração "arderá dentro de nós" e nos encherá de energia (LUCAS 24:32). Sermos honestos ao responder as perguntas desse breve questionário pode nos ajudar a melhorar o nosso ministério de oração.

Perdemos o maravilhamento pela oração? Lembramo-nos de quão animados ficamos com o fato de sermos privilegiados por visitar o trono da graça e falar com o nosso Pai celestial? Eu me entreguei a Cristo poucos dias antes do meu décimo sexto aniversário e, na semana seguinte, participei de uma reunião de oração. Também comecei a participar de um grupo de comunhão num lar, dedicado ao estudo da Bíblia e à oração. Eu não era o pastor da igreja, nem era um cristão maduro, *mas o meu Pai celestial me escutava*. Quando perdemos o maravilhamento pela oração, ela se torna rotineira, onerosa e egoísta. Sim, a oração é uma obrigação — observe a palavra "dever" em nosso texto —, mas precisa ser obedecida com admiração em nosso coração.

Estamos encantados com a adoração envolvida na oração? Quando eu era criança, frequentemente ouvia minha mãe telefonar para a mercearia local e ler a sua "lista de desejos". Cerca de uma hora mais tarde, o entregador estava à nossa porta trazendo sacos de mantimentos. Mas não é disso que se trata a oração! Deus conhece as nossas necessidades antes de as mencionarmos, *e nós nem sempre conhecemos as nossas necessidades*. Pedimos um emprego melhor quando aquilo que realmente precisamos é uma melhor atitude no nosso emprego atual. Quando adoramos ao Senhor e "nos perdemos" na Sua grandeza, obtemos uma melhor perspectiva sobre a vida e as promessas de Deus nas Escrituras. Na vida, há experiências de crise (como Pedro afundando no mar) nas quais tudo que podemos fazer é gritar por socorro, mas, na maior parte do tempo, podemos "dedicar tempo a contemplá-lo" e adorar ao nosso grande Deus. Moisés passou 40 dias e noites na montanha com Jeová, e nós temos dificuldade em investir 40 minutos em Sua gloriosa presença.

Aprendemos o que significa lutar em oração? Às vezes, a nossa experiência de oração é semelhante à de uma criança no colo dos pais, simplesmente falando, ouvindo e amando. Outras vezes, porém, é como Jacó lutando com o Senhor, pedindo proteção para si e sua família (GÊNESIS 32:22-32), ou como o servo de Deus Epafras que se esforçava sobremaneira em oração pela igreja de Colossos (COLOSSENSES 4:12). A palavra traduzida como *esforça* significa "agonizar, lutar". Ela retrata um atleta dando o melhor de si nas Olimpíadas gregas. Nós não lutamos com Deus para tentar mudar a vontade dele, mas para sermos honestos com Ele em expressarmos os nossos verdadeiros sentimentos. Na verdadeira oração não há lugar para fingimento, porque Deus conhece o nosso coração.

Reconhecemos a tragédia de desfalecer? Se não orarmos, desfaleceremos; é simples assim. Poderá levar tempo, mas acabaremos sem a nossa própria energia e a crise ocorrerá, como aconteceu com o rei Saul, Jonas e Pedro. Aqueles que "...esperam no SENHOR..." são os que "...renovam as suas forças..." e conseguem continuar a correr, andar e voar quando as circunstâncias o exigem (ISAÍAS 40:31). Os mais bem-sucedidos líderes espirituais encontrados nas Escrituras e na história da Igreja foram as pessoas que levavam as suas fraquezas ao Senhor em oração e deixavam que Ele as transformasse em poder de superação (2 CORÍNTIOS 12:7-10). Alguns dos registros estão em Hebreus 11. Você leu sobre isso ultimamente?

> **"Então, ele me disse: A minha graça te basta,
> porque o poder se aperfeiçoa na fraqueza..."**
> (2 CORÍNTIOS 12:9).

144

> *No princípio era o Verbo, e o Verbo estava com Deus,* **e o Verbo era Deus** (JOÃO 1:1).

A voz do Senhor falada por meio dos profetas ficou em silêncio durante os quatro séculos entre Malaquias e João Batista. Então, João Batista veio como "...a voz do que clama no deserto..." (JOÃO 1:23), preparando o caminho para Jesus, que é o Verbo (APOCALIPSE 19:13). Ele também é "...o Alfa e o Ômega...", a primeiro e a última letra do alfabeto grego. Nesse prólogo do evangelho de João (1:1-18), somos apresentados a Jesus Cristo em três declarações dramáticas.

Jesus sempre foi. Ele já existia, junto ao Pai e o Espírito, antes da criação e trouxe tudo à existência (v.3). "Pois, nele, foram criadas todas as coisas, nos céus e sobre a terra [...]. Tudo foi criado por meio dele e para ele" (COLOSSENSES 1:16). Jesus não passou a existir quando foi concebido pelo Espírito no ventre de Maria, porque já existia antes da própria criação. De que maneira a Trindade trouxe a criação à existência? Pela Palavra! Nos dois primeiros capítulos de Gênesis, você encontra Deus falando doze vezes e trazendo à existência os céus e a terra e tudo que neles há. "Os céus por sua palavra se fizeram [...]. Pois ele falou, e tudo se fez; ele ordenou, e tudo passou a existir" (SALMO 33:6,9). Por que Jesus é chamado "a Palavra"? Assim como nossas palavras revelam nosso coração, mente e caráter, Jesus — a Palavra — nos revela o coração, a mente e o caráter de Deus. Jesus disse: "...Quem me vê a mim vê o Pai..." (JOÃO 14:9). João enfatiza que Jesus é o Deus eterno e o único Salvador dos pecadores (JOÃO 20:31). Quem quer que negue isso não é cristão (1 JOÃO 4:1-6).

Jesus sempre esteve com o Pai. A frase "com Deus" significa, literalmente, "face a face com Deus" e fala de intimidade. João 1:18 nos diz que o Filho está "...no seio do Pai...". Todo cristão está no Pai e no Filho por meio do habitar do Espírito Santo em sua vida

(14:20). Durante todo o Seu tempo aqui na Terra, Jesus esteve em comunhão com o Pai. Jesus viveu por causa do Pai (6:37) e, juntos, eles fizeram o trabalho do ministério (5:17; 10:37). Jesus fez a vontade do Pai (5:30) e falou as palavras que lhe foram dadas pelo Pai (15:15). Nosso Senhor procurou somente honrar Seu Pai (8:49) e, por isso, o Pai honrou o Filho (v.54). A única vez em que o Pai abandonou o Filho foi quando, na cruz, Jesus foi feito pecado por nós (2 CORÍNTIOS 5:21) e clamou "Deus meu, Deus meu, por que me desamparaste?" (MATEUS 27:46; VEJA SALMO 22:1).

Jesus sempre foi Deus e sempre será. Perto do fim do século primeiro, quando João escreveu seu evangelho e suas epístolas, os falsos mestres estavam ensinando que Jesus não era o Filho de Deus. João escreveu seu evangelho para que seus leitores pudessem "...[crer] que Jesus é o Cristo, o Filho de Deus..." e tivessem vida em seu nome (JOÃO 20:31). O próprio Jesus dá testemunho de que Ele é o Filho de Deus (3:18; 5:25; 9:35; 11:4). Seus inimigos até levantaram essa questão no Seu julgamento (19:7). Ao longo de seu livro, João cita testemunhas que atestaram que Jesus é Deus vindo em um corpo humano: João Batista (1:29-34), Natanael (v.49), Pedro (6:69), o cego curado por Jesus (9:35-38), Marta (11:27), Tomé (20:28) e o próprio apóstolo João (v.31). O testemunho da verdadeira Igreja sempre foi o de que Jesus é o Filho unigênito de Deus. O termo "unigênito" (1:14,18) significa simplesmente "singular, único". Nunca houve, nem há agora, alguém na Terra ou no céu que seja exatamente como Jesus, porque Ele é singular. Mas, algum dia, "...seremos semelhantes a ele, porque haveremos de vê-lo como ele é" (1 JOÃO 3:2). Aleluia! Que Salvador!

> "Estes, porém, foram registrados para que creiais que Jesus é o Cristo, o Filho de Deus, e para que, crendo, tenhais vida em seu nome" (JOÃO 20:31).

145

E Jesus, voltando-se e vendo que o seguiam, disse-lhes: Que buscais? Disseram-lhe: Rabi (que quer dizer Mestre), onde assistes? (JOÃO 1:38).

Grandes multidões se reuniram para ouvir João Batista, e muitos creram e foram batizados — dentre eles, João e André. A série de eventos silenciosos que se desenrolou no dia descrito em João 1:35-42 foi, realmente, parte do plano de Deus para resgatar o mundo perdido.

1º ato — Seguir o Cordeiro. O propósito de João Batista era direcionar as pessoas para Jesus, e não reunir discípulos permanentes em torno de si. João disse: "Convém que ele cresça e que eu diminua" (JOÃO 3:30). Entre os homens da congregação de João estavam João e André, dois parceiros de um negócio de pesca em Cafarnaum. Quando João Batista apontou para Jesus e exclamou "...Eis o Cordeiro de Deus!", os dois homens deixaram a multidão e seguiram Jesus (vv.36,37). Crer em Jesus é o início da vida cristã, mas apenas o início.

2º ato — Encarar uma decisão. Sabendo que os dois homens o seguiam, Jesus virou-se e perguntou-lhes: "...Que buscais?..." (v.38). Por que as pessoas seguiam Jesus enquanto Ele ministrava aqui na Terra? Algumas queriam se entreter com os Seus milagres, enquanto outras buscavam sinceramente os Seus ensinamentos. Algumas eram apenas integrantes da multidão, enquanto outras se destacavam da multidão e se identificavam pessoalmente com o Salvador. Jesus salva e transforma uma pessoa de cada vez, não em massa. Precisamos examinar o nosso coração para determinar se as nossas motivações são corretas ao procurarmos seguir o Senhor e servi-lo. Atos corretos podem ser corrompidos por motivações distorcidas.

3º ato — Obedecer a um comando. Talvez os dois homens realmente não soubessem o que estavam buscando; foi por isso que responderam com uma pergunta: "...Rabi (que quer dizer

Mestre), onde assistes?" (v.38). Um jovem aluno judeu perguntou ao seu rabi: "Por que é que, sempre que eu lhe faço uma pergunta, você sempre responde com outra pergunta?". O rabino respondeu: "E por que eu não deveria fazê-lo?". É provável que André e João quisessem se ajustar à agenda do nosso Senhor e, portanto, se ofereceram para visitá-lo mais tarde — por isso, perguntaram onde Ele estava morando. Mas Jesus queria falar com eles *agora*. "...eis, agora, o tempo sobremodo oportuno, eis, agora, o dia da salvação" (2 CORÍNTIOS 6:2). "Vinde" é uma palavra familiar dos lábios de Jesus, um convite amável do Seu coração. "...Vinde e vede..." leva a "...venha a mim e beba..." (JOÃO 7:37-39) e a "...Vinde, comei..." (21:12). Onde Jesus habita? Não em templos ou santuários feitos por mãos humanas (ATOS 7:48-50), mas "...no alto e santo lugar, mas habito também com o contrito e abatido de espírito, para vivificar o espírito dos abatidos e vivificar o coração dos contritos" (ISAÍAS 57:15). João e André eram pescadores humildes que não tinham ideia do que o Senhor faria por eles e por intermédio deles nos anos vindouros. "...Deus resiste aos soberbos, contudo, aos humildes concede a sua graça" (1 PEDRO 5:5).

4º ato — Compartilhar a boa notícia. Escutar Jesus convenceu os dois homens de que Ele era realmente o Messias prometido, e eles tinham de contar aos outros. André encontrou seu irmão Simão e o levou a Jesus, e temos todos os motivos para acreditar que também João encontrou seu irmão Tiago. Os quatro homens voltaram ao seu negócio de pesca até o dia em que Jesus os chamou para se tornarem pescadores de homens (LUCAS 5:1-11).

Jesus se hospedou em muitos lugares, mas o lugar que Ele mais gosta de estar é no coração contrito e humilde dos Seus discípulos obedientes que estão proclamando ao mundo: "Eis o Cordeiro de Deus!".

> **"Eis que estou à porta e bato..."**
> (APOCALIPSE 3:20).

146

Não te admires de eu te dizer:
importa-vos nascer de novo
(JOÃO 3:7).

A frase "nascer de novo" foi emprestada da Bíblia e colocada no mundo secular para substituir "remodelar" ou "reformar". O que antes era chamado "móveis usados" agora é "mobília nascida de novo". Isso não tem conexão alguma com regeneração pessoal, com receber a nova vida e a nova natureza de Deus mediante a fé em Jesus Cristo. Essas novas definições podem estar em seu dicionário ou livro de sinônimos, mas, se você as discutisse com Nicodemos, ele lhe diria que há um mundo de diferença entre mobília remodelada e um pecador regenerado e transformado em filho de Deus. Nicodemos vivenciou isso!

Ele foi da morte ao nascimento. Quando pecadores espiritualmente mortos confiam em Jesus Cristo, eles se transportam da morte para a vida. "Ele vos deu vida, estando vós mortos nos vossos delitos e pecados" (EFÉSIOS 2:1). Nicodemos ficou chocado quando Jesus disse que seu antigo nascimento era inaceitável para Deus e ele precisava de um novo nascimento. Ele nascera judeu! Poderia haver qualquer nascimento superior a esse? Os judeus eram o povo escolhido de Deus, o Seu tesouro. Deus os libertou da escravidão e lhes deu a sua própria terra. Deu-lhes as Escrituras e lutou as suas batalhas; e, por meio de Israel, trouxe Jesus Cristo ao mundo para morrer pelos pecadores. Por que um homem religioso como Nicodemos ("...mestre em Israel...", João 3:10) teria de começar tudo de novo? Porque Deus rejeita o nosso primeiro nascimento e aceita somente o segundo nascimento por meio da fé em Cristo. Não só Nicodemos precisava nascer de novo, mas igualmente todo o conselho judaico, o Sinédrio, ao qual ele pertencia. No texto grego de João 3:7, "te" é singular e se refere a Nicodemos, mas "vos" é plural e se refere aos líderes religiosos judeus no conselho. Todos eles necessitavam nascer de novo.

Ele foi da tradição à verdade. Como os homens do conselho judaico e muitas pessoas religiosas dos tempos atuais, Nicodemos estudou os livros sagrados e as tradições dos anciãos; porém, não conseguiu aprender que "...o justo viverá pela sua fé" (HABACUQUE 2:4; VEJA ROMANOS 1:17; GÁLATAS 3:11; HEBREUS 10:38). Nós não somos salvos por bom caráter ou boas obras religiosas, mas sim pela fé em Jesus Cristo e somente nele. Em João 7:45-52, encontramos Nicodemos defendendo Jesus numa reunião do conselho, e os conselheiros lhe disseram: "...Examina e verás que da Galileia não se levanta profeta" (v.52). Nicodemos e seu amigo José de Arimateia, outro membro do conselho, fizeram exatamente isso. Eles estudaram os profetas e descobriram que Jesus de Nazaré era realmente o Filho de Deus, o Messias. Eles descobriram que o Messias seria crucificado na Páscoa e prepararam o sepulcro de José, próximo ao Calvário, para receber o Seu cadáver. Acredito que eles estavam naquele sepulcro com as especiarias e as ataduras de linho enquanto Jesus estava na cruz. José obteve permissão para sepultar o corpo do nosso Senhor. Por haverem tocado um cadáver, José e Nicodemos não puderam comer o cordeiro da Páscoa, mas isso não fez diferença, pois eles criam no Cordeiro de Deus!

Ele foi da escuridão à luz. Todo bebê que nasce neste mundo passa da escuridão do útero para a luz do mundo, e assim aconteceu ao filho de Deus recém-nascido. Jesus é a Luz do mundo (8:12). Ele já havia falado com Nicodemos a respeito disso (3:19-21). A primeira referência a Nicodemos diz que ele estava no escuro (vv.1,2); mas, na última vez em que seu nome é citado nas Escrituras, é o meio da tarde e ele está testemunhando abertamente da sua fé em Cristo (19:38-42). "Quem pratica a verdade aproxima-se da luz...", disse Jesus (3:21).

Bem-aventurados os que passaram por essas três transformações!

> "...quem me segue não andará nas trevas;
> pelo contrário, terá a luz da vida"
> (JOÃO 8:12).

147

Vós adorais o que não conheceis; nós adoramos o que conhecemos, porque **a salvação vem dos judeus** (JOÃO 4:22).

Jesus ter falado a essa mulher não surpreende a você e a mim, mas deve tê-la chocado, porque mestres não falavam com mulheres em público. Sem dúvida, ela se perguntou: *O que esse homem está fazendo?* Mas Jesus a conhecia melhor do que ela mesma conhecia sobre si (JOÃO 2:24,25).

Ele sabia que estava presa ao estilo de vida errado. Quando Jesus perguntou sobre o marido dela, a verdade veio à tona. Havia sido casada com cinco maridos diferentes, e o homem com quem agora vivia não era seu marido. Ela tinha sede de vida, mas estava bebendo do poço errado. Esta mulher deveria ter aprendido a lição após o primeiro ou segundo divórcio, mas, lentamente, atos isolados de pecado se tornam um jugo de escravidão que nos controla (LAMENTAÇÕES 1:14). Os viciados asseguram a si mesmos: "Nós podemos parar quando quisermos", mas depois descobrem que estão presos. Os japoneses têm um ditado: "Primeiramente, o homem toma uma bebida; em seguida, a bebida toma uma bebida; então, a bebida toma o homem".

Ele sabia que havia sido educada na religião errada. Eu estava esperando por um avião no aeroporto de Kansas City, EUA, quando um jovem carregando um livro colorido se sentou ao meu lado. "Eu gostaria de apresentar-lhe o salvador do mundo", disse ele. "De onde ele vem?" — perguntei. Ele respondeu: "Ele é coreano". Enfiei a mão em minha pasta e tirei minha Bíblia. "Segundo este livro, o Salvador do mundo é judeu". Ele sumiu antes de eu conseguir dizer outra palavra. Nosso texto vem dos lábios do próprio Jesus. Os judeus são o povo escolhido de Deus (DEUTERONÔMIO 7:6), que ensinou ao mundo sobre o Deus vivo e verdadeiro e que deu as Escrituras e o Salvador ao mundo, Jesus Cristo. Jesus não acreditava que uma religião é tão boa quanto outra. A vida que temos em

Jesus Cristo não está disponível em outros lugares. Há verdadeiros e falsos adoradores (JOÃO 4:22,23), e apenas os verdadeiros adoradores irão para o céu (14:6).

Como você ajuda pessoas como essa? Amorosamente, você as leva à verdade sobre Jesus e as convida a depositar sua fé nele. Jesus o fez e veja o que aconteceu!

Ela tomou a decisão certa. Primeiro, chamou a Jesus "...judeu..." (4:9); em seguida, "...profeta" (v.19); e, então, "...o Messias..." (Cristo) (vv.25,29); as pessoas da cidade que confiaram em Cristo em decorrência do testemunho dela o chamaram "...o Salvador do mundo" (v.42). Como eles lidaram com a falsa religião samaritana a partir de então, não sabemos; mas, sem dúvida, ganharam muitos mais para o Salvador.

Ela deu o exemplo certo. Perdoada dos seus pecados, ela se tornou uma testemunha eficaz do Senhor Jesus Cristo. As pessoas da cidade podiam ter ouvido João Batista pregar (JOÃO 3:23; 4:25) e isso ajudou a preparar os seus corações para a mensagem de Cristo; mais tarde, Filipe ministraria ali, bem como Pedro e João (ATOS 8:4-25). Quando um pastor compartilha o evangelho, as pessoas olham para ele como um vendedor profissional; mas, quando as pessoas da igreja testemunham, são vistas como clientes satisfeitos! O Senhor transformou aquela mulher que tinha se casado várias vezes numa poderosa testemunha.

Havia um profundo conflito entre os judeus e os samaritanos (JOÃO 4:9). Será que aqueles novos cristãos lembraram ao resto da cidade que "a salvação vem dos judeus"? Jesus derrubou o muro que havia entre judeus e gentios, para que todos os que crerem nele sejam membros de um só corpo e pedras vivas de um único templo (EFÉSIOS 2:11-22). Não há lugar na Igreja para segregação, porque todos somos um em Cristo (GÁLATAS 3:26-29).

"Amados, amemo-nos uns aos outros,
porque o amor procede de Deus; e todo aquele que ama
é nascido de Deus e conhece a Deus" (1 JOÃO 4:7).

148

Mas ele lhes disse: **Meu Pai trabalha** *até agora, e eu trabalho também* (JOÃO 5:17).

Jesus curou um homem no sábado e foi severamente criticado por Seus inimigos legalistas, que até quiseram matá-lo por infringir a sua lei (JOÃO 5:16). O homem que Ele curou sofrera durante 38 anos; Jesus poderia ter evitado problemas esperando apenas mais um dia, mas quis posicionar-se. Ao curar o homem, Ele estava apenas fazendo o que o Seu Pai também fazia — graciosamente trabalhando pelo bem do povo. A resposta de Cristo só provocou ainda mais a ira dos fariseus, porque Jesus estava afirmando ser igual a Deus. Ele e o Pai trabalhavam juntos!

Deus está trabalhando no mundo. Ele terminou a criação e entregou o planeta Terra a Adão e a seus descendentes (SALMO 8), mas ainda está no comando. O Senhor embutiu no Universo leis que regem o seu funcionamento, e tem o privilégio de infringir essas leis se isso lhe agradar. Em seu perspicaz livro *The Miracles of the Lord* (Os milagres do Senhor), George MacDonald destaca que, nos milagres de Cristo, Jesus fez *instantaneamente* o que o Pai está sempre fazendo *gradualmente*. Jesus multiplicou os pães instantaneamente, mas o Pai nos dá colheitas ano após ano, para que possamos fazer pão. Dia após dia, o Pai ajuda pessoas doentes e feridas a sararem, mas Jesus as curou instantaneamente. Em vinhas e lagares, o Pai está transformando água em vinho, mas Jesus o fez instantaneamente. O Pai usa leis naturais para trazer bebês ao mundo, mas o Filho dá instantaneamente um novo nascimento espiritual aos que confiam nele. Em Sua maravilhosa providência, Deus age pelo bem da Sua criação, o que nos inclui. Se não fosse assim, nunca poderíamos reivindicar Romanos 8:28. Contudo, as pessoas ignoram o que o Pai está fazendo, se opõem a isso e até procuram destruí-lo. Este é o mundo do nosso Pai; precisamos lhe ser gratos por isso e administrar bem os Seus preciosos presentes.

Satanás, o adversário, também está trabalhando no mundo. "Com efeito, o mistério da iniquidade já opera...", escreveu Paulo (2 TESSALONICENSES 2:7). A palavra *mistério* não se refere a algo fantasmagórico ou bizarro. No Novo Testamento, um mistério é um segredo divino oculto no plano de Deus e compreendido somente com a ajuda do Senhor. O "mistério da iniquidade" se refere ao plano satânico que está em ação para trazer o falso Cristo ao mundo no fim dos tempos. A palavra *anticristo* não significa somente "contra Cristo", mas também "em vez de Cristo". Satanás é um falsificador (2 CORÍNTIOS 11:13-15), e os pecadores preferem a sua falsa mercadoria às verdadeiras riquezas que podem ter em Jesus. Satanás está trabalhando — então, o que devemos fazer?

O povo de Deus deve trabalhar no mundo. "É necessário que façamos as obras daquele que [nos] enviou, enquanto é dia; a noite vem, quando ninguém pode trabalhar" (JOÃO 9:4). Como discípulos de Cristo, temos o dever de ser como Ele e tratar dos negócios do Pai (LUCAS 2:49). Isto se refere não somente a ganhar o próprio sustento, mas também a desenvolver uma vida que influenciará outros a crerem em Jesus. "Disse-lhes Jesus: A minha comida consiste em fazer a vontade daquele que me enviou e realizar a sua obra" (JOÃO 4:34). Fazer a vontade de Deus não é punição; é alimento. Isso faz as pessoas crescerem e brilharem para poderem ajudar outras a crerem no Salvador. Sete vezes em Apocalipse 2–3, o nosso Senhor diz às igrejas: "Conheço as tuas obras...". Um dia, as nossas obras serão examinadas no tribunal de Cristo (ROMANOS 14:10-12) e nós seremos recompensados conforme o que tivermos feito por Jesus, como o fizemos e por que o fizemos (1 CORÍNTIOS 4:1-5). Se o Espírito Santo está trabalhando em nós e por meio de nós, nada temos a temer (FILIPENSES 1:6; ATOS 1:8.). Jesus "...andou por toda parte, fazendo o bem..." (ATOS 10:38) e é dele o exemplo que devemos seguir.

> "...aquele que começou boa obra em vós
> há de completá-la até ao Dia de Cristo Jesus"
> (FILIPENSES 1:6).

149

Está aí um rapaz *que tem cinco pães de cevada e dois peixinhos; mas isto que é para tanta gente?* (JOÃO 6:9).

Quando nos encontramos em situação difícil, precisamos nos lembrar de João 6:6: "...ele bem sabia o que estava para fazer". Jesus sempre tem um plano e o compartilhará conosco se o deixarmos. Filipe pensou que o problema seria resolvido se eles tivessem mais dinheiro (v.7), mas Jesus tinha um plano melhor e André o ajudou a colocá-lo em prática. "Está aí um rapaz" resolveu o problema. O garoto era parte da resposta e não do problema; assim podemos ser se seguirmos o seu exemplo. Façamos um inventário.

Estou disposto a agir sozinho? As crianças são grandes imitadoras, mas não há evidência de que qualquer outra pessoa da multidão tivesse levado um almoço. Quando André lhe pediu para partilhar o seu almoço com Jesus, o garoto concordou. Nunca subestime a importância de uma pessoa ou do que ela possa ter à mão. Durante meus anos de ministério pastoral, pedi a pessoas para ajudarem em projetos e, com muita frequência, ouvi a mesma pergunta: "Quem mais está ajudando?". Estamos dispostos a ficar sozinhos, doar sozinhos e trabalhar sozinhos? Mas nós não estamos sozinhos! Estamos trabalhando com o Mestre e "...de Deus somos cooperadores..." (1 CORÍNTIOS 3:9). Há alguma honra maior do que essa?

Estou disposto a dar o meu tudo a Jesus? Naquele dia, o almoço da maioria das pessoas pobres consistiria em bolos de cevada e peixe, não de pão de trigo e carne assada. Aquilo era tudo que o menino tinha e, ainda assim, ele estava disposto a entregar tudo a Jesus. Deus avalia as nossas doações não pela porção, mas pela proporção. Após termos feito a nossa doação, quanto está sobrando? A viúva pobre que deu duas pequenas moedas (menos de um centavo) deu mais, naquele dia, do que todas as pessoas ricas que a precederam, porque deu tudo o que tinha (MARCOS 12:41-44). Se seguirmos Romanos 12:1,2 e depositarmos o nosso tudo no altar, não teremos problema em doar generosamente a Cristo e nos sacrificarmos pelos outros. Jesus deu o Seu tudo para nós e quer que demos o nosso tudo a Ele — não para nos roubar, mas para poder nos enriquecer e nos abençoar. "Dai, e dar-se-vos-á; boa medida, recalcada, sacudida, transbordante, generosamente vos darão..." (LUCAS 6:38).

Estou disposto a ser anônimo? Sabemos quase nada a respeito daquele rapaz. Ele se junta ao grande número de pessoas não identificadas que desempenharam papéis importantes no plano de Deus. Qual era o nome do sobrinho de Paulo cujo aviso lhe salvou a vida (ATOS 23:11-22)? Quem era a garota que contou a Naamã sobre o profeta de Samaria (2 REIS 5) ou a mulher no poço, que apresentou os habitantes da cidade a Jesus (JOÃO 4)? Às vezes, recebo pedidos de dinheiro para projetos, prometendo colocarem meu nome numa placa se eu doar generosamente. E, se eu realmente doar generosamente, eles darão o meu nome a um recinto de um edifício novo. É esse o nosso motivo para doarmos? Jesus disse: "Tu, porém, ao dares a esmola, ignore a tua mão esquerda o que faz a tua mão direita" (MATEUS 6:3). Por quê? Porque, se o fizéssemos, orgulhosamente nos daríamos tapinhas nas costas!

Estou disposto a trabalhar para que Jesus receba toda a glória? Após a multidão haver terminado a refeição e todas as sobras terem sido recolhidas, as pessoas não aplaudiram o rapaz que doou a comida. Não, eles quiseram fazer de Jesus um rei (JOÃO 6:15). É claro que a sua motivação era errada, mas, pelo menos, o seu foco estava em Cristo. Quando oramos para que o Espírito Santo nos encha e use, lembramo-nos de que o ministério do Espírito é glorificar a Jesus? "Ele me glorificará...", disse Jesus (16:14). Se o que fazemos aponta apenas para nós mesmos, o Espírito não pode abençoar. Não há nada que o Pai não possa fazer por aqueles que querem que Jesus receba a glória e que não se importam com quem recebe o crédito.

"Rogo-vos, pois, irmãos, pelas misericórdias de Deus,
que apresenteis o vosso corpo por sacrifício vivo,
santo e agradável a Deus, que é o vosso culto racional"
(ROMANOS 12:1).

150

*Disse-lhes, pois, Jesus: O meu tempo ainda não chegou, mas **o vosso** sempre está presente* (JOÃO 7:6).

Quase todas as pessoas estão ocupadas e querem fazer mais em menos tempo. O problema não é termos tempo, mas precisarmos administrá-lo. A breve discussão sobre *tempo* que Jesus teve com os Seus meios-irmãos incrédulos (JOÃO 7:1-9) nos ajuda a entender melhor a importância espiritual do tempo e de como os cristãos podem fazer o tempo ser relevante.

A arrogância do mundo. A lei de Moisés exigia que todos os homens judeus participassem de três festas anuais em Jerusalém: Páscoa, Festa das Primícias e Festa dos Tabernáculos (DEUTERONÔMIO 16:16). O conselho dos incrédulos meios-irmãos do nosso Senhor certamente revela a perspectiva do mundo não-salvo: "Vá à festa cedo! Faça grandes coisas! Chame a atenção deles! Torne-se conhecido!". Jesus era o servo de Deus e eles queriam que Ele se tornasse uma celebridade aclamada pelos homens. Porém, Jesus rejeitou seu conselho porque recebia as Suas ordens do Pai. Ele não estava interessado em obter glória para si mesmo; Ele só queria glorificar o Pai (JOÃO 7:18). Satanás já tinha feito essa oferta a Jesus e Ele a recusara (MATEUS 4:8-11). É triste quando os servos de Deus obedecem às vozes do mundo e acabam se tornando famosos fracassos. *O mundo não-salvo pode fazer o que quiser a qualquer momento porque não faz parte da agenda de Deus.* Ele não tem interesse em conhecer ou fazer a vontade de Deus. Porém, cada passo de Jesus o levava para mais perto da cruz (LUCAS 9:51) e Ele não estava interessado em desvios.

A obediência do Salvador. O evangelho de João enfatiza o fato de que Jesus estava vivendo segundo um calendário divino. O primeiro capítulo fornece um relato do dia a dia de Suas atividades ao iniciar o Seu ministério; nos capítulos seguintes, nós o encontramos frequentemente referindo-se à Sua "hora". Ele disse à Sua mãe: "...Ainda não é chegada a minha hora" (2:4) e no nosso texto, Ele diz aos Seus meios-irmãos: "...O meu tempo ainda não chegou..." (VEJA 8:20; 12:23,27; 13:1; 17:1). Jesus sabia que os líderes religiosos queriam matá-lo (7:1,11) e que isso acabaria acontecendo durante a Sua última Páscoa. Ele foi protegido pelo Pai até esse momento chegar. O povo de Deus, enquanto faz a vontade de Deus, é imortal até o seu trabalho estar terminado; então, eles serão chamados ao seu lar celestial. Nas manhãs, Jesus se levantava cedo e ia para um lugar isolado, onde comungava com o Pai (MARCOS 1:35; ISAÍAS 50:4) — um exemplo que cada um de nós deve seguir. Se orarmos "Faça-se a tua vontade", é melhor sabermos qual é essa vontade e estar prontos para obedecê-la.

A confiança do cristão. Talvez o Salmo 31:15 estivesse na mente de Jesus quando Ele falou aos Seus meios-irmãos: "Nas tuas mãos, estão os meus dias...". Os filhos de Deus precisam exercer fé e paciência para poderem receber o que o Senhor prometeu (HEBREUS 6:12). Sabe-se que aquilo que interpretamos como atrasos de Deus não significam negações de Sua parte. Ele nos equipa para o que preparou para nós; isso leva tempo. José tentou sair da prisão mais cedo, mas o plano não funcionou porque não era o momento certo. Davi tinha sido ungido rei de Israel, mas precisou esperar mais de sete anos após a morte de Saul até que todas as doze tribos o coroassem.

As pessoas não-salvas não têm uma agenda divina para cumprir e, como disse Jesus, seu tempo "sempre está presente", mas os cristãos têm a responsabilidade de conhecer e cumprir a vontade de Deus no tempo de Deus. Até mesmo a morte de um cristão não é um acidente não planejado, mas uma parte do amoroso plano do Pai. "Preciosa é aos olhos do SENHOR a morte dos seus santos" (SALMO 116:15). Ouvi falar de um cristão que disse: "Bem, teremos de orar por boa sorte". Mas nós não vivemos por acaso ou por sorte! Vivemos pelo plano e providência de Deus. Ele é *Jeová Jiré*, "O SENHOR proverá" (GÊNESIS 22:14). E Ele o fará!

> "Nas tuas mãos, estão os meus dias..."
> (SALMO 31:15).

151

Se, pois, o Filho vos libertar,
verdadeiramente sereis livres
(JOÃO 8:36).

"Para alguns, liberdade significa a oportunidade de fazer o que querem. Para a maioria, significa não fazer o que não querem". Assim escreveu o romancista britânico George Orwell, mas questiono sua definição. Para mim, a verdadeira liberdade é a vida controlada pela verdade e motivada pelo amor, para a glória de Deus. Os mortos não têm liberdade; as pessoas que acreditam em mentiras ou agem por maldade e egoísmo, também não. A liberdade física é inútil se não temos liberdade espiritual, pois somente com ela temos vida, verdade e amor divinos.

A vida vem da concepção e do nascimento. As pessoas a quem o Senhor se dirigiu nesse capítulo se gabavam de serem livres e de que a sua nação sempre tinha sido livre. Isso era uma mentira absoluta. O livro de Juízes nos diz que Israel havia sido escravizado por sete nações. A história posterior mostra que a Assíria escravizou o Reino do Norte, a Babilônia escravizou o Reino do Sul e, naquele exato momento histórico, os judeus estavam escravizados por Roma! A pior escravidão não é política ou física, mas ética e moral, o tipo de escravidão a que as pessoas são submetidas por nunca terem tido um renascimento espiritual ao crerem em Jesus Cristo. Jesus disse: "...Em verdade, em verdade vos digo: todo o que comete [pratica repetidamente] pecado é escravo do pecado" (JOÃO 8:34). Somente o Filho pode nos libertar da morte e escravidão espiritual e nos dar liberdade e vida eterna. Os mortos não são livres, e todos os que nunca confiaram em Cristo estão "...mortos [em] delitos e pecados" (EFÉSIOS 2:1). A liberdade começa com a vida, e a vida espiritual vem somente pela fé em Jesus Cristo.

A concepção e o nascimento espirituais ocorrem quando cremos na verdade de Deus. Nascemos de novo pelo Espírito de Deus

(JOÃO 3:1-8), usando a Bíblia (1 PEDRO 1:23) para gerar a nossa fé no Seu Filho. Não somos capazes de explicar totalmente o novo nascimento porque ele é um milagre; mesmo assim, ainda podemos desfrutá-lo. Pela fé, nascemos na família de Deus e nos tornarmos "...coparticipantes da natureza divina..." (2 PEDRO 1:2-4), novas criaturas em Cristo (2 CORÍNTIOS 5:17). Não há outra maneira de receber a vida de Deus, exceto acreditar na verdade divina e nascer de novo. O Filho de Deus é a verdade (JOÃO 14:6), a Palavra de Deus é a verdade (17:17) e o Espírito de Deus é a verdade (1 JOÃO 5:6), e eles agem juntos para nos condenar, e depois, nos dar a vida eterna. As pessoas com quem Jesus estava falando em João 8 se opunham à verdade de Deus (v.40) e não estavam dispostas a recebê-la (v.43). "E conhecereis a verdade, e a verdade vos libertará" (v.32).

O novo nascimento substitui o egoísmo pelo amor. Jesus disse aos Seus ouvintes rebeldes: "...Se Deus fosse, de fato, vosso pai, certamente, me havíeis de amar; porque eu vim de Deus..." (v.42). Um coração cheio de amor por Deus e pelo Seu povo é uma das marcas do novo nascimento (Romanos 5:1-5; 1 João 3:13-17), porque "...o fruto do Espírito é: amor..." (GÁLATAS 5:22). Liberdade é vida controlada pela verdade e motivada pelo amor, e a verdade e o amor precisam andar juntos. Precisamos falar a verdade em amor (EFÉSIOS 4:15) e nos lembrar de que o amor "...não se alegra com a injustiça, mas regozija-se com a verdade" (1 CORÍNTIOS 13:6). Se formos motivados pelo amor, desejaremos viver e trabalhar somente para a glória de Deus. O amor cristão "...não se ufana, não se ensoberbece" (v.4).

Pedro nos adverte contra uma falsa liberdade que conduz ao pior tipo de escravidão (2 PEDRO 2:18-22). Estes se dizem cristãos professos, mas nunca receberam a nova natureza divina nem se tornaram ovelhas; em vez disso, permaneceram como cães e porcos. O cão pode esvaziar o estômago e sentir-se melhor; o porco pode ser lavado e ficar com melhor aparência; contudo, eles permanecem cativos à velha natureza. Eles conheceram o caminho da salvação, mas nunca andaram nele. Cuidado com a falsa liberdade!

> "...se alguém não nascer de novo,
> não pode ver o reino de Deus" (JOÃO 3:3).

152

Eu sou o bom pastor.
O bom pastor dá a vida pelas ovelhas
(JOÃO 10:11).

Nas Escrituras, um rebanho de ovelhas é uma das metáforas mais familiares para o povo de Deus. O crente do Antigo Testamento orou: "Dá ouvidos, ó pastor de Israel, tu que conduzes a José como um rebanho..." (SALMO 80:1); e o cristão da nova aliança conhece Jesus como o Bom Pastor e a igreja local como o Seu rebanho (ATOS 20:28,29). O líder de um rebanho local é denominado "pastor" (EFÉSIOS 4:11), proveniente de uma palavra latina que significa "alimentar". Na nação de Israel, os líderes civis também eram conhecidos como pastores, porque estavam cuidando do rebanho de Deus. Infelizmente, nem todos os pastores de Israel eram fiéis ao Senhor ou às Suas ovelhas, portanto os profetas tiveram de avisá-los e o Senhor, julgá-los (Ezequiel 34; Jeremias 23:1-4; Isaías 56:9-12). Eles *controlavam* as ovelhas em vez de *liderá-las* e lhes roubavam em vez de alimentá-las e cuidar delas. Jesus advertiu o povo contra ladrões e salteadores e contra os falsos pastores mercenários, egoístas e ávidos, mais interessados em dinheiro e poder do que em ministério e compaixão.

Jesus é o nosso *Bom* Pastor, uma palavra que em grego significa "selecionado, melhor, irrepreensível, digno de louvor, lindo". Demos graças por tudo que Ele significa para nós e faz por nós!

Ele morreu por nós. "...O bom pastor dá a vida pelas ovelhas" (JOÃO 10:11). "...dou a minha vida pelas ovelhas" (v.15). "...eu dou a minha vida para a reassumir" (v.17). No Antigo Testamento, as ovelhas morriam no altar pelo pastor, mas, sob a nova aliança, o Pastor morreu na cruz pelas Suas ovelhas! Ele nos conhece pessoal e intimamente, e nos chama pelo nome (v.3). Dá-nos vida eterna e vida em abundância (vv.10,28). Como poderíamos questionar o Seu amor quando Ele rendeu a Sua vida na cruz por nós?

Ele vive por nós. "Ora, o Deus da paz, que tornou a trazer dentre os mortos a Jesus, nosso Senhor, o grande Pastor das ovelhas [...] vos aperfeiçoe em todo o bem, para cumprirdes a sua vontade, operando em vós o que é agradável diante dele, por Jesus Cristo, a quem seja a glória para todo o sempre..." (HEBREUS 13:20,21). Jesus, o Sumo Sacerdote, intercede por nós no céu e nós temos acesso ao trono da graça em todos os momentos (4:14-16). Ele vai adiante de nós e não somente mostra o caminho, mas prepara o caminho, e nada temos a temer. Ele vive e serve.

Ele nos fala e nos conduz. A palavra *voz* é usada cinco vezes em João 10 (vv.3,5,16,27) e se refere ao Espírito que nos fala por meio das Escrituras. A marca inequívoca dos cristãos genuínos é o seu apetite pela Palavra de Deus e o seu desejo de compreender e obedecê-la. Um verdadeiro cristão é capaz de detectar a voz de um mercenário, um ladrão ou um falso profeta — e nada quer ter a ver com eles. Jesus quer nos levar aos ricos pastos verdes da Sua Palavra e nos alimentar com verdade espiritual. "As minhas ovelhas ouvem a minha voz; eu as conheço, e elas me seguem" (v.27). Àqueles que não estão no Seu rebanho, algum dia Ele dirá: "...nunca vos conheci..." (MATEUS 7:21-23).

Ele virá por nós. Pedro escreveu aos pastores e seus rebanhos que "...logo que o Supremo Pastor se manifestar, recebereis a imarcescível coroa da glória" (1 PEDRO 5:4). O trabalho do pastor não é fácil, mas será amplamente recompensado, e as ovelhas que tornaram o trabalho do pastor ainda mais árduo serão tratadas pelo Senhor (HEBREUS 13:17).

Os falsos pastores arrogantes insultaram o mendigo e o excomungaram da sinagoga, mas o Bom Pastor o encontrou e o acrescentou ao Seu rebanho (JOÃO 9:28,29,34-41). Os líderes tinham visto um milagre, mas estavam cegos para os seus próprios pecados e para o Filho de Deus. Estaremos nós, cegos também?

"**Vós, pois, ó ovelhas minhas, ovelhas do meu pasto; homens sois, mas eu sou o vosso Deus, diz o SENHOR Deus**" (EZEQUIEL 34:31).

153

Disse, pois, Marta a Jesus: Senhor, se estiveras aqui, não teria morrido meu irmão (JOÃO 11:21).

Decepção, doença, morte e tristeza estão entrelaçadas no tecido da nossa vida e, quando elas vêm, não devemos ser surpreendidos. Precisamos enfrentá-las de maneira honesta e lidar com elas corajosamente pela fé. Compreender três pequenas palavras de João 11 pode nos ajudar.

"Se" *é a palavra que fere*. Jesus e Seus discípulos estavam hospedados em Betânia (JOÃO 10:40; VEJA 1:28), a cerca de 30 quilômetros de Betânia; demorava pelo menos um dia para o mensageiro das irmãs chegar lá. Mas, antes de esse dia terminar, Lázaro morreu (11:39) e Jesus sabia disso; *contudo, permaneceu onde estava!* João nos assegura: "...amava Jesus a Marta, e a sua irmã, e a Lázaro" (v.5). Mas, se Ele os amava, por que não se apressou para ir a Betânia e curar Lázaro, ou apenas dizer a palavra e curar a distância? Porém, as demoras de Deus não são negações de Deus; Jesus tinha algo melhor planejado para as duas irmãs: Lázaro glorificaria a Deus (v.40). Jesus esperou dois dias e, então, foi para Betânia. Tanto Marta quanto Maria (v.32) usaram essa dolorosa palavra *se* ao encontrarem Jesus, e você e eu também a usamos. "*Se* tivéssemos tomado um caminho diferente". "*Se* eu tivesse me lembrado do compromisso". "*Se* ela nunca tivesse saído de casa". A palavra *se* dói porque é uma palavra de incredulidade — e a descrença só piora as coisas. *Quando dizemos* se *ao Senhor, estamos dizendo que Ele não sabe o que está fazendo e que temos um plano melhor*. Estamos olhando para trás, em vez de olhar para cima. Devemos dizer "Senhor", mas esquecer o *se*. Jesus *está* aqui conosco (MATEUS 28:20).

"Senhor" *é a palavra que cura*. Ela é usada sete vezes em João 11, quatro vezes pelas irmãs. Chamar a Jesus de *Senhor* é afirmar que Ele é o Filho de Deus e o Mestre de tudo em nossa vida, mas chamá-lo *Senhor* e questionar a Sua vontade não é evidência de fé firme. Jesus tinha enviado a Sua mensagem às irmãs, dizendo: "...Esta enfermidade não é para morte, e sim para a glória de Deus, a fim de que o Filho de Deus seja por ela glorificado" (JOÃO 11:4). Sempre que ficamos decepcionados com a vontade de Deus, é hora de reafirmar a nossa fé em Sua sabedoria e no Seu amor. A despeito do que acontecer e independentemente do quanto nos machuquemos, Deus nos ama e você pode colocar o seu próprio nome nos versículos 3,5,36. Nunca se esqueça de que a vontade de Deus vem do coração amoroso de Deus (SALMO 33:11) e que, embora o Senhor possa nos machucar, Ele nunca nos fará mal. Ele é o Senhor da vida e da morte (JOÃO 11:25,26) e fará tudo para o nosso bem e a Sua glória. É fácil dizermos a palavra *Senhor* com os nossos lábios e ainda termos reservas quanto a Ele em nosso coração, e isso entristece ao Senhor.

Outra palavra precisa vir antes de *Senhor*.

"Sim" *é a palavra que anima.* O "Sim, Senhor, [...] eu tenho crido..." de Marta (v.27) foi o ponto de inflexão daquela ocasião. Quando dizemos *sim* ao Senhor, em vez de "Não é assim, Senhor", como fez Pedro (ATOS 10:14), ganhamos o sorriso de Sua aprovação e a graça de que necessitamos para confiar nele, obedecê-lo e permitir-lhe agir. Nosso *sim* de fé transforma tormento em milagre. Na sepultura, Marta começou a resistir (vv.39,40), até Jesus tranquilizá-la; então, ela concordou em abrir a sepultura. Jesus proferiu a palavra e o poder de Deus deu vida Lázaro e o levou até a porta do sepulcro (seus pés estavam atados). Deus foi glorificado, não somente na ressurreição de Lázaro, mas também na fé dos espectadores que creram em Jesus (v.45; VEJA 12:17-19).

Na próxima vez em que a situação estiver difícil, digamos *sim* ao Senhor e peçamos que Ele seja glorificado. Ele cuidará do restante e o nosso coração estará em paz.

> "Porque quantas são as promessas de Deus, tantas têm nele o sim; porquanto também por ele é o amém para glória de Deus, por nosso intermédio"
> (2 CORÍNTIOS 1:20).

154

Não temas, filha de Sião, **eis que o teu Rei aí vem,** *montado em um filho de jumenta* (JOÃO 12:15).

Chegou um dia em que o povo de Israel simplesmente quis ter um rei. Eles disseram a Samuel, seu piedoso profeta e juiz, para pedir ao Senhor um rei, e Ele lhes deu Saul, filho de Quis (1 SAMUEL 8), que acabou sendo um triste fracasso e quase arruinou a nação. Cuidado com o resultado das respostas a orações egoístas. O povo não havia rejeitado Samuel — havia rejeitado o Senhor (v.7). Eles queriam ser como as outras nações (v.20), enquanto o Senhor os tinha feito *diferentes* das outras nações e desejava que eles assim permanecessem (NÚMEROS 26:9). Muito parecidas a eles são, atualmente, as igrejas que se tornam mais semelhantes ao mundo, esperando que essa concessão alcance os perdidos. Chegou o dia em que o Rei de Israel, Jesus Cristo, estava entre eles e, naquele a que chamamos Domingo de Ramos, entrou em Jerusalém montado como um rei. O povo o recebeu com entusiasmo, apesar de os visitantes para a Páscoa nem saberem quem Ele era. Uma coisa é estar no meio da multidão, parecendo seguir a Jesus; outra coisa muito diferente é reconhecê-lo com vontade obediente e coração amoroso. Poucos dias depois, outra multidão gritava: "...Crucifica-o! [...]. Não temos rei, senão César!" (JOÃO 19:15). "Não seguirás a multidão para fazeres mal" (ÊXODO 23:2).

No nascimento de Cristo, os magos percorreram uma longa distância para reconhecer Jesus como Rei e dar-lhe presentes valiosos (MATEUS 2:1-12). Eles eram gentios, mas adoraram o Rei dos Judeus por saberem que Ele era o Salvador do mundo. Deus usou uma estrela para guiá-los ao Seu Filho. Não é provável que isso aconteça hoje, mas Deus ainda usa diversos meios para levar as pessoas a Jesus — um sermão, um folheto evangelístico, uma canção, uma aparente tragédia, o testemunho ou o ato bondoso de um amigo cristão. Sempre que dermos testemunho de Jesus, lembremo-nos de que Ele é o Rei dos reis e não precisamos ter vergonha.

Ao longo do Seu ministério, Jesus deixou claro que era Rei. Ele dominou o vento e as ondas e, quando lhes falou, eles obedeceram. A água do mar da Galileia ficou firme como concreto (MATEUS 14:22-33). Os demônios o reconheceram e tremeram, e Ele os mandou para o abismo. O domínio que Deus deu a Adão e Eva foi perdido por causa da desobediência deles, mas, quando veio à Terra, Jesus esteve no comando do tempo, animais, árvores, peixes e aves. Toda a natureza lhe obedeceu, enquanto pessoas feitas à imagem de Deus o rejeitaram. Ele foi Rei até mesmo quando pregado na cruz! Era costume colocar sobre a cabeça da vítima um anúncio declarando a sua transgressão; acerca de Jesus, Pilatos escreveu: "JESUS NAZARENO, O REI DOS JUDEUS" (JOÃO 19:19). Durante seis horas, Jesus reinou a partir da cruz e tudo que aconteceu cumpriu as profecias e os planos de Deus.

Hoje, Jesus está entronizado no céu, sentado à direita do Pai, muito acima de todas as autoridades, incluindo Satanás e o seu exército demoníaco, e somente Jesus é o cabeça da Igreja (EFÉSIOS 1:20-23). Ele é o "...Rei da Glória" (SALMO 24:7-10) e, algum dia, compartilharemos dessa glória (JOÃO 17:24). Ao entrar em Jerusalém, Jesus cumpriu a profecia de Zacarias 9:9; mas, quando vier para o Seu povo, Ele cumprirá a promessa que fez à Sua Igreja: "...voltarei..." (JOÃO 14:1-6). Ele reinará como "...REI DOS REIS..." (APOCALIPSE 19:16) e Rei do mundo todo (ZACARIAS 14:9). Nós reinaremos com Ele e o serviremos de maneiras para as quais nossos fiéis ministérios na Terra nos prepararam (MATEUS 25:14-30).

Ore muito! Trabalhe fielmente! Mantenha-se limpo! Busque!

> *"...eis aí te vem o teu Rei..."*
> (ZACARIAS 9:9).

155

*Respondeu-lhe Jesus:
O que eu faço não o sabes agora;
compreendê-lo-ás depois* (JOÃO 13:7).

Pouco antes de Jesus lavar os pés dos discípulos, os doze estavam discutindo sobre qual deles era o maior (LUCAS 22:17-30). Infelizmente, esse debate desnecessário prossegue ainda hoje, por nos esquecermos de que só Jesus deve ter preeminência (COLOSSENSES 1:18). Os atos do nosso Senhor naquela noite só podem ter chocado aqueles homens, mas Ele lhes ensinou uma lição importante que todos nós precisamos aprender. *A menos que permitamos que Jesus ministre a nós, não estamos preparados para ministrá-lo aos outros.* Um número excessivo de cristãos atribui seu sucesso ministerial ao conhecimento, educação, formação e experiência próprios, ou ao seu amor por seu povo; certamente, essas coisas são essenciais — mas há também outras questões a considerar se quisermos servir a Jesus de maneira eficaz.

Não sabemos tudo. "Porque, em parte, sabemos..." (1 CORÍNTIOS 13:9) e, se faltam partes, somos incapazes de completar o quebra-cabeça ou construir a máquina. Os doze discípulos tinham muito mais a aprender a respeito de Jesus — e nós também, mas também precisamos aprender mais acerca de nós mesmos. Pedro estava certo de que seria capaz de morrer por Jesus, mas logo descobriu ser fraco demais até mesmo para admitir que era um dos discípulos de Jesus (JOÃO 13:36-38). Ele tentou impedir Jesus de ir para a cruz (MATEUS 16:21-23) e, de modo imprudente, usou sua espada para "protegê-lo". Ele chegou a ordenar a Jesus que não lavasse os seus pés. Se o nosso ministério se baseia somente no nosso conhecimento e experiência limitados, estamos despreparados para servir. Precisamos permitir que Jesus nos mostre o que fazer e como fazê-lo.

Precisamos obedecer o que sabemos. Os primeiros discípulos cujos pés Jesus lavou lhe permitiram fazê-lo e nada disseram, mas Pedro protestou (JOÃO 13:5-9). Lavar os pés das pessoas era uma tarefa servil delegada aos servos mais inferiores, e Jesus era seu Senhor e o Filho de Deus. Quando Ele disse a Pedro que iria lavar os seus pés, Pedro deveria ter dito: "A Tua vontade seja feita, Mestre". Em vez disso, ele se recusou a cooperar, primeiro puxando seus pés para trás e, em seguida, pedindo um completo banho — de um extremo ao outro, ambos incorretos. Jesus lhes havia ensinado que a obediência leva a mais conhecimento (7:17), por isso não surpreende que Pedro estivesse tão equivocado.

Precisamos seguir o exemplo do nosso Senhor e obedecer com um coração amoroso e humilde. "...O saber ensoberbece, mas o amor edifica" (1 CORÍNTIOS 8:1). Ao ler as duas epístolas de Pedro, você o encontrará escrevendo frequentemente acerca de amor e conhecimento. Para a nossa vida ser construtiva e glorificar a Deus, o Espírito Santo precisa nos guiar com conhecimento espiritual e nos motivar pelo amor de Deus em nosso coração. Essas duas bênçãos vêm de uma fiel caminhada diária com o Senhor. Se nos faltar verdade espiritual e amor, estaremos perguntando "*Como* posso sair dessa?", em vez de "*O que* posso aprender com isso para a glória de Deus?". A cada ato de amor e obediência, nosso amor e conhecimento crescerão e o Espírito nos edificará. O amor imaturo é protetor ("Senhor, *tu* vais lavar os *meus* pés?") e pode nos afastar da vontade de Deus, enquanto o amor em amadurecimento é obediente e diz: "Tua vontade seja feita, Teu nome seja glorificado".

Jesus demonstrou a postura espiritual correta que devemos manter: os joelhos dobrados por humildade, as mãos ocupadas por serviço, a vontade rendida por obediência, e a mente renovada por conhecimento espiritual. O resultado será o coração feliz do cristão equilibrado: "...se sabeis estas coisas, bem-aventurados sois se as praticardes" (JOÃO 13:17). Se queremos ser grandes aos olhos de Deus, precisamos ser os menores aos olhos dos homens (LUCAS 22:24-27).

Pois qual é maior: quem está à mesa ou quem serve? Porventura, não é quem está à mesa?

> **"Pois, no meio de vós, eu sou como quem serve"**
> (LUCAS 22:27)**.**

156

[O Pai lhes dará] o Espírito da verdade, que o mundo não pode receber, porque não no vê, nem o conhece; vós o conheceis, porque ele habita convosco e **estará em vós** (JOÃO 14:17).

A união do cristão com Cristo por meio do Espírito Santo é uma verdade fundamental que precisa ser enfatizada.

Frases como "em Cristo" e "nele" são usadas 93 vezes no Novo Testamento. A menos que permaneçamos em Cristo, que habita em nós pelo Seu Espírito, nada podemos fazer (JOÃO 15:5). É bom ter formação, educação, talento e zelo, mas eles nada realizam se estamos confiando neles em vez de nos rendermos ao Espírito de Deus. O Espírito Santo tinha estado *com* os discípulos em seu Mestre, mas o Espírito encheria cada um deles pessoalmente no Dia de Pentecostes e os batizaria no Corpo de Cristo (ATOS 1:5; 2:4; 1 CORÍNTIOS 12:13).

Considere, primeiramente, *o Espírito e Jesus Cristo*. Ele foi concebido pelo Espírito no ventre virginal de Maria (LUCAS 1:35) e cresceu sob os cuidados do Espírito (2:52). Ao iniciar o Seu ministério aos 30 anos, o Espírito Santo lhe deu poder para Sua vida diária e Seu ministério (MATEUS 3:16-17; JOÃO 3:34). Diariamente Ele comungava com o Pai, meditava na Palavra de Deus, dedicava tempo à oração e seguia a liderança do Espírito no que Ele fazia e dizia. Ele não usava os Seus poderes divinos para si, mas sim para o benefício dos outros. O Espírito Santo o ajudou quando Ele foi preso, espancado e crucificado (HEBREUS 9:14), e o Espírito participou da Sua ressurreição (ROMANOS 1:4; 1 PEDRO 3:18). Se, com toda a Sua perfeição, o nosso Senhor precisava do ministério do Espírito para realizar a vontade do Pai, quanto mais nós, Seus discípulos, precisamos dele!

Agora, considere *o Espírito e o cristão*. A marca que identifica um verdadeiro cristão é a presença do Espírito Santo, que ministra ao cristão como Jesus ministrava aos discípulos. "...se alguém não tem o Espírito de Cristo, esse tal não é dele" (ROMANOS 8:9). Se tivermos o Espírito, leremos as Escrituras com compreensão e teremos desejo de obedecê-las. Exultamos com o privilégio de adorar ao Senhor e confraternizar com os santos. Sentimo-nos "em casa" em um estudo bíblico ou uma reunião de oração, e queremos compartilhar Cristo com os outros. Jesus ensinou Seus seguidores e o Espírito nos ensina (JOÃO 16:12-15). Jesus orou por eles (e intercede por nós hoje) e o Espírito também intercede por nós (ROMANOS 8:26,27). Jesus deu poder e autoridade aos Seus discípulos (LUCAS 9:1) e o Espírito capacita os cristãos de hoje a servirem ao Senhor (ATOS 1:8). O Espírito transformou o corpo de cada cristão em um templo para o Espírito Santo (1 CORÍNTIOS 6:19,20), e os membros do corpo em ferramentas com que servir ao Senhor (ROMANOS 6:12,13). O Espírito anseia por nos tornar cada vez mais semelhantes a Jesus (2 CORÍNTIOS 3:18).

Finalmente, considere o Espírito e o cristão no mundo. O mundo não consegue compreender o que o Espírito é e o que Ele faz, pois a mente da pessoa incrédula é cega para a verdade espiritual (1 CORÍNTIOS 2:14-16) e compreende apenas o que pode ser visto, pesado e manuseado. No Pentecostes, o Espírito encheu os cristãos e os batizou no Corpo de Cristo (ATOS 1:5; 2:4; 1 CORÍNTIOS 12:13). É por intermédio do ministério e testemunho do povo de Deus que o Espírito convence os perdidos e os leva a Cristo. Precisamos demonstrar o amor de Deus e compartilhar a verdade de Deus, e ser sal e luz no mundo. Somente o Espírito da verdade pode derrotar o espírito deste mundo (1 CORÍNTIOS 2:12) e levar os pecadores ao Salvador, e o Espírito Santo precisa nos usar como testemunhas.

Precisamos permanecer em harmonia com o Espírito Santo e não o entristecer (EFÉSIOS 4:30), mentir para Ele (ATOS 5:3), resistir-lhe (7:51) ou apagá-lo (1 TESSALONICENSES 5:19). Se o nosso objetivo na vida é glorificar a Jesus Cristo, o Espírito Santo nos ajudará, porque esse é o Seu ministério (JOÃO 16:14).

> "...maior é aquele que está em vós do que aquele que está no mundo" (1 JOÃO 4:4).

157

*Tenho-vos dito estas coisas
para que o meu gozo esteja em vós,
e **o vosso gozo seja completo***
(JOÃO 15:11).

Os discípulos estavam profundamente tristes, mas Jesus lhes falou de alegria! Ele até a chamou "meu gozo". Sabendo o que estava prestes a acontecer, como Ele poderia ter alegria? Mas isso é o mais notável sobre a vida cristã: aquilo que traz dor e tristeza pode, ao mesmo tempo, trazer a alegria do Senhor. Não tente explicar isso, mas procure, pelo Espírito Santo, experimentá-lo. Jesus comparou a Sua alegria a uma mulher dando à luz: o mesmo bebê que causa dor também traz a alegria (JOÃO 16:21,22). Às vezes, Deus remove a dor, mas, frequentemente, a transforma no "nascimento" de uma alegre bênção. Nós somos "...mais que vencedores, por meio daquele que nos amou" (ROMANOS 8:37).

A plenitude da alegria deve vir da nossa adoração ao Senhor. "Alegrai-vos sempre no Senhor; outra vez digo: alegrai-vos" (FILIPENSES 4:4). Certamente, podemos nos alegrar na pessoa do Senhor, porque cada um dos Seus atributos divinos significa bênção e ajuda para nós. Simplesmente meditar sobre o caráter de Deus, Suas obras, Suas promessas, o futuro brilhante que Ele está preparando para nós, e a oportunidade de conhecer e servi-lo, deve nos encher de alegria. A própria oração é uma fonte de grande alegria (JOÃO 16:24), mesmo que o Senhor nem sempre responda como esperávamos.

Porém, ser adoradores não é suficiente. Se queremos plenitude de alegria, precisamos também ser trabalhadores. "...não vos entristeçais, porque a alegria do SENHOR é a vossa força" (NEEMIAS 8:10). As circunstâncias dos tempos de Neemias eram perigosas e difíceis, mas o trabalho foi concluído. Jesus via a vontade de Deus como alimento, não como punição (JOÃO 4:34). Ele suportou os terríveis sofrimentos do Calvário "...em troca da alegria que lhe estava proposta..." (HEBREUS 12:2).

Como Ele, podemos "...[nos gloriar] na esperança da glória de Deus" e ver tribulações transformadas em triunfos (ROMANOS 5:1-5). "Os que com lágrimas semeiam com júbilo ceifarão. Quem sai andando e chorando, enquanto semeia, voltará com júbilo, trazendo os seus feixes" (SALMO 126:5,6; VEJA GÁLATAS 6:9).

Todo cristão é um guerreiro. Temos inimigos a combater e batalhas a vencer, e o Senhor é capaz de transformar batalhas em bênçãos. "O SENHOR é a minha força e o meu escudo; nele o meu coração confia, nele fui socorrido; por isso, o meu coração exulta, e com o meu cântico o louvarei" (SALMO 28:7). Temos alegria devido à vitória, mas não podemos ter vitórias sem batalhas. Jesus já venceu os nossos três inimigos — o mundo (JOÃO 16:33), o diabo (COLOSSENSES 2:13-15) e a carne (ROMANOS 6:1-4) — por isso, lutamos *a partir das Suas vitórias*. Independentemente do que o inimigo possa ser, o que nos dá a vitória é a fé no Senhor (1 JOÃO 5:4).

Outra fonte de alegria é a nossa esperança no Senhor. O futuro é nosso amigo quando Jesus é o nosso Senhor, e devemos ser "...[alegres] na esperança, [...] pacientes na tribulação..." (ROMANOS 12:12). A alegria não é uma emoção que fabricamos; é um fruto vivo que o Espírito produz em resposta à nossa fé. Até o nosso Senhor retornar, devemos andar por fé, confiando nas Suas promessas, apesar das circunstâncias que nos rodeiam, dos sentimentos dentro de nós e das consequências com as quais nos deparamos.

A felicidade depende de acontecimentos, mas a alegria depende do poder, das promessas e da providência de Deus. "Mas o fruto do Espírito é: amor, alegria, paz..." (GÁLATAS 5:22). Podemos iniciar cada novo dia cantando: "Este é o dia que o SENHOR fez; regozijemo-nos e alegremo-nos nele" (SALMO 118:24). Jesus cantou essas palavras antes de sair para o Getsêmani (MATEUS 26:30). Nós já aprendemos a cantá-las?

> "E o Deus da esperança vos encha de todo o gozo
> e paz no vosso crer, para que sejais ricos de esperança
> no poder do Espírito Santo" (ROMANOS 15:13).

158

Quando ele vier, **convencerá o mundo** *do pecado, da justiça e do juízo* (JOÃO 16:8).

Se, no cenáculo, você tivesse avaliado os apóstolos segundo os padrões do mundo, teria concluído que eles estavam despreparados para continuar a obra de Cristo. Mas, em Sua oração sacerdotal, Jesus disse ao Pai que eles *estavam* preparados! "Eu [consumei] a obra que me deste a fazer" (JOÃO 17:4), disse Ele, e essa obra incluiu ensinar e treinar os apóstolos para os seus respectivos ministérios. Jesus lhes havia ensinado não somente a Palavra de Deus, mas também a orar, e foi o exemplo de servo compassivo. Só um elemento estava faltando: o Espírito Santo, o único que poderia capacitá-los a conhecer e a fazer a vontade de Deus. O Espírito Santo seria para os apóstolos o que Jesus havia sido para eles, e o Espírito estaria sempre neles para capacitá-los a viver e a trabalhar para a glória de Deus. Por si só, a Igreja é incapaz de salvar pecadores ou transformar o mundo, mas o Espírito Santo é capaz, porque age na Igreja e por intermédio dela. Por meio de nossas graciosas palavras, de nossa vida piedosa e das nossas boas obras, podemos ser testemunhas, e o Espírito usará o nosso testemunho para convencer o coração dos perdidos acerca do pecado, da justiça e do juízo (16:8-11).

O maior pecado do mundo é a *incredulidade*: os pecadores não creram em Jesus Cristo e é por isso que estão perdidos. A consciência pode convencer uma pessoa de pecados, mas somente o Espírito pode convencê-las do maior pecado — rejeitar Jesus Cristo. Uma pessoa pode abandonar os pecados da carne e os do espírito (2 CORÍNTIOS 7:1) e ainda estar perdida, porque somente a fé em Cristo confere o novo nascimento na família de Deus. Pedro pregou a Cristo aos judeus religiosos na festa de Pentecostes; "...compungiu-se-lhes o coração..." e eles clamaram por socorro (ATOS 2:37). O Espírito usou a Palavra de Deus para convencê-los. O povo de Deus compreende testemunhas, não advogados de acusação; por isso, deixemos o convencer para o Espírito Santo.

A maior necessidade do mundo perdido é *a justiça de Jesus Cristo*. Quer soubessem ou não, as pessoas que presenciaram Jesus servindo na Terra estavam vendo a justiça em ação. Pecadores perdidos não podem ser salvos pela justiça da lei de Moisés (GÁLATAS 2:16-21), nem a sua própria hipocrisia pode salvá-los (ISAÍAS 64:6). Jesus não conheceu pecado e não cometeu pecado (1 PEDRO 2:22), porque nele não havia pecado (1 JOÃO 3:5). Jesus estava disposto a tornar-se pecado por nós (2 CORÍNTIOS 5:21) para que pudéssemos ser revestidos pela Sua justiça "...gratuitamente no Amado" (EFÉSIOS 1:6). Mas Jesus voltou para o céu; então, como as pessoas perdidas podem ver a Sua justiça e descobrir o que lhes falta? Vendo Jesus na vida do Seu povo (MATEUS 5:13-16) e ouvindo Cristo declarado pela Palavra.

O mundo perdido está escravizado pelo diabo, o príncipe deste mundo (EFÉSIOS 2:1-3), e sua maior necessidade é a *libertação do pecado, da morte e do juízo*. Contudo, os pecadores se alegram com o que pensam ser a liberdade. Em Sua morte e ressurreição, Jesus teve a maior vitória da história, derrotando o pecado, a morte e o diabo. Jesus disse: "Chegou o momento de ser julgado este mundo, e agora o seu príncipe será expulso" (JOÃO 12:31). Para o mundo incrédulo, a cruz parece ser uma vergonhosa derrota; mas, na realidade, a cruz é um triunfo glorioso (COLOSSENSES 2:15). Ao morrer, Jesus não sussurrou: "Estou acabado!". Ele bradou: "Está consumado!". A obra da redenção tinha sido concluída!

Para o Espírito Santo trazer convencimento ao coração das pessoas perdidas, o povo de Deus precisa lhe estar disponível, manifestando o fruto do Espírito em sua vida (GÁLATAS 5:22,23) e compartilhando a boa notícia. Sejamos testemunhas fiéis, dizendo "a verdade, toda a verdade e nada além da verdade" e confiando no Espírito Santo para fazer o restante. Ele está disposto. E nós, estamos?

"...não podemos deixar de falar das coisas que vimos e ouvimos" (ATOS 4:20).

159

Estas coisas vos tenho dito para que tenhais paz em mim. No mundo, passais por aflições; mas tende bom ânimo; **eu venci o mundo** (JOÃO 16:33).

"Essas coisas" se referem às verdades que Jesus havia acabado de ensinar aos discípulos no cenáculo, verdades às quais precisamos nos apegar hoje. Ele chegou ao ápice do discurso com essa palavra de encorajamento que deve ter fortalecido os discípulos muitas vezes enquanto eles serviram e sofreram nos anos que se seguiram. O Senhor revela três importantes verdades que precisamos entender.

A oposição que enfrentaremos. A palavra *mundo* tem três significados nas Escrituras: o mundo criado (ATOS 17:24), o mundo das pessoas (JOÃO 3:16) e todo o sistema da sociedade que se encontra afastado de Deus e em inimizade com Ele (16:33). Satanás é o príncipe desse sistema mundial (12:31) e o usa para seduzir e escravizar as pessoas, para que elas vivam para o temporário e não para o eterno. Em 1 João 2:15-17 somos informados de que qualquer coisa que diminui o nosso amor pelo Pai ou o nosso desejo de fazer a vontade dele é do mundo e precisa ser evitada, independentemente de quão boa possa parecer a nós ou aos outros. Não devemos ficar chocados quando somos atacados pelo mundo, porque os cristãos não pertencem a este mundo (JOÃO 17:14,15; 1 PEDRO 4:12-19). Se a nossa vida cristã é como deve ser, o mundo nos trata como tratou Jesus. Se somos amigos do mundo, não podemos ser amigos de Deus (TIAGO 4:4).

A paz e a alegria que devem estar dentro de nós. Se temos guerra exteriormente, é essencial termos a paz interior; caso contrário, seremos vencidos e não vencedores. "Não andeis ansiosos de coisa alguma; em tudo, porém, sejam conhecidas, diante de Deus, as vossas petições, pela oração e pela súplica, com ações de graças. E a paz de Deus, que excede todo o entendimento, guardará o vosso coração e a vossa mente em Cristo Jesus" (FILIPENSES 4:6,7). A tribulação é tão importante para a vida cristã quanto o Sol é para a vida das plantas, porque desenvolve o caráter e ajuda a nos tornarmos mais semelhantes a Cristo ao compartilharmos "...a comunhão dos seus sofrimentos..." (3:10). O oleiro não só molda o vaso, mas também o coloca no forno para torná-lo utilizável. Quando Jesus diz "tende bom ânimo", essa não é apenas uma frase passageira como "tenha um bom dia", mas um presente de alegria que podemos experimentar agora. "...Tem bom ânimo, filho; estão perdoados os teus pecados" (MATEUS 9:2). "...Tende bom ânimo! Sou eu. Não temais!" (14:27). Por que não deveríamos ter paz e alegria? Jesus está conosco, estamos perdoados e Ele já venceu o inimigo.

A vitória que já está diante de nós. Durante Seu ministério terreno, Jesus derrotou Satanás repetidas vezes e, na Sua crucificação, ressurreição e ascensão, venceu o inimigo de uma vez por todas (COLOSSENSES 2:15; EFÉSIOS 1:19-23). O Cordeiro venceu a serpente (GÊNESIS 3:15; APOCALIPSE 5:5; 12:11) e, pela fé, compartilhamos Sua vitória. Jesus é o Homem forte que sobrepujou o diabo e o despojou de sua armadura (LUCAS 11:22). O Pai quer que sejamos como aqueles jovens a quem João escreveu, os quais haviam "[vencido] o Maligno" (1 JOÃO 2:13; VEJA APOCALIPSE 12:11). Quando Josué liderou o exército israelita de vitória em vitória, conquistando a Terra Prometida, eles simplesmente obedeceram a vontade de Deus, confiaram na Sua promessa e venceram o inimigo. "Não temais, nem vos assusteis...", disse Deus ao Seu povo, "...porque o SENHOR é convosco" (2 CRÔNICAS 20:17). Isso não significa que somos espectadores e não combatentes, porque precisamos vestir a armadura, pegar a espada e o escudo (EFÉSIOS 6:10-20) e resistir ao diabo, confiando em Jesus devido à vitória que Ele já conquistou.

Somos vencedores ou vencidos?

"...**sede fortalecidos no Senhor
e na força do seu poder**" (EFÉSIOS 6:10).

160

Eu te glorifiquei na terra, consumando a obra que me confiaste para fazer (JOÃO 17:4).

Desde o dia do Seu batismo até o dia do Seu sepultamento, Jesus viveu da mesma maneira que você e eu precisamos viver hoje: confiando no Pai, alimentando-se das Escrituras, orando e dependendo do Espírito Santo. Ele viveu pela fé. Satanás o tentou a usar os Seus poderes para o Seu próprio conforto, mas Jesus se recusou. Ele deixou de lado o uso autônomo dos Seus atributos divinos (FILIPENSES 2:5-11). Suportou pacientemente as limitações de um corpo humano e as frustrações de uma sociedade humana, incluindo a hipocrisia e a incredulidade dos líderes religiosos, as provações, as lágrimas das pessoas comuns e suas doenças e pecados. Ele foi movido por compaixão em relação àquelas ovelhas que não tinham pastor. Porém, houve também momentos felizes, quando os pais lhe trouxeram seus filhos para receberem a Sua bênção e quando Ele foi convidado, juntamente com Sua mãe e Seus discípulos, para um casamento nas proximidades. Ele trouxe luz aos cegos, amor aos rejeitados e vida aos mortos. Ele fez a obra do Pai e glorificou ao Pai.

Que obra foi essa? Por um lado, Ele *revelou o Pai* (JOÃO 14:7-11). Ver Jesus era ver o Pai. Muitas das pessoas viam Deus apenas como um Rei que fazia regras e punia os infratores. Jesus lhes mostrou um Pai que os amava, cuidava deles, ouvia as suas orações e as respondia. Jesus abraçou as crianças e tocou os leprosos. Deus é assim? Sim!

Sua obra também envolveu *cumprir profecias do Antigo Testamento*. O Antigo Testamento era sistematicamente lido nas sinagogas e no Templo, e os rabinos ensinavam às pessoas que o Messias viria. Mas quando Ele veio, eles não o aceitaram. Jesus disse à multidão: "Examinais as Escrituras, porque julgais ter nelas a vida eterna, e são elas mesmas que testificam de mim" (5:39). Que alegria é encontrar Jesus nas páginas do Antigo Testamento! Ao curar os doentes e feridos e ressuscitar os mortos, Ele estava cumprindo as profecias do Antigo Testamento. Encontramos frequentemente nos quatro evangelhos a frase "para que se cumprissem as Escrituras".

Outro ministério de Jesus foi *dar um exemplo para nós seguirmos*. Tornar Jesus o nosso exemplo não nos salva, mas deve anunciar aos outros que pertencemos a Ele e queremos viver como Cristo viveu (1 PEDRO 2:21-25). Como Ele tratou os Seus inimigos? Como Ele se relacionou com os excluídos, os soldados e oficiais romanos, e as pessoas que o crucificaram? Como devemos nos relacionar com o governo civil? Jesus é o exemplo a seguir.

É claro que a principal razão pela qual Ele veio foi *para ser o sacrifício por nossos pecados*. "E do modo por que Moisés levantou a serpente no deserto, assim importa que o Filho do Homem seja levantado, para que todo o que nele crê tenha a vida eterna" (JOÃO 3:14,15). O povo judeu tinha a lei de Moisés, o Templo, o sacerdócio e os sacrifícios, cada um dos quais apontava para Jesus Cristo, mas não fornecia salvação. A lei não aperfeiçoava coisa alguma (HEBREUS 7:19), nem o sacerdócio (v.11), nem os sacrifícios (9:9; 10:1), *mas Jesus o faz* (13:20,21). Nós somos "...aperfeiçoados..." nele (COLOSSENSES 2:10). Com uma única oferta Ele nos aperfeiçoou para sempre (HEBREUS 10:14).

Ele treinou Seus discípulos para assumirem o Seu lugar (JOÃO 17:6-19). Quando o Espírito os dotou de poder no Dia de Pentecostes (ATOS 1:8), eles estavam prontos para dar testemunho de Jesus. Nós precisamos treinar novas pessoas a crerem na Bíblia e a viverem por Jesus e servi-lo. Todos nós precisamos orar diariamente: "Pai, ajuda-me a glorificar-te e a terminar a obra que Tu me deste para fazer. Ajuda-me a terminar bem".

> "...a fim de que o nome de nosso Senhor Jesus
> seja glorificado em vós, e vós, nele..."
> (2 TESSALONICENSES 1:12).

161

*Já não estou no mundo, mas eles continuam no mundo, ao passo que eu vou para junto de ti. Pai santo, guarda-os em teu nome, que me deste, **para que eles sejam um**, assim como nós* (JOÃO 17:11).

Nessa maravilhosa oração, nosso Senhor usou algumas vezes as palavras um e unidade ao orar pela comunhão da Igreja (JOÃO 17:11,21,22,23). Jesus não está pedindo a uma gigantesca organização, feita pelo homem, que promova uniformidade, mas uma unidade espiritual como a da Trindade, uma união que Ele chamou "[um] em nós..." (v.21; veja v.23). Essa unidade não somente enriquece a Igreja e a capacita a ministrar, mas é também um testemunho, para o mundo perdido, da realidade do Salvador e do amor do Pai. Igrejas divididas e cristãos em disputa não são boas testemunhas do amor de Deus e da glória do Filho. Considere os "laços que unem" o povo de Deus.

Nós temos a vida de Deus, a vida eterna. O mundo está morto no pecado e caindo aos pedaços (EFÉSIOS 2:1), mas os cristãos estão vivos em Cristo, partilhando a própria vida de Deus. Quer sejam plantas, animais ou humanos, os corpos de coisas que estão vivas se mantêm unidos, mas, quando morrem, as plantas murcham e se desintegram, e os cadáveres de animais e pessoas apodrecem e se tornam pó. A morte divide, mas a vida une. Mesmo que nós, que estamos na família de Deus, compartilhemos da vida de Deus, ainda há diversidade na família de Deus, assim como há diversidade nos membros do corpo humano ou de uma família humana. Se você e eu pertencemos à família de Deus, temos o mesmo Pai e compartilhamos da mesma vida espiritual, e devemos ser capazes de viver juntos e trabalhar juntos para a glória de Deus.

Nós compartilhamos do amor de Deus. Jesus pediu ao Pai para "...que o amor com que me amaste esteja neles, e eu neles esteja" (JOÃO 17:26). O Pai ama a cada um dos Seus filhos tanto quanto ama Seu próprio Filho! Nenhum amor é maior. Quantas vezes os pais dizem aos seus filhos: "Vocês não podem amar um ao outro?".

A uniformidade resulta de pressão exterior — o comando de um general, a ordem de um chefe —, mas a unidade resulta de amor interior, o amor de Deus implantado pelo Espírito Santo. Você leu 1 Coríntios 13 ultimamente? Eu ouço esse "capítulo do amor" ser lido em cerimônias de casamento, mas ele foi escrito para ser lido e *obedecido* em reuniões de assuntos da Igreja.

Nós compartilhamos da glória de Deus. Independentemente de nosso corpo, nossa roupa ou nossa aparência, todo filho de Deus já tem a glória de Deus dentro de si (JOÃO 17:22). À medida que crescemos em piedade, a glória aumenta (2 CORÍNTIOS 3:18) e Deus é glorificado cada vez mais. Os cristãos podem amar outros cristãos porque Cristo vive neles, e podemos amar aos perdidos porque Cristo morreu por eles. Algum dia, no céu, contemplaremos a glória de Cristo (JOÃO 17:24). Uma vez que todos os filhos de Deus estarão juntos no céu, não podemos aprender a viver e trabalhar juntos hoje? Esse é um grande testemunho para um mundo perdido!

Nós compartilhamos da verdade de Deus (vv.8,14,17). Se amarmos a Palavra de Deus, a recebermos em nosso coração e a obedecermos, seremos pacificadores, não encrenqueiros. A segunda epístola de João diz ser esperado que conheçamos a verdade (2 JOÃO 1), conservemos a verdade em nós (v.2), amemos em verdade (v.3) e andemos na verdade (v.4). O orgulho divide, mas a Palavra de Deus nos constrange e incentiva à unidade. As mentiras abrem a porta a Satanás, mas a verdade o mantém afastado.

Nós compartilhamos da comissão de Deus. Duas frases definem a nossa tarefa: "...para que o mundo creia..." (JOÃO 17:21) e "...que o mundo conheça..." (v.23). Uma igreja unida é um exército de evangelistas fazendo a colheita juntos. Numa igreja dividida, as pessoas usam as foices umas nas outras e perdem a colheita. Nós ajudaremos a responder à oração do nosso Senhor "...para que [...] sejam um..."?

> "Porque, assim como o corpo é um e tem muitos membros, e todos os membros, sendo muitos, constituem um só corpo, assim também com respeito a Cristo. Pois, em um só Espírito, todos nós fomos batizados em um corpo..." (1 CORÍNTIOS 12:12,13).

162

Santifica-os na verdade;
a tua palavra é a verdade (JOÃO 17:17).

No vocabulário cristão, "santificar" significa "separar para o serviço exclusivo de Deus". Jesus se separou para nos servir como intercessor e sumo sacerdote (JOÃO 17:19), e devemos nos separar para servi-lo. "E não vos conformeis com este século, mas transformai-vos pela renovação da vossa mente, para que experimenteis qual seja a boa, agradável e perfeita vontade de Deus" (ROMANOS 12:2). Essa transformação ocorre em nosso interior quando o Espírito Santo usa a Palavra de Deus para nos tornar mais semelhantes a Jesus (2 CORÍNTIOS 3:18). No texto grego, a palavra *mundo* é usada 18 vezes em João 17 e significa o "sistema mundial" ou a "sociedade sem Deus", tudo que nos pressiona a sermos semelhantes a pecadores e não semelhantes a Cristo. Três fatos fundamentais se destacam.

O povo de Deus não pertence ao mundo. Estamos *no* mundo, mas não somos *do* mundo. Qualquer coisa que nos faz deixar de apreciar o amor do Pai ou de fazer a vontade do Pai é do mundo e é errada para nós (1 JOÃO 2:15-17). Porém, separação do mundo não é isolamento do mundo, pois estamos aqui para testemunhar e servir. Jesus era amigo de publicanos e pecadores; ainda assim, era "...santo, inculpável, sem mácula, separado dos pecadores..." (HEBREUS 7:26). Separação não é isolamento, não ter compaixão pelos perdidos e mantê-los a distância. Quando começamos a imitar o mundo e a procurar agradar ao mundo, estamos em apuros. "...Demas, tendo amado o presente século, me abandonou...", escreveu Paulo (2 TIMÓTEO 4:10).

O povo de Deus é diferente do mundo. A nossa pátria está nos céus (FILIPENSES 3:20). E nós procuramos agradar ao nosso Pai celestial (MATEUS 6:9). A piedade prática nos diferencia do restante do mundo e do que ele oferece. Observe que eu disse *diferente*, não *estranho* ou *esquisito*. Quando somos diferentes, atraímos as pessoas, mas, quando somos estranhos, nós as repelimos; nosso chamado é para atrair pessoas para Jesus. Seguimos o Seu exemplo de amor e serviço e procuramos fazer o bem aos outros. "...brilhe também a vossa luz diante dos homens, para que vejam as vossas boas obras e glorifiquem a vosso Pai que está nos céus" (MATEUS 5:16). O mundo vive de mentiras, mas os cristãos são santificados pela verdade — e não somente verdade, mas a verdade, a própria essência do que é verdadeiro. Jesus é a verdade (JOÃO 14:6), o Espírito é *a* verdade (1 JOÃO 5:6), a Palavra de Deus é a verdade (JOÃO 17:17) e a igreja é "...coluna e baluarte da verdade" (1 TIMÓTEO 3:15). A verdade de Deus é o que nos torna diferentes do mundo e é um dos motivos de o mundo nos odiar (JOÃO 17:14).

O povo de Deus está no mundo para ganhar os perdidos para Jesus Cristo. Jesus orou: "Assim como tu me enviaste ao mundo, também eu os enviei ao mundo" (v.18). Se os cristãos apenas se lembrassem de que representam Jesus Cristo diante de um mundo que está assistindo, isso os ajudaria a fazer o que é certo. Nós somos sal (MATEUS 5:13), e o sal provoca sede nas pessoas.

Algum dia, Deus nos tirará deste mundo! Jesus quer que a Sua Igreja esteja no céu com Ele por toda a eternidade (JOÃO 17:24) e prometeu: "...voltarei..." (14:1-3). Enquanto isso, Ele é o nosso grande sumo sacerdote no céu, intercedendo por nós, ouvindo as nossas orações e fornecendo tudo de que precisamos enquanto procuramos servi-lo. O mundo é nosso inimigo (TIAGO 4:4), mas em Sua morte, sepultamento, ressurreição, ascensão e entronização, Jesus venceu o mundo (JOÃO 16:33) e nós somos "...mais que vencedores, por meio daquele que nos amou" (ROMANOS 8:37).

> "...e esta é a vitória que vence o mundo:
> **a nossa fé**" (1 JOÃO 5:4).

163

> *Então, lhes disse Jesus: Já vos declarei que sou eu; se é a mim, pois, que buscais, **deixai ir estes***
> (JOÃO 18:8).

À s vezes, uma crise fabrica uma pessoa, mas uma crise sempre mostra do que uma pessoa é feita. Enquanto orava ao Pai, Jesus transformou o jardim do Getsêmani no Santo dos Santos, mas Judas e os soldados tentaram transformá-lo num campo de batalha (E Pedro ajudou!). No entanto, não há dúvida de que Jesus estava no comando. Por quê? Porque Ele estivera com o rosto em terra no jardim, orando ao Pai e rendendo-se à Sua vontade. Os invasores tinham armas nas mãos, mas Jesus tinha apenas o cálice que o Pai lhe dera e orou: "Faça-se a tua vontade". Por haver aceitado o cálice, Jesus foi capaz de lidar com as pessoas e as circunstâncias no jardim naquela decisiva noite.

Jesus foi capaz de se aproximar do destacamento com coragem. Jesus sabia o que iria acontecer (JOÃO 18:4) e foi ao encontro dos homens. Antes que eles pudessem dizer algo, Ele perguntou: "...A quem buscais?". "...A Jesus, o Nazareno...", responderam eles, e Jesus, calmamente, disse: "...Sou eu..." (vv.4,5). As palavras e a destemida atitude do nosso Senhor surpreenderam os guardas e eles "...recuaram e caíram por terra" (v.6). Ele perguntou uma segunda vez e obteve a mesma resposta. É óbvio que Jesus estava no controle daquele encontro. Ele se rendeu e pediu para que deixassem aqueles que estavam com Ele seguir o seu próprio caminho. Nosso Senhor se entregou voluntariamente, para que Seus discípulos pudessem ficar livres. O Espírito Santo dava aos discípulos essa mesma confiança corajosa enquanto eles ministravam nos primórdios da Igreja, e isso surpreendia os seus perseguidores (ATOS 4:13-41).

Jesus foi capaz de confrontar Judas. O nosso Senhor não ficou surpreso por Judas traí-lo, pois sabia o tempo todo que o tesoureiro do grupo era um farsante (JOÃO 6:67-71). É difícil enfrentar um demônio, um ladrão desonesto e mentiroso, sem querer retaliar, mas Jesus apenas repreendeu Judas serenamente pelo beijo dissimulado. Pedro teria matado Judas, mas Jesus sabia que os pecados de Judas o encontrariam.

Jesus foi capaz de reprovar Pedro. Jesus demonstra a coragem e o amor decorrentes da submissão, enquanto Pedro demonstra a loucura decorrente da ira pecaminosa. No jardim, ele negou Jesus com sua espada e, algumas horas depois, negou Jesus com palavras. No entanto, gabava-se de que daria a sua vida pelo Mestre! Mais uma vez, Pedro tentou impedir que Jesus fosse à cruz em obediência a vontade do Pai. Pedro precisava aprender que os cristãos usam armas espirituais para lutar contra o diabo e seus servos (2 CORÍNTIOS 10:4).

Jesus foi capaz de proteger os discípulos. A ideia principal por trás desses eventos é que a escolta de soldados e oficiais permitiu que os discípulos saíssem livres. Jesus tinha avisado os homens de que, vangloriando-se ou não, eles o abandonariam, com base em Zacarias 13:7 — "...fere o pastor, e as ovelhas ficarão dispersas..." (VEJA MATEUS 26:31). Os discípulos não estariam preparados para a perseguição antes de o Espírito Santo lhes conceder poder. Desobedecendo ordens, Pedro seguiu o Senhor e se viu em grandes apuros. Jesus não só nos mantém *salvos* (JOÃO 10:28), mas também nos mantém *seguros* ao agirmos conforme a Sua vontade (17:12).

O nome *Getsêmani* significa "lagar de azeite"; Jesus estava prestes a passar por um sofrimento indescritível ao ser julgado, espancado e crucificado. Porém, saiu triunfante, conforme havia dito, e é capaz de nos levar à vitória em nossas difíceis circunstâncias *se aceitarmos o cálice e nos submetermos à vontade de Deus*. Permita que tudo seja à maneira dele e ore: "Não se faça a minha vontade, e sim a Tua". Se tomarmos esse cálice, não precisaremos temer o que a espada possa fazer.

"...Podeis vós beber o cálice que eu estou para beber?..."
(MATEUS 20:22).

164

Então, lhe disse Pilatos: Logo, tu és rei? Respondeu Jesus: Tu dizes que sou rei... (JOÃO 18:37).

Paulo nos conta que Jesus "...diante de Pôncio Pilatos, fez a boa confissão" (1 TIMÓTEO 6:13), uma confissão de realeza encontrada em todos os quatro evangelhos. Jesus não disse: "Eu serei um rei", mas "sou rei".

Jesus nasceu rei. Os magos perguntaram "...Onde está o recém-nascido rei dos judeus?..." (MATEUS 2:2) e foram levados a Jesus em Belém. Pilatos deve ter ficado perplexo quando Jesus disse "...nasci..." (sua humanidade) e também "...vim ao mundo..." (sua divindade). Todo bebê humano está "no mundo" por concepção, mas Jesus teve de "vir ao mundo" para ser concebido no ventre de Maria. Ele é o Rei da glória (SALMO 24:7-10), o Rei de Israel (JOÃO 1:49), o Rei dos reis (1 TIMÓTEO 6:15; APOCALIPSE 17:14) e o Rei das nações (APOCALIPSE 15:3).

Jesus serviu como rei. Embora tivesse deixado Seu trono e se tornado servo, Jesus ainda era rei e usava Sua autoridade para servir aos outros. Ele deu ordens a animais, peixes, pássaros, chuva, vento e ondas; foi vitorioso sobre o diabo, demônios, doenças, deficiências e até mesmo a morte. Mais importante de tudo, o Seu reino é um reino de verdade e Ele é capaz de superar o reino de mentiras de Satanás e libertar as pessoas. O mundo rejeitou a Ele e ao Seu reino da verdade, mas você e eu somos Seus servos e, onde quer que estejamos, o reino de Deus chegou.

Jesus morreu como rei. "JESUS NAZARENO, REI DOS JUDEUS", dizia a placa afixada na cruz acima da Sua cabeça (JOÃO 19:19). Seu manto lhe foi tirado por soldados que apostavam, e sua coroa era de espinhos. Em vez de gritar "Viva o rei", as pessoas o ridicularizavam. Contudo, Jesus reinou na própria cruz! Ele orou pelos líderes judeus e pelos soldados romanos. Levou ao Seu reino um criminoso arrependido. Ordenou a João que cuidasse de Maria, Sua mãe. Ele derrotou Satanás e as hostes do inferno, trouxe trevas durante três horas enquanto expiava os pecados do mundo, provocou um terremoto, abriu sepulturas e ressuscitou os mortos, e concluiu a obra que viera fazer. Não admira que os cristãos de todos os lugares se gloriem na cruz (GÁLATAS 6:14).

Jesus reina hoje! Desde a Sua ascensão ao céu, Jesus é entronizado como nosso Rei-Sacerdote "...segundo a ordem de Melquisedeque" (HEBREUS 6:20; VEJA GÊNESIS 14:18-24). O nome *Melquisedeque* significa "rei de justiça". Em nenhum lugar da Escritura encontramos os ofícios de rei e sacerdote unidos, exceto em Jesus. Ele reina a partir de um trono de graça ao qual temos acesso (HEBREUS 4:14-16) e tem toda a autoridade no céu e na Terra (MATEUS 28:18). Como nosso Sumo Sacerdote, Ele sente as nossas dores e conhece as nossas necessidades; e, como nosso Rei, é capaz de nos dar e fazer por nós tudo o que é melhor.

Jesus voltará e reinará sobre a Terra. Nesse dia, todo joelho se dobrará e toda língua confessará que Jesus Cristo é o Senhor (FILIPENSES 2:9-11). O mundo todo reconhecerá que Ele é o Rei dos reis e Senhor dos senhores (APOCALIPSE 19:16). Aqueles que creram em Jesus reinarão com Ele e o servirão para todo o sempre (22:5). As atribuições que Ele nos dará dependerão da maneira como o servimos em nosso viver hoje. Somos fiéis e obedientes? Procuramos glorificá-lo? Aqueles que o rejeitam serão lançados nas trevas para sofrer eternamente.

Jesus é o Rei na sua vida e na minha? Ele nos governa por Sua verdade? Estamos servindo-o e procurando ganhar outros? Que o Senhor nos ajude a estar prontos quando Cristo voltar!

"...Justos e verdadeiros são os teus caminhos,
ó Rei das nações!" (APOCALIPSE 15:3).

165

*A partir deste momento, Pilatos procurava soltá-lo, mas os judeus clamavam: Se soltas a este, **não és amigo de César!** Todo aquele que se faz rei é contra César!* (JOÃO 19:12).

Pôncio Pilatos, o governador romano da Judeia, é mencionado 57 vezes no Novo Testamento. Seu nome também é falado por milhões de cristãos ao redor do mundo quando expressam sua fé recitando o Credo Apostólico: "...padeceu sob Pôncio Pilatos...". Os romanos eram conhecidos pela excelência na guerra, organização e administração, e seus administradores sabiam como fazer o jogo da política. Alguém disse que um estadista se preocupa com a próxima geração, enquanto um político se preocupa com a próxima eleição. Pilatos estava preocupado com sua posição, o que significava ter bom um relacionamento com o povo judeu e permanecer em seu cargo.

Incentivada pelos líderes religiosos judeus, *a multidão gritou algumas falsas acusações contra Jesus*. Eles disseram a Pilatos que Jesus era um malfeitor que incitava o povo (JOÃO 18:30; LUCAS 23:1-5). Porém, Jesus nunca se envolveu com política e, quando Seus inimigos tentaram prendê-lo com perguntas capciosas sobre pagar impostos a César, Sua resposta os calou. Eles contaram a Pilatos que Jesus disse ser o Filho de Deus, uma acusação que abalou o governador, mas não gerou ação alguma. Religião não era o forte de Pilatos. Finalmente, os líderes religiosos apertaram o botão certo: "Ele afirma ser um rei! Não temos rei, senão César!". Política era algo que Pilatos entendia, e multidões enfurecidas desafiando a sua liderança era algo que ele temia. Eles lhe disseram: "Se você deixar Jesus de Nazaré livre, não é amigo de César!".

O governador tomou algumas más decisões. Pilatos sabia que os líderes religiosos judeus tinham inveja da popularidade, dos incríveis poderes e da capacidade de ensinar sabedoria de Jesus (MATEUS 27:18). O governador procurou meios legais para libertar

Jesus, mas sem sucesso. Quando Pilatos soube que Jesus era da Galileia, enviou-o ao rei Herodes, mas Herodes só o mandou de volta para Pilatos. Herodes era um político naturalmente astuto. Porém, você não pode deixar que outras pessoas tomem decisões acerca de Jesus que você deve tomar por si mesmo. Só você pode responder à pergunta mais importante da vida: "Que farei, então, de Jesus, chamado Cristo?" (v.22). Pilatos era um homem de ânimo dobre e, portanto, instável em todos os seus caminhos (TIAGO 4:8). Ele queria agradar aos judeus e, ao mesmo tempo, não despertar a ira e desaprovação do imperador. Pessoas de ânimo dobre também não são de uma só palavra (1 TIMÓTEO 3:8) e vacilam entre uma decisão errada e outra (1 REIS 18:21). Elas também têm visão dobre e lhes falta aquela obediência fiel que coloca Jesus em primeiro lugar em tudo (COLOSSENSES 1:18). O cristão é amigo de Jesus Cristo (JOÃO 15:13-15) e agradá-lo direciona tudo em sua vida.

Jesus fez uma boa confissão. Paulo escreveu que "...Cristo Jesus, [...] diante de Pôncio Pilatos, fez a boa confissão" (1 TIMÓTEO 6:13). Paulo estava incentivando Timóteo a ser um cristão corajoso, sem medo do que o mundo perdido diz ou faz. Os líderes de Israel renegaram seu próprio Messias e o entregaram para ser crucificado (ATOS 3:13; 4:27), mas Jesus usou Seu sofrimento como uma oportunidade para dar testemunho da verdade. Pedro ordena aos cristãos a seguirem o exemplo do nosso Senhor (1 PEDRO 4:12-19). Se Jesus é nosso amigo, nós o defenderemos, independentemente do que a multidão possa gritar. Pilatos queria que Tibério César e a multidão judaica fossem seus amigos, e essa decisão teve um custo alto. O Rei dos reis é nosso amigo!

> "Vós sois meus amigos, se fazeis o que eu vos mando" (JOÃO 15:14).

166

*Quando, pois, Jesus tomou o vinagre, disse: **Está consumado!** E, inclinando a cabeça, rendeu o espírito* (JOÃO 19:30).

O que está consumado? A obra da expiação! "Está consumado" é uma palavra grega de dez letras, cujo tempo perfeito pode ser traduzido como "foi terminado, está terminado hoje, e sempre estará terminado". A custosa obra da expiação foi realizada por Jesus em seis dolorosas horas na cruz e nada ousamos acrescentar a ela. Jesus pagou tudo; Ele não deu uma entrada e esperou que nós pagássemos as prestações. Antes de ser preso, Jesus disse ao Seu Pai: "Eu te glorifiquei na terra, consumando a obra que me confiaste para fazer" (JOÃO 17:4). Todo cristão deve querer ser capaz de dizer isso ao Pai quando chegar ao céu. Eu aprendi muito com a maneira como Jesus fez a obra do Pai aqui na Terra.

Como ponto de partida, *cada cristão tem um trabalho designado a fazer*. "Pois somos feitura dele, criados em Cristo Jesus para boas obras, as quais Deus de antemão preparou para que andássemos nelas" (EFÉSIOS 2:10). Deus não apenas preparou as obras para nós, mas também nos preparou para sermos capazes de fazê-las. Nossas capacidades, interesses, experiências, dons espirituais e crescente conhecimento de Deus e da Bíblia são misturados para nos equipar a fim de nos tornarmos trabalhadores que não precisam se vergonhar (2 TIMÓTEO 2:15). Deus tem diferentes maneiras de preparar Seus trabalhadores e, frequentemente, deixa de lado o treinamento que nossos educadores pensam ser essencial. Se estivermos dispostos a obedecer, Deus nos mostrará o que Ele deseja que façamos (JOÃO 7:17).

O Senhor não só nos escolhe e nos capacita, mas *tem também um plano para a nossa vida*. Na próxima vez em que você ler o evangelho de João, observe com que frequência é mencionada "a hora". Jesus passou Seus primeiros 30 anos na Terra na cidade de

Nazaré. No momento certo, Ele foi batizado por João Batista, tentado no deserto por Satanás e iniciou o Seu ministério público. Ele chamou quatro pescadores para se tornarem discípulos e, depois, acrescentou outros para serem treinados para trabalhar com Ele. A cada manhã, logo cedo, Jesus ia a um lugar solitário para orar e receber as "ordens do dia" de Seu Pai (ISAÍAS 50:4-7). Quando se trata de fazer a vontade de Deus no tempo determinado, não devemos ser como cavalos que correm à frente ou mulas que ficam para trás (SALMO 32:8,9). Podemos dizer honestamente ao Pai: "Nas tuas mãos, estão os meus dias..." (31:15)? Como podemos afirmar Romanos 8:28 se não estamos cumprindo a vontade do Pai?

O mais importante é que *nós estamos aqui para servir, não para ser servidos*. Os doze apóstolos discutiam frequentemente entre si sobre qual deles era o maior, e Jesus teve de lembrá-los de que eles foram escolhidos para servir a outros, assim como Ele serviu a outros (MATEUS 18:1-6). Na noite em que Jesus foi traído, os discípulos chegaram à festa da Páscoa argumentando sobre a grandeza (LUCAS 22:24-30); Jesus deu a solução para o problema lavando os pés deles! No mundo, o sucesso é medido por quantas pessoas trabalham para você; no reino, porém, o teste é "Para quantos você trabalha?". O serviço cristão envolve dor e sacrifício, decepções e dificuldades, e precisa ser motivado unicamente pelo amor.

Frequentemente, ponderei sobre o ministério do apóstolo Paulo — os fardos que ele carregou, as batalhas que ele teve de travar, os mal-entendidos que ele teve de desembaraçar, as pessoas que ele teve de incentivar e os muitos sacrifícios que ele teve de fazer — e perguntei a mim mesmo: *Eu poderia ter feito aquilo? Na minha própria força?* Sou obrigado a responder com um enfático "Não!", mas também posso dizer com Paulo: "Tudo posso naquele que me fortalece" (FILIPENSES 4:13). Nós servimos a um Mestre maravilhoso que nos conhece melhor do que nós mesmos e nos delega responsabilidades que Ele preparou para nós e para as quais nos preparou. Que alegre privilégio é servi-lo!

"...recebereis do Senhor a recompensa da herança.
A Cristo, o Senhor, é que estais servindo"
(COLOSSENSES 3:24).

167

Perguntou-lhe Jesus: **Mulher, por que choras?** *A quem procuras?...*
(JOÃO 20:15).

Quando Deus criou o primeiro homem e a primeira mulher, Ele lhes deu canais lacrimais que ajudariam a manter a saúde dos seus olhos. Então, eles desobedeceram a Deus e trouxeram o pecado ao mundo. Adão e Eva devem ter chorado ao serem expulsos do jardim e quando Abel foi assassinado por Caim. Hoje, quando sentimos dor física ou profunda tristeza, chorar pode fazer parte do processo de cura. Maria Madalena devia tudo a Jesus (LUCAS 8:1,2) e ficou muito perturbada ao chegar ao jardim e encontrar o túmulo aberto e sem o corpo do Mestre. Consideremos a transformação pela qual ela passou ao descobrir o Cristo ressuscitado.

Ela chegou ao jardim *enlutada* (JOÃO 20:11). Seu choro não era silencioso, mas sim os soluços em voz alta que era costume do povo judeu naqueles dias. Sua imaginação estava trabalhando acima do normal, porque ela tinha concluído que alguém tinha levado embora o corpo de Jesus. Conselheiros nos dizem que a maior parte das dificuldades que as pessoas imaginam nunca acontece realmente ou, se ocorre, nunca é tão catastrófica quanto se imaginava. Jesus disse aos Seus seguidores que Ele seria ressuscitado dos mortos no terceiro dia, mas, por algum motivo, a mensagem nunca ficou registrada na mente deles. Mas, antes de condenar Maria e seus amigos, confessemos que também somos perturbados por problemas imaginários, visto que nos esquecemos das promessas de Deus ou não as reivindicamos. Nós servimos ao Salvador ressurreto e temos uma "...viva esperança, mediante a ressurreição de Jesus Cristo dentre os mortos" (1 PEDRO 1:3). A vida cristã é um banquete, não um funeral (1 CORÍNTIOS 5:8). Maria estava tão cega pela dor, que ela não reconheceu os anjos na sepultura ou Jesus fora dela.

Quando Jesus foi até Maria, ela se tornou uma gerente. Ela tinha a situação sob controle. Se o jardineiro lhe mostrasse onde estava o corpo, ela o levaria embora (JOÃO 20:15). Quando estamos emocionalmente perturbados e tirando conclusões precipitadas, é muito fácil saber exatamente o que Deus deveria fazer e nos oferecermos para ajudá-lo! A fé é viver sem maquinações, e os nossos debilitados planos só pioram a situação e impedem Deus de manifestar o Seu poder e receber a glória. Sempre que embarco nesse tipo de atitude, o Senhor me faz lembrar do Salmo 46:10: "Aquietai-vos e sabei que eu sou Deus...". A palavra hebraica traduzida como "aquietai-vos" significa também "relaxai, tirai as vossas mãos". Deus não precisa de conselhos meus; Ele é muito mais sábio do que eu. Que bagunça podemos fazer da obra de Deus e dos nossos ministérios ao nos intrometermos em Seus planos! Quando Jesus falou o nome de Maria, ela o reconheceu e caiu aos Seus pés em adoração, algo que poderia ter acontecido mais cedo se ela tivesse se lembrado das promessas que Jesus havia feito.

Agora, Maria era uma mensageira. "...vai ter com os meus irmãos...", ordenou-lhe Jesus, e lá foi ela até o lugar onde os discípulos estavam reunidos (JOÃO 20:17,18). "...Vinde ver..." e "Ide [...] e dizei..." são os dois mandamentos de Páscoa que o povo de Deus deve obedecer (MATEUS 28:6,7). Jesus está vivo! Ele tem toda a autoridade e derrotou todos os inimigos. Maria queria segurar os Seus pés e mantê-lo para si mesma, mas Ele lhe disse para se levantar e correr com a mensagem. Que privilégio levar a boa notícia da ressurreição a um mundo desesperado por esperança!

Não chore pelo Cristo vivo e triunfante. Chore por uma igreja morta e derrotada que não conhece "...o poder da sua ressurreição..." (FILIPENSES 3:10). Nossa vida e igrejas demonstram às pessoas que Jesus está vivo? Ou temos nome de estar vivos, mas estamos mortos (APOCALIPSE 3:1)?

"Por isso, celebremos a festa [...] com os asmos da sinceridade e da verdade" (1 CORÍNTIOS 5:8).

168

Vendo-o, pois, Pedro perguntou a Jesus: E quanto a este?
(JOÃO 21:21).

Quando Pedro discordou de Jesus sobre a Sua ida para a cruz, Jesus disse: "...Arreda, Satanás!..." (MATEUS 16:21-23). Quando Pedro desembainhou a espada no jardim e cortou a orelha de um homem, Jesus lhe ordenou que parasse de lutar e, então, curou o homem (JOÃO 18:10,11; LUCAS 22:51). Quando Pedro negou o Senhor pela terceira vez, Jesus olhou para ele calmamente (LUCAS 22:60-62), e Pedro saiu e chorou amargamente. Quando, após a ressurreição de Cristo, Pedro voltou a pescar e nada pegou, pela manhã Jesus lhe deu uma grande pesca e até mesmo serviu-lhe o desjejum (JOÃO 21:1-14). Mas, naquela mesma manhã, quando Pedro começou a questionar a vontade de Deus para a vida de seu amigo João, Jesus o repreendeu e lhe disse para cuidar da própria vida.

Seguir Jesus buscando a Sua vontade e obedecê-la é o maior privilégio e responsabilidade de todo cristão. Independentemente de quantos dons e talentos pensamos ter ou de quanta experiência pensamos ter tido no serviço cristão, se deixamos de buscar a vontade de Deus e cumpri-la de coração (EFÉSIOS 6:6), estamos perdendo nossa vida e nada realizando para o reino de Deus. É bom incentivar os outros a obedecerem à vontade de Deus, mas, se nós mesmos não a estivermos obedecendo, a nossa preocupação é apenas uma camuflagem hipócrita. Pedro e João tinham frequentemente trabalhado juntos e, talvez, Pedro estivesse imaginando se aquela parceria continuaria. Eles estiveram juntos na transfiguração de Cristo e na ressurreição da filha de Jairo. Eles tinham organizado a festa da Páscoa para Jesus e os doze, e estiveram no jardim com Jesus quando Ele orou. Na manhã da ressurreição, eles correram juntos até o túmulo e o encontraram vazio. Mas, independentemente de quantas experiências memoráveis possamos ter ao servimos ao Senhor juntos, nunca devemos nos intrometer na vontade de Deus para a vida de outra pessoa.

Ao olhar para trás e ver meus mais de 60 anos de serviço cristão, lembro-me das pessoas bem-intencionadas que pensavam conhecer a vontade de Deus para a minha vida — as escolas em que eu deveria estudar, com quem eu deveria me casar, onde eu deveria servir — e sou grato por não ter tentado agradá-las. Apreciei o amor de quem me alertou quando eu estava prestes a cometer erros, mas não considerei a "onisciência" de pessoas quando eu estava tomando decisões.

Deus nos orienta quando estamos dispostos a obedecê-lo. Jesus disse: "Se alguém quiser fazer a vontade dele, conhecerá a respeito da doutrina, se ela é de Deus..." (JOÃO 7:17). A vontade de Deus não é uma de muitas opções, como se fosse parte de um "bufê religioso". A Sua vontade é o mandamento do Rei e precisa ser obedecida. Uma vez que conhecemos a vontade de Deus, precisamos obedecê-la e, ao fazê-lo, descobriremos ainda mais a respeito do nosso Deus e da Sua vontade. A vontade de Deus é a Sua expressão de amor por nós, e precisamos manter os nossos olhos em Jesus (HEBREUS 12:1,2). Pedro começou a seguir Jesus, depois, olhou para trás e viu João e perguntou sobre a vontade do Senhor para a vida de seu amigo. Ele tinha cometido um erro semelhante ao andar na água (MATEUS 14:28-31). Nós mantemos nosso olhar em Jesus quando meditamos na Palavra de Deus e oramos (ATOS 6:4), quando obedecemos ao Senhor naquilo que já sabemos, e quando damos graças ao Senhor pelas novas verdades que Ele nos mostra. Apreciamos o conselho de amigos cristãos, mas João 21:22,23 nos adverte que até mesmo eles podem entender mal a vontade de Deus! Lembre-se de Paulo, Barnabé e Marcos (ATOS 15:36-42; COLOSSENSES 4:10; 2 TIMÓTEO 4:11).

Pedro aprendeu a lição. Anos depois,
ele escreveu: "Não sofra, porém, nenhum de vós
como [...] quem se intromete em negócios
de outrem" (1 PEDRO 4:15).

169

Mas recebereis poder, *ao descer sobre vós o Espírito Santo, e sereis minhas testemunhas tanto em Jerusalém como em toda a Judeia e Samaria e até aos confins da terra*
(ATOS 1:8).

A Igreja Primitiva não possuía edifícios, não tinha grandes orçamentos (ATOS 3:6) e era constituída, primariamente, por pessoas comuns que não tinham amigos influentes "no topo". Mesmo assim, aqueles primeiros cristãos cumpriram a comissão de Cristo e foram bem-sucedidos em levar o evangelho ao seu mundo. Nos dias de hoje, os cristãos têm meios de transporte e comunicação que assombrariam Pedro e Paulo; no entanto, estamos ficando para trás. De fato, o crescimento da igreja nos EUA ocorre principalmente por pessoas que se transferem de uma igreja para outra, não porque novos convertidos estão à procura de lares na igreja.

Somos ordenados a ser testemunhas, através da maneira como vivemos e das palavras que falamos. Testemunhas são pessoas que contam aos outros o que sabem sobre Jesus e do que Ele fez por elas (4:20). Elas compartilham amorosamente a boa-nova da salvação. Na realidade, todos os cristãos são testemunhas, boas ou más. Infelizmente, alguns são mais semelhantes a promotores de acusação ou juízes e dão muito pouco testemunho. A palavra grega para "testemunha" vem da palavra *mártir*; muitas das testemunhas fiéis do Senhor selaram seu testemunho com o próprio sangue.

Não podemos testemunhar eficazmente sem o poder divino. Jesus ordenou aos Seus discípulos que permanecessem em Jerusalém até serem fortalecidos pelo Espírito (LUCAS 24:46-49), porque só assim eles estariam equipados para transmitir o evangelho. Você poderia pensar que os cristãos que se reuniram no cenáculo (ATOS 1:12-14) tinham tudo de que precisavam para evangelizar Jerusalém. Afinal de contas, eles tinham conhecido Jesus pessoalmente. Os apóstolos tinham vivido com Jesus e sido ensinados por

Ele. Eles tinham testemunhado os milagres de Jesus e eles mesmos também fizeram milagres. Mas ainda não estavam prontos para testemunhar até que tivessem o poder do Espírito Santo, pois é ministério do Espírito nos equipar para servirmos. *Nossos ativos são passivos sem o ministério do Espírito Santo.*

Em Seu discurso no cenáculo (JOÃO 13–16), Jesus ensinou aos discípulos sobre o ministério do Espírito Santo. A terceira pessoa da Trindade lhes ajudaria a conhecer e fazer a vontade de Deus (14:15-17), e lhes ensinaria as Escrituras e lhes ajudaria a recordar o que haviam aprendido de Jesus (14:25,26; 16:13-15). Ele lhes daria poder para testemunharem (15:2-27) e convenceria os que os ouvissem (16:7-11). Isso traria glória a Jesus (v.14). O livro de Atos registra todas essas ações do Espírito Santo, conforme relata a vida da Igreja Primitiva. Nós as encontramos nas igrejas hoje?

Por termos crido em Jesus Cristo e recebido a salvação, temos o Espírito Santo habitando em nós (ROMANOS 8:9), *mas o Espírito Santo nos tem?* Quando o evangelista D. L. Moody estava ministrando na Grã-Bretanha, um ministro crítico perguntou: "O Sr. Moody detém monopólio sobre o Espírito Santo?". Um amigo respondeu: "Não, mas o Espírito Santo detém monopólio sobre D. L. Moody". Ser cheio do Espírito significa ser controlado pelo Espírito e, de bom grado, ser usado por Ele para honrar ao Senhor. Certa vez, ouvi A. W. Tozer dizer: "Se Deus tirasse o Espírito Santo deste mundo, a maior parte do que as igrejas estão fazendo continuaria a ser feito *e ninguém saberia a diferença*". Nós sabemos a diferença?

> "Quando, porém, vier o Consolador,
> que eu vos enviarei da parte do Pai, o Espírito
> da verdade, que dele procede, esse dará
> testemunho de mim; e vós também testemunhareis..."
> (JOÃO 15:26,27).

170

> *Porque está escrito no Livro dos Salmos: Fique deserta a sua morada; e não haja quem nela habite; e:* **Tome outro o seu encargo** (ATOS 1:20).

Havia 120 cristãos, homens e mulheres, reunidos num cenáculo em Jerusalém, esperando a vinda do Espírito Santo prometido (LUCAS 24:49; ATOS 1:8). Isso incluía os apóstolos; Maria, mãe de Jesus; e os meios-irmãos do nosso Senhor. Foi um encontro de oração que se tornou uma reunião de negócios para a escolha de um novo apóstolo. Voltemos a nossa atenção para três homens.

Primeiramente, consideremos *Pedro, o líder*. Em toda lista dos nomes dos apóstolos que aparece nas Escrituras, o nome de Pedro é sempre o primeiro, porque Jesus o escolheu para ser "o primeiro entre iguais". As falhas de Pedro durante seus anos de formação podem sugerir que ele não era capaz de liderar, mas agora ele estava equipado para a tarefa. Embora o batismo e enchimento pelo Espírito não ocorresse até o Pentecostes, os apóstolos tinham a presença do Espírito Santo dentro de si (JOÃO 20:19-23), e os seus olhos haviam sido abertos para compreenderem as Escrituras (LUCAS 24:44,45). Deus havia mostrado a Pedro, pelos Salmos 69:25 e 109:8, que um novo apóstolo precisava ser escolhido para substituir Judas. No Pentecostes, os apóstolos estariam testemunhando às doze tribos de Israel e seu número tinha de ser completo (Observe que Salmo 69 é um salmo messiânico). Pedro declarou as qualificações para o apóstolo: (1) ele tinha de ter estado com Jesus desde o momento do batismo de João e (2) ele tinha de ter visto o Cristo ressuscitado, para que pudesse dar testemunho da ressurreição (ATOS 1:22). Dois homens foram citados, o grupo orou e a sorte foi lançada. A escolha de Deus foi Matias, que significa "presente de Jeová". Se toda igreja local dependesse de oração e da Palavra de Deus (6:4) e respeitasse a liderança providenciada por Deus, haveria menos problemas na igreja.

Agora, consideremos *Judas, o traidor*. Seu nome significa "louvor", mas sua vida não trouxe glória a Deus. Ele era o tesoureiro do grupo dos discípulos e roubou dinheiro do tesouro (JOÃO 12:6). O texto de João 6:67-71 deixa claro que Judas nunca nasceu de novo, mas era um servo do diabo (13:21-30). Todavia, os outros onze discípulos não sabiam que Judas era um farsante e Jesus teve o cuidado de não o expor. Com a parábola do joio (MATEUS 13:24-30,36-43), aprendemos que onde quer que Deus plante verdadeiros filhos de Deus, o diabo vem e planta falsificações. Judas era a falsificação no grupo dos discípulos. Penso ter sido Charles Spurgeon quem disse: "Se você quiser criar um demônio, precisa começar com um anjo; se quiser fazer um Judas, precisa começar com um apóstolo". É triste dizer que há falsificações em todas as profissões, mas é na Igreja que elas causam o maior dano.

Finalmente, considere *Matias, o novo apóstolo*. O fato de Matias nunca mais ser mencionado em Atos ou nas epístolas nada diz a respeito dele ou de seu ministério, pois a maioria dos discípulos originais não é mencionada fora dos evangelhos. Deus escolheu Matias e, portanto, o preparou para fazer o trabalho designado a ele. Nem todo trabalhador cristão é famoso, mas o povo de Deus está fazendo a obra do Senhor. Nós não determinaremos a vontade de Deus lançando sortes, mas, se conhecermos as Escrituras e dedicarmos tempo a oração, poderemos descobrir Sua vontade.

O fato de Judas estar no grupo dos discípulos indica que nenhum grupo cristão na face da Terra é perfeito, e o fato de Matias não ser famoso indica que nem todo servo é um Pedro, João ou Paulo. Que possamos dar o nosso melhor ao Senhor e procurar glorificar apenas a Jesus Cristo.

> "Portanto, quer comais,
> quer bebais ou façais outra coisa qualquer,
> fazei tudo para a glória de Deus"
> (1 CORÍNTIOS 10:31).

171

Todos os que creram estavam juntos e tinham tudo em comum
(ATOS 2:44).

Durante os nossos anos de ministério, por três vezes as igrejas nos escolheram; porém, em outras duas vezes minha esposa e eu estávamos servindo em ministérios paraeclesiásticos e tivemos de escolher a igreja. Nenhuma igreja é perfeita, mas você quer encontrar uma que esteja o mais próximo possível do padrão do Novo Testamento. Atos 2:40-47 é um excelente retrato de uma igreja guiada pelo Espírito. Nós desejávamos uma igreja que estivesse *unida* nas coisas que realmente importavam, não dividida quanto a assuntos triviais. Jesus orou para que Seus seguidores fossem um (JOÃO 17:11,21,22), e a igreja descrita em Atos 2 certamente se qualifica. Aquela igreja tinha "união".

Os cristãos devem estar unidos em *sua fé em Jesus Cristo*. Eles precisam ser "crentes", o que significa depositar fé pessoal em Jesus como Salvador e Senhor pessoal, e torná-la publicamente conhecida. Antes de unir-se a uma família de igreja, você precisa nascer de novo na família de Deus, na qual não há qualificações étnicas ou de gênero, nem exigências políticas, econômicas ou sociais, porque os verdadeiros cristãos são "...todos [...] um em Cristo Jesus" (GÁLATAS 3:28). A doutrina cristã é parte essencial da unidade cristã (ATOS 2:42); é aí que a Bíblia entra em cena. No Pentecostes, Pedro anunciou a Palavra de Deus e apresentou Jesus Cristo em Sua morte, sepultamento e ressurreição. Agostinho disse apropriadamente: "No que é essencial, unidade; no que não é essencial, liberdade; em tudo, caridade".

Os cristãos devem estar unidos em *seu temor do Senhor* (v.43). Em seu sermão, Pedro disse: "Esteja absolutamente certa, pois, toda a casa de Israel de que a este Jesus, que vós crucificastes, Deus o fez Senhor e Cristo" (v.36). Temor de Deus significa dar ao Senhor o respeito e a adoração que Ele merece, levando a sério os Seus mandamentos e querendo agradá-lo em tudo que pensamos, dizemos e fazemos. Temer o Senhor não significa desobedecer a Deus deliberadamente e, assim, levá-lo a nos castigar. A verdadeira adoração honra o Senhor e glorifica o Seu nome. Ela não é entretenimento religioso ou emoção superficial, mas um enriquecimento espiritual duradouro. Adoração, oração, estudo da Palavra e serviço sacrificial — tudo isso faz parte do temer e do servir a Deus.

Os cristãos devem estar unidos em *comunhão no Espírito*. Comunhão espiritual não significa conversar e rir tomando café e comendo um doce, embora nada haja de errado nisso. No Novo Testamento, a palavra *comunhão* significa "ter em comum". Quanto mais nos tornamos semelhantes a Jesus, mais próximos nos tornamos como cristãos; quanto mais nos aproximamos uns dos outros, mais conseguimos entender uns aos outros e nos compadecer e ministrar uns aos outros. Deus nos diz para amarmos uns aos outros, orarmos uns pelos outros, perdoarmos uns aos outros, encorajarmos uns aos outros — as advertências "uns aos outros" do Novo Testamento são muitas! A Igreja Primitiva recebeu em sua comunhão os muitos visitantes convertidos de Jerusalém naquela época Pentecostal, pessoas de muitas nações. A comunhão cristã precisa ser tão abrangente quanto o amor de Deus por nós (EFÉSIOS 3:19-21).

Os cristãos devem estar unidos em *seu testemunho fiel* aos perdidos. "...acrescentava-lhes o Senhor, dia a dia, os que iam sendo salvos" (ATOS 2:47). Não apenas uma vez por semana, no domingo, ou uma vez por ano, no "reavivamento" anual, mas diariamente! Isso significa que os cristãos estavam dando o seu testemunho no mercado, no trabalho, na vizinhança e no Templo, pela maneira como viviam e pelas palavras que falavam. Eles compartilhavam o evangelho onde quer que fossem, à medida que o Espírito Santo os capacitava (ATOS 1:8), e o Senhor dava o crescimento.

Nós gostaríamos de fazer parte desse tipo de igreja, mas talvez o Senhor tenha de começar conosco!

> "...nós, conquanto muitos, somos um só corpo em Cristo e membros uns dos outros" (ROMANOS 12:5).

172

E agora, irmãos, eu sei que **o fizestes por ignorância**, *como também as vossas autoridades* (ATOS 3:17).

Um antigo ditado diz: "Ignorância não é desculpa aos olhos da lei". Se eu dirigir em velocidade excessiva numa área escolar, não posso me desculpar dizendo, ao policial que me parar, que eu não sabia que aquela era uma área escolar. É impossível aos legisladores aprovar leis voltadas ao conhecimento e à experiência de todo cidadão. Contudo, Pedro parece estar usando a ignorância das pessoas que estavam no Templo como uma desculpa para a crucificação de Jesus. Ele havia acabado de acusá-las de negarem Jesus e pedirem que um assassino (Barrabás) fosse libertado. Elas mataram o seu Messias, o Príncipe da Vida! Isso significa que o seu pecado é perdoado devido à sua ignorância?

Pedro sabia que a Lei de Moisés prescrevia sacrifícios por pecados não intencionais, mas não para pecados despóticos deliberados contra o Senhor (NÚMEROS 15:27-31). Por exemplo, quando as pessoas descobriam ter acidentalmente tocado um animal morto e, portanto, não estarem limpas, podiam levar um sacrifício aos sacerdotes e serem purificadas. Porém, qualquer pessoa que desafiasse o Senhor deliberadamente e descumprisse a lei era culpada, podendo ser severamente punida e até morta. O livro de Hebreus menciona que, no Dia da Expiação anual, o sumo sacerdote oferecia sacrifícios para perdão dos pecados que ele e o povo haviam cometido por "...ignorância..." (HEBREUS 9:6,7). Deus tinha misericórdia daqueles que, em sua ignorância, tinham se desviado (5:1-3).

Entretanto, o sacrifício de Jesus na cruz leva a questão ainda adiante, porque Ele orou: "...Pai, perdoa-lhes, porque não sabem o que fazem..." (LUCAS 23:34). Os líderes religiosos judeus pecaram ao crucificarem Jesus deliberadamente; eles fecharam os olhos à inundação de luz que Deus lhes dera para capacitá-los a ver claramente, mas as multidões que concordaram com eles ignoravam o que estava se passando. Os líderes tinham os profetas do Antigo Testamento para instruí-los, mas, em sua conspiração intencional e egoísta, ignoraram as próprias Escrituras que liam e estimavam. Jesus disse que os fariseus eram cegos guiando outros cegos (MATEUS 15:14), mas os fariseus pensavam que seu grande conhecimento das Escrituras fazia deles os verdadeiros líderes. Porém, Jesus disse que eles não conheciam as Escrituras, nem o poder de Deus (22:29). A obra consumada de Jesus na cruz pagou de uma vez por todas o preço por todos os pecados de todos os tempos; você está perdoado de todas as transgressões (COLOSSENSES 2:13).

Consideremos o testemunho de Paulo. "...noutro tempo, [eu] era blasfemo, e perseguidor, e insolente. Mas obtive misericórdia, pois o fiz na ignorância, na incredulidade" (1 TIMÓTEO 1:13). Paulo pensava estar servindo ao Senhor ao opor-se à Igreja. A oração de Jesus quando os soldados o pregaram à cruz foi respondida na salvação de Paulo. A ignorância de quem Jesus é e do que Ele realizou não salvará automaticamente pessoa alguma, mas abre as portas da misericórdia a pessoas que não conhecem o caminho da salvação. Satanás cega os olhos dos perdidos para que eles não compreendam as Escrituras ou percebam a grandeza da graça de Deus. Ele quer que as pessoas pensem que não têm esperança e estão desamparadas em decorrência dos seus pecados. Mas a promessa ainda permanece: "E acontecerá que todo aquele que invocar o nome do Senhor será salvo" (ATOS 2:21).

Algumas pessoas que sabem sobre a cruz estão perdidas por se recusarem voluntariamente a crer. Outras estão perdidas porque ninguém ainda lhes contou a boa-nova do evangelho. Nenhum filho de Deus que prestou atenção às Escrituras e à hinódia pode alegar ignorância da responsabilidade que temos de dar testemunho a um mundo perdido. Estamos orando especificamente pelas pessoas perdidas? Pedimos ao Senhor oportunidades diárias de compartilhar Cristo?

> "Como, porém, invocarão aquele em quem não creram?
> E como crerão naquele de quem nada ouviram? E como
> ouvirão, se não há quem pregue?" (ROMANOS 10:14).

173

> E não há salvação em nenhum outro; porque abaixo do céu **não existe nenhum outro nome**, dado entre os homens, pelo qual importa que sejamos salvos (ATOS 4:12).

Conhecer o significado dos nomes bíblicos é, frequentemente, a chave para entender as pessoas a quem eles pertenciam; uma mudança de nomes está, frequentemente, associada a uma mudança radical na vida da pessoa. Abrão ("pai elevado") se tornou Abraão ("pai de uma multidão"); Simão ("ouvinte") tornou-se Pedro ("pedra"); e Saulo ("solicitado a Deus") se tornou Paulo ("pequeno"). O nome que o apóstolo Pedro estava exaltando perante o Sinédrio era Jesus ("salvador"), o nome que está "...acima de todo nome" (FILIPENSES 2:9) e o nome da pessoa em que todos nós necessitamos confiar.

Não há outro nome debaixo do céu *se você quer ir para o céu*. O anjo disse a José que Maria daria à luz um Filho e eles deveriam dar-lhe o nome *Jesus*, "...porque ele salvará o seu povo dos pecados deles" (MATEUS 1:20,21). Jesus significa "salvador", porque "...o Pai enviou o seu Filho como Salvador do mundo" (1 JOÃO 4:14). Algumas pessoas querem Jesus apenas como um exemplo a seguir ou como um professor para instruí-las, mas, por mais úteis que sejam os professores e os exemplos, a nossa maior necessidade é de um salvador. "...Crê no Senhor Jesus Cristo e serás salvo..." (ATOS 16:31).

Não há outro nome debaixo do céu *se você quer que as suas orações sejam respondidas*. Jesus disse: "E tudo quanto pedirdes em meu nome, isso farei, a fim de que o Pai seja glorificado no Filho. Se me pedirdes alguma coisa em meu nome, eu o farei" (JOÃO 14:13,14). Pedir em nome de Jesus significa pedir o que Ele pediria. "O que Jesus pediria?" é uma pergunta muito importante, porque só quando pedimos na Sua vontade podemos esperar que Ele responda

(1 JOÃO 5:14,15). Precisamos dedicar tempo à Palavra de Deus e descobrir o que o Senhor quer que perguntemos.

Não há outro nome debaixo do céu *se você quer entender a Palavra de Deus*. O tema da Bíblia é Jesus Cristo, o Filho de Deus, o Salvador do mundo. Os dois homens caminhando para Emaús tiveram o privilégio de ouvir Jesus ensinar as Escrituras do Antigo Testamento, e seus corações ardiam enquanto eles o escutavam (LUCAS 24:13-35): "...expunha-lhes o que a seu respeito constava em todas as Escrituras" (v.27). O Espírito está disposto a fazer isso por nós!

Não há outro nome debaixo do céu *se você quer ser uma testemunha eficaz*. Nosso testemunho não deve focar-se em denominações, igrejas ou pregadores; ele precisa apontar para Jesus (ATOS 1:8). Precisamos dizer com Pedro: "...não podemos deixar de falar das coisas que vimos e ouvimos" (4:20). Isso é testemunhar: simplesmente contar aos outros o que vimos e ouvimos pessoalmente sobre Jesus Cristo, e respaldar as nossas palavras com o nosso viver.

Não há outro nome debaixo do céu *se você quer experimentar vitória pessoal*. Em Sua vida, morte, ressurreição e ascensão, Jesus venceu o mundo (JOÃO 16:33), a carne (ROMANOS 6:1-7) e o diabo (COLOSSENSES 2:13-15). Ele enviou o Espírito Santo para habitar em cada cristão; e nos permite andar em novidade de vida. Pela fé, podemos dizer com Paulo: "Tudo posso naquele que me fortalece" (FILIPENSES 4:13).

Não há outro nome no céu *se você quer uma esperança viva*. O Senhor Jesus Cristo é a nossa esperança (1 TIMÓTEO 1:1). Quando Jesus é o nosso Senhor, o futuro é nosso amigo. Independentemente dos relatos que ouvimos sobre a situação do mundo e de quais problemas pessoais podemos ter, ainda olhamos para cima e esperamos a volta do nosso Senhor. A esperança cristã não é "espero que sim", mas a garantia de que o futuro está em Suas mãos. Nós temos um Cristo vivo e, portanto, uma esperança viva (1 PEDRO 1:3).

"Quanto ao mais, sede fortalecidos no Senhor
e na força do seu poder" (EFÉSIOS 6:10).

174

Crescia a palavra de Deus, e, em Jerusalém, se multiplicava o número dos discípulos; também muitíssimos sacerdotes obedeciam à fé (ATOS 6:7).

O nosso texto termina com o relato de como a Igreja resolveu um grave problema e teve uma grande colheita de almas. Houve uma divisão na igreja de Jerusalém, e divisões sempre enfraquecem o ministério. Além disso, algumas pessoas estavam reclamando, o que sempre rouba autoridade espiritual de uma igreja. O problema era que os apóstolos estavam tão ocupados servindo as mesas, que não conseguiam se concentrar na oração e no ministério da Palavra (ATOS 6:4). Quando os apóstolos ajustaram as suas prioridades e a Igreja recrutou novos obreiros, a bênção começou a fluir. A Palavra de Deus é viva (HEBREUS 4:12; SALMO 119:50) e, quando as pessoas recebem a Cristo, ela se espalha de pessoa para pessoa, mas, com muita frequência, os nossos pecados bloqueiam o canal para as bênçãos.

A Palavra de Deus é viva e ativa na criação, e vemos os resultados dia após dia, e estação após estação. "Pois ele falou, e tudo se fez; ele ordenou, e tudo passou a existir" (SALMO 33:9). "Ele envia as suas ordens à terra, e sua palavra corre velozmente" (147:15). "Fogo e saraiva, neve e vapor e ventos procelosos [...] lhe executam a palavra" (148:8).

A Palavra viva de Deus precisa estar ativa em cada igreja local. Enquanto cantamos a Palavra na adoração e ensinamos e pregamos a Palavra, a sua verdade e vida precisam avançar a partir de nós e crescer dentro de nós. Cada pregador, professor, líder de louvor e cantor precisa ter certeza de que o ministério se baseia na Palavra de Deus e é delimitado por ela. "Habite, ricamente, em vós a palavra de Cristo; instruí-vos e aconselhai-vos mutuamente em toda a sabedoria, louvando a Deus, com salmos, e hinos, e cânticos espirituais, com gratidão, em vosso coração" (COLOSSENSES 3:16). Os pastores não devem ficar tão ocupados com assuntos menores, que não tenham tempo para a oração e a Palavra de Deus. Quando os apóstolos foram liberados de servir mesas, tiveram tempo para a oração e a pregação, e Deus lhes deu uma grande colheita de almas.

A Palavra precisa estar viva na evangelização do mundo. "Finalmente, irmãos, orai por nós, para que a palavra do Senhor se propague e seja glorificada, como também está acontecendo entre vós" (2 TESSALONICENSES 3:1). Paulo escreveu a Timóteo e lembrou-lhe de que, embora ele mesmo estivesse preso e algemado, a Palavra de Deus não estava algemada e poderia prosseguir, de testemunho em testemunho, e dar frutos (2 TIMÓTEO 2:9). Todos nós, como cristãos, precisamos dedicar oração e apoio a pessoas e ministérios que levam a Palavra a outras nações e povos onde nós mesmos não podemos ir. Não podemos apoiar todos eles, mas precisamos fazer o melhor que conseguimos com o que Deus nos dá. O evangelho pode dar fruto em qualquer lugar do mundo (COLOSSENSES 1:6) se trabalhamos juntos para arar o solo, plantar a semente, regar a semente com as nossas orações e estar prontos para a colheita (João 4:35-38; 1 Coríntios 3:5-9).

No entanto, precisamos ter certeza de que a Palavra viva de Deus está ativa em nossa própria vida pessoal. Sigamos o exemplo dos cristãos de Tessalônica, por quem Paulo deu graças. "Outra razão ainda temos nós para, incessantemente, dar graças a Deus: é que, tendo vós recebido a palavra que de nós ouvistes, que é de Deus, acolhestes não como palavra de homens, e sim como, em verdade é, a palavra de Deus, a qual, com efeito, está operando eficazmente em vós, os que credes" (1 TESSALONICENSES 2:13). A Palavra viva que opera neste mundo também age em nós se a recebemos, cremos e obedecemos. À medida que a verdade cresce em nós, nós crescemos e damos frutos para a glória de Jesus Cristo.

Que se possa dizer de nós e dos nossos ministérios: "...a palavra do Senhor crescia e se multiplicava [...]. Assim, a palavra do Senhor crescia e prevalecia poderosamente" (ATOS 12:24; 19:20).

> "...crescei na graça e no conhecimento de nosso Senhor e Salvador Jesus Cristo..." (2 PEDRO 3:18).

175

Conservando-o, porventura, não seria teu? E, vendido, não estaria em teu poder? Como, pois, assentaste no coração este desígnio? Não mentiste aos homens, mas a Deus (ATOS 5:4).

É claro que a propriedade que Ananias vendeu era dele mesmo! Ele poderia tê-la mantido, dado ou vendido e, quando a vendesse, poderia ter usado o dinheiro como lhe aprouvesse, desde que o usasse legalmente. O problema não era a *propriedade*, mas a *mordomia*. Sim, havia dinheiro envolvido, mas a questão chave era a *motivação*: o que Ananias e Safira tinham em seus corações, não o que tinham em suas mãos. Eles pensaram que poderiam enganar os seus companheiros cristãos e o Senhor, mas estavam errados.

Tudo começou com *Barnabé, o exortador*, que é o significado do seu nome (ATOS 4:36). Sua casa ficava em Chipre e, provavelmente, ele estava em Jerusalém para celebrar o Pentecostes. Quando e onde ele se tornou cristão e como adquiriu a sua propriedade, não sabemos, mas, certamente, foi um discípulo exemplar de Jesus Cristo. *Nunca subestime o impacto de um ato de sacrifício de serviço cristão.* Seu presente ao Senhor certamente ajudou os novos cristãos a serem cuidados pela Igreja, alguns dos quais estavam longe de casa; mas, ao mesmo tempo, ao compartilhar seu presente, revelou a maldade no coração de Ananias e Safira. Foi o que aconteceu com Ló quando Abraão se ofereceu para dar-lhe qualquer pedaço de terra que ele desejasse em Canaã. A escolha de Ló revelou o pecado em seu coração, porque escolheu viver perto da cidade imoral de Sodoma (GÊNESIS 13). Ao ungir Jesus com o caro unguento, Maria de Betânia revelou a cobiça no coração de Judas (JOÃO 12:1-8). Podemos pensar que o nosso serviço realiza muito pouco e pode ser criticado por outros, mas, algum dia, no céu, descobriremos tudo que Deus fez com o nosso ministério.

Entram em cena Ananias e Safira, os farsantes. Há vários pecados envolvidos nesse episódio, com um pecado levando a outro. Pedro sabia que Ananias havia "concebido" o plano com a ajuda de Satanás (ATOS 5:4), tal qual uma criança é concebida no ventre da mãe e cresce (TIAGO 1:13-15). Provavelmente, seu esquema começou com inveja. Quando eles viram o que Barnabé fez, decidiram que queriam a mesma reputação que ele havia conquistado. *Eles quiseram fazer as pessoas pensarem que eles eram mais espirituais do que realmente eram, mas não quiseram pagar o preço.* A inveja levou ao orgulho, o orgulho levou à hipocrisia, e a hipocrisia foi reforçada por mentiras. Eles mentiram à Igreja, a Pedro, ao Espírito Santo e a si mesmos. Eles realmente pensaram que conseguiriam safar-se com seu esquema, mas estavam servindo a Satanás, não ao Senhor, e Satanás é mentiroso e assassino (JOÃO 8:44). O fato de o marido e a esposa haverem planejado juntos aquela farsa tornou o seu pecado ainda mais perverso.

Pedro, o líder espiritual, sabia o que estava acontecendo e expôs a hipocrisia do casal. O Senhor providenciou para que Pedro falasse com eles individualmente — primeiro, com Ananias e, depois, Safira. Pedro deixou claro para Ananias que a propriedade era dele, que o dinheiro era dele e que não havia necessidade de mentir sobre isso. Deus atingiu Ananias, que morreu instantaneamente. Em seguida, entrou Safira, sem saber que seu marido estava morto e enterrado. Satanás sempre mantém os seus servos no escuro, enquanto o Pai mantém os Seus filhos obedientes informados (JOÃO 15:15). Judas, o traidor, nos vem à mente. Satanás tinha entrado em Ananias e Safira assim como tinha entrado em Judas (13:27); e, quando Judas saiu do cenáculo, "...era noite" (v.30).

Mentir um ao outro é mentir para Deus, e mentir para Deus é atrair qualquer castigo ou julgamento sobre si, pois Deus quer que o Seu povo "[ande] na verdade" (3 JOÃO 4). É perigoso mentir para o Espírito Santo, porque o Espírito Santo é o Espírito da verdade (JOÃO 16:13).

> "Não tenho maior alegria do que esta,
> a de ouvir que meus filhos andam
> na verdade" (3 JOÃO 4).

Warren Wiersbe

176

Seguindo [Paulo] estrada fora, ao aproximar-se de Damasco, **subitamente uma luz do céu brilhou** *ao seu redor* (ATOS 9:3).

Luz e escuridão são frequentemente encontradas na Bíblia; a luz simboliza Deus, santidade, vida e verdade, enquanto a escuridão retrata Satanás, pecado, mentiras e morte. Jesus é a Luz do mundo (JOÃO 8:12) e os cristãos são luzeiros no mundo (FILIPENSES 2:15). O céu é uma cidade de luz (APOCALIPSE 22:5), enquanto o inferno é trevas exteriores (MATEUS 8:12). Em sua vida e ministério, o apóstolo Paulo ilustra o relacionamento especial que os cristãos têm com a Luz.

Opondo-se à Luz. Saulo de Tarso, que se tornou o apóstolo Paulo, nasceu em um lar judaico rigoroso e estudou em Jerusalém sob a tutela do estimado rabino Gamaliel. Ele se considerava irrepreensível perante a lei de Deus (FILIPENSES 3:6) e se dedicava a perseguir os cristãos. Ele os prendia, castigava e até mesmo concordava em matá-los (Atos 7:57–8:3; 26:9-11). Convencido de que Moisés estava certo e Jesus estava errado e morto, Saulo de Tarso procurava destruir a Luz.

Vendo a Luz. A experiência da conversão de Paulo foi registrada em Atos 9 pelo Dr. Lucas e falada pelo próprio Paulo em Atos 22:1-21 e 26:1-23. Em todos os três relatos, encontramos referência à Luz. Enquanto Paulo estava viajando para Damasco, "...subitamente uma luz do céu brilhou ao seu redor" (ATOS 9:3). Paulo disse aos judeus no Templo: "...repentinamente, grande luz do céu brilhou ao redor de mim" (22:6). Em seu testemunho diante do rei Agripa, Paulo disse: "...vi uma luz no céu, mais resplandecente que o sol, que brilhou ao redor de mim..." (26:13). Passamos de "uma luz" para "uma grande luz" e, depois, para "uma luz do céu, mais resplandecente que o sol". "Mas a vereda dos justos é como a luz da aurora, que vai brilhando mais e mais até ser dia perfeito" (PROVÉRBIOS 4:18). Historicamente, a própria luz não muda, mas as descrições de Paulo ilustram como a luz se torna mais brilhante para nós quando obedecemos a Cristo.

Compartilhando a Luz. Deus chamou Paulo a ser uma testemunha de Jesus Cristo aos gentios. Paulo descreve essas pessoas em Romanos 1:18-32. Em sua comissão a Paulo e sua equipe, o Senhor lhes deu Isaías 49:6 como versículo chave: "...também te dei como luz para os gentios, para seres a minha salvação até à extremidade da terra" (VEJA ATOS 13:47). Jesus disse a Paulo que Ele o enviou aos gentios "para lhes abrires os olhos e os converteres das trevas para a luz e da potestade de Satanás para Deus, a fim de que recebam eles remissão de pecados..." (ATOS 26:18). A Igreja tem hoje essa comissão de levar o evangelho a todas as tribos e nações e "[proclamar] as virtudes daquele que [a] chamou das trevas para a sua maravilhosa luz" (1 PEDRO 2:9). Paulo foi fiel àquele chamado e suportou muito sofrimento e perseguição para cumprir a tarefa. Nós somos fiéis assim hoje?

Entrando na Luz. Para os incrédulos espiritualmente cegos, a vida só se torna cada vez mais escura. Quanto mais eles resistem à Luz, mais cegos se tornam, porque Satanás, "...o deus deste século...", os cegou para a verdade de Deus (2 CORÍNTIOS 4:4). Mas, como vimos em Provérbios 4:18, o cristão que crê vive numa luz que se torna cada vez mais brilhante! Não estamos caminhando para um pôr do sol, porque, se morrermos antes de Jesus voltar, iremos para uma cidade da Luz na qual a noite nunca virá. Será glorioso! Sentado numa cela romana, Paulo ansiava por ir para a glória. Ele escreveu a Timóteo: "...sei em quem tenho crido e estou certo de que ele é poderoso para guardar o meu depósito até aquele Dia" (2 TIMÓTEO 1:12). Ele estava pronto para morrer, sabendo que uma coroa o aguardava no céu (4:7-8). Para os cristãos, a morte não é um pôr do sol, e sim o nascer do sol!

Você viu a Luz? Você a está compartilhando com os outros?

> "A vida estava nele e a vida era a luz dos homens.
> A luz resplandece nas trevas, e as trevas não
> prevaleceram contra ela" (JOÃO 1:4,5).

177

Esta é a palavra que Deus enviou aos filhos de Israel, anunciando-lhes o evangelho da paz, por meio de Jesus Cristo. Este é o Senhor de todos
(ATOS 10:36).

Como cristãos, precisamos fielmente aprender a verdade espiritual e traduzir esse aprendizado em prática, porque aquilo em que acreditamos determina a maneira como nos comportamos. As últimas palavras de Pedro em sua segunda carta deixam isso claro: "...crescei na graça e no conhecimento de nosso Senhor e Salvador Jesus Cristo..." (2 PEDRO 3:18). Jesus tinha dado a Pedro as chaves do reino (MATEUS 16:19) e aberto a porta da fé aos judeus e aos samaritanos (ATOS 2:8). Agora chegara o momento de abrir a porta aos gentios, um passo radical para um judeu ortodoxo. Deus preparou Pedro para esse ministério e também preparou os gentios que receberiam seu ministério.

Pedro aprendeu com uma visão (10:9-16). Por volta do meio-dia, enquanto Pedro esperava uma refeição ser preparada, Deus aproveitou esse momento de fome do apóstolo e lhe mostrou todos os tipos de animais, répteis e pássaros, e ordenou-lhe: "...Levanta-te, Pedro! Mata e come". A resposta de Pedro nos choca: "...De modo nenhum, Senhor! Porque jamais comi coisa alguma comum e imunda" (v.14). Pedro tinha mantido uma casa *kasher* todos os anos após a sua conversão e obedecido às leis mosaicas referentes a alimentação, embora Jesus tivesse ensinado aos discípulos que todos os alimentos são limpos (MARCOS 7:14-23). Ele também havia dito que tinha "outras ovelhas" (os gentios) que Ele traria para o rebanho (JOÃO 10:16). A visão e a voz foram repetidas três vezes, mas Pedro era tão rígido em suas convicções, que se recusou a obedecer a Jesus após chamá-lo "Senhor". Podemos dizer "Não" ou podemos dizer "Senhor", mas não podemos dizer "Não, Senhor". Nessa visão, Deus mostrou à Pedro que os gentios não são impuros diante de Deus e que os gentios não tinham de tornar-se judeus antes de poderem se tornar cristãos.

Pedro aprendeu com uma visita (ATOS 10:17-48). O Senhor apresentou Pedro a uma comunidade gentia e Pedro entendeu a mensagem: "...Deus me demonstrou que a nenhum homem considerasse comum ou imundo" (v.28). O Senhor não disse aos gentios para "subirem mais alto" e se tornarem judeus. Ele disse aos judeus que eram tão pecadores quanto os gentios! "Pois todos pecaram e carecem da glória de Deus" (ROMANOS 3:23). Deus não faz acepção de pessoas (DEUTERONÔMIO 10:17; 1 PEDRO 1:17). Aquela congregação estava tão pronta para ouvir a palavra de Deus, que Pedro nunca chegou a terminar seu sermão! Quando ele disse: "Dele [Jesus] todos os profetas dão testemunho de que, por meio de seu nome, todo aquele que nele crê recebe remissão de pecados" (ATOS 10:43), *as pessoas acreditaram e foram salvas.* Fim do sermão!

O que podemos aprender com Pedro. Um Senhor bondoso, um soldado orando, uma congregação preparada e um pregador preparado — e a congregação inteira foi convertida. Jesus é Senhor de tudo! Inicialmente, Pedro hesitou em visitar um lar gentio, mas Deus removeu os preconceitos desse apóstolo e lhe mostrou o que Ele poderia fazer se o Seu servo se dispusesse a obedecer. Jesus é "Senhor de todos" e "...não [quer] que nenhum pereça, senão que todos cheguem ao arrependimento" (2 PEDRO 3:9). O Espírito Santo veio sobre cada novo cristão na casa de Cornélio e os moveu a louvarem a Deus pelo que Ele tinha feito. Devido à obra de Jesus na cruz, a parede que ficava entre judeus e gentios tinha sido derrubada e a lei da velha aliança removida (EFÉSIOS 2:14,15). Pela obediência de Pedro à vontade de Deus, agora a porta estava aberta para Paulo se tornar o apóstolo dos gentios.

Por que o Senhor não fez Pedro levar o evangelho aos gentios mais cedo? Porque Seus tempos, períodos e obras ocorrem em concordância com o Seu perfeito plano. Jesus é o Senhor de todo o céu e a Terra, e nós somos Seus servos. Precisamos dizer "Sim, Senhor" e fazer a vontade do Mestre.

"...não pode haver judeu nem grego; nem escravo nem liberto; nem homem nem mulher; porque todos vós sois um em Cristo Jesus" (GÁLATAS 3:28).

178

*...vós bem sabeis como foi que me conduzi entre vós em todo o tempo [...] servindo ao Senhor com toda a humildade, **lágrimas e provações** que, pelas ciladas dos judeus, me sobrevieram* (ATOS 20:18,19).

Todo cristão devoto que procura servir e glorificar ao Senhor conhece o significado de "lágrimas e provações". Uma das primeiras perguntas que o novo cristão faz é: "Por que estou enfrentando tantos problemas?". Porém, o Senhor nos alertou que isso aconteceria (JOÃO 15:18-16:4); assim Paulo também o disse (ATOS 14:22; 1 TESSALONICENSES 3:1) e Pedro (1 PEDRO 3:18-4:19). Mas, *por que* sofremos?

Temos um inimigo mau que se opõe a nós. "Sede sóbrios e vigilantes. O diabo, vosso adversário, anda em derredor, como leão que ruge procurando alguém para devorar" (1 PEDRO 5:8). "Mas receio que, assim como a serpente enganou a Eva com a sua astúcia, assim também seja corrompida a vossa mente e se aparte da simplicidade e pureza devidas a Cristo" (2 CORÍNTIOS 11:3). Satanás devora, engana e destrói, e precisamos estar alertas. Mas a graça divina pode transformar as armas de Satanás em ferramentas que nos edificam (12:7-10). Comece cada dia vestindo a armadura de Deus pela fé (EFÉSIOS 6:10-18); use a espada do Espírito para refutar as mentiras de Satanás e o escudo da fé para extinguir os seus dardos inflamados.

Temos um mundo hostil contra nós. "...No mundo, passais por aflições; mas tende bom ânimo; eu venci o mundo" (JOÃO 16:33). Satanás usa o sistema mundial para nos seduzir e corromper, mas as pessoas perdidas do mundo são os "peixes" e o Senhor quer que os "peguemos" na rede do evangelho (MATEUS 4:18-22). Jesus chorou pelo povo de Jerusalém porque eles se recusaram a recebê-lo (LUCAS 19:41); Paulo também chorou pelos seus compatriotas judeus (ROMANOS 9:1-3). Às vezes, sofremos para que possamos testemunhar aos perdidos. Paulo e Silas foram ilegalmente humilhados, espancados e presos em Filipos, mas Deus os usou para levar salvação ao carcereiro e à sua família (ATOS 16:16-34). Paulo chorou porque o mundo tinha entrado na igreja e estava causando problemas (FILIPENSES 3:18; 2 CORÍNTIOS 2:4); também devemos chorar e orar nos dias de hoje (SALMO 119:136).

Temos um potencial espiritual dentro de nós. O que ajudou a despertar as habilidades de liderança em José, Davi, Pedro e Paulo foi o sofrimento. Nosso Pai quer que sejamos "...conformes à imagem de seu Filho..." (ROMANOS 8:29); parte desse currículo inclui "...a comunhão dos seus sofrimentos..." (FILIPENSES 3:10). Devemos "...nos [gloriar] nas próprias tribulações, sabendo que a tribulação produz perseverança; e a perseverança, experiência; e a experiência, esperança" (ROMANOS 5:3,4). O oleiro molda o vaso e o coloca dentro do forno, onde ele é endurecido. Reivindique Efésios 2:10 e Filipenses 2:12.

Temos uma glória celestial diante de nós. "...tenho por certo que os sofrimentos do tempo presente não podem ser comparados com a glória a ser revelada em nós" (ROMANOS 8:18). Deus mantém um registro das nossas lágrimas e, se formos fiéis, algum dia Ele nos recompensará adequadamente (SALMO 56:8). "Ao anoitecer, pode vir o choro, mas a alegria vem pela manhã" (SALMO 30:5). Até mesmo o nosso Senhor teve de suportar sofrimento antes de poder entrar na Sua glória (LUCAS 24:25-27). Nossa jubilosa paciência é um testemunho aos perdidos e um investimento na glória futura (1 PEDRO 4:12,13). Mesmo que você esteja chorando, continue plantando as sementes de verdade e amor, e colherá uma safra de júbilo (SALMO 126:5,6). Algum dia, no céu, encontraremos as pessoas que confiaram em Cristo porque testemunhamos e oramos (1 TESSALONICENSES 2:19,20), e esse será um momento de alegria!

Lágrimas e provações são elementos importantes na vida cristã fiel; por isso, "...corramos, com perseverança, a carreira que nos está proposta" (HEBREUS 12:1). O melhor ainda está por vir.

"...somos feitura dele, criados em Cristo Jesus
para boas obras, as quais Deus de antemão preparou
para que andássemos nelas" (EFÉSIOS 2:10).

179

...encomendo-vos ao Senhor e à palavra da sua graça, que tem poder para vos edificar e dar herança entre todos os que são santificados (ATOS 20:32).

O apóstolo Paulo estava dizendo adeus aos anciãos da igreja de Éfeso, muitos dos quais ele, sem dúvida, levou pessoalmente à fé em Cristo. Os servos de Deus vêm e vão em nossa vida e, embora os amemos e nos beneficiemos dos seus ministérios diversos, não nos atrevemos a idolatrá-los. Precisamos edificar sobre fundamentos eternos e imutáveis para desfrutar de uma vida cristã satisfatória e consistente.

O Deus imutável. "Porque eu, o SENHOR, não mudo..." (MALAQUIAS 3:6). "Jesus Cristo, ontem e hoje, é o mesmo e o será para sempre" (HEBREUS 13:8). Imagine como seria ter um homem do calibre de Paulo como seu pastor! Ele havia visto Jesus em Sua glória e o havia ouvido falar, e até havia estado no céu e voltado. Ele tinha um dom de cura, era um fiel homem de oração e conhecia os mistérios de Deus. Porém, por maior que Paulo fosse em assuntos espirituais, se ele tivesse visto você edificando a sua vida sobre ele, teria dito: "Edifique a sua vida sobre Jesus Cristo! Ele é o alicerce!". "Porque ninguém pode lançar outro fundamento, além do que foi posto, o qual é Jesus Cristo" (1 CORÍNTIOS 3:11). É trágico quando pessoas não espirituais transformam seu pregador, professor ou escritor "favorito" em uma celebridade religiosa, como os cristãos fizeram na igreja de Corinto (1:10-17). É também lamentável que alguns servos cristãos incentivem esse tipo de comportamento antibíblico e acomodem-se nele. Eles precisam imitar o que Pedro disse quando Cornélio se prostrou aos seus pés: "...Ergue-te, que eu também sou homem" (ATOS 10:26).

A imutável Palavra de Deus. "Para sempre, ó SENHOR, está firmada a tua palavra no céu" (SALMO 119:89). "Passará o céu e a terra, porém as minhas palavras não passarão" (MATEUS 24:35). É a Bíblia que nos revela o caráter, as obras e os propósitos do único Deus verdadeiro e vivo; precisamos comparar com essa Palavra imutável o que quer que os líderes religiosos digam. De tempos em tempos, aparecem novas traduções da Bíblia, não porque a Bíblia muda, mas porque a linguagem muda. *Deus quer que entendamos quem Ele é e o que Ele quer que sejamos e façamos.* Ninguém entende tudo que está nas Escrituras e há sempre mais para aprender. Aqueles anciãos de Éfeso não tinham Bíblias completas como temos hoje. Pergaminhos do Antigo Testamento estavam disponíveis, mas eram caros, e o Novo Testamento ainda estava sendo escrito, mas os primeiros cristãos tinham o suficiente da Palavra de Deus para conhecer o básico e colocá-lo em prática. Não veja a sua Bíblia como um livro de leis e regras, mas como a "...palavra da sua graça..." (ATOS 20:32), porque a Sua graça é revelada na Bíblia do início ao fim.

A imutável graça de Deus. A graça é o favor de Deus concedido livremente a pessoas que não merecem, como nós. A mensagem da salvação é "...o evangelho da graça de Deus" (ATOS 20:24) e não há outra mensagem salvífica de Deus. O evangelho é "...que Cristo morreu pelos nossos pecados, segundo as Escrituras, e que foi sepultado e ressuscitou ao terceiro dia, segundo as Escrituras" (1 CORÍNTIOS 15:3,4). Jesus morreu em nosso lugar! Essa é a graça de Deus. "E acontecerá que todo aquele que invocar o nome do Senhor será salvo" (ATOS 2:21). Contudo, a graça de Deus não apenas nos salva, mas também atende a todas as nossas necessidades; porque Ele diz: "...A minha graça te basta..." (2 CORÍNTIOS 12:9). O tesouro da graça divina está disponível a todos os cristãos (ROMANOS 5:1,2). O trono de Deus é um trono de graça para nós, não um trono de juízo (HEBREUS 4:14-16); e Ele está disponível para nós em todos os momentos e para todas as necessidades. O suprimento é ilimitado e "...ele dá maior graça" (TIAGO 4:6).

> "Por isso, vos digo: Pedi, e dar-se-vos-á; buscai, e achareis; batei, e abrir-se-vos-á"
> (LUCAS 11:9).

180

...de cujo número sois também vós,
chamados para serdes
de Jesus Cristo (ROMANOS 1:6).

Pedro deixou claro que "...todo aquele que invocar o nome do Senhor será salvo" (ATOS 2:21); mas, antes de invocarmos a Deus, Ele nos chama primeiro! Após Adão e Eva pecarem, Deus foi ao jardim e perguntou: "...Onde estás?" (GÊNESIS 3:9). "As minhas ovelhas ouvem a minha voz; eu as conheço, e elas me seguem" (JOÃO 10:27). É por isso que o apóstolo Paulo identificou as pessoas salvas como os "...chamados para [serem] de Jesus Cristo". Mas, o que esse chamado envolve?

Somos chamados a pertencer. Por que Jesus desejaria pecadores como nós para serem Seus amigos (15:15), Suas ovelhas (10:27-29) e Seus servos (ROMANOS 1:1)? Só por Seu grande amor por nós. Antes de confiarmos em Cristo, éramos irremediavelmente escravizados pelo mundo, pela carne e pelo diabo (EFÉSIOS 2:1-3), mas Ele nos libertou e nos reivindicou como dele; e temos a alegria de tê-lo como nosso Mestre. Como Norman B. Clayton escreveu numa de suas canções: "Agora eu pertenço a Jesus / Jesus pertence a mim / Não somente pelo tempo de anos / Mas pela eternidade". Por pertencermos a Jesus, também pertencemos uns aos outros como membros do Seu Corpo (5:30). Não se pode pertencer ao Noivo e ignorar a Noiva. Como povo de Deus, nós pertencemos uns aos outros e precisamos uns dos outros.

Somos chamados a nos comportar. Somos santos (ROMANOS 1:7). A palavra significa "separados" e se refere a todos os cristãos, não apenas a uma elite espiritual. Todos os verdadeiros cristãos são santos neste exato momento. As igrejas locais são compostas por santos (1 CORÍNTIOS 14:33). Fomos libertos do mundo, da carne e do diabo. Fomos trazidos ao reino de Deus e temos o Espírito Santo habitando em nós; assim, somos capazes de viver como "vencedores" e glorificar a Deus por nossa obediência. Isso significa fazer o que "...convém a santos" (EFÉSIOS 5:3). Os santos de Deus não são isentos de pecado, mas pecam cada vez menos à medida que crescem no Senhor. "E, assim, se alguém está em Cristo, é nova criatura; as coisas antigas já passaram; eis que se fizeram novas" (2 CORÍNTIOS 5:17). Vivamos como santos!

Somos chamados a amar e ser amados. Os santos de Roma eram "...amados de Deus..." (ROMANOS 1:7), mas assim são os santos de Chicago, Londres, Nairóbi e onde quer que você viva. Em Mateus, Marcos e Lucas, a palavra *amado* é usada oito vezes e sempre se aplica a Jesus, o Filho amado de Deus. Porém, Romanos 1:7 a aplica a *todos* os santos — "amados de Deus". O Pai nos concedeu Sua graça no Amado (EFÉSIOS 1:6). "O meu amado é meu, e eu sou dele..." (CÂNTICO DOS CÂNTICOS 2:16; 6:3). Nosso amor mútuo nos constrange a obedecer e servir-lhe (1 CORÍNTIOS 4:14). Esse amor também nos motiva a dedicar tempo à Sua Palavra, em oração e em comunhão com Ele e Seu povo. Se realmente amarmos Jesus, amaremos os santos que constituem a Sua Igreja.

Somos chamados a nos tornarmos o que Deus planejou. Eu gosto do que Jesus disse a Simão logo que o conheceu: "...Tu és Simão, o filho de João; tu serás chamado Cefas..." (JOÃO 1:41,42). Cefas é aramaico e significa "pedra", que em grego é *Pedro*. "Tu és — tu serás!". Essa é a vida cristã. Em Jesus Cristo, temos o "...poder [direito] de [sermos] feitos..." (JOÃO 1:12). Tornarmo-nos o quê? O que quer que o Senhor tenha planejado sermos. Moisés e Jeremias argumentaram com Deus, dizendo não serem talhados para a liderança, mas Deus os transformou e os tornou líderes eficazes. Algum dia, todo verdadeiro cristão se tornará exatamente como Jesus, "...porque haveremos de vê-lo como ele é..." (1 JOÃO 3:1-3).

Que maior privilégio há na Terra do que ser "chamado para ser de Jesus Cristo"?

181

E não somente isto, mas **também nos gloriamos nas próprias tribulações**, sabendo que a tribulação produz perseverança (ROMANOS 5:3).

Há momentos em que as pressões e as dores da vida nos fazem sentir vontade de desistir e encontrar um lugar para nos escondermos, exceto por uma coisa: somos cristãos e cristãos não desistem. A palavra do nosso texto, traduzida como *glória* significa "exultar, alegrar-se triunfantemente", e isso é exatamente o que o Senhor nos capacita a fazer em momentos de dificuldade se depositarmos a nossa confiança nele. "Porque a nossa leve e momentânea tribulação produz para nós eterno peso de glória, acima de toda comparação" (2 CORÍNTIOS 4:17). Independentemente de como nos sentimos, a fé ainda é a vitória.

A fé transforma a tribulação em garantia. Na parábola do semeador (MATEUS 13:1-9,18-23), a semente é a Palavra de Deus; os solos representam o coração humano e mostram como diferentes pessoas respondem à Palavra. Alguns corações são duros e nunca recebem a semente. Alguns são rasos e a semente não consegue criar raízes. O sol representa as tribulações. A planta sem raízes não tem como conseguir água, por isso murcha e morre. As plantas precisam de luz do sol e os cristãos precisam de provações, mas somente o verdadeiro cristão com boa raiz espiritual recorre aos recursos da graça de Deus e não murchar e morrer. Em algum ponto, no início da vida cristã, o Senhor nos permite passar por provações para que possamos saber com certeza que pertencemos à Sua família. Para ter essa certeza, vale a pena passar pelas provações.

A fé transforma a tribulação em ferramenta. Satanás quer usar as tribulações como armas para nos destruir, mas Deus usa essas tribulações para nos transformar nos vasos que Ele quer que sejamos. Nossas aflições trabalharão *por* nós e não *contra* nós ao reivindicarmos as promessas de Deus e nos submetermos a Ele. "Meus irmãos, tende por motivo de toda alegria o passardes por várias provações, sabendo que a provação da vossa fé, uma vez confirmada, produz perseverança. Ora, a perseverança deve ter ação completa, para que sejais perfeitos e íntegros, em nada deficientes" (TIAGO 1:2-4). Deus usou provações para amadurecer José e Davi e transformá-los em líderes eficazes, e pode fazer o mesmo conosco. A palavra "tribulação" provém da palavra latina *tribulum*, nome dado pelos romanos às pranchas de madeira com pontas metálicas que os bois puxavam sobre as polias para separar os grãos e cortar a palha. Deus quer que produzamos uma grande colheita para a Sua glória.

A fé transforma a tribulação em glória eterna. "...andamos por fé e não pelo que vemos" (2 CORÍNTIOS 5:7). Quando a glória de Cristo for revelada, seremos tomados de alegre exultação (1 PEDRO 4:13). Jesus disse: "Bem-aventurados sois quando, por minha causa, vos injuriarem, e vos perseguirem, e, mentindo, disserem todo mal contra vós. Regozijai-vos e exultai, porque é grande o vosso galardão nos céus..." (MATEUS 5:11,12). A fé e a paciência na tribulação são investimentos feitos hoje que terão grandes lucros na eternidade. O cristão que triunfar sobre as provações receberá a coroa da vida (TIAGO 1:12).

A fé transforma a tribulação em testemunho. Vivemos diante de um mundo observador; a maneira como reagimos a decepção, provações e conflitos são oportunidades de testemunhar aos perdidos. "...se sofrer como cristão, não se envergonhe disso; antes, glorifique a Deus com esse nome" (1 PEDRO 4:16). Quando nos regozijamos, em vez de reclamar, e adoramos, em vez de nos queixar, os incrédulos percebem e ficam imaginando como isso pode acontecer. Paulo e Silas foram ilegalmente presos em Filipos, mas oraram e cantaram louvores, e Deus lhes deu o privilégio de levar o carcereiro e sua família à fé em Cristo (ATOS 16:16-34).

A cruz é a maior evidência de que o sofrimento na vontade de Deus conduz à glória. Jesus vai à frente! Vamos segui-lo pela fé e vê-lo transformar as provações em triunfos.

> "Então, disse Jesus a seus discípulos:
> Se alguém quer vir após mim, a si mesmo se negue,
> tome a sua cruz e siga-me" (MATEUS 16:24).

182

> Assim, pois, irmãos, somos devedores, *não à carne como se constrangidos a viver segundo a carne* (ROMANOS 8:12).

A letra de um hino declara: "Jesus pagou tudo / Tudo a Ele eu devo"; essas palavras são verdadeiras, mas não nos esqueçamos da dívida que temos com o Espírito Santo. Considere alguns dos títulos do Espírito e você verá o tamanho da nossa dívida com Ele.

Ele é *o Espírito de Cristo* (ROMANOS 8:9). Na concepção e no nascimento de Cristo (LUCAS 1:35), assim como em Seu sacrifício expiatório (HEBREUS 9:14) e ressurreição (ROMANOS 1:4), o Espírito Santo estava agindo. Jesus ensinou e pregou, curou e ressuscitou mortos, e ajudou os pobres e necessitados, tudo isso no poder do Espírito Santo (LUCAS 4:17-19). O Espírito que habita em nós anseia tornar-nos mais semelhantes a Jesus para que Ele possa nos usar para glorificar o Filho de Deus.

Ele é *o Espírito da verdade* (JOÃO 14:17; 15:26; 16:12-15). Se não fosse pelo Espírito Santo, nós não teríamos uma Bíblia, nem seríamos capazes de entendê-la. As Escrituras são inspiradas pelo Espírito (2 TIMÓTEO 3:16,17) e foram escritas por homens santos de Deus "...movidos pelo Espírito Santo" (2 PEDRO 1:20,21). O Espírito usa pastores e mestres humanos para ministrar a Palavra à Sua Igreja (EFÉSIOS 4:11,12), mas o Espírito quer também nos ensinar a cada vez que lemos as Escrituras e meditamos nelas. Quando eu era garoto, na Escola Dominical, frequentemente o nosso coordenador iniciava a sessão fazendo-nos cantar "Mais de Cristo". Ao longo dos anos, recordei-me dos versos "Espírito de Deus, seja meu mestre / Mostrando-me as coisas de Cristo" (tradução livre). Quando o Espírito Santo está no controle, ler e estudar a Bíblia é empolgante.

Ele é *o Espírito de poder* (ATOS 1:8). Consideramos esse texto na meditação nº 69, de modo que você pode querer revê-la, mas considere também Lucas 4:14. Após derrotar Satanás no deserto, Jesus "...no poder do Espírito, regressou para a Galileia...". Ele leu Isaías 61:1,2 publicamente na sinagoga *e aplicou todas as palavras a si mesmo*. Jesus se rendeu voluntariamente ao Espírito de Deus, que o capacitou a ministrar. Os apóstolos também dependeram do poder do Espírito. "...por que fitais os olhos em nós como se pelo nosso próprio poder ou piedade o tivéssemos feito andar?", perguntou Pedro à multidão no Templo (ATOS 3:12). Pedro e João atribuíram ao Espírito Santo aquele milagre de cura, assim como hoje devemos atribuir a Ele qualquer obra que façamos que glorifique a Cristo.

Ele é *o Espírito de adoção* (ROMANOS 8:15). Nós não entramos na família de Deus por adoção, mas pelo novo nascimento (1 PEDRO 1:23), pois somos "...coparticipantes da natureza divina..." (2 PEDRO 1:4). Crianças adotadas não têm o mesmo DNA dos seus novos pais, mas nós compartilhamos a natureza de Deus. Temos também uma posição de adultos na Sua família. A palavra traduzida como *adoção* em Romanos 8:15 significa "colocar como um filho adulto". *Nosso Pai nos trata como adultos, não como crianças.* A partir do momento em que entramos na Sua família, somos capazes de falar (ORAR) e de compreender o que o nosso Pai está nos dizendo. Nenhum bebê é capaz disso. Recebemos acesso às riquezas da família (ROMANOS 5:2; FILIPENSES 4:19), mas nenhum bebê humano pode herdar. Podemos caminhar. Podemos nos alimentar. Sabemos quem é o nosso Pai e o que Ele pode fazer por nós. Nossa posição adulta nos possibilita crescer no Senhor e servi-lo. A adoção é uma bênção maravilhosa!

Agora, você se sente devedor do Espírito Santo? Você depende dele? Você lhe agradece quando Ele capacita você a obedecer a Deus, vencer a tentação e servir aos outros? A conhecida doxologia que cantamos nos diz para "louvar ao Pai, Filho e Espírito Santo".

Afinal de contas, somos devedores dele.

> **"Oferece a Deus sacrifício de ações de graças e cumpre os teus votos para com o Altíssimo"**
> (SALMO 50:14).

183

*Portanto, **nada julgueis antes do tempo**, até que venha o Senhor, o qual não somente trará à plena luz as coisas ocultas das trevas, mas também manifestará os desígnios dos corações; e, então, cada um receberá o seu louvor da parte de Deus*
(1 CORÍNTIOS 4:5).

O humorista americano Elbert Hubbard escreveu: "Para livrar-se de críticas, nada faça, nada diga e nada seja". Porém, Paulo tinha trabalho a fazer e não estava disposto a esse tipo de sacrifício tolo. Ele conhecia muito bem a igreja de Corinto, seus debates e divisões (1 CORÍNTIOS 1:10-17) e sua carnalidade (3:1-4), e estava preparado para enfrentar o inimigo e resolver os problemas. Algumas ofensas pessoais podem simplesmente ser entregues ao Senhor e esquecidas. "O ódio excita contendas, mas o amor cobre todas as transgressões" (PROVÉRBIOS 10:12; 1 PEDRO 4:8). Para Paulo, foi uma experiência dolorosa, mas com ela podemos aprender a nos comportar como cristãos quando somos criticados.

Quando os outros nos julgarem, mantenhamos a calma e busquemos no Senhor a graça de que necessitamos. Nem toda crítica é destrutiva. "Leais são as feridas feitas pelo que ama, porém os beijos de quem odeia são enganosos" (PROVÉRBIOS 27:6). Se os nossos críticos estiverem errados, poderemos ajudá-los; se eles estiverem certos, eles nos ajudaram. A crítica honesta nos incentiva a examinar o próprio coração e a buscar a ajuda do Senhor, porque não conhecemos o nosso próprio coração como deveríamos (JEREMIAS 17:9). Precisamos também considerar a fonte da crítica, porque há pessoas que inflam seus fracos egos encontrando falhas em todas as outras pessoas. Ore por elas, siga em frente e faça o seu trabalho. Às vezes, o Senhor envia "pessoas-lixa" à nossa vida para nos dar um polimento. Paulo sabia que estava na vontade de Deus e queria o melhor para a igreja de Corinto.

Quando julgarmos os outros, deveremos ter a certeza de que as nossas motivações são corretas, porque há uma diferença entre a avaliação honesta e a censura negativa. Devemos falar a verdade em amor (EFÉSIOS 4:15) e basear o que dizemos em discernimento espiritual e não em preconceito pessoal. Paulo orou para que os cristãos de Filipos tivessem discernimento espiritual (FILIPENSES 1:9,10) e ordenou aos cristãos de Tessalônica: "Julgai todas as coisas, retende o que é bom" (1 TESSALONICENSES 5:21). Cristãos maduros são aqueles que "...têm as suas faculdades exercitadas para discernir não somente o bem, mas também o mal" (HEBREUS 5:14). Descobri que é útil pedir ao Senhor para organizar a reunião, onde e quando Ele quiser que eu fale à pessoa. Lidar com questões sensíveis no lugar errado, na hora errada e com a atitude errada só piora as coisas. Ele sempre me guiou.

Quando o Senhor voltar, julgará as nossas obras (1 CORÍNTIOS 3:13) e as nossas motivações (4:5), e nos recompensará. Paulo menciona o tribunal de Cristo em Romanos 14:10 e 2 Coríntios 5:10. Nós não enfrentaremos os nossos pecados, porque eles foram julgados na cruz e esquecidos (HEBREUS 8:12), mas os nossos pecados afetam as nossas obras, e as nossas obras serão julgadas. Entretanto, o propósito do tribunal de Cristo é recompensar o serviço fiel. Nos Jogos Olímpicos da antiguidade, a palavra grega traduzida como "tribunal" era utilizada para o lugar onde os juízes premiavam os competidores. O nosso texto indica que "cada um receberá o seu louvor da parte de Deus". Em Sua graça, o Senhor encontrará algo a premiar em cada cristão, seja grande ou pequeno, e não cometerá erros. Não busquemos elogios e recompensas dos outros, mas somente do Senhor. O louvor humano é logo esquecido, mas as recompensas de Deus serão colocadas aos pés de Jesus para a Sua glória eterna (APOCALIPSE 4:4,10,11).

> "Tu és digno, Senhor e Deus nosso, de receber a glória, a honra e o poder, porque todas as coisas tu criaste, sim, por causa da tua vontade vieram a existir e foram criadas" (APOCALIPSE 4:11).

184

*Por isso, **celebremos a festa** não com o velho fermento, nem com o fermento da maldade e da malícia, e sim com os asmos da sinceridade e da verdade* (1 CORÍNTIOS 5:8).

A festa judaica acerca da qual Paulo escreveu é a Festa dos Pães Asmos. Ela ocorria imediatamente após a Páscoa e durava uma semana (LEVÍTICO 23:4-8). Antes da festa, até a menor porção de levedura tinha de ser removida das casas e, durante a semana, nenhuma levedura podia ser utilizada. A Igreja não observa essa festa, mas a metáfora da festa tem uma mensagem para nós hoje e oferece a todo cristão três oportunidades.

Para começar, a metáfora nos dá uma oportunidade de *ingerir*. A vida cristã é como um banquete, o que significa que é algo de que devemos desfrutar. Um número excessivamente grande de cristãos professos não se parece com convidados felizes participando de um banquete; eles mais se parecem e agem como solenes carregadores de caixões convocados para um funeral. Porém, um banquete oferece boa comida, comunhão com amigos, a possibilidade de fazer novos amigos, além de um tempo alegre juntos, *sem qualquer despesa para nós*. Ao ler os quatro evangelhos, você não pode deixar de ficar impressionado com o número de vezes que Jesus é descrito como estando à mesa desfrutando de uma refeição. Observe também o número de parábolas que envolvem alimentos. O futuro reino judaico é descrito como um banquete (ISAÍAS 25:6-8; SALMO 22:25-29). O Senhor pode nos proporcionar um banquete até mesmo quando estamos "...na presença dos [nossos] adversários..." (SALMO 23:5). Após passar fome num país distante, o filho pródigo voltou para casa para um banquete em família (LUCAS 15:11-24), apesar de seu orgulhoso irmão mais velho tentar fazer da ocasião uma briga de família. Lágrimas podem ser a nossa dieta em alguns dias, mas ainda haverá alegria em nosso coração (SALMOS 42:3; 80:5; ISAÍAS 30:20).

Considere cada dia um outro "prato" no banquete que o Pai pôs à sua frente, e você sentirá prazer e valorização.

Uma segunda oportunidade é a de *limpar*. Para o povo de Israel, o fermento era um símbolo do mal. Como o pecado, o fermento parece uma coisa pequena, mas, quando colocado na massa, cresce e incha a massa. Lembre-se de que Paulo estava escrevendo aos "inchados" Coríntios que se recusavam a lidar com o pecado na igreja (1 CORÍNTIOS 4:6,18,19; 5:2; 13:4). Paulo os admoestou a se livrarem do "velho fermento" que tinha sobrado da sua antiga vida, assim como do "fermento da maldade e da malícia". Jesus advertiu Seus discípulos contra o fermento dos fariseus, que era hipocrisia (LUCAS 12:1), também contra os ensinamentos dos fariseus e dos saduceus (MATEUS 16:6,12). A falsa doutrina é semelhante ao fermento. Ela se espalha rápida e silenciosamente e, em pouco tempo, infecta uma igreja inteira (GÁLATAS 5:7-9). Um crítico disse ao evangelista Billy Sunday: "Eu não acredito nesses avivamentos porque eles não duram". Sunday respondeu: "Um banho também não dura, mas é bom tomar um de vez em quando". Há em nossa vida algum fermento que precisa ser tratado? Estamos inchados por ele?

Há também a oportunidade de *trazer*. As pessoas incrédulas não estão desfrutando de um banquete. Elas estão mortas no pecado e vivendo de substitutos (EFÉSIOS 2:1-3), o que significa que elas estão num funeral e numa fome duradoura. O filho pródigo disse: "...eu aqui morro de fome!" (LUCAS 15:17), o mesmo se aplicando a todos os que nunca creram em Cristo. É nosso privilégio convidá-los para o banquete. Alguns cristãos têm medo de testemunhar, mas pense no que estamos oferecendo: um convite para a ceia de salvação proporcionada pelo próprio Senhor. "...Vinde, porque tudo já está preparado" (14:17). "Por que gastais o dinheiro naquilo que não é pão, e o vosso suor, naquilo que não satisfaz?..." (ISAÍAS 55:2). O jantar está servido!

> "Leva-me à sala do banquete,
> e o seu estandarte sobre mim é o amor"
> (CÂNTICO DOS CÂNTICOS 2:4).

185

**Porque, em parte, conhecemos
e, em parte, profetizamos**
(1 CORÍNTIOS 13:9).

O capítulo 13 de 1 Coríntios não foi escrito para ser lido em casamentos ou funerais, mas em reuniões administrativas e comitês das igrejas. A igreja de Corinto estava dividida em quatro e contaminada pelos pecados notórios de alguns dos seus membros; contudo, gabava-se de ter um grande conhecimento espiritual. A frase "em parte, conhecemos" deve ter ofendido a igreja profundamente, apesar do "nós" incluir o apóstolo Paulo, que certamente conhecia a Deus e a Sua Palavra. Para essas quatro palavras há três respostas saudáveis que contribuirão para nos edificar individualmente e a nos unir coletivamente.

Primeiro, a frase deve *nos constranger*. Tenho estudado a Bíblia desde 1944 e publiquei comentários sobre todos os livros da Bíblia; no entanto, hesitaria em dizer que conheço a Bíblia. Quanto mais estudo, mais descubro que não a conheço. O historiador Will Durant escreveu: "A educação é uma descoberta progressiva da nossa própria ignorância"; isso se aplica especialmente ao estudo da Bíblia. O rei Davi escreveu parte da Bíblia e, ainda assim, confessou sua própria ignorância das Escrituras (SALMOS 40:5; 139:17,18); Paulo perguntou: "Quem, pois, conheceu a mente do Senhor? Ou quem foi o seu conselheiro?" (ROMANOS 11:34). Em 1 Coríntios 1–3, Paulo usa a palavra *sabedoria* 17 vezes e contrasta a sabedoria de Deus com a sabedoria do mundo. Corinto era conhecida por seus filósofos e mestres, e seu espírito de controvérsia e soberba tinham invadido a igreja, porque "...O saber ensoberbece..." (1 CORÍNTIOS 8:1). Os verdadeiros estudiosos da Bíblia se humilham e se sentem indignos do privilégio de estudar os pensamentos e atos de Deus.

A frase "porque, em parte, conhecemos" também deve *nos alertar*. Nas inspiradas e infalíveis Escrituras, Deus nos dá tudo de que precisamos para a salvação, a santidade e o serviço. Cristãos que se dedicam ao Senhor e à Sua verdade podem tornar-se "perfeitamente [habilitados] para toda boa obra" (2 TIMÓTEO 3:17).

Mas precisamos ter cuidado para não "sistematizar" as Escrituras a ponto de pensarmos que temos tudo sob controle. "Porque, em parte, conhecemos" e, se não temos todas as partes, somos deficientes. Em determinado momento, a física newtoniana era o auge do pensamento científico — então, surgiu Einstein. Não estou dizendo que não podemos confiar na Bíblia, mas apenas que nem sempre podemos confiar em todas as interpretações e explicações. Penso que o básico é claro, de modo que qualquer pecador possa compreender e ser salvo, e todo cristão possa crescer em graça e servir ao Senhor; no que ultrapassa isso, precisamos ser humildemente cautelosos. Ainda há muito a aprendermos.

Finalmente, "porque, em parte, conhecemos" deve *nos encorajar*. Paulo nos diz que virá o dia em que conheceremos tão completamente quanto Deus nos conhece (1 CORÍNTIOS 13:12). Isso não significa que seremos tão inteligentes quanto Deus; significa que estaremos em um ambiente perfeito do céu, em corpos glorificados, aprendendo o que não podíamos aprender ou não aprendemos na Terra. Durante os tempos vindouros no céu haverá crescimento no nosso conhecimento de Deus e das Escrituras. Hoje, os santos anjos estão aprendendo por observar a Igreja (1 CORÍNTIOS 4:9; EFÉSIOS 3:10; 1 PEDRO 1:12); durante toda a eternidade o povo de Deus estará aprendendo cada vez mais sobre as coisas do Senhor. Acredito que os grandes atos de Deus serão explicados a nós, incluindo o que Ele fez por nós pessoalmente aqui na Terra. Também aprenderemos como os atos de Deus e os nossos próprios atos foram reunidos para realizar a Sua vontade. Comecemos a aprender agora!

Hoje, estamos estudando a verdade como se estivéssemos olhando para um espelho nebuloso, mas no céu será "face a face". Vamos nos preparar, aprendendo o máximo da Bíblia agora enquanto podemos!

> "As tuas mãos me fizeram e me afeiçoaram;
> ensina-me para que aprenda os teus mandamentos"
> (SALMO 119:73).

186

Graças, porém, a Deus, que, em Cristo, **sempre nos conduz em triunfo** *e, por meio de nós, manifesta em todo lugar a fragrância do seu conhecimento*
(2 CORÍNTIOS 2:14).

Todos nós desfrutaríamos mais da vida se tudo sempre ocorresse sem problemas e dentro do cronograma, mas a vida não é organizada assim. Deparamo-nos com situações como voos cancelados, doenças ou lesões súbitas, problemas com o carro e visitantes inesperados, e temos de extrair o melhor disso. Paulo teve a sua quota de problemas enquanto viajava e ministrava; em certo momento, chegou a imaginar se sairia vivo (2 CORÍNTIOS 1:8-11), mas o Senhor o ajudou. Vida e serviço cristãos envolvem fardos e batalhas, decepções e perigos, e todo cristão precisa aprender a enfrentar a realidade e lidar com isso. Três conhecidas palavras ajudam a indicar o caminho para o sucesso.

Conflito. A primeira regra é "Espere-o". O Senhor e Satanás têm estado em conflito desde que Lúcifer se rebelou e foi expulso do céu com seu exército de anjos caídos (ISAÍAS 14:12-15). Satanás ataca Deus, atacando o povo de Deus. Ele tentou Eva, atacou Jó, criou problemas para Israel, tentou Jesus no deserto, levou Judas à traição, agrediu Paulo e continuará a atacar o povo de Deus até ser finalmente julgado e lançado no lago de fogo. Seus assistentes demoníacos causam danos e a nossa única garantia de defesa é vestir a armadura e usar a espada e o escudo (EFÉSIOS 6:10-20). Satanás pode até mesmo agir por meio de cristãos (MATEUS 16:21-23); por isso, precisamos estar atentos. Deus não abandona você quando o inimigo inicia os seus ataques. É exatamente o oposto! A presença de problemas em sua vida pode significar que o que você tem e o trabalho que faz estão interferindo nos planos insidiosos de Satanás e ele quer silenciá-lo.

Conquista. "...Quem, porém, é suficiente para estas coisas?", pergunta Paulo (2 CORÍNTIOS 2:16), e ele responde no nosso texto! A palavra *triunfo* é importante e a igreja de Corinto sabia exatamente ao que Paulo estava se referindo: ao famoso "triunfo romano", o maior dos desfiles da história humana. Quando um general romano conquistava uma vitória singular em solo estrangeiro, ele era recepcionado em Roma com um desfile de "triunfo romano". As exigências eram de que pelo menos 5 mil soldados inimigos fossem mortos, muitos oficiais inimigos fossem capturados, despojos valiosos fossem levados para casa e um novo território fosse adquirido para Roma. O herói seguia à frente do desfile numa carruagem de ouro, seguido pelos seus oficiais, alguns dos quais carregavam troféus de batalha. Os sacerdotes romanos estavam no desfile, queimando incenso aos seus deuses; no fim do desfile seguiam os cativos inimigos que entreteriam os cidadãos lutando contra os leões na arena. Paulo viu nisso uma ilustração da vitória de Cristo sobre Satanás na Sua morte, ressurreição e ascensão (JOÃO 16:32; EFÉSIOS 1:20-23; 4:8; COLOSSENSES 2:15,16). Nossas circunstâncias podem parecer derrota, mas Cristo já conquistou a vitória.

Confiança. Quando seguimos Jesus pela fé, compartilhamos da Sua vitória, porque "...o Leão da tribo de Judá [...] venceu..." (APOCALIPSE 5:5). A cruz não foi derrota, mas vitória, pois foi ali que Ele triunfou sobre todos os Seus inimigos (COLOSSENSES 2:15). Quando o inimigo nos ataca, Jesus nos diz: "...A minha graça te basta, porque o poder se aperfeiçoa na fraqueza..." (2 CORÍNTIOS 12:9). Podemos não ter confiança em nós mesmos, mas sempre podemos ter confiança em Jesus. Ele nos dá a armadura de que precisamos, mais o escudo da fé e a espada do Espírito, que é a Palavra de Deus (EFÉSIOS 6:10-20).

> "[Estejam] vigiando com toda perseverança e súplica
> por todos os santos e também por mim;
> para que me seja dada, no abrir da minha boca,
> a palavra, para, com intrepidez, fazer conhecido
> o mistério do evangelho" (EFÉSIOS 6:18,19).

187

> *Por isso, **retirai-vos do meio deles**, separai-vos, diz o Senhor; não toqueis em coisas impuras; e eu vos receberei*
> (2 CORÍNTIOS 6:17).

Desde o início da história judaica, quando Deus chamou Abraão e Sara, era Seu desejo que eles fossem uma nação separada. O Senhor quis abençoar Israel e, por meio deles, demonstrar o que significava adorar e servir ao Deus vivo e verdadeiro. "...também te dei como luz para os gentios, para seres a minha salvação até à extremidade da terra" (ISAÍAS 49:6). Na Terra Prometida, as duas primeiras gerações foram fiéis ao Senhor, mas a terceira se afastou da lei de Deus e começou a imitar as nações vizinhas (JOSUÉ 24:31; JUÍZES 2:7). A igreja de Corinto cometeu o mesmo erro e começou a imitar a sociedade à sua volta, e Paulo teve de admoestá-los a voltarem para o Senhor.

Sair. Em nosso texto, Paulo citou Isaías 52:11, o apaixonado chamado do profeta aos judeus para deixarem a Babilônia e voltarem à sua própria terra. Que vantagem tinham os israelitas em imitar os gentios? Nenhuma mesmo! O Senhor odeia a idolatria e sempre a puniu severamente. Quando adoramos e servimos somente ao Deus vivo e verdadeiro, sabemos que temos a Sua presença conosco e que temos acesso a Ele no trono da graça quando precisamos dele (2 CORÍNTIOS 6:16,17). Ele nos tratará como Seus filhos e filhas (v.18) e cuidará de nós compassivamente. Sermos capazes de compartilhar a Sua natureza divina (2 PEDRO 1:4) e chamá-lo "Pai" é o maior privilégio possível. Ter acesso à Sua presença (ROMANOS 5:2; HEBREUS 4:14-16) significa que podemos receber dele sabedoria e obter a ajuda de que necessitamos dia após dia. Leia o Salmo 115 e redescubra a grande diferença entre o Deus vivo e os ídolos mortos.

Destacar-se. Quando imitamos os ídolos deste mundo, nos misturamos em cheio com "a multidão", mas, quando imitamos o Senhor (EFÉSIOS 5:1), nos destacamos com distinção. O cristão que faz concessões se torna um ninguém; sua luz é escondida (MATEUS 5:13-16) e, em vez de ser uma voz para Deus, ele é um eco do mundo. O método de Deus para alcançar as pessoas perdidas não é a imitação, mas a encarnação. Ele enviou o Seu Filho em semelhança de carne para que pudesse ser visto e ouvido e, finalmente, crucificado. "...Cristo vive em mim...", escreveu Paulo (GÁLATAS 2:20). Isso é encarnação! O Espírito Santo nos capacita a revelar Cristo ao mundo que nos rodeia e a fazer diferença onde vivemos. Jesus disse: "...Vinde após mim, e eu vos farei pescadores de homens" (MATEUS 4:19). É quando somos diferentes que atraímos os outros e eles se perguntam qual é a diferença. Jesus fez amizade com pecadores, mas nunca imitou o modo de vida deles; ainda assim, eles eram atraídos a Ele e davam ouvido ao Seu ensino. A igreja que imita o mundo com esperança de atrair o mundo se decepcionará. Os perdidos conseguem ver a diferença.

Alcançar. Estamos *no* mundo, mas não pertencemos *ao* mundo para que possamos alcançar e resgatar pessoas *do* mundo. Na história de Israel, houve momentos em que as pessoas vinham de grandes distâncias para ver "o reino de Deus"; algumas delas deixaram os seus ídolos mortos para confiar no Deus vivo. Se Israel tivesse sido como qualquer outra nação, isso não poderia acontecer (VEJA 1 CORÍNTIOS 14:22-25). No seu Sermão do Monte (MATEUS 5–7), Jesus descreve um estilo de vida contracultural. Ele quer que sejamos diferentes, mas não estranhos. Somos "...embaixadores em nome de Cristo..." (2 CORÍNTIOS 5:18-21) e o nosso uniforme é a piedade. Será que somos tão semelhantes ao mundo que nos misturamos perfeitamente a ele a ponto de não causarmos impacto algum?

> "[Se] entrar algum incrédulo [...], é ele por todos convencido e por todos julgado; tornam-se-lhe manifestos os segredos do coração, e, assim, prostrando-se com a face em terra, adorará a Deus, testemunhando que Deus está, de fato, no meio de vós" (1 CORÍNTIOS 14:24,25).

188

*...não pode haver judeu nem grego; nem escravo nem liberto; nem homem nem mulher; porque **todos vós sois um em Cristo Jesus*** (GÁLATAS 3:28).

Os romanos eram organizadores eficazes. Eles tinham lugares para todos e se asseguravam de que cada grupo e indivíduo permanecia no lugar a ele atribuído. O único lugar do Império Romano onde gênero, nacionalidade e classe social não fazia diferença absolutamente alguma estava nas reuniões locais do povo de Deus. Em cada igreja local havia "...um rebanho e um pastor" (JOÃO 10:16), porque todos eram um em Cristo Jesus. Em Sua oração sacerdotal, o nosso Senhor (JOÃO 17) pediu ao Pai para nos tornar um e o Pai concedeu o Seu pedido. Os cristãos não são organizacionalmente "um", mas sim espiritualmente, assim como Jesus e o Pai são um (vv.11,20-23). Porém, a nossa unidade não pode ser um atributo isolado das igrejas, porque a unidade precisa ser combinada com outras bênçãos.

A unidade precisa estar unida à *diversidade*, porque unidade sem diversidade é uniformidade, e a uniformidade paralisa uma igreja. O Espírito deu a cada um de nós diferentes dons e capacidades, e essa diversidade é um dos pontos fortes da Igreja do Senhor (Romanos 12; 1 Coríntios 12; Efésios 4). Cada cristão é importante para a obra da Igreja, independentemente dos dons que ele possa ter. A mesmice leva ao condicionamento, mas o cultivo de uma variedade de dons espirituais leva a vitalidade e variedade. Os legalistas querem cristãos num mesmo formato, todos semelhantes a eles, mas o Senhor quer variedade em Sua família.

A unidade precisa estar unida à *maturidade*, porque somente um corpo saudável, em amadurecimento, consegue permanecer forte e ser capaz de servir. Esse é um motivo para 1 Coríntios 13 estar entre os capítulos 12 e 14, os capítulos do "corpo". O amor é o sistema circulatório da Igreja porque, sem amor, a diversidade se torna competição e a competição traz divisão (VEJA TIAGO 4:1-6).

O lugar da unidade é junto ao *ministério*. Assim como todos os membros do corpo humano serve aos outros membros, também os cristãos devem usar os seus dons para servir uns aos outros. Em sua concordância bíblica, procure os versículos que tratam de "uns aos outros". O ministério da Igreja é levar a mensagem do evangelho ao mundo todo, e a nossa unidade em Cristo contribui para possibilitar isso. O mundo nos odeia (JOÃO 17:14), mas nosso amor e unidade dão testemunho de que pertencemos a Deus (vv.21,22). Foi dito sobre a Igreja Primitiva: "Vejam como eles se amam!". Que os perdidos também digam: "Vejam como eles nos amam!".

A unidade também está escrita no nosso *destino*. Jesus deu a Sua glória a cada cristão, para que os nossos corpos sejam Seu templo (JOÃO 17:22; 1 CORÍNTIOS 6:19,20), mas também orou para que contemplemos a Sua glória no céu (JOÃO 17:24). Haverá unidade no céu — nenhuma placa denominacional, nenhuma competição, ninguém perguntando "Quem é o maior? Quem recebe o crédito?". Por quê? Porque tudo que importa no céu é a glória de Deus. Quando contemplarmos a Sua glória, qualquer outra glória será nada, o que leva à seguinte conclusão: Se teremos amor e unidade no céu por toda a eternidade, *por que não podemos começar a praticá-los agora?* Se estamos destinados a ficar juntos na terra de amor e glória, acostumemo-nos agora e mostremos ao mundo a gloriosa unidade do povo de Deus. Não como uma grande organização, mas como um organismo vivo demonstrando grande unidade e amor na Terra. Somos unidos *espiritualmente*, mas Jesus deseja que sejamos *visivelmente* unidos diante de um mundo dividido e competitivo que nos observa. De que serve o nosso testemunho do amor de Deus se eles não veem esse amor em ação?

> **"Porque a mensagem que ouvistes**
> **desde o princípio é esta:**
> **que nos amemos uns aos outros"**
> (1 JOÃO 3:11).

189

Pois somos feitura dele, criados em Cristo Jesus para boas obras, as quais Deus de antemão preparou para que andássemos nelas (EFÉSIOS 2:10).

Não há pessoas "que se fizeram sozinhas" na Igreja de Jesus Cristo, "porque é Deus quem efetua em vós tanto o querer como o realizar, segundo a sua boa vontade" (FILIPENSES 2:13). Deus age em nós e por meio de nós como indivíduos; então, fazemos do nosso ministério uma contribuição à Igreja. Para cada um dos Seus filhos, nosso Pai preparou um projeto de vida que se encaixa perfeitamente conosco em todos os sentidos. Ele usa várias ferramentas ao trabalhar paciente e amorosamente em nossa vida.

A Palavra de Deus nos equipa. "Toda a Escritura é inspirada por Deus e útil para o ensino, para a repreensão, para a correção, para a educação na justiça, a fim de que o homem de Deus seja perfeito e perfeitamente habilitado para toda boa obra" (2 TIMÓTEO 3:16,17). Ao lermos a Palavra, estudá-la, meditar nela e buscar obedecê-la, nos encontramos crescendo em graça e conhecimento, e sendo capazes de servir mais e melhor ao Senhor. Como Jesus treinou os Seus discípulos? "...eu lhes tenho transmitido as palavras que me deste [...]. Eu lhes tenho dado a tua palavra..." (JOÃO 17:8,14). Não é suficiente ouvirmos sermões e lições da Bíblia e lermos livros cristãos. Precisamos mergulhar nas Escrituras e permitir que o Espírito Santo nos ensine (16:12-15).

O Espírito de Deus nos capacita. Precisamos orar para que Deus nos conceda "...segundo a riqueza da sua glória, [para sermos] fortalecidos com poder, mediante o seu Espírito no homem interior" (EFÉSIOS 3:16) e precisamos nos lembrar do que Jesus disse: "...o espírito, na verdade, está pronto, mas a carne é fraca" (MATEUS 26:41). Assim como o Espírito e a Palavra trouxeram à existência a velha criação, fazendo surgir ordem a partir do caos (GÊNESIS 1:1-3), o Espírito e a Palavra nos transformam na nova criação (2 CORÍNTIOS 5:17). Ignorar qualquer uma dessas coisas é fracassar.

O povo de Deus nos encoraja. Você e eu não possuímos todos os dons do Espírito; portanto, necessitamos uns dos outros e precisamos ministrar uns aos outros. Durante meus muitos anos de ministério, aprendi que nenhum cristão é desnecessário e nenhum dom espiritual é insignificante. Por pertencermos uns aos outros, afetamos uns aos outros e precisamos uns dos outros. Eu gostaria de ter estado na igreja da Antioquia quando Deus chamou Paulo e Barnabé para fazerem a primeira viagem missionária (ATOS 13:1-4). Os profetas e mestres estavam ministrando ao Senhor e jejuando quando o Espírito chamou Paulo e Barnabé para serem missionários; e por intermédio da Igreja, o Espírito os enviou (vv.4,5). Durante seu ministério, Paulo foi grato pelas igrejas que oraram por ele e ajudaram a apoiá-lo, e para as igrejas foi um grande privilégio trabalhar com ele!

A providência de Deus nos fortalece. A vida é uma escola, com seus altos e baixos, problemas e mistérios; frequentemente, nem sequer sabemos qual é a lição até sermos reprovados no teste! Mas Deus, em Sua providência, organiza as experiências da vida para que sejamos desafiados a crescer e nos tornarmos fortes no Senhor. "...na angústia, me tens aliviado [fortalece]", disse Davi ao Senhor (SALMO 4:1). "Trouxe-me para um lugar espaçoso...", escreveu (18:19). Quando suas tribulações aumentaram (25:17), Davi confiou em Deus e se viu sendo fortalecido. Deus nos prepara para o que Ele prepara para nós, e vai adiante de nós para nos ajudar a cumprir a Sua vontade. Somos feitura dele e as nossas responsabilidades são render-nos às Suas mãos poderosas, confiar na Sua vontade perfeita e obedecer aos Seus mandamentos amorosos. Ele fará o restante em nós e por nosso intermédio, e nós glorificaremos ao Senhor!

> "E, assim, se alguém está em Cristo,
> é nova criatura; as coisas antigas já passaram;
> eis que se fizeram novas"
> (2 CORÍNTIOS 5:17).

190

E não vos embriagueis com
vinho, no qual há dissolução,
mas **enchei-vos do Espírito**
(EFÉSIOS 5:18).

Paulo está contrastando uma pessoa embriagada e um cristão cheio do Espírito. De fato, o vinho é um espírito, mas não *o* Espírito. Ele é um substituto para o tipo de realidade que temos em Cristo, mas a maior parte do mundo prefere viver de substitutos. Quando poderiam ter Jesus como seu Salvador e o Espírito como seu encorajador, as pessoas preferem beber álcool em excesso e, temporariamente, afastar os seus problemas. Quando os problemas retornam, estão piores.

O Espírito Santo nos mantém em contato com as realidades que temos em Jesus Cristo. Assim como Jesus glorificou ao Pai ao ministrar na Terra (JOÃO 17:4), o Espírito Santo glorifica a Jesus quando lhe servimos hoje (16:14). Se o que eu faço aponta para mim ou para o ministério que eu represento, em vez de apontar para Jesus Cristo, o Espírito não está agindo em minha vida. Algumas pessoas não sabem a diferença entre ser cheias do Espírito e ser enganadas por espíritos. Guy H. King disse que o Espírito Santo ama tanto a Jesus, que faz um cristão ser como Ele, escreveu um livro sobre Ele (a Bíblia) e está recebendo uma noiva para Ele, a Igreja. Se eu não vejo Jesus nas Escrituras, é melhor parar de ler e estudá-la — e começar a orar para confessar os meus pecados! Encontrar Jesus na Lei de Moisés, na história de Israel, nos salmos, profetas e epístolas, nos evangelhos e em Atos, é garimpar as riquezas da Bíblia. Para isso, precisamos do ministério de ensino do Espírito Santo.

Também precisamos da plenitude do Espírito se quisermos ser testemunhas eficazes de Cristo (ATOS 1:8). O Espírito encheu os primeiros cristãos em Pentecostes (2:4) e lhes deu poder para compartilhar o evangelho e ministrar aos novos cristãos. Algumas semanas antes, Pedro tinha negado o Senhor três vezes, mas então ele declarou o evangelho com poder e coragem, e 3 mil pessoas entregaram os seus corações a Jesus. Leia o sermão de Pedro em Atos 2 e observe como o Espírito o ajudou a compreender a verdade, a citar as Escrituras relevantes e aaplicar a mensagem ao coração dos ouvintes. O Espírito o ajudou a exaltar Jesus Cristo. Algumas das pessoas disseram que Pedro e seus companheiros estavam embriagados, mas ocorria exatamente o oposto! Precisamos ser cheios do Espírito para podermos cumprir as nossas tarefas diárias para a glória de Deus. Na vida cristã consagrada, não existe algo como "secular" e "sagrado". Tudo que fazemos na vontade de Deus é sagrado, porque o estamos fazendo para glorificar a Jesus Cristo. Muitas mulheres cristãs têm uma placa em sua cozinha: "Aqui fazemos serviço divino diariamente".

O Espírito Santo nos ajuda quando oramos (ROMANOS 8:26), e somos ordenados a orar "...no Espírito Santo" (JUDAS 20). Isso significa nos submeter ao Senhor e permitir que o Espírito nos lembre das promessas, das pessoas, das cargas e das bênçãos enquanto falamos ao Pai em nome de Jesus. Significa também parar, meditar, adorar e dar graças conforme o Espírito orientar.

O Espírito Santo é "o sopro de Deus" no nosso ser interior. Jesus "...soprou sobre eles e disse-lhes: Recebei o Espírito Santo" (JOÃO 20:22); e o Pai prometeu dar o Espírito Santo àqueles que lhe pedirem (LUCAS 11:13). Se apresentarmos a Ele um vaso limpo e se o nosso desejo for unicamente glorificar a Cristo, o Pai cumprirá a Sua promessa. Assim como inspiramos e expiramos o dia todo, também precisamos continuar buscando no Pai reenchimentos contínuos pelo Espírito. Não viva de substitutos e não se deixe enganar por espíritos. O Espírito Santo ama você e deseja ser seu companheiro e ajudador constante.

> "Se vivemos no Espírito,
> andemos também no Espírito"
> (GÁLATAS 5:25).

191

*...como sempre obedecestes, não só na minha presença, porém, muito mais agora, na minha ausência, **desenvolvei a vossa salvação** com temor e tremor; porque Deus é quem efetua em vós tanto o querer como o realizar, segundo a sua boa vontade* (FILIPENSES 2:12,13).

Essas palavras foram escritas a uma congregação local, para encorajar as pessoas a seguirem o chamado que Deus tinha dado a cada uma delas como indivíduos e a todas elas como igreja. Embora cada igreja local tenha o dever de adorar ao Senhor, testemunhar aos perdidos, aplicar-se na oração e na Palavra de Deus (ATOS 6:4) e servir à comunidade em nome de Deus, ela deve também se engajar em qualquer ministério singular designado pelo Senhor. Em meus anos de ministério itinerante, visitei centenas de igrejas em diferentes partes do mundo e vi como Deus comissionou e equipou congregações, famílias e indivíduos para diferentes tipos de ministérios que glorificaram o Seu nome. O verbo "desenvolver" significa simplesmente "levar ao sucesso", como quando resolvemos um problema de matemática. O Espírito Santo é infinitamente original. Ele chamou e dotou pessoas para diversos ministérios, e cada igreja precisa dar espaço a esses empreendimentos de fé. Se um indivíduo ou grupo de membros é tomado por uma visão para determinado ministério, a igreja precisa orar sobre isso e ver que direção o Senhor está dando.

A admoestação de Paulo não só desafia congregações, mas também apela à cooperação entre Deus e o Seu povo. O Senhor "trabalha interiormente" e nós "trabalhamos exteriormente". Deus "trabalhou no" coração e mente de Bezalel e Aoliabe, e eles "trabalharam no exterior" e confeccionaram o Tabernáculo e seu mobiliário (ÊXODO 31:1-11). Deus "trabalhou em" James Hudson Taylor e este "desenvolveu" o ministério da Missões no Interior da China. O Senhor se dignou a humilhar-se e usar agentes humanos para realizar os Seus propósitos divinos. Nós, como indivíduos, devemos nos submeter ao Senhor de tal maneira que Ele seja capaz de mover o nosso coração, ensinar a nossa mente e controlar as nossas vontades, para que todas as nossas habilidades estejam disponíveis ao Seu serviço. Servir ao Senhor é um privilégio gracioso e uma grande responsabilidade; é por isso que Paulo nos diz para servirmos com temor e tremor. Sim, há alegria em servir a Jesus, mas essa alegria precisa ser equilibrada com o temor piedoso que nos motive a agradá-lo. "Servi ao SENHOR com temor e alegrai-vos nele com tremor" (SALMO 2:11). É extremamente destrutivo quando alguém, de ego inflado, tenta iniciar um ministério sem orientação e ajuda do Senhor.

Já examinamos como a *congregação* pode ser sensível à direção de Deus e a importância da *parceria* entre os cristãos e o Senhor. Agora, precisamos analisar o *elogio* — louvar ao Senhor e dar-lhe toda a glória. Vi cristãos bem-intencionados, mas equivocados, iniciarem obras por conta própria e, depois, esses pretensos ministérios se desintegrarem e desaparecerem. Se Deus conceder nascimento a uma nova obra e nós obedecermos à Sua vontade, essa obra prosperará; mas se, como Pedro e seus amigos, formos pescar sem a orientação de Deus, nada pegaremos até convidar o Senhor a assumir o controle (JOÃO 21:1-14). Se a obra de Deus for feita à Sua maneira para a glória do Senhor, algum dia Ele recompensará os Seus servos fiéis no tribunal de Cristo (ROMANOS 14:10; 2 CORÍNTIOS 5:10).

A primeira palavra do nosso texto é "assim", referindo-se a passagem anterior (FILIPENSES 2:1-11), a humilhação e exaltação de Jesus Cristo. Por Ele ser Senhor, precisamos torná-lo Senhor da nossa vida hoje.

> "...toda língua confesse que Jesus Cristo é Senhor,
> para glória de Deus Pai" (FILIPENSES 2:11).

192

Porque também a nós foram anunciadas as boas-novas, como se deu com eles; mas a palavra que ouviram não lhes aproveitou, visto não ter sido acompanhada pela fé naqueles que a ouviram (HEBREUS 4:2).

Você já leu a Bíblia e não foi impactado, ou ouviu um sermão bíblico que não pareceu lhe fazer bem algum? Então, o nosso texto é para você, porque somente quando fazemos a Palavra de Deus ser "acompanhada pela fé" é que assimilamos a verdade de Deus e crescemos.

Deus deu a Israel a boa notícia de que a terra de Canaã lhes pertencia e que, algum dia, eles a possuiriam como seu lar permanente. Deus fez a promessa primeiramente a Abraão (GÊNESIS 12:1; 13:14-18) e, depois, confirmou Sua promessa a Isaque, Jacó e Moisés. Quando Israel saiu do Egito, eles carregaram consigo o féretro de José, como lembrete de que finalmente habitariam na Terra Prometida e descansariam da sua escravidão e peregrinação (GÊNESIS 50:22-26; ÊXODO 13:19). O livro de Hebreus usa essa fatia da história como uma ilustração do descanso espiritual e da herança que a Igreja, como povo de Deus, tem em Jesus Cristo (ATOS 20:32; EFÉSIOS 1:11). Observe as etapas de experimentar essa maravilhosa herança.

A herança começa com promessas. Quando Abraão e Sara deixaram seu lar em Ur dos caldeus, tudo que sabiam era que estavam indo para uma terra que Deus lhes mostraria. Eles caminharam pela fé enquanto, dia a dia, o Senhor os conduzia. Contudo, desobedeceram ao Senhor e se desviaram para o Egito, onde tiveram problemas, mas o Senhor os perdoou e os fez voltar ao caminho. Porém, a única propriedade que Abraão possuiu em Canaã foi uma caverna onde enterrou Sara e onde ele mesmo foi enterrado por seu filho Isaque. De geração em geração, a promessa de Deus se manteve firme, assim como as Suas promessas se mantêm firmes na contemporaneidade.

As promessas precisam ser "acompanhadas pela fé". Quando Israel chegou a Cades-Barneia, eles poderiam ter entrado na terra, conquistado o inimigo e reivindicado a sua herança (NÚMEROS 13-14). Mas, de todas aquelas pessoas, somente Calebe, Josué e Moisés tiveram fé suficiente para crer que Deus lhes daria vitória. Quando colocamos a verdade de Deus no nosso coração, o Espírito nos dá a fé para atuar sob ela, mas o povo estava andando por vista e não por fé. "...a fé é pelo ouvir, e o ouvir pela palavra de Deus" (ROMANOS 10:17 ARC). "...sem fé é impossível agradar a Deus..." (HEBREUS 11:6).

A fé precisa ser demonstrada pela obediência. Fé é obedecer a Deus, a despeito dos nossos sentimentos, das circunstâncias à nossa volta ou das consequências adiante de nós. "...assim como o corpo sem espírito é morto, assim também a fé sem obras é morta" (TIAGO 2:26). Podemos falar sobre fé, cantar sobre fé e até mesmo orar sobre fé, mas, se não obedecemos ao que Deus diz, a nossa fé nada faz. Um antigo hino cristão diz: "Crer e observar/ Tudo quanto ordenar / O fiel obedece / Ao que Cristo mandar". Aproximadamente 38 anos depois, Josué e a nova geração conquistaram a terra e reivindicaram a sua herança.

"Como é grande a tua bondade, que reservaste aos que te temem, da qual usas, perante os filhos dos homens, para com os que em ti se refugiam!" (SALMO 31:19). O Pai não só preparou bênçãos para nós, mas também nos deu "...preciosas e mui grandes promessas..." (2 PEDRO 1:4), e estas são as chaves que abrem o tesouro da Sua graça. A Bíblia é o livro-caixa que nos diz o quanto somos ricos, mas, se não acompanhamos essas promessas pela fé e não obedecemos a Deus, não podemos reivindicar as bênçãos.

"...o justo viverá pela sua fé"
(HABACUQUE 2:4).

193

Antes, ele dá maior graça; *pelo que diz: Deus resiste aos soberbos, mas dá graça aos humildes* (TIAGO 4:6).

Tiago escreveu essa carta para grupos cristãos que estavam enfrentando muitos problemas que ainda podem ser vistos nas igrejas da atualidade. Os ricos constrangiam e exploravam os pobres; as igrejas tinham disputas e divisões; pessoas professavam ser salvas, mas não o demostravam em suas vidas; e os membros usavam a língua de maneira destrutiva. *Os cristãos eram soberbos e mundanos, e não estavam vivendo pela graça de Deus.* Tiago citou Provérbios 3:34 como um alerta e uma promessa: "Certamente, ele escarnece dos escarnecedores, mas dá graça aos humildes". Tiago lhes garantiu que Deus poderia lhes dar *mais* graça se eles apenas o buscassem e pedissem.

Graça é um presente imerecido. Não podemos comprar ou conquistá-la. Graça significa "recursos de Deus disponíveis aos cristãos em toda parte". Não somente os pecadores são salvos pela graça (EFÉSIOS 2:8,9), mas os cristãos vivem pela graça, porque a Sua graça é suficiente para todas as nossas necessidades (2 CORÍNTIOS 12:9). A graça pode ser solicitada sem custos, porque Jesus pagou o preço na cruz. Ele se fez pobre para que possamos compartilhar a "...riqueza da sua graça" (EFÉSIOS 1:7). Os destinatários da carta de Tiago dependiam de suas palavras, de sua riqueza e de seus planos para obter sucesso, quando o que eles, realmente, necessitavam era humildade, oração, fé e graça de Deus. O trono de Deus é o trono da graça (HEBREUS 4:14-16), e precisamos nos humilhar diante dele, confessar os nossos pecados, contar-lhe as nossas necessidades, e confiar que Ele responderá.

Graça não é apenas um presente imerecido, mas *um presente inesgotável.* "...todos nós temos recebido da sua plenitude e graça sobre graça" (JOÃO 1:16). Em sua carta aos Efésios, Paulo escreve duas vezes a respeito da "...riqueza da sua graça" (1:7; 2:7), que simplesmente significa que há graça suficiente para todos, independentemente de quais as necessidades possam ser. Um número excessivo de cristãos professos é como o povo judeu do tempo de Jeremias. Eles tinham abandonado o Senhor, "o manancial de águas vivas, e [cavado] cisternas, cisternas rotas, que não retêm as águas" (JEREMIAS 2:13). Eles dependem unicamente de sua própria força e habilidades, ignorando a riqueza da graça de Deus. Se você perguntasse a Paulo o segredo de sua vida e ministério, ele responderia: "Mas, pela graça de Deus, sou o que sou [...] trabalhei muito mais do que todos eles; todavia, não eu, mas a graça de Deus comigo" (1 CORÍNTIOS 15:10). Ao longo dos anos, tive o privilégio de conhecer muitos líderes cristãos; cada um deles confessou a sua própria fraqueza e dependência da graça de Deus. A graça divina jamais se esgota!

A graça de Deus é *um presente essencial*. Não podemos ficar sem ela. O nosso Deus é "...o Deus de toda graça..." (1 PEDRO 5:10), quer se trate de graça salvífica (EFÉSIOS 2:8-10), graça santificante (ROMANOS 5:17), graça sofredora (2 CORÍNTIOS 12:7-9) ou qualquer das outras "graças" disponíveis junto ao trono da graça. A Bíblia é a "...palavra da sua graça" (ATOS 20:32) e nos revela as "graças" que Deus tem para nós. O Espírito Santo é o Espírito da graça (HEBREUS 10:29) e nos concede aquilo que precisamos, quando precisamos. Quando Paulo e Silas estavam na prisão em Filipos, Deus lhes deu "graça para cantar"; eles testemunharam a outras pessoas que estavam lá e levaram o carcereiro e sua família para Cristo (ATOS 16:22-34; COLOSSENSES 3:16). Cristãos que não dependem da graça de Deus e são secretamente orgulhosos das suas realizações estão roubando de Deus a glória que Ele merece, e roubando de si mesmos a bênção que poderiam ser para os outros (2 TESSALONICENSES 1:12). A graça de Deus não é um luxo, ela é uma necessidade. *Ao ministrar aqui na Terra, o nosso Senhor dependia da graça de Deus* (LUCAS 2:40; HEBREUS 2:9).

> "E nós, na qualidade de cooperadores com ele,
> também vos exortamos a que não recebais em vão
> a graça de Deus" (2 CORÍNTIOS 6:1).

194

*...se invocais como Pai aquele que, sem acepção de pessoas, julga segundo as obras de cada um, portai-vos com temor durante **o tempo da vossa peregrinação*** (1 PEDRO 1:17).

Como você imagina a vida? Para você, a vida é uma batalha, uma festa, uma corrida ou um quebra-cabeça? Em grande parte, a maneira como você imagina a vida ajuda a determinar a maneira como você leva a sua vida. Em nosso texto, o apóstolo Pedro imagina a vida como uma viagem e chama ao povo de Deus "peregrinos" e "forasteiros" (1 PEDRO 1:1; 2:11). Um sem-teto não tem casa, um fugitivo está fugindo de casa e um forasteiro está longe de casa, mas um peregrino está indo para casa. Tanto Paulo quanto Pedro descrevem o corpo humano como um tabernáculo (2 CORÍNTIOS 5:1,4; 2 PEDRO 1:13,14), porque esse é o lugar de habitação temporária para o espírito do homem e, quando o espírito deixa o corpo, o corpo está morto (TIAGO 2:26). Se você se entregou a Cristo como seu Salvador e Senhor, você é um peregrino e forasteiro neste mundo e pode desfrutar de benefícios dos quais as pessoas incrédulas não podem desfrutar.

Para começar, *os peregrinos têm uma visão especial.* Eles viraram as costas para o mundo e o olhar em direção ao céu. Abraão e Sara eram cidadãos da grande cidade de Ur; no entanto, quando o Senhor lhes apareceu, eles deixaram Ur para ir à terra que Deus lhes mostraria (ATOS 7:1-5; HEBREUS 11:9-12). O olhar do peregrino não está fixo neste mundo, e sim no mundo vindouro, e a maneira como vivem neste mundo é orientada por essa visão. Quando estava sendo apedrejado, Estêvão viu Jesus em glória no céu e isso lhe permitiu orar pelos seus inimigos antes de morrer (ATOS 7:54-60). Os cristãos não são tão "centrados no celestial" a ponto de não trazerem nenhum benefício ao terreno, como o Sr. Moody costumava dizer, no entanto, a sua visão do céu os motiva a se sacrificarem e servirem aqui e agora na Terra. Os nossos nomes estão escritos no céu (LUCAS 10:20), porque somos filhos de Deus e cidadãos do céu. O céu é o nosso lar eterno.

Os peregrinos têm valores especiais que não são os valores deste mundo. Queremos crescer em santidade e não temos interesse nas "...coisas que há no mundo..." (1 JOÃO 2:15-17). Nós viajamos com pouca bagagem, desembaraçados das coisas que nos impediriam de atingir nossos objetivos designados (HEBREUS 12:1,2). Durante o seu reinado, o rei Davi acumulou uma grande quantidade de riquezas, que doou ao fundo para a construção do Templo. Em sua oração, ele lembrou a si mesmo e ao seu povo que a vida é curta e nós passamos rapidamente por este mundo. "...Porque tudo vem de ti, e das tuas mãos to damos. Porque somos estranhos diante de ti e peregrinos como todos os nossos pais; como a sombra são os nossos dias sobre a terra, e não temos permanência" (1 CRÔNICAS 29:14,15). Nós vivemos com os valores da eternidade em vista. Temos uma viagem interior do coração que, dia a dia, nos torna mais semelhantes ao Senhor, à medida que nós e nossos irmãos em Cristo viajamos com Ele.

Os peregrinos vivenciam uma vitória especial. Ansiamos pela vinda de Jesus, mas, se Ele não vier enquanto estamos vivos, não temos medo de morrer. Ao ser apresentado a Faraó, Jacó descreveu sua vida como uma peregrinação (GÊNESIS 47:9); quando chegou a sua hora de morrer, ele tinha consigo a sua equipe de peregrinos e estava pronto para a jornada (HEBREUS 11:21). A morte não teve vitória sobre ele. O povo de Deus é "...mais que [vencedor]..." (ROMANOS 8:37). Para nós, a morte é vitória, não derrota.

Tudo é uma questão de coração. Se o seu coração está posto neste mundo, você não está vivendo como um peregrino; porém, se o seu coração está fixado em Jesus e nas Suas promessas para o futuro, a sua vida dirá aos outros que este mundo não é a sua casa. Onde está posto o seu coração?

> "Como são felizes os que em ti encontram sua força,
> e os que são peregrinos de coração!"
> (SALMO 84:5 NVI).

195

*[Lancem] sobre ele toda a vossa ansiedade, **porque ele tem cuidado de vós** (1 PEDRO 5:7).*

A despeito do que alguns pregadores proclamam, os cristãos têm preocupações. Eles têm inquietações porque são humanos e vivem em um mundo caído. Eles se preocupam com os outros e isso contribui para os seus fardos. Viver de maneira piedosa em um mundo ímpio atrai oposição e perseguição do inimigo que ronda como um leão à procura de sua presa (1 PEDRO 5:8). Alguns dos melhores cristãos se viram em alguns dos vales mais profundos devido à sua fidelidade a Cristo. Quando o seu coração estiver sobrecarregado por um peso de preocupação, entregue de uma vez por todas, *por fé*, toda a sua ansiedade ao Senhor e medite sobre o que Ele é para você.

Ele é o seu Criador e se preocupa com a Sua criação. "...os que sofrem segundo a vontade de Deus encomendem a sua alma ao fiel Criador, na prática do bem" (4:19). Se o nosso Pai celestial é capaz de lidar com os assuntos do Universo, não será capaz de cuidar de nós também? Ao contemplar a maravilhosa criação de Deus, Davi perguntou: "Que é o homem, que dele te lembres, e o filho do homem, que o visites?" (SALMO 8:4). Desde a estrela mais brilhante até o mais ínfimo verme, a criação está sob o cuidado de Deus — e isso inclui os Seus filhos, criados à Sua imagem. Nosso Senhor enfatizou que, se Deus deu comida às aves do céu e beleza aos lírios do campo, não atenderia Ele às necessidades dos Seus filhos (MATEUS 6:25-34)? O próprio Pedro experimentou muitas vezes o cuidado do Senhor. Ele pegou um peixe com uma moeda na boca e pagou o imposto do Templo. Por duas vezes fez grandes pescarias, e certa vez até andou sobre as águas! Na noite antes de ser executado, Pedro foi libertado da prisão. O Senhor se importa conosco e Ele cuida de nós.

Ele é o seu Redentor e cuida dos Seus filhos. Pedro tinha sido uma "...testemunha dos sofrimentos de Cristo..." (1 PEDRO 5:1) e sabia o preço que Jesus pagou para salvar os pecadores, "carregando ele mesmo em seu corpo, sobre o madeiro, os nossos pecados..." (2:24). Se o nosso Pai celestial pagou um preço tão grande para nos salvar, por que não cuidaria de nós? Paulo mostra a lógica disso: "Aquele que não poupou o seu próprio Filho, antes, por todos nós o entregou, porventura, não nos dará graciosamente com ele todas as coisas?" (ROMANOS 8:32). Se o Pai nos concedeu o Seu maior presente, por que reteria os presentes menores de que necessitamos? A cruz é a maior prova do amor de Deus por nós. Cristo se identificou totalmente com os nossos sofrimentos para estar habilitado a ser o nosso compassivo sumo sacerdote e nos ajudar a carregar os nossos fardos (HEBREUS 4:14-16).

Ele é o seu Rei e governa o Seu reino com graça e misericórdia. Sempre que sentimos que este mundo é um caminhão desgovernado fora de controle, precisamos nos lembrar de que Jesus Cristo não está na manjedoura, na cruz ou no túmulo. Ele está sentado no trono do Universo "acima de todo principado, e potestade, e poder, e domínio, e de todo nome que se possa referir..." (EFÉSIOS 1:21). Ele disse aos Seus discípulos: "...Toda a autoridade me foi dada no céu e na terra" (MATEUS 28:18). Se o Senhor tem toda a autoridade, então Ele pode nos ajudar com todos os nossos fardos e realizar a Sua perfeita vontade. Jamais devemos nos esquecer da providência de Deus e da Sua capacidade de fazer "...todas as coisas [cooperarem] para o bem daqueles que amam a Deus, daqueles que são chamados segundo o seu propósito" (ROMANOS 8:28).

Ele cuida de nós. Podemos não sentir ou enxergar imediatamente o que Ele está fazendo, mas Ele cuida de nós. Se nos humilhamos diante dele (1 PEDRO 5:5,6) e, de uma vez por todas, nos entregarmos aos Seus cuidados, em Seu tempo Ele glorificará a si mesmo atendendo a todas as necessidades. Temos as nossas inquietações, mas Deus cuida de nós e *cuidará das nossas ansiedades se permitirmos*.

"Vida me concedeste na tua benevolência,
e o teu cuidado a mim me guardou" (JÓ 10:12).

196

Amados, agora, somos filhos de Deus, e ainda não se manifestou o que haveremos de ser. Sabemos que, quando ele se manifestar, **seremos semelhantes a ele**, *porque haveremos de vê-lo como ele é*
(1 JOÃO 3:2).

João começou com a *maravilha*, de que as pessoas como eu e você não devem ser apenas chamadas *filhos* de Deus (1 JOÃO 3:1), mas de realmente *ser* os filhos de Deus. Quanta graça! Por vezes, os filhos de criminosos notórios trocaram seus nomes e se mudaram para outras cidades porque não queriam ser, eles mesmos, rotulados como criminosos. Aqui, porém, temos o Senhor nos incluindo na Sua família a despeito da reputação que temos como pecadores. "Mas Deus prova o seu próprio amor para conosco pelo fato de ter Cristo morrido por nós, sendo nós ainda pecadores" (ROMANOS 5:8). Se tivemos um novo nascimento pela fé em Jesus Cristo, devemos estar crescendo em graça e agradando ao Senhor em nosso caráter e conduta. Se alguma vez perdermos a maravilha desse milagre, ofenderemos ao nosso Pai celestial e desonraremos o nome da Sua família aqui na Terra. A Igreja Primitiva exaltava o nome de Jesus pela maneira como viviam e a mensagem que pregavam; foi-lhes dito para pararem (ATOS 4:17-20), mas eles continuaram glorificando o nome de Deus. Quantos nomes de família foram desonrados pela conduta dos seus membros? Que o Senhor nos ajude a honrar o nome de Jesus!

João continuou discutindo um *mistério*: "...e ainda não se manifestou o que haveremos de ser..." (1 JOÃO 3:2). Quando João escreveu o livro de Apocalipse, o Senhor lhe mostrou algumas das glórias da nova Jerusalém, mas não sabemos como será a vida na casa do Pai (JOÃO 14:1-6). Ser semelhante a Jesus significa ter o tipo de corpo que Ele teve após a Sua ressurreição e agora tem no céu. Quando voltar, Jesus "...transformará o nosso corpo de humilhação, para ser igual ao corpo da sua glória..." (FILIPENSES 3:21).

O nosso Senhor vive "...segundo o poder de vida indissolúvel" (HEBREUS 7:16). No céu, o corpo glorificado não experimentará dor, doença ou morte, nem derramará lágrimas, o que é uma boa notícia para todos nós, mas especialmente para os muitos que vivem com sofrimento físico ou que travam dolorosas batalhas emocionais. O melhor ainda está por vir!

Em seguida, João usou a maravilha do que somos e o mistério do que seremos para gerar *uma razão em nosso coração para nos tornarmos mais semelhantes a Jesus hoje*. "E a si mesmo se purifica todo o que nele tem esta esperança, assim como ele é puro" (1 JOÃO 3:3). Se a cidade santa é o nosso destino eterno, devemos nos tornar pessoas santas enquanto estamos esperando. Não sabemos quando Jesus voltará. O Seu retorno será "num momento, num abrir e fechar de olhos..." (1 CORÍNTIOS 15:52). *O quanto usufruiremos das glórias do céu quando chegarmos dependerá da preparação que fizemos enquanto estávamos na Terra*. Todo vaso será preenchido no céu, mas alguns vasos serão maiores do que outros. Se hoje estivermos crescendo em graça e no conhecimento de Cristo e da Sua Palavra, apreciaremos muito mais a nossa nova casa. Quando você planeja visitar uma cidade ou um país diferente, planeja com sabedoria os lugares que verá, de modo a estar mais bem preparado para apreciá-los. Uma vida santa hoje nos ajudará a nos preparar para usufruirmos o nosso lar celestial; vivendo de maneira santa na Terra, ajudaremos outras pessoas a irem para o céu conosco.

Todos os que aceitaram Jesus como seu Senhor e Salvador têm um lar no céu, mas aqueles que se submetem ao Espírito Santo e estão se tornando cada vez mais semelhantes a Jesus terão "vasos maiores" e usufruirão mais das bênçãos celestiais. Isso o motiva, hoje, a ser semelhante a Jesus? Qual é o tamanho do seu vaso?

> **"Portanto, vigiai, porque não sabeis em que dia vem o vosso Senhor"**
> (MATEUS 24:42).

197

Amados, **amemo-nos uns aos outros,** *porque o amor procede de Deus; e todo aquele que ama é nascido de Deus e conhece a Deus* (1 JOÃO 4:7).

No Novo Testamento, encontramos várias vezes a exortação para amarmos "uns aos outros", cinco delas estão em 1 João (3:11,23; 4:7,11,12). Em sua mensagem no cenáculo, Jesus advertiu Seus discípulos três vezes a amarem uns aos outros (JOÃO 13:34; 15:12,17), e Ele mesmo lavou os pés deles para demonstrar esse amor. Por quê? Pois, quando se reuniram naquela noite, os doze estavam discutindo sobre qual deles era o maior (LUCAS 22:24). Se o amor é a maior virtude que podemos possuir (1 CORÍNTIOS 13:13), aqueles que praticam o amor e servem aos outros são os maiores no reino. Isso termina com a discussão. "Vejam como eles amam uns aos outros!", diziam as pessoas acerca da Igreja Primitiva, mas o cenário da igreja denominacional da contemporaneidade provavelmente evocaria um grito de "Vejam como eles lutam uns com os outros!".

Os cristãos têm *um mandamento a obedecer*, mas o amor pode ser "mandado"? O amor não é um sentimento romântico místico sobre o qual temos pouco ou nenhum controle? Essa pode ser a ideia hollywoodiana de amor, mas, certamente, não é a de Deus. Jesus tem o direito de nos mandar amar uns aos outros, porque o amor cristão é um ato de vontade. Amor cristão significa *tratar os outros da maneira como Deus nos trata*; quanto mais obedecemos, mais os nossos sentimentos e atitudes também mudam. Aprendi que Deus ama e abençoa pessoas de quem discordo, e até mesmo pessoas de quem posso não gostar, mas também aprendi que Deus pode me ajudar a amar essas pessoas e, talvez, encorajá-las a amar-me. Nas igrejas e em outros ministérios em que servi, houve pessoas com quem era difícil trabalhar, mas eu me determinei a, com a ajuda de Deus, amar e servir-lhes. Hoje, algumas delas fazem parte do meu círculo de amigos. *Podemos* obedecer essa ordenança se experimentamos o amor de Deus.

Os cristãos têm *uma lição a aprender*. Se não tivéssemos nascido egoístas e exigentes, provavelmente morreríamos, porque os gritos de um bebê e a rebelião de uma criança são as únicas ferramentas que eles têm para nos informar das suas necessidades. Porém, chega um momento em que as crianças precisam aprender a amar, e o processo não é fácil. Até mesmo o Senhor tem de ensinar os Seus filhos a amarem uns aos outros. "No tocante ao amor fraternal, não há necessidade de que eu vos escreva, porquanto vós mesmos estais por Deus instruídos que deveis amar-vos uns aos outros" (1 TESSALONICENSES 4:9). Deus Pai nos ensina a amarmos uns aos outros ao entregar o Seu próprio Filho para ser nosso Salvador. "Porque Deus amou ao mundo de tal maneira que deu o seu Filho unigênito, para que todo o que nele crê não pereça, mas tenha a vida eterna" (JOÃO 3:16). O amor sacrifica o melhor para o bem dos outros. Deus Filho nos ensina a amar com o Seu exemplo de sacrifício e serviço. "Ninguém tem maior amor do que este: de dar alguém a própria vida em favor dos seus amigos" (15:13). Deus Espírito Santo nos ensina a amarmos uns aos outros colocando amor em nosso coração e nos ajudando a compartilhá-lo com os outros. "Ora, a esperança não confunde, porque o amor de Deus é derramado em nosso coração pelo Espírito Santo, que nos foi outorgado" (ROMANOS 5:5). Se não amamos verdadeiramente os outros, não é por culpa dos nossos professores.

Os cristãos têm *uma alegria a experimentar*. O amadurecimento do amor em nosso coração pelo Espírito é uma fonte de alegria, e esse amadurecimento é descrito na oração de Paulo em Filipenses 1:9-11. Dedique um tempo a lê-la. O amor é o fruto do Espírito, constituído de alegria e paz (GÁLATAS 5:22). Com o amor de Deus controlando o nosso coração, podemos enfrentar oposição, crítica, ódio e até mesmo ameaça de morte, e sermos mais do que vencedores para a glória de Deus. Amar a Deus e amar o próximo cumpre os dois maiores mandamentos, mas lembre-se sempre: "...ele nos amou primeiro" (1 JOÃO 4:19).

> "E também faço esta oração: que o vosso amor aumente mais e mais em pleno conhecimento e toda a percepção" (FILIPENSES 1:9).

198

*Vós, porém, amados, edificando-vos na vossa fé santíssima, **orando no Espírito Santo**, guardai-vos no amor de Deus...* (JUDAS 20,21).

A oração eficaz envolve um relacionamento vivo com a Trindade. Oramos a Deus Pai (MATEUS 6:9) em nome de Seu Filho Jesus (JOÃO 14:13,14) e "...no Espírito Santo..." (JUDAS 20). O Pai é o doador de toda boa dádiva e todo dom perfeito (TIAGO 1:17) e tem uma riqueza de bênçãos armazenada para nós. Porém, não podemos ir a Ele em nosso próprio nome. O nosso Salvador nos deu permissão para usarmos o Seu nome ao oramos; esse é um grande privilégio! Entretanto, isso significa que só devemos pedir ao Pai aquilo que o próprio Jesus pediria. É aí que entra em ação o "orar no Espírito Santo", pois o Espírito nos dá o poder e a orientação de que precisamos para a oração eficaz. Precisamos agradecer ao Pai por Sua generosidade em responder à oração e agradecer ao Filho por nos dar a Sua autoridade para orarmos. Contudo, precisamos nos render ao Espírito Santo que habita em nós se quisermos ter a energia espiritual e a orientação de que precisamos para orar segundo a vontade de Deus.

Precisamos seguir as instruções do Espírito Santo. Elas nos são dadas na Bíblia e não devemos ignorá-las, porque a Palavra de Deus e a oração são indissociáveis. "Se permanecerdes em mim, e as minhas palavras permanecerem em vós, pedireis o que quiserdes, e vos será feito" (JOÃO 15:7). Como poderemos orar na vontade de Deus se ignorarmos as promessas e os preceitos do Senhor? Os exemplos de oração encontrados nas Escrituras nos encorajam a confiar em que o Senhor responderá, e a própria Palavra de Deus pode ser transformada em oração. Ao ler o livro de Jeremias, o profeta Daniel descobriu que o cativeiro de Israel na Babilônia duraria 70 anos; imediatamente, começou a orar para que o Senhor cumprisse as Suas promessas (DANIEL 9). Os mandamentos de Deus expressam a vontade de Deus; por isso, quando os transformamos em oração, sabemos estar orando segundo a vontade de Deus. Em meu ministério, muitas vezes o Senhor me mostrou nas Escrituras promessas que me encorajaram e me permitiram saber exatamente o que fazer. Abra sua Bíblia e o seu coração sempre que você orar.

Precisamos depender da intercessão do Espírito Santo. Nosso Salvador intercede junto ao Pai para que possamos falar com Ele (ROMANOS 8:34; HEBREUS 7:25); o Espírito Santo intercede em nosso coração para que o Pai possa falar a nós (ROMANOS 8:26,27). O Espírito conhece a vontade do Pai e do Filho, e pode nos orientar enquanto oramos. Lembro-me de momentos em que orei sobre certos assuntos durante uma ou duas semanas e, de repente, percebi que o Espírito não estava me acompanhando em meu pedido, então retirei o pedido do meu caderno de oração. Um amigo meu compara a intercessão do Espírito ao "piloto automático" de um avião. Se, por algum motivo, o avião sai do curso, o piloto automático entra em operação e coloca o avião de volta no curso.

Precisamos obedecer às instâncias do Espírito Santo em nosso coração. Minha esposa e eu tivemos a experiência de ser acordados durante a noite e instados a orar por alguém e, mais tarde, descobrimos que a pessoa estava enfrentando uma crise naquele momento. Quando, durante a oração em meu tempo devocional diário, sou sugestionado a interceder por alguém ou algum ministério, aprendi a interromper a minha oração e obedecer a orientação do Espírito. Algum dia, no céu, descobrirei de que se tratava. Precisamos aprender a exercer o discernimento quando recebemos essas sugestões, para não sermos desviados pelos espíritos em vez de dirigidos pelo Espírito Santo. Se estivermos mentindo para o Espírito (ATOS 5:3), entristecendo o Espírito (EFÉSIOS 4:30) ou apagando o Espírito (1 TESSALONICENSES 5:19), Ele não nos ajudará; mas, se estivermos andando no Espírito Santo (GÁLATAS 5:16), Ele não falhará conosco.

"...o mesmo Espírito intercede por nós..."
(ROMANOS 8:26).

199

Revelação de Jesus Cristo, *que Deus lhe deu para mostrar aos seus servos as coisas que em breve devem acontecer e que ele, enviando por intermédio do seu anjo, notificou ao seu servo João* (APOCALIPSE 1:1).

O nome do último livro da Bíblia se concentra na *pessoa mais importante da história*. Sim, o livro é uma profecia (APOCALIPSE 1:3), mas no centro dessa profecia está Jesus Cristo, o Filho de Deus. As pessoas estudam esse livro em busca de segredos proféticos quando, em primeiro lugar, precisam olhar para Jesus e aprender sobre Ele. Podemos vê-lo no capítulo 1 como o glorificado Rei-Sacerdote. Nos dois capítulos seguintes, Ele é o cabeça da Igreja, dizendo às igrejas quais as suas necessidades, ordenando algumas a fazerem alterações, e encorajando outras a permanecerem fiéis. (O que Ele diz se aplica às igrejas na contemporaneidade.) Nos capítulos 4 e 5, entramos na sala do trono onde o Cordeiro toma o livro e começa a encerrar a história ao abrir os selos. O Cordeiro se torna o Leão e, nos capítulos 6–18, o julgamento vem sobre o mundo. Nos capítulos 19–20, Ele retorna à Terra como o Grande Conquistador, derrotando Satanás e julgando os pecadores. Os capítulos 21 e 22 nos levam à nova Jerusalém, onde os santos reinam com Cristo. Aleluia, que Salvador!

O livro de Apocalipse também descreve o *conflito mais importante da história*, uma guerra em curso desde que Satanás tentou nossos primeiros pais. Os conflitos militares na Terra são apenas manifestações públicas do conflito espiritual oculto que acontece nos bastidores. João descreve essa guerra em símbolos contrastantes. Nós vemos o Cordeiro se opondo ao dragão; o mundo seguindo o Anticristo, o dragão, enquanto um remanescente segue o Cordeiro. A grande prostituta, a cidade de Babilônia, governando o mundo com seu poder político, riqueza, comércio e escravidão, enquanto a cidade santa celestial — a noiva do Cordeiro — aguarda Jesus descer do céu e estabelecer o Seu reino. O Noivo puro do céu é vitorioso sobre o sistema do inferno. O mundo se une contra Jesus submetendo-se ao Anticristo, enquanto um remanescente de verdadeiros cristãos segue o Cordeiro e até dá a vida em testemunho de Jesus. É a antiga batalha da verdade contra a mentira, do céu contra o inferno, da maioria cega contra a minoria piedosa que segue o Filho de Deus — e o remanescente vence!

Em seu livro, João nos dá a mensagem mais importante da história: *As pessoas de fé são as vencedoras*. A Igreja vencerá a batalha, para glória de Deus, "porque todo o que é nascido de Deus vence o mundo; e esta é a vitória que vence o mundo: a nossa fé. Quem é o que vence o mundo, senão aquele que crê ser Jesus o Filho de Deus?" (1 JOÃO 5:4,5). Nas cartas às sete igrejas, o Senhor nos diz quem são esses vencedores e quais serão as suas recompensas. As nações e reinos "pelejarão [...] contra o Cordeiro, e o Cordeiro os vencerá, pois é o Senhor dos senhores e o Rei dos reis; vencerão também os chamados, eleitos e fiéis que se acham com ele" (APOCALIPSE 17:14). É trágica a maneira como algumas igrejas e seus líderes estão fazendo concessões ao mundo e se rendendo diante das hostes do diabo quando Jesus derrotou todos os inimigos por meio de Sua morte (COLOSSENSES 2:13-15), ressurreição, ascensão e entronização no céu (EFÉSIOS 1:19-23).

Penso ter sido Peter Marshall quem disse: "É melhor fracassar numa causa que você sabe ser vitoriosa do que vencer numa causa que você sabe estar perdida". A Igreja contemporânea pode se parecer com prisioneiros de guerra, mas apenas espere! Algum dia, o Cordeiro se revelará como o Leão e vencerá o inimigo; então, Ele reinará como Rei dos reis e Senhor dos senhores (APOCALIPSE 19:16). Nós venceremos!

> "Então, ouvi uma como voz de numerosa multidão, como de muitas águas e como de fortes trovões, dizendo: Aleluia! Pois reina o Senhor, nosso Deus, o Todo-Poderoso" (APOCALIPSE 19:6).

200

Tão-somente conservai o que tendes, *até que eu venha*
(APOCALIPSE 2:25).

Antes de julgar o mundo perverso (APOCALIPSE 6–18), primeiramente o Senhor julga sete igrejas da Ásia Menor (APOCALIPSE 2–3), porque o julgamento divino começa pela casa de Deus (1 PEDRO 4:17). Cinco dessas igrejas tinham perdido algo de sua vida e ministério cristãos e seriam castigadas por isso. A igreja de Éfeso havia perdido o seu amor apaixonado por Jesus e estava o seguindo apenas por obrigação, mas sem vontade. G. Campbell Morgan disse que eles tinham "reputação sem verdade". A igreja de Pérgamo havia perdido a pureza da doutrina; a congregação em Tiatira, embora fiel durante o sofrimento, havia perdido as pessoas piedosas necessárias para liderar e ensinar a sua igreja. Somente um remanescente de verdadeiros cristãos andava em santidade, e os cristãos de Laodiceia tinham os valores distorcidos e estavam mornos em seu relacionamento com Jesus. O Senhor está voltando e todo cristão estará diante dele no tribunal de Cristo. Mas, antes disso, Ele dará ao Seu povo a oportunidade de reparar as suas perdas e se preparar para esse impressionante evento. Como podemos nos apropriar e conservar o que o Senhor nos deu?

Precisamos perceber que o que temos é *um dom precioso de Deus*. Homens santos de Deus pagaram certo preço para escrever as Escrituras, e a Bíblia custou a Jesus a Sua vida. Ao longo dos séculos, dedicados servos de Deus foram perseguidos, presos e até mortos porque traduziram a Bíblia, distribuíam cópias dela ou pregavam a partir das Escrituras. Os pastores demonstram amor pela verdade de Deus quando não estudam a Bíblia e, em vez disso, emprestam sermões de outros pregadores? Se planejamos diversão e jogos para a Escola Bíblica, mas ignoramos a Bíblia, o que isso diz à próxima geração? Usamos música de adoração baseada nas Escrituras? Precisamos também perceber que *o que temos é necessário para servir a Deus de maneira eficaz*. A Igreja Primitiva concentrava-se na oração e no ministério da Palavra (ATOS 6:4). Como o Espírito poderá convencer os perdidos se não declararmos a verdade de Deus? Jesus ensinou Seus discípulos e estes, por sua vez, ensinaram as pessoas a amarem Jesus, amarem umas às outras e amarem os perdidos; devido ao seu testemunho amoroso, milhares foram levados ao reino. Temo que, nos dias atuais, em muitas igrejas a tecnologia e o entretenimento sejam mais importantes do que a Palavra de Deus e a oração. Os cristãos estão imitando a cultura, em vez de viverem de forma contracultural. "...Contudo, quando vier o Filho do Homem, achará, porventura, fé na terra?" (LUCAS 18:8).

Considere o seguinte: *O que temos hoje pode ser perdido amanhã*. Cada igreja local está a uma geração de distância da extinção. Imagino: Quantos membros da igreja são verdadeiramente nascidos de novo? Somos cuidadosos na escolha de líderes e professores? Praticamos 2 Timóteo 2:2? Satanás é um falsificador e um de seus principais estratagemas é colocar incrédulos religiosos em posições de liderança nas igrejas locais. "...Não sabeis que um pouco de fermento leveda a massa toda?" (1 CORÍNTIOS 5:6).

O que temos pode ser protegido. Precisamos valorizar os tesouros espirituais de que dispomos; engrandecer ao Senhor Jesus Cristo; pregar, ensinar e cantar a Palavra de Deus; treinar cuidadosamente cada nova geração; ganhar os perdidos e orientá-los; e manter os nossos olhos abertos para as ciladas do diabo. Quando os líderes dormem, Satanás planta falsificações (MATEUS 13:25), e as falsificações destroem igrejas. É importante vigiarmos, orarmos e termos a certeza de estar obedecendo ao Espírito de Deus.

Pela graça de Deus, estejamos acordados, alertas e determinados a reter o que temos!

"Procura apresentar-te a Deus aprovado,
como obreiro que não tem de que se envergonhar,
que maneja bem a palavra da verdade"
(2 TIMÓTEO 2:15).

Epílogo

*Aquele que dá testemunho destas coisas diz:
Certamente, venho sem demora. Amém!*
Vem, Senhor Jesus! (APOCALIPSE 22:20).

Quando essa última oração registrada na Bíblia for respondida, na volta de Cristo para Sua Igreja, isso marcará o fim do nosso ministério de oração. Não encontro nas Escrituras referências que digam que continuaremos a orar quando tivermos nosso corpo glorificado no Céu. Nesse texto, pedimos a Jesus para vir a nós, enquanto hoje Jesus está pedindo às pessoas para irem a Ele. A palavra *vem* é o cerne dessa breve oração. Jesus convida os cansados a irem a Ele buscar descanso (MATEUS 11:28-30), e os famintos e sedentos a irem a Ele buscar alimento e bebida (JOÃO 6:35; 7:37-39).

Entretanto, se oramos assim, *temos a certeza de estar realmente prontos para Ele vir?* Frequentemente, em Suas parábolas, o Senhor advertia Seus ouvintes a estarem preparados para o Seu regresso. "Cingido esteja o vosso corpo, e acesas, as vossas candeias [...]. Ficai também vós apercebidos, porque, à hora em que não cuidais, o Filho do Homem virá" (LUCAS 12:37,40).

A expectativa da volta iminente de Cristo deve nos motivar a estar prontos quando Ele vier. "Eis que venho como vem o ladrão..." (APOCALIPSE 16:15). "Permanecei nele, para que, quando ele se manifestar, tenhamos confiança e dele não nos afastemos envergonhados na sua vinda" (1 JOÃO 2:28). Na palavra *envergonhados*, a imagem é de um servo se encolhendo de vergonha quando seu senhor o flagra e expõe a sua desobediência. Ela sugere que alguns cristãos terão vergonha de encontrar Jesus quando Ele vier.

Orar fielmente pelo Seu retorno nos ajudará a estar preparados.

*"E eis que venho sem demora, e comigo está
o galardão que tenho para retribuir a cada um
segundo as suas obras"* (APOCALIPSE 22:12).